O Vale das Furnas

O Vale das Furnas

COLECTÂNEA
CRONISTAS E VIAJANTES
TEXTOS E IMAGENS
SÉC. XVI – SÉC. XIX (1.ª E 2.ª DÉCADAS)

Organização e Introdução
por
José Manuel Motta de Sousa

O VALE DAS FURNAS

AUTOR
JOSÉ MANUEL MOTTA DE SOUSA

EDITOR
EDIÇÕES ALMEDINA, SA
Avenida Fernão de Magalhães, n.º 584, 5.º Andar
3000-174 Coimbra
Telef.: 239 851 904
Fax: 239 851 901
www.almedina.net
editora@almedina.net

PRÉ-IMPRESSÃO • IMPRESSÃO • ACABAMENTO
G.C. – GRÁFICA DE COIMBRA, LDA.
Palheira – Assafarge
3001-453 Coimbra
producao@graficadecoimbra.pt

Fevereiro, 2008

DEPÓSITO LEGAL
271092/08

Os dados e as opiniões inseridos na presente publicação
são da exclusiva responsabilidade do(s) seu(s) autor(es).

Toda a reprodução desta obra, por fotocópia ou outro qualquer processo,
sem prévia autorização escrita do Editor,
é ilícita e passível de procedimento judicial contra o infractor.

Edição apoiada pela

Para a Maria Túlia,
*companheira serena e firme
na Peregrinação...*

À memória de

Meus avós, pais, e irmão

*Conceição Melo
José Pimentel Lima e Inês*

Muita gente não quer crer
Que há no céu o Pai Eterno
Vão às Furnas para ver
As caldeiras do inferno

....

Adeus, ó Vale das Furnas
Onde andam os ingleses
Se não fossem essas águas
Eras um pasto de reses

RODRIGUES, A. Cortes
– Cancioneiro Geral dos Açores

És das Furnas bem no sei,
A donde só há inverno
É o tempo não tem lei
Por lá estar o inferno

cit por ATAYDE, Luís Bernardo Leite de
– *Etnografia arte e vida antiga dos Açores*,
transcrito na Colectânea

AS FURNAS

Alguns dizem
«filha de Zeus» outros
Confundem-na com a própria poesia
Chamam-lhe

«filha de Deméter».
A geração pertença à oculta chama
Dentre os círculos de pedra lança

a ardente água, sulfúreo cheiro. A
vegetação coroa o limite fixo do céu..
A hera dissemina os membros
Por toda a terra. Renasce a

vida, purifica o canto,
mas não cede a
violente mão do fogo.

JORGE, João Miguel Fernandes
– *Bellis Azorica*.
Lisboa, Relógia de Agua, 1999

SUMÁRIO

1 – INTRODUÇÃO	11
1.1 – Âmbito e objectivos	13
1.2 – Geologia física. Vulcanismo	18
1.3 – O Vale das Furnas. Um estranho sortilégio	19
1.4 – O Vale das Furnas – Tábua Cronológica histórica	21
1.5 – Povoamento Exploração da propriedade	32
1.5.1 – S. Miguel	32
1.5.2 – Vale das Furnas	37
1.6 – Os Açores nos séculos XVIII e XIX	38
1.6.1 – A situação estratégica dos Açores	39
1.6.2 – A literatura de viagens. Séc. XVIII. Açores. Vale das Furnas	39
1.7 – O século XIX nos Açores. Liberalismo.	47
1.7.1 – Os *gentlemen farmers* micaelenses	48
1.7.2 – O Vale das Furnas. Intervenção paisagística	49
2 – TEXTOS	53
Diogo Gomes de Sintra	55
Valentim Fernandes	57
Pompeu Arditi	59
Samuel Purchas	61
Dr. Gaspar Frutuoso	63
António Fernandes Franco	88
Vulcanismo nos Açores	90
Principios, creação e progresso da Congregação Heremítica dos Padres; e Irmãos do valle das Furnas da Ilha de Sam Miguel	103
Fr. Diogo das Chagas	138
Fr. Agostinho de Monte Alverne	142
P.e Jorge Cardoso	169
P.e António Cordeiro	172

Fr. Agostinho de Santa Maria 182
Francisco Afonso Chaves e Melo 186
[Oficiais da Companhia de Ordenança criada no lugar das Furnas] 190
Francis Masson 192
 Catherine Green Hickling 196
Felix Valois da Silva 202
William Gourlay 214
João António Judice 221
Thomas Ashe 226
John B(ass) Dabney 239
William Hickling Prescott 242
 John White Webster 244
Caroline Pomeroy 258

3 – ANEXOS 277
Victor Hugo Forjaz 279
Maria da Graça Chorão de Almeida Lima Correia 285
Ernesto do Canto 312
Luís Bernardo Leite de Ataíde 313
João Hickling Anglin 318

4 – BIBLIOGRAFIA 323

5 – ÍNDICE GERAL (Onomástico, Toponímico e de Assuntos) 335

ILUSTRAÇÕES – 15, 16, 28, 29, 30, 31, 32, 33-37, 42, 77-80, 92-94 , 96, 108, 198--200, 260-263, 281

1
INTRODUÇÃO

1.1. Âmbito e objectivos

Pretendemos reunir na presente **Colectânea** os textos dos cronistas portugueses dos séculos XVI, XVII, XVIII e inícios do século XIX que, com maior ou menor destaque, referiram o Vale das Furnas, descrevendo-o e narrando os acontecimentos e personagens neles intervenientes.

São as fontes fundamentais de informação para o conhecimento da história do Vale.

Incluiremos também os relatos anteriores de Diogo Gomes de Sintra [1499]-[1502?], Valentim Fernandes [14-]-[1519], Pompeu Arditi [1567], bem como os relatos recolhidos por Samuel Purchas [1577?]-[1626]. As referências às Furnas, implícitas ou explícitas, justificam a sua presença no nosso trabalho.

O movimento cultural que caracteriza o século XVIII – curiosidade intelectual por todas as áreas do saber, estudo da Natureza – origina uma literatura de viagens que cedo atrai aos Açores visitantes em busca do exótico e de conhecimentos científicos.

A localização estratégica das ilhas, situadas nas rotas de exploração e comércio, então dominadas pela Grã-Bretanha, criam as condições para a elaboração de estudos científicos, amplamente divulgada no exterior.

Limitando a recolha de textos aos autores estrangeiros (sobretudo ingleses) e portugueses que estudaram e descreveram a geografia física e os fenómenos vulcânicos, a flora, a fauna e a riqueza hidrológica do Vale das Furnas acentuaremos a forte impressão causada pela luxuriante vegetação.[1]

O governo português envia também missões de estudo com o intuito de analisarem as águas termais.

---

[1] Limitamo-nos a uma sucinta referência aos autores dos textos incluídos na Colectânea. No item 3.3 da Introdução, o tema será desenvolvido, de forma a permitir o necessário enquadramento.

Registaremos também os estudos e depoimentos de visitantes que estudaram as nascentes termais, utilizaram as instalações balneares – as casas de banho – existentes, bem como os relatos que dão conta da vida social que se registava, em que é patente a importância da permanência de Thomas Hickling no Vale.[2]

A apresentação dos textos, a que aporemos notas marginais, no intuito de facilitar a sua leitura, segue uma ordem cronológica, suprimindo-se passos que nos pareceram de menor importância para o público que pretendemos interessar.

A Introdução é dividida em itens em que procuraremos caracterizar o Vale das Furnas nas vertentes de geografia física, povoamento e exploração da terra e estudos científicos dos visitantes.

Elaboramos uma tábua cronológica que pretenderá descrever sucintamente a evolução histórica de um lugar **ermo** para centro termal e turístico da maior importância na vida social micaelense. Como fontes de informação utilizamos as obras dos autores que escreveram estudos monográficos sobre a história do Vale das Furnas: Bernardino José de Senna Freitas (1845), Marquês de Jácome Correia (1924), Urbano de Mendonça Dias (1936), cuja *História de Vale das Furnas* bem merecia ser reeditada e actualizada, à luz dos estudos fundamentais publicados posteriormente e que serão utilizados e devidamente referenciados.

Estamos convencidos de que sobre a história do Vale das Furnas muita informação inédita existe nos arquivos públicos e sobretudo nos privados.

Em **Anexo** incluiremos alguns estudos de Autores posteriores ao período que consideramos no nosso trabalho e que pensamos conterem informação relevante para a história do Vale das Furnas.

Destacamos a inclusão do cap. 3 da dissertação de licenciatura (infelizmente inédita), da Dr.ª Maria da Graça Chorão de Almeida Lima Correia, relativo ao tipo de contrato de arrendamento – colonia – praticado no Vale.

Os nossos agradecimentos pela gentileza de uma boa Amiga.

O Professor Doutor Victor Hugo Forjaz, autorizou-nos a incluir textos da sua autoria sobre o complexo vulcânico das Furnas, bem como a reprodução de fotografias e mapas, incluídos nos seus trabalhos científicos.

---

[2] A primeira informação que chega à Inglaterra sobre as nascentes termais do Vale das Furnas parece ser a recolhida por Samuel Purchas.

A elaboração do presente trabalho efectuado longe da Ilha, não teria sido possível, sem a colaboração e sugestões de muitas pessoas e entidades que, com total disponibilidade, deram um contributo decisivo.

Agradecemos ao Senhor Doutor Carlos Guilherme Riley (um dos primeiros leitores críticos do nosso trabalho) os incentivos recebidos.

Agradecemos ao Senhor Professor Doutor Rui de Sousa Martins as sugestões e interesse sempre manifestados.

Nas transcrições paleográficas recebemos o apoio amigo de colegas arquivistas mencionados nos textos em que colaboraram.

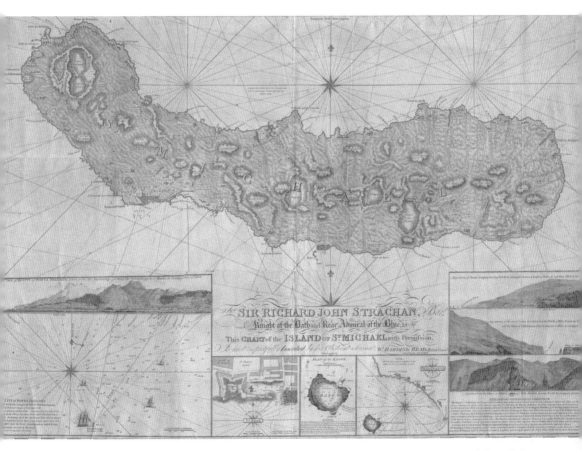

1 – Carta desenhada por Guilherme Harding (1765-1830). Reprodução autorizada pela Bibl. Publ. Arq. Reg. de Ponta Delgada. "Guilherme Harding Read... oficial da marinha de guerra inglesa, depois cônsul geral britânico nos Açores, onde levantou a 1ª carta topográfica da Ilha de S. Miguel...". FERREIRA, H. Amorim – Naturalistas britânicos nos Açores In: INSVLANA. Ponta Delgada, v. 2, n.º 4 (1946), p. 554

O apoio do Senhor Dr. Hermenegildo Galante foi também muito importante, pelas informações disponibilizadas.

Nas traduções, pudemos contar com a colaboração sempre disponível e Amiga do Dr. Cristovão de Aguiar, bem como na revisão de alguns textos.

O nosso "velho" Amigo Nuno Álvares Pereira, profundo conhecedor da documentação relativa à história micaelense, foi factor importante, prestando-se a rever a 1ª versão do nosso trabalho, sugerindo rectificações e facultando informações preciosas.

Foi gratificante o apoio recebido de pessoas qualificadas que compreenderam o nosso modesto intuito de organizar um conjunto de textos de

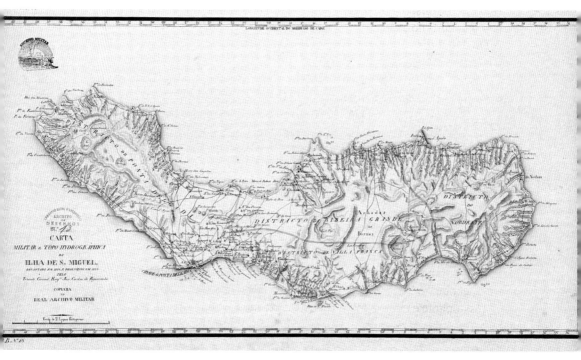

2 – Figueiredo, José Carlos, 1774-1843. "Carta militar e topo-hydrographica da ilha de S. Miguel/levantada em 1822 e desenhada em 1824, pelo Tenente-Coronel Engº José Carlos de Figueiredo...". "Esta cópia, realizada no Real Arquivo Militar, de um mapa do Tenente Coronel José Carlos de Figueiredo, figura a ilha de S. Miguel numa pequena escala, sintetizando a informação. Fazem-se ressaltar os aspectos físicos e militares mas também, os administrativos e a densa rede eclesiástica.. A indicação do Meridiano de Cádiz como referência para os valores de longitude pode remeter para a utilização de fontes cartográficas espanholas. Reprodução da carta e texto autorizada pela Direcção dos Serviços de Engenharia Militar (GEÆM/DSE). Doc. 1126-3-44-4

autores portugueses e estrangeiros, relativos à história do Vale das Furnas no período do séc. XVI a inícios do séc. XIX, que permitisse o acesso e divulgação de informação, tentando atingir um público mais vasto.

O Instituto Cultural de Ponta Delgada, na pessoa do seu Presidente e Amigo, Dr. Henrique de Aguiar Oliveira Rodrigues, autorizou a reprodução de excerptos de textos das suas edições. O nosso obrigado pela disponibilidade manifestada

Referimos também os nomes dos Dr. Walter Rebelo e Dr. Francisco Silveira, técnicos superiores da Biblioteca Pública e Arquivo Regional de Ponta Delgada que facultaram o acesso a documentos manuscritos e iconográficos.

O Dr. João Paulo Constância, do Museu Carlos Machado, o Dr. João de Medeiros Constância, Amigo de sempre, cujos telefonemas do Canadá, a acompanhar o nosso trabalho, foram um estímulo precioso.

Do Dr. Luís Quental, conhecedor da história furnense, recebemos apoios e informações preciosas.

Agradecemos também ao Professor Erik Sjogren a autorização para reproduzirmos fotografias relativas à flora endémica furnense, bem como ao Professor Doutor José Damião Rodrigues, a autorização para incluir no nosso trabalho mapas, e ao ao Dr. João de Medeiros Constância.

Agradecemos também à técnica informática Senhora D. Teresa Vaz que, com dedicação, processou o texto.

As ilustrações estão identificadas. Algumas delas não coincidem rigorosamente com o período abrangido na "Colectânea", caso dos postais da 1º metade do século 20(?), no entanto pareceu-nos pertinente a sua inclusão pelo interesse histórico.

Resta-nos a esperança de que, através da consulta dos textos incluídos, seja possível a um público interessado e frequentador do Vale das Furnas "captar" o "estranho sortilégio" (repetimos a expressão) e conhecer a impressionante e comovente história de um lugar único na Ilha, em que os habitantes conviveram e convivem com o "Inferno", sensação temperada com a serenidade e beleza de uma paisagem e riqueza floral que transmite paz e serenidade.

Eis o estranho constraste que caracteriza o Vale das Furnas...

O povo do Vale das Furnas nem sempre bem compreendido, facto patente nas descrições incluídas na **Colectânea,** afirmou-se e afirma-se na força do seu carácter e dignidade que venceu os temores da Natureza e soube defender os seus direitos nos litígios relativos à ocupação da terra, depois da saída dos Padres Jesuítas, objecto de estudo da Dr² Maria da Graça Chorão de Almeida Lima Correia que reproduzimos em Anexo.

A história desses "litígios", bem como a real dimensão da acção dos Padres Jesuítas no Vale das Furnas, embora conhecida, parece-nos merecer ser aprofundada, mediante pesquisas nos arquivos públicos (camarários, fazenda pública e judiciais), bem como nos arquivos privados.

1.2. Geologia física. Vulcanismo

Gaspar Frutuoso foi o primeiro cronista (não esquecendo as referências implícitas dos relatos anteriores) que descreve de uma forma mais precisa e "científica" a geologia, vulcanismo e sismicidade das ilhas açorianas.

Relativamente ao Vale das Furnas narra:

> "... **Um clérigo** a que não pude saber o nome, veio com os primeiros povoadores, que vieram a esta ilha e saíram na Povoação Velha: dali a dias, desejando ver de perto e saber que coisa era uma **grande língua de fogo** que **sobre o ar aparecia e saía da terra, partindo da Povoação, se foi um dia com um companheiro**, metendo-se pelo espesso mato, fazendo caminho com uma foice roçadoura e deixando por ele balizas e sinais nas árvores, porque à tornada se não perdesse; **chegou sobre as Furnas, a uma alta encumeada, de que elas da parte do oriente estão cercadas, da qual descobriu primeiro do que ninguém o lugar donde o fogo delas saía**..."[3]

As manifestações vulcânicas registadas no vale, a geomorfologia e sismicidade, continuam a interessar (e a preocupar) os cientistas actuais, sendo objecto de uma vasta bibliografia publicada e continua a ser editada.[4]

Aos estudos ou simples referências constantes dos textos incluídos na **Colectânea**, juntamos, nos **Anexos da Colectânea**, excertos do livro do Professor Doutor Victor Hugo Forjaz.*

---

[3] Ver texto incluído na **Colectânea**. G. F., Livro 4, cap. XLIX.

[4] A primeira bibliografia publicada acerca do assunto é a de CASTRO Dr., Eugénio Vaz Pacheco do Canto e – *Ensaio sobre a bibliographia geológica dos Açores [1890]*. **Archivo dos Açores**. Ponta Delgada, vol. 11, (1983), p. 268-303.

* FORJAZ, Victor Hugo – *Alguns vulcões da Ilha de S. Miguel*. Ponta Delgada: Observatório Vulcanológico e Geotérmico dos Açores, 1997, 4ª ed..

Citamos outros estudos básicos sobre o tema:

- BRITO, Raquel Soeiro de – *A ilha de S. Miguel. Estudo geográfico*. Lisboa: IAC Centro de Estudos Geográficos, 1955, (Tese de doutoramento), p. 31-35.
- CONSTÂNCIA, João de Medeiros – *Ilha de S. Miguel: contribuição para o estudo da sua paisagem humanizada*. Coimbra: Universidade de Coimbra, 1959. Tese de licenciatura em Ciências Geográficas apresentada à Faculdade de Letras da Universidade de Coimbra.
- CONSTÂNCIA, João de Medeiros – *Quadro físico da Ilha de S. Miguel*. Coimbra: Faculdade de Letras, 1962. Sep. do **Boletim do Centro de Estudos Geográficos**, vol. 2, nº 18, (1960), p. 16, 17.
- PINTO, M. Serrano – *Vulcanismo dos Açores. Notas sobre as primeiras erupções históricas de S. Miguel*. **Comunic. Inst. Geol. Mineiro.** Lisboa, t. 84, fasc. 2 (1998), fol. 4-7.

1.3. O Vale das Furnas. Um estranho sortilégio

O povoamento do Vale das Furnas foi profundamente condicionado pela geografia física que caracteriza a ilha de S. Miguel.

As crateras resultantes da actividade vulcânica anterior à presença humana, transforma-o num vale de densa vegetação: "devido à sedimentação e à concentração de humidade, estas terras baixas circundantes das lagoas patenteiam solos "profundos e férteis"... [5]

As dificuldades de acesso condicionam a ocupação do Vale que durante muitos anos será um mundo praticamente despovoado, frequentado por pastores e lenhadores sedentários.

Os primeiros visitantes depararam-se com o cenário aterrador de, em escassos metros de terra crestada e rude, brotarem das entranhas da terra água a ferver em cachão, lançando nuvens de fumo e jactos de lama, em contraste com a luxuriante e verde vegetação.

A força telúrica da Natureza em contraste com a serenidade transmitida pela paisagem doce não podia deixar de impressionar os raros visitantes que até ali se aventuravam.

---

[5] SANTOS, João Marinho dos – *Os Açores no séc. XV e XVI*. Ponta Delgada: Direcção Regional dos Assuntos Culturais: Centro de Estudos Gaspar Frutuoso, 1989, p. 81.

Os sentimentos contraditórios que o vale desperta, estão bem patentes nas descrições dos cronistas: "quase no meio daqueles campos chãos, naquela grande e profunda concavidade estão as Furnas tão nomeadas e celebradas"; "as Furnas são chamadas nesta terra pelo parecerem assim Boca do Inferno"; "paraíso terreal"; para a parte do poente é verdadeiramente um rascunho do Paraíso terreal regado com sete ribeiras de salutíferas águas,... para a parte porém do nascente é uma verdadeira representação do inferno, porque tem umas caldeiras de polme, água, enxofre tão horrendas que não outra cousa que se compare"; "é um campo chão, deleitoso, fresco e aprazível..."; "Nova Arcádia" (sinónimo de lugar ou vale profundo em que existe um isolamento natural).[6]

... "a representação mítica das Furnas, que Gaspar Fructuoso funda no arquétipo clássico se religa ao contexto religioso cristão, fazendo daí ressaltar o seu verdadeiro significado. Para além dos aspectos sensoriais propiciados pelos campos verdejantes e águas correntes, a leitura da Natureza faz-se através de sinais divinos que encerram significados divinos. De entre todos os sinais o mais espectacular é, sem dúvida, a presença das caldeiras de águas ferventes, as "furnas" em sentido restrito..." "...Insensivelmente, a duplicidade das cenas que a visão do vale oferece – o **locus amoenus** e o **locus horrendus** segundo a tradição clássica – convertem-se nos correspondentes signos cristãos de "Jardins do Paraíso" e de "Inferno"...[7]

Todo o ambiente convida à meditação sobre a fragilidade humana face à grandiosidade e omnipotência de Deus salvador e misericordioso se perspectivarmos as impressões numa dinâmica espiritual franciscana presente na sensibilidade açoriana desde o início da colonização.

A influência de Thomas More (1478-1535), com a sua definição de Utopia – "país imaginário onde um governo ideal reina sobre um povo

---

[6] Não identificamos os autores das passagens agora referidas, permitindo assim aos leitores da **Colectânea** o esforço de os localizarem nos textos.

[7] ALBERGARIA, Isabel Soares de – *Quintas, jardins e parques da Ilha de S. Miguel (1785-1885)*. Lisboa: Quetzal Editores, 2000, p. 37-39. A Autora descreve de forma muito feliz as reacções que o Vale suscita.

* Abreviaturas utilizadas: SF – Bernardino José de Sena Freitas – *Uma viagem ao Valle das Furnas*. Lisboa: Imprensa Nacional, 1845. UMD – Urbano Mendonça Dias – *História do Vale das Furnas*. Vila Franca do Campo: Emp. Tip. Ltd. de Vila Franca do Campo, 1936. MJC – Marquês de Jâcome Correia – *Leituras sobre o Vale das Furnas*. Ponta Delgada: Officina de Artes Gráficas, 1924.

feliz", "lugar isolado preservado de mal, da corrupção e da civilização (ilha, floresta, planeta)," está presente nas descrições de muitos viajantes que acorrem ao vale e aí encontram a paz e a simplicidade procuradas.

1.4. O Vale das Furnas – Tábua Cronológica histórica*

(1443?) – Povoamento da ilha de S. Miguel
Os primeiros colonos desembarcam na Povoação Velha.

Atraídos por uma "língua de fogo" que se projectava no céu, por detrás dos montes a poente, alcançam a cumieira e traçam o primeiro caminho/risco até ao Vale das Furnas.

Os pastores frequentam o Vale sazonalmente atraídos pela boas condições para apascentarem o gado.[8]

(1486?) – Diogo Preto vive numa fazenda, próximo da Lagoa Grande (actual Lagoa das Furnas).
(MJC, 17)

1522 – Erupção de Vila Franca do Campo
Nas Furnas, além de outros prejuízos, morrem dezassete pessoas, recolhidas na cafua de João Delgado, escravo de Pedro Anes.

O Capitão do Donatário Ruy Gonçalves da Câmara, autoriza o corte de madeiras no Vale das Furnas para a reconstrução de V. Franca do Campo.

A população aumenta, com a permanência de madeireiros, para além dos pastores e carvoeiros que constroem abrigos/cafuas.

Com o início da ocupação humana inicia-se o processo de formação e vinculação da propriedade fundiária do Vale das Furnas.
(UMD, 18, 19, 20) (MJC, 195-213)

(1547...)? – Sebastião Afonso da Costa Columbreiro inicia a construção de uma ermida (Nossa Senhora da Consolação), aí vivendo como eremitão no fim da sua vida.
(UMD, 26)

---

[8] O lugar das Furnas estava integrado no concelho de Vila Franca do Campo, de onde dependeram todas as localidades de S. Miguel. Em 1820 foi integrado no concelho da Povoação.
LALANDA, Maria Margarida de Sá Nogueira – *A sociedade micaelense no século XVII*. Lisboa: Fundação Calouste Gulbenkian, 2002, p. 82.

1551 – João Gonçalves Perdigão deixa um legado de cem réis à Ermida de Nossa Senhora da Consolação.

(15...) – Baltazar Brum da Silveira, comerciante de pastel, manda proceder à reparação da Ermida, onde vive algum tempo. Retira-se para um convento em Sevilha, falecendo em 1696.
(As duas notícias anteriores contrariam a afirmação de Sena Freitas, segundo a qual D. Manuel da Câmara, Conde de Vila Franca, seria o construtor da citada Ermida)

1553 – Reflorestação
O Capitão do Donatário D. Manuel da Câmara distribui sementes de pinheiro (pinisco), contribuindo para a reflorestação das matas das Furnas devastadas pelos cortes efectuados para a reedificação de Vila Franca do Campo.
As madeiras, para além de utilização nas obras de marcenaria, seriam utilizadas nos engenhos de açúcar existentes em Vila Franca do Campo.
(SF, 40, 62)[9]

1553/1558 – Exploração mineira.
O Dr. Gaspar Gonsalves procede a explorações mineiras procurando pedra hume e marquesita para extrair prata.
(MJC, 20)

1574 – João de Torres inicia a extracção de pedra hume. Edificou uma fábrica que foi destruída pela grande inundação de 1588.

1575 – Primeira referência a um doente enviado pela Misericórdia de Ponta Delgada.[10]

---

[9] As preocupações com a florestação continuam nas décadas seguintes.
Vide: MACHADO, Maria Margarida de Mendonça Dias Vaz do Rego – *Produções agrícolas. Abastecimento. Conflitos de poder. S. Miguel (1766-1806)*. Ponta Delgada: Jornal de Cultura, 1994.
[10] RODRIGUES, Henrique de Aguiar de Oliveira – *A assistência e a Misericórdia de Ponta Delgada*. **Insvlana**. Ponta Delgada, vol. 44, (1988), p. 338.

1577 – O Capitão do Donatário D. Manuel da Câmara constrói junto à Ermida, que restaura, uma casa onde ia descansar. Permanece aí um criado seu que cuida da Ermida e mantém o lampadário aceso noite e dia.
(SF, 4); (UMD, 29)

1577 – Por iniciativa do Capitão do Donatário Ruy Gonçalves da Câmara são abertos três caminhos/riscos para serventia dos povos de Ponta Garça, Povoação, Vila Franca do Campo e Maia.
(SF, 3, 4)

1614/1630 – Padres Eremitas Franciscanos
Chegada ao Vale das Furnas dos Padres Luís Ferreira, Diogo da Madre de Deus e Manuel da Anunciação.

Recolhem-se em grutas (lapas). O Capitão do Donatário cede-lhes umas cabanas de taipa, junto à Ermida de Nossa Senhora da Consolação.
Pensam abandonar o Vale dadas as duras condições de vida que encontram.
Retiram-se para Ponta Garça, decididos a regressar ao Continente.
Fernão Correia de Sousa e o Padre António Moreno de Ponta Garça conseguem persuadi-los a regressar ao Vale, disponibilizando mantimentos e atribuindo uma pensão.
O Conde de Vila Franca" contribui para a edificação do Eremitério.
O Bispo de Angra, D. Agostinho Ribeiro, permanece algum tempo no Eremitério, permitindo que expusessem o Santíssimo e prestassem assistência religiosa.
Recebem Estatutos.
(UMD, 32-39)

1630 – Erupção vulcânica de 2 de Setembro
Um espesso "cinzeiro" cobre o Vale das Furnas num raio de duas léguas, queimando vegetação e soterrando habitações e o Eremitério.
Morrem 30 pessoas que se haviam refugiado na cafua de Baltazar Rebelo.
Os Padres Eremitas e restantes habitantes refugiam-se na Maia, Porto Formoso e posteriormente na Ribeirinha.

1632 – O Padres Eremitas instalam-se na Recoleta de Vale de Cabaços, Água de Pau.

1634 – Regressam ao Vale das Furnas para transportar o corpo do Padre Diogo da Madre de Deus, para a Recoleta de Vale de Cabaços.
(UMD, 41-45)
A vegetação renasce lentamente, permitindo, de novo, a existência de condições de vida no Vale.
Os pastores regressam ao Vale.

1637/38 – Padres da Companhia de Jesus
Os Padres Jesuítas, estabelecidos em S. Miguel, desde 1591, recebem (?) do Conde de Vila Franca, D. Rodrigo da Câmara, um talhão de terra na zona da Alegria, nas Furnas.
Constroem uma casa de repouso e edificam uma Ermida, sob a invocação de Nossa Senhora da Alegria.
Por compra, doação ou permuta alargam a propriedade que chega a atingir 19 moios de terra e mata, que foram arroteando e arrendando a colonos.
(UMD, 47-58)

1644 – Os Capitães dos Donatários tentam expulsar os rendeiros das terras que ocupavam, encontrando resistência dos trabalhadores, coadjuvados pelos colonos dos Padres Jesuítas.
(SF, 8)

1679 – Corsários
Corsários argelinos desembarcam na praia da Ribeira Quente e Portinho do Agrião. Descem ao Vale das Furnas e aí roubam gado. O proprietário Costa Canto e Albuquerque manda erguer uma muralha de protecção.

1682 – Comunicações
O Desembargador Luís Matoso Soares em correição à Câmara de Vila Franca do Campo, regista a existência de requerimentos das populações, pedindo melhores acessos. Sugere que o caminho/risco da Gaiteira deveria passar pela Grota da Amora, Lobeira e Forno.
É construída no Agrião uma muralha com a finalidade de impedir o desembarque de corsários.
(UMD, 49, 50) Refere outras diligências efectuadas para obter uma melhoria de acessos ao Vale.

1707 – Assistência religiosa

Os fregueses do Vale das Furnas são anexados ao Curato de Nossa Senhora do Rosário, Lomba da Maia, estando antes dependentes da paróquia de Ponta Garça (1630).

Registam-se 22 fogos, constituídos por habitantes provenientes de Ponta Garça e Maia.

(SF, 13); (UMD, 59)

1709 – Os trabalhadores são autorizados a arrotear os terrenos incultos pertencentes aos antigos senhorios e Padres Jesuítas, sujeitando-se às determinações estabelecidas, plantando junça e inhames, demarcando os terrenos para os proteger dos gados com tapumes, cancelas e vimieiros, e pagando uma pensão anual não superior a cem reis.

Institui-se uma forma de contrato de arrendamento próprio, mais tarde intitulada colonia, distinta das sesmarias.

Os colonos cultivam os terrenos demarcados, erguem choupanas, os proprietários valorizam as propriedades.

"O lugar das Furnas desenvolve-se, habitado com aqueles pastores, carvoeiros e trabalhadores dos campos dos Padres Jesuítas e dos outros senhores que por ali tinham terrenos também dados de arrendamento."

(UMD, 51-59) Transcreve as correições à Câmara de Vila Franca do Campo (Correições de 9 de Nov de 1685?; 14 de Dezembro de 1685; 13 de Agosto de 1709)

Transcrições de CMVFC. Livro de Posturas fl.206; Livro das Provisões e Fianças, fl.202

(MJC, 41,42)

1711 – Contratos de arrendamento efectuados pelos Padres Jesuítas.

São lavradas as primeiras escrituras de arrendamento da propriedade dos Padres Jesuítas, obedecendo a condições instituídas pela própria Ordem.

Os Padres Jesuítas tiveram, assim, um papel decisivo na colonização do lugar das Furnas.

(UMD, 60-62)

1745 – O moinho de água (R. dos Moinhos), propriedade do conde de Vila Franca é reedificado.

– Ermida da Senhora Sant'Ana.

O Padre Cosme Pimentel edifica uma Ermida da evocação de Santa Ana, aproximadamente no local onde havia existido a Ermida de Nossa Senhora da Consolação e o eremitério dos Padres Eremitas.
(UMD, 85); (MJC, 44, 45)

1760 – Expulsão da Companhia de Jesus
Por carta régia de 4 de Julho de 1760 dirigida ao Governador de S. Miguel, António Borges de Bettencourt, é comunicada a ordem de expulsão dos Padres Jesuítas de Portugal.

O prédio da Alegria é confiscado, passando a ser administrado directamente pela Fazenda Real.

1760... – Termalismo. As "casas de banho"
A importância terapêutica das águas termais é referida desde o início do povoamento da ilha de S. Miguel pelos cronistas.

Depois da saída dos Padres Jesuítas, as zonas de Santana, Água Quente, Sanguinhal, Ribeira das Murtas e Caldeiras (zona baixa do Vale onde se situavam as principais nascentes termais) concentram a população, acrescida com os doentes que utilizam as águas termais.

As primeiras "casas de banho" conhecidas são simples cafuas de palha e colmo – as choças – erguidas na zona das caldeiras e da Ribeira:
– Banhos do Sanguinhal (Santana)
Zona das Caldeiras
 – "Casa de banhos" de D. Maria Magdalena da Câmara (1770?), junto à Caldeira Grande
 – "Casa de banhos" de João José da Silva Loureiro (1770), junto à Caldeira Grande
 – "Casa de banhos" de Thomas Hickling, junto à Caldeira Grande (1770?)
– Banhos da Ribeira
Os frades franciscanos de Vila Franca do Campo erguem um eremitério, junto à Ribeira dos Moinhos, onde recebem os doentes

Salienta-se, pela acção caritativa desenvolvida, o Padre Anjos, conhecido como o Padre mais digno, irmão do Padre Luís Bento.
(SF, 60)

Mais tarde o edifício é vendido à Câmara Municipal de V. Franca do Campo.

(UMD, 129); (MJC, 63, 64)
– Banhos das Quenturas
Construído *pela Câmara Municipal de Vila Franca do Campo em 1815*.[11]

1760-1769 – Contratos de arrendamento. Litígios entre senhorios e colonos
Os rendeiros dos senhorios, que não tinham contratos como os estabelecidos com os Padres Jesuítas, consideram-se com direito de posse perpétua às terras que haviam desbravado e cultivado, pagando a pensão anual estipulada.
(UMD, 65-82)
Ver Introdução

1769-1770 – Thomas Hickling
Thomas Hickling, cônsul americano em S. Miguel e exportador de laranja, visita o Vale.
Coloca um marco com o seu nome e a data junto à Caldeira Grande.

Cerca de 1782 compra um terreno que manda ajardinar. Em 1785, inicia a construção da Yankee Hall, mais tarde substituída por uma nova construção.
A casa de T.H. e o Yankee Hall/Jardim do Tanque, são o centro da vida social e referência para os visitantes e habitantes do Vale.[12]
"A casa do Sr. T. Hickling é um monumento que marca, por assim dizer, a Idade Média do Valle das Furnas".
(SF, 65)

1777 – Arrematação da propriedade da Alegria
O prédio da Alegria, minuciosamente descrito e medido é colocado em hasta pública e arrematado pelo Capitão António Boaventura Pacheco da Câmara, do lugar da Maia, pela quantia de 1.524$000.

---

[11] DIAS, Urbano de Mendonça – *ob. cit.*, p. 113-140. É o inventário mais completo sobre as águas termais e casas de banho do Vale.
[12] ALBERGARIA, Isabel Soares de – *Quintas, jardins e parques da Ilha de S. Miguel (1785-1885)*. Lisboa: Quetzal Editores, 2000, p. 41-43.

3 – Mapa das Caldeiras das Furnas, desenhado pelo Eng° João António Júdice (1785-1786). In: FREITAS, Bernadino de Senna – Uma viagem ao Valle das Furnas da ilha de S. Miguel.

EXPLICAÇÃO

A—Caldeira Grande.
B—Caldeira Pequena.
C—Furna de polme Pero Botelho.
D—Casa de banhos de D. Maria Magdalena da Camara.
E—Caldeirinha a deposito vermelho.
F—Caldeirinha a deposito preto.
G—Caldeirinha a agua e lodo leitoso.
H—Caldeirinha d'enxofre e antimonio fervente.
I—Sitios de flor d'enxofre e pedra calcinada.
L— » de vermelhão e roxo terra.
M—Marcos de pedra com os numeros das Caldeiras. (∗)
N—Conductas das aguas que vão aos banhos.
O—Lugar por onde entram as aguas para a casa.
P— » por onde sahem as mesmas.
Q—Nascimento d'aguas ferreas.
R—Entrada para as Furnas.
S—Ajuntamento de todas as aguas que vão á Ribeira Quente.
T—Montanhas e terras lavradias.

(∗) Essa numeração era do engenheiro Antonio Judice.

4 – Caldeiras das Furnas. Explicação do mapa desenhado pelo Eng° João António Júdice. In: Correia, Marquês de Jácome – Leituras sobre a história do Valle das Furnas.

5 – Caldeiras das Furnas. Litografia encomendada por D. Marianna A. A. C. Amaral e Freitas In: Fretas, Bernardino de Senna – Uma viagem ao Valle das Furnas da ilha de S. Miguel.

(UMD, 64, 65) – Transcreve o Auto de arrematação existente no Arquivo da Direcção de Finanças de Ponta Delgada.

Registam-se conflitos com os rendeiros que evocavam direitos adquiridos e benfeitorias efectuadas, segundo os contratos efectuados com os Padres Jesuítas
(MJC, 59, 60) ; (UMD, 64-66)

1777 – O Vale das Furnas. Estudos científicos

Na 2.ª metade do século XVIII intensificam-se as expedições de viajantes e cientistas europeus que percorrem os continentes estudando e difundindo os conhecimentos científicos adquiridos.

As Furnas são visitadas por viajantes e naturalistas portugueses e estrangeiros que descrevem a paisagem, referem a importância das suas águas termais que analisam e classificam. A geologia, flora e fauna são também descritas e estudadas.

6 – Caldeiras das Furnas. Litografia encomendada por D. Marianna A. A. C. Amaral e Freitas. In: Fretas, Bernardino de Senna – Uma viagem ao Valle das Furnas da ilha de S. Miguel. De notar: Casas de banho do Barão das Laranjeiras; Thomas Hickling; Banho do Loureiro (Ver Correia, Marquês de Jácome, obra cit.)

7 – COOPER, litografia In: ASHE. Thomas – History Azores... (!811)

8 – Vale das Furnas (1841). In: BULLER, Joseph and Henry – A Winter in the Azores and a Summer at the-Bath of the Furnas

O Governo português, a pedido de entidades locais, envia as primeiras missões que procedem à descrição, análise e classificação das águas termais, referindo os resultados terapêuticos da sua aplicação.

As Furnas assumem progressivamente maior importância como centro termal e de lazer da ilha.

Os grandes proprietários frequentam o Vale com maior assiduidade, construindo casas de veraneio e parques.[13]

Os habitantes albergam os doentes atraídos pela fama das águas termais. (UMD, 97-124); (MJC, 47-68)

1800 – O Conde da Ribeira Grande, um dos maiores proprietários, requere acções de despejo, pretendendo estabelecer a vinculação da terras e novos arrendamentos, procedimento seguido por outros senhorios.

Inicia-se um litígio entre os senhorios e os rendeiros que evocavam antigos direitos, mas não possuíam contratos, como os efectuados com os Padres Jesuítas.

---

[13] Ver Introdução, 3.2.3.

9 – O Vale das Furnas. Gravura por J. R. Chistino. Reprodução autorizada pelo Professor Doutor Vítor Hugo Forjaz

O processo é julgado primeiramente na Câmara de Vila Franca do Campo, que dá razão aos rendeiros, transitando os sucessivos recursos dos senhorios e rendeiros até ao Tribunal da Relação de Lisboa, que profere uma decisão final a favor dos senhorios em 1893.

Ver **Anexo**. Texto da Drª Maria da Graça Chorão de Almeida Lima Correia.

1.5. Povoamento Exploração da propriedade

1.5.1. *S. Miguel*

Por carta da Infanta D. Beatriz, datada de 10 de Março de 1474, é confirmada a venda e posse da Capitania da Ilha de S. Miguel a Ruy

10 – In: CONSTÂNCIA, João de Medeiros – Evolução da paisagem humanizada da ilha de S. Miguel. (Ver Bibliografia)

Gonçalves de Câmara, assumindo este o poder de dar terras – **as dadas** – aos colonos que as desejassem, encarregando-se dos encargos de as desbravar de mato e arvoredo, tornando-as aráveis.

Os primeiros povoadores, desembarcaram na zona oriental da ilha, num lugar denominado Povoação Velha.

A densa vegetação, o litoral de arribas escarpadas que dificultavam o desembarque, bem como o interior montanhoso de difícil acesso, explicam que os colonos tivessem sido forçados a percorrer a costa sul da ilha em busca de zonas propícias à sua instalação, desbravando o mato para as primeiras culturas de subsistência e buscando a necessária caça.

A distribuição das povoações ao longo da costa é elucidativa das dificuldades encontradas.[14]

Com o início da ocupação humana inicia-se o processo de formação da propriedade e vinculação da terra que se mantém até 1863.[15]

---

[14] CONSTÂNCIA, João de Medeiros – *Evolução da paisagem humanizada da ilha de S. Miguel.* Coimbra: Universidade de Coimbra, 1963. Sep. do **Boletim do Centro de Estudos Geográficos**, vol. 3, n.º 20, (1963), p. 21-31. Mapas.

[15] MENESES, Avelino Freitas de – *Os Açores nas encruzilhadas de Setecentos (1740-1770).* vol. I. *Poderes e instituições.* Ponta Delgada: Universidade dos Açores, 1993, vol. 2, p. 11-14.

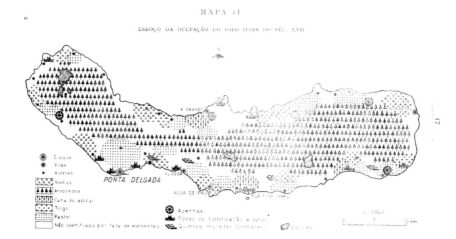

11 – In: Constância, João de Medeiros – Evolução da paisagem humanizada da ilha de S. Miguel. (Ver Bibliografia)

12 – In: Rodrigues, J. Damião – S. Miguel no século XVIII. Casa, elites e Poder no século XVIII., v. 2 (Ver Bibliografia)

MAPA 41

VÍNCULO DO CAPITÃO PEDRO PAULO MANUEL ESTRELA, RG, 1755

13 – In: RODRIGUES, J. Damião – S. Miguel no século XVIII. Casa, elites e Poder no século XVIII., v. 2 (Ver Bibliografia)

Apenas a classe socialmente elevada e uma pequena parte da classe média são proprietários, instituindo vínculos que se podiam revestir de dois aspectos, o morgadio e a capela.

O absentismo dos grandes proprietários (e dos capitães dos donatários) que possuem terra em S. Miguel (caso comum às restantes ilhas) "origina um complexo sistema de posse e uso das terras que estorva o desenvolvimento agrário e estimula o aumento das rendas em nítido prejuízo dos lavradores, seareiros e horticultores. De facto os senhorios arrendam as terras aos lavradores que por sua vez subalugam as terras aos pequenos agricultores, a preços quase incomportáveis."[16]

Os grandes proprietários preferem ceder as suas terras – **dadas** – aos agricultores, sob as diversas formas de contrato que assim se foram dividindo e transmitindo com diversas características.

1) **arrendamentos** quando o senhorio transmitia a outro, temporariamente, o domínio útil da terra segundo condições muito variadas...

---

[16] RODRIGUES, José Damião – *S. Miguel no século XVIII. Casa, Elites e Poder*. Ponta Delgada: Instituto Cultural de Ponta Delgada, 2003, vol. 2, 689-780, 893. Todo o capítulo. A propriedade tem o maior interesse para a boa compreensão do processo de vinculação.

MAPA 10
BENS DE RAIZ DO CAPITÃO ANTÓNIO BOAVENTURA PACHECO DA CÂMARA, MAIA, 1788

14 – In: RODRIGUES, J. Damião – S. Miguel no século XVIII. Casa, elites e Poder no século XVIII., v. 2. (Ver Bibliografia)

MAPA 5
AS OUVIDORIAS ECLESIÁSTICAS DA ILHA DE SÃO MIGUEL NO SÉCULO XVIII

15 – In: RODRIGUES, J. Damião – S. Miguel no século XVIII. Casa, elites e Poder no século XVIII., v. 2. (Ver Bibliografia)

MAPA 4
OS CONCELHOS DA ILHA DE SÃO MIGUEL NO SÉCULO XVIII

16 – In: RODRIGUES, J. Damião – S. Miguel no século XVIII. Casa, elites e Poder no século XVIII., v. 2 (Ver Bibliografia)

2) **de meias**, consistindo este contrato em o senhorio receber do agricultor metade de todo o produto da terra…

3) **em aforamento**, contrato perpétuo pelo qual o senhorio do prédio, dividia o domínio sobre o mesmo, em útil que transmitia ao agricultor com determinados encargos e obrigações, e direitos que reservava para si com certos direitos… O aforamento e a enfiteuse foi nos Açores a forma mais vulgar de transmitir a propriedade do nobre que a recebeu **em dada**, para o agricultor que mais em contacto está com a terra…

4) **em colonia ou roça** que é um arrendamento de carácter perpétuo de terras incultas mandado abalizar pelo Município, ainda que pertencentes a particulares, para urbanizar ou mesmo para sustento do povo…[17]

1.5.2. Vale das Furnas

Iniciada nas zonas baixas do litoral a ocupação da terra avança para o interior, verificando-se também o processo de vinculação.

---

[17] DIAS, Urbano de Mendonça – *A vida de nossos avós*. Vila Franca do Campo: Tip. de "A Crença", 1944, vol. 1, 1944, p. 98-102.

As zonas montanhosas – **serra** –, os vales do interior ficam destinados ao pastoreio e corte de madeiras, explorando as condições climáticas – humidade acentuada – que facilitam o desenvolvimento de vegetação, sendo considerados de menor valor, como o caso da Achada das Furnas.[18]

O tipo de contrato de exploração da terra praticado no Vale das Furnas – colonia – que agora nos interessa particularmente é referido por Bernardino José de Senna Freitas, Marquês de Jácome Correia,[19] Urbano de Mendonça Dias, foi objecto da dissertação de licenciatura de Dr.ª Maria de Graça Chorão de Almeida Lima Correia, que estudou em profundidade esse tipo de contrato de arrendamento.[20]

A Autora estuda, baseada em documentação inédita os inícios do povoamento do vale, a especificidade do projecto de colonização efectuado pelos Padres Jesuítas.

As consequências da saída da Companhia e aquisição das suas terras por outros proprietários que tentam modificar os contratos efectuados, em que a posse das propriedades é posta em causa, origina um longo processo entre senhorios e colonos que só termina em 1893, com um acórdão do Tribunal da Relação de Lisboa, que dá razão aos proprietários, como referido atrás.

O insuspeito Marquês de Jácome Correia afirma que a "**sentença final excedeu tudo o que então se tinha dado em ilegalidade**."[21]

---

[18] RODRIGUES, José Damião – *ob. cit.* p. 692.

[19] MACHADO, Maria Margarida de Mendonça Dias Vaz do Rego – *Produções agrícolas. Abastecimento. Conflitos de poder. S. Miguel (1766-1806)*. Ponta Delgada: Jornal de Cultura, 1994, p. 34.

[20] CORREIA, Maria da Graça Chorão de Almeida Lima – *Achegas para o estudo de regime agrário da ilha de S. Miguel nos séculos XVII, XVIII*. Lisboa: [s.n.], 1957. Dissertação de Licenciatura em Ciências Históricas e Filosóficas apresentada na Faculdade de Letras da Universidade de Lisboa, Policop., p. 173-214.

Novamente renovamos os nossos agradecimentos pela autorização da inserção do referido capítulo e documentação nos Anexos do nosso trabalho.

[21] CORREIA, Marquês de Jácome – *ob. cit.*, p. 16, 17, 195-204.

O A. Descreve também o processo de vinculação das propriedades no Vale.

DIAS, Urbano de Mendonça – *ob. cit.*, p. 65-82.

1.6. Os Açores nos séculos XVIII e XIX

1.6.1. A situação estratégica dos Açores

A partir do século XVII, o posicionamento geográfico das ilhas dos Açores, constitui um importante ponto de apoio à navegação que liga os portos ingleses às Américas, Atlântico Sul e Oriente, circunstância resultante da supremacia britânica, relativamente à concorrência e monopólios franceses e holandeses.[22]

Os autores britânicos, ao inverso das opiniões expressas pelos responsáveis açorianos relevam o interesse económico e estratégico das ilhas.[23]

1.6.2. A literatura de viagens[24]. Séc. XVIII. Açores. Vale das Furnas

Nos séculos XVIII e XIX, viajantes (com predomínio dos britânicos) **"introduzem-se"** nas rotas de exploração militar e comercial, na sequência da nova perspectiva cultural em que a preocupação de explorar o mundo "a world experience" é componente importante para a formação de um *gentleman*.

---

[22] COSTA, Ricardo Madruga de – *Uma ideia de reforma para a ilha de S. Miguel em 1813. O projecto do capitão-engenheiro Francisco Borges da Silva*. **Insvlana**. Ponta Delgada, vol. 53, (2003), [N.º de homenagem] João Bernardo de Oliveira Rodrigues. Ruy Galvão de Carvalho. 1.º Centenário do nascimento, p. 185-187.

[23] [...] algumas das principais exportações açorianas encontram óptima colocação nos mercados da América e Grã-Bretanha. Nessa conjuntura em inícios do século XIX Thomas Ashe [ver texto do A. Incluído na Colectânea] enaltece a proeminência geoeconómica dos Açores... Por isso sugere ao governo de Londres que patrocine uma muito estranha independência do Arquipélago, porquanto se reduziria a transformação da parcela portuguesa em protectorado britânico. [...]

MENESES, Avelino Freitas de – *Os Açores nas encruzilhadas de Setecentos (1740--1770)*. vol. I. *Poderes e instituições*. Ponta Delgada: Universidade dos Açores, 1993, p. 34-36.

[24] Sobre o tema literatura de viagens ver:
CRISTOVÃO, Fernando – *Para uma literatura de viagens*. In: Condicionantes culturais da literatura de viagens. Estudos e bibliografia. Coimbra: Almedina: Centro de Literatura de Expressão Portuguesa. L 3 FTC, 2002, p. 15-5252. Outros artigos do vol. têm também interesse para o tema.

A exploração da Natureza, os estudos baseados na observação directa e experimentação originam expedições em que os motivos de afirmação militar (inglesa) e comercial continuam a não ser estranhos.

Os Arquipélagos da Madeira, Canárias e dos Açores situados "nas rotas que ligavam as instituições científicas europeias a espaços de investigação em África, Índico e América Central e do Sul funcionam como laboratórios de experimentação das técnicas de estudo e recolha.", originando uma abundante literatura científica (conferências, relatórios de expedições, notas e diários de viagem que as instituições científicas (britânicas e outras) divulgam nas suas publicações despertando o interesse dos meios cultos da Europa.

No regresso de África, das Américas ou do Índico, os Açores são uma escala obrigatória desses exploradores, interessando outros viajantes por motivos de simples curiosidade, lazer ou, como no caso dos barcos baleeiros americanos, recolha de tripulantes e abastecimentos.

A geologia, os fenómenos vulcânicos, a flora, a beleza da paisagem foram objectos da atenção desses viajantes cientistas, muitos deles enviados por instituições científicas prestigiadas.[25]

Relativamente ao volume significativo de testemunhos, estamos de acordo com Alberto Vieira que defende "a necessidade de uma recolha sistemática da informação bibliográfica científica especializada disponível e do recurso às fontes literárias e iconográficas", face à quantidade e dispersão.[26]

Acrescentaríamos a importância das fontes epistolográficas existentes nos arquivos públicos e sobretudo familiares que, salvo casos pontuais,

---

[25] VIEIRA, Alberto – *Descobrir o Atlântico nos séculos XVIII e XIX*. **Bol. Inst. Hist. Ilha Terceira**. Angra do Heroísmo, vol. 57, (1999), p. 364-387. O A. analisa a literatura científica numa perspectiva atlântica. Refere os naturalistas açorianos do século XIX. Suprimimos as remissões para a bibliografia citada no artigo.

[26] VIEIRA, Alberto – *Descobrir o Atlântico nos séculos XVIII e XIV*. **Bol. Inst. Hist. Ilha Terceira**. Angra do Heroísmo, *ob. cit.*, p. 376. O A. refere os olhares diferentes dos viajantes.

DIAS, Fátima Sequeira – *A redescoberta das ilhas: a construção de um imaginário (a visão nem sempre "politicamente correcta" do viajante nas ilhas)*. **Bol. Inst. Hist. Ilha Terceira**. Angra do Heroísmo, vol. 57, (1999), p. 171, 172. A A. refere os viajantes que a "partir de meados do séc. XIX, começaram a chegar aos Açores, pelos mais variados motivos: busca de exotismo, naturalistas, jornalistas, doentes dos pulmões..."

continuam a aguardar inventariação e divulgação, salientando-se no entanto a publicação de correspondência e estudos inseridos na **Insvlana** (Henrique de Aguiar Oliveira Rodrigues e outros), bem como os estudos que iremos referenciando ao longo da **Colectânea**.

1.6.2.1

Centrando o nosso trabalho na Ilha de S. Miguel e mais concretamente no Vale das Furnas, destacamos os visitantes que com a finalidade de efectuar estudos científicos, uso das águas termais, ou simples prazer permaneceram, no século XVIII e inícios do século XIX, em estadias mais ou menos prolongadas, cujos relatos estão incluídos na **Colectânea**.[27]

Salientamos o primeiro visitante cientista Francis Masson (1777) que, no decurso de uma viagem de exploração botânica, descreve o Vale, salientando as suas potencialidades termais e turísticas, recolhendo espécies arbóreas para o Jardim Botânico de Kew (Escócia), publicando os resultados nas Philosophical Transactions of Royal Society of London.[28] [28a]

---

[27] SILVA, João Paulo A. Pereira da – *Os Açores em 1832. Perspectiva do Capitão Edward Boid, oficial inglês e romântico*. **Arquipélago**. Ponta Delgada, n.º esp. Relações Açores-Grã-Bretanha, (1988), p. 211-231.

[28] FERREIRA, H. Amorim – *Naturalistas britânicos nos Açores*. **Insvlana**. Ponta Delgada, vol. 2, n.º 4, (1946), p. 553-366.

[28a] [...] Ao longo de todo o século XIX e nos princípios do século XX, assiste-se no arquipélago dos Açores à progressiva formação de consciências identitárias nas elites locais, consciências essas alicerçadas em representações da diferença, da singularidade e do valor de inúmeros aspectos da realidade natural e cultural das ilhas.

Estas representações foram produzidas quer por visitantes quer por residentes e veiculadas em narrativas de viagens, obras de História Natural, corografias locais, trabalhos de história municipal, criação de museus e exposições temporárias, desenhos, gravuras, fotografias, pinturas e cerâmicas.

As narrativas de viagens descrevem uma natureza edénica, relevando a *beleza romântica e pitoresca* das paisagens, as *formas irregulares, extravagantes e sublimes* do relevo, os fenómenos vulcânicos que inspiravam terror, admiração e respeito, a vegetação luxuriante em extremo, a fecundidade do solo e a suavidade do clima que favoreceria ao mesmo tempo a existência dos mais belos jardins, a obtenção de meios de subsistência e o espírito de preguiça.

A realidade social e cultural é observada com curiosidade, comparada e julgada com simpatia ou reprovação, de acordo com os gostos, as ideias e os valores dos visitantes que realçam as diferenças consideradas mais significativas e pitorescas, descritas com minúcia e até ilustradas com desenhos, gravuras e fotografias.

17 – Thomas Hickling, 1745-1834. Reprodução autorizada pelo Senhor Dr. Henrique de Aguiar Oliveira Rodrigues

18 – Yankee House e Jardim do Tanque. In: BULLER, Joseph e Henry – Um inverno no Açores e um verão no Vale das Furnas. (Ver Bibliografia)

As autoridades portuguesas não ficam indiferentes às notícias recebidas acerca do Vale e, pressionados pelas autoridades locais, enviam o Engenheiro João António Júdice que, em 1787, procede à inventariação das nascentes termais, demarcando-as, analisando-as e desenhando um mapa da zona das Caldeiras.[29]

Os depoimentos mais significativos sobre os costumes e o carácter dos açorianos foram publicados pelo oficial sueco Jean Hebbe, que escalou os Açores no ano de 1800, pelos oficiais ingleses Thomas Ashe (1811) e Captain Boid (1831, 1832), pelo médico inglês Joseph Bullar (1838), pelo pastor norte-americano Thomas Higginson (1855-1856), pelo oficial austríaco Leopold van Jedina (1874) e pelos norte-americanos Alice Baker (jornalista) e Lyman Weeks, ambos em 1882.

Os viajantes arribavam a caminho de outros destinos (Hebbe, Ashe, Jedina) ou chegavam em missão militar (Boid), à procura de saúde (Bullar, Higginson) ou em viagem turística (Baker) e as suas origens revelam espaços com os quais o arquipélago mantinha relações económicas privilegiadas (Inglaterra e Estados Unidos da América).

Muito embora as descrições e as narrativas procurem veicular informações sobre diferentes ilhas, os relatos centram-se em São Miguel, na Terceira e, no Faial, onde se localizam os portos de escala.

Os textos de autoria estrangeira e continental sobre as ilhas contribuíram para a formação de uma consciência açoriana nas elites locais, despertando-lhes o interesse pelo empreendimento de viagens no interior da sua própria realidade, como é o caso das realizadas por José Torres (1827-1875), na ilha de São Miguel, em 1844, 1845 e 1848, relatadas na imprensa da época e num precioso volume de Ensaios, onde a observação e a investigação se aliam ao espírito crítico norteado pelos valores da *Liberdade,* da *felicidade pública* e da *prosperidade da pátria*.

Todavia, diferente era o olhar dos viajantes-naturalistas, quase todos estrangeiros, que além de terem estudado as formações geológicas, os fenómenos vulcânicos e as águas minerais e medicinais, inventariaram e catalogaram as espécies botânicas e animais, dando particular atenção às peculiaridades do arquipélago, cuja origem se tornou objecto de debate entre lamarckistas e darwinistas. De forma complementar, os cientistas também descreveram paisagens e costumes por vezes ilustrados com desenhos e gravuras, [...]

MARTINS, Rui de Sousa – *Os costumes populares e a construção oitocentista da identidade no arquipélago dos Açores.* **Patrimónia: identidade, ciências sociais e fruição cultural.** Carnaxide, n.° 5, Nov. (1999), p. 35, 36.

O A. refere a influência que os estudos de J. Webster (1817, 1818) e W. Walker (1886) exerceram no médico micaelense Carlos Maria Gomes Machado (1828/1901), fundador do Museu de História Natural (1876), inaugurado em 1880, com o nome de Museu Açoreano.

[29] Transcrevemos na **Colectânea** o relatório enviado às autoridades competentes do Governo Central. Incluímos também a notícia do Eng. Júdice sobre a fábrica de pedra hume, bem como a necessidade de efectuar a exploração mineira do Vale das Furnas, referências constantes dos textos dos cronistas transcritos.

Felix Valois da Silva (1790) utiliza as águas termais, não omitindo uma interessante descrição do Vale e das **casas de banho** existentes.[30]

O médico inglês **William Gourlay** (1791) procede a estudos idênticos, incidindo a sua atenção nas terapêuticas utilizadas, preconizando os banhos de vapor.

Seria lacuna imperdoável não referir o americano **Thomas Hickling**, importante comerciante e exportador de laranja, que visita as Furnas (1770?) e aí compra um terreno (1782) e inicia a construção da Yankee House e ajardinamento da zona circundante (Jardim do Tanque), aí plantando espécies arbóreas de origem americana.

Um registo epigráfico com a data de 1770 e o seu nome, junto à Caldeira Grande, são o testemunho de uma personagem que exerceu uma acção decisiva na vida furnense.

A afirmação de Senna Freitas que T. Hickling "marca a Idade Média do Valle das Furnas" não nos parece correcta.

Inicia sim, um novo ciclo de vida no Vale, pelo prestígio pessoal e dinamização da vida social, ponto de referência dos visitantes.[31]

Registe-se também, embora posterior ao limite cronológico da Colectânea o relatório de Luis da Silva Mousinho de Albuquerque que, em 1825, descreve a ilha de São Miguel nas suas vertentes de geografia física, organização administrativa, religiosas, militar, agrícola (criticando duramente a distribuição da propriedade), sugerindo os melhoramentos a efectuar.

Relativamente ao Vale das Furnas, além da atenção às características geomorfológicas, procede à análise das nascentes termais (ALBUQUERQUE, Luis da Silva Mousinho de – *Observações sobre a ilha de S. Miguel recolhidas pela Commissão enviada à mesma ilha em Agosto de 1825, e regressada em Outubro do mesmo anno por... e seu ajudante Ignácio Pitta de Castro Menezes*. Lisboa: Na Imprensa Régia, 1826. Dedica um capítulo ao Vale das Furnas, p. 41-48.

Luis da S. Mousinho de Albuquerque foi um estadista com acção preponderante nas lutas liberais. Foi dos primeiros químicos a analisar as águas minero-medicinais do Vale. A missão foi sugerida pelo Dr. Vicente José Ferreira Cardoso, um dos emigrados liberais que tiveram importância decisiva na vida política, económica e cultural da ilha de S. Miguel.

[30] Fica tão satisfeito com os resultados que envia para a Gazeta de Lisboa, a notícia da cura da sua doença (notícia incluída no texto constante da Colectânea). As dificuldades de acesso ao Vale referenciadas pelos cronistas, obrigam os doentes e visitantes a utilizarem o **porto** da Ribeira Quente, sendo transportados por burros.

[31] Sobre T. Hickling ver:
1 – ALBERGARIA, Isabel Soares de – *Quintas, jardins e parques da Ilha de S. Miguel (1785-1885)*. Lisboa: Quetzal Editores, 2000.
2 – ANGLIN, John H. – *Tomás Hickling*. **Insvlana**. Ponta Delgada, vol. 5, nº 1 (1949), p. 108-115.

Incluimos também o relato efectuado pelo Capitão de Dragões **Thomas Ashe** em 1811.

John W. Webster (1817), referindo-se ao livro afirma que a "única obra que conhece sobre os Açores é a incorrecta e em muitos casos fantasiosa "History of Azores" por T. A., afirmando "que fui informado em S. Miguel que ele só permaneceu por poucos dias na cidade de Ponta Delgada, não tendo visitado nenhum outro lugar. As informações acerca do Vale, tem dados exactos, ressalvando-se as referências ao "mosteiro" (Casa de Banhos da Ribeira, 'do Padre' Anjos, fransciscano (?) e a litografia exagerada nos detalhes. T. Ashe, refere-se no texto transcrito na **Colectânea**, ao mosteiro dos franciscanos.[32]

Pela controvérsia que causou, o A. formula um convite que terá de ser entendido na perspectiva dos interesses políticos e económicos ingleses para os açorianos aderirem como protectorado ao império de Sua Majestade.[33]

Thomas Ashe marca uma transição para as narrativas de viagens posteriores mais documentadas e exactas dos autores seguintes que permanecem no Vale por períodos mais longos.[34]

---

3 – DABNEY, Roxana Lewis – *Anais da Família Dabney no Faial*. Trad. João C. S. Duarte. Horta: Instituto Açoriano de Cultura: Núcleo Cultural da Horta, 2004, vol. 1, p. 46-48.

4 – HICKLING, Catherine Green – *Diário...* 1786-1789. Trad. e notas de Henrique de Aguiar Oliveira Rodrigues. **Insvlana**. Ponta Delgada, vol. 49, (1993), p. 63-86.

5 – HICKLING Jr., Thomas – *Carta...* Trad. e notas de Henrique de Aguiar Oliveira Rodrigues. **Insvlana**. Ponta Delgada, vol. 51, nº 2, (1995), p. 193.

6 – POMEROY, Caroline – *Diário....* Trad. e notas de Henrique de Aguiar Oliveira Rodrigues. **Insvlana**. Ponta Delgada, vol. 53, (1997), p. 98-107.

7 – RODRIGUES, Henrique de Aguiar Oliveira – *Thomas Hickling*. **Insvlana**. Ponta Delgada, vol. 60 (2004), 43-47.

8 – RODRIGUES, Henrique de Aguiar Oliveira – *Thomas Hickling*. Notícia biográfica. **Insvlana**. Ponta Delgada, vol. 60 (2004), 49-72.

32 Ver críticas ao livro de: SILVA, Francisco Borges – *Extracto da História das ilhas dos Açores... Refutação das falsidades ali publicadas ou a impostura do Capitão T.A. desmascaradas*. **Arquivo dos Açores**. Ponta Delgada, vol. 9, p. 184-550.

33 O Dr. Eugenio Vaz Pacheco de Castro salienta que a memória de ASHE "traz muitas notícias referentes à geologia micaelense e à história do seu vulcanismo que posto sejam mais ou menos fantasiosas, ainda assim contêm dados d'observação sem dúvida exactos", (CASTRO, Eugénio Vaz Pacheco do Canto e – *Ensaio sobre a bibliographia geológica dos Açores [1890]*. **Archivo dos Açores**. Ponta Delgada, vol. 11, (1983), p. 275.

LEITE, João Emanuel Cabral – *Estrangeiros nos Açores no século XIX. Antologia*. Ponta Delgada: Signo, 1991, p. 17.

34 SILVA, João Paulo A. Pereira da – *ob. cit.*, p. 62, 64.

Mantendo o critério de não incluirmos na **Colectânea** a bibliografia de viagens publicada ao longo do século XIX, incluimos, no entanto, dois textos importantes escritos por autores americanos ligados à família Dabney instalada na Ilha do Faial e que efectuaram visitas à Ilha de S. Miguel e à família de Thomas Hickling.

1) a carta de John Bass Dabney, enviada do Faial, em 1811.[35]

2) excertos do Diário de Caroline Pomeroy (1824) "com a irmã Mrs. Charles W. Dabney, o marido de Charles Dabney e a irmã deste que depois casou com o Dr. José Maria de Avelar Brotero".[36]

As descrições da Yankee Hall e Jardim do Tanque, as referências ao Vale das Furnas, à figura de tutelar de T. Hickling, às Caldeiras e **casas de banho**, muito frequentadas, o convívio social existente constituem testemunhos muito importantes e que, repetimos, não se integram na denominada literatura de viagens. Reforça a ideia já expressa da importância da recolha e publicação de correspondência ainda inédita.[37]

De notar que a data da carta de John B. Dabney corresponde à chegada dos deportados liberais a Angra do Heroísmo. . Dos **Anais** constam referências a acontecimentos políticos, bem como as visitas a famílias locais em Ponta Delgada, que testemunham a convivência entre os membros das colonias estrangeiras já estabelecidas nas ilhas.

J. B. Dabney foi o primeiro membro da família a estabelecer-se na Horta, onde geriu uma importante firma de importação e exportação.

1.6.2.2

De salientar que essa literatura de viagens "exteriores", originou ao nível local uma produção literária romântica que pretende constituir uma alternativa aos relatos dos viajantes estrangeiros e nacionais, estimulando os micaelenses a conhecerem melhor a sua ilha.

---

[35] DABNEY, Roxana Lewis – *Anais da Família Dabney no Faial*. Trad. João C. S. Duarte. Horta: Instituto Açoriano de Cultura: Núcleo Cultural da Horta, 2004, vol. 1, p. 46-48.

[36] POMEROY, Caroline – *Diário*.... Trad. e notas de Henrique de Aguiar Oliveira Rodrigues. **Insvlana**. Ponta Delgada, vol. 53, (1997), p. 98-107.

[37] Pelo carácter "intimista" das cartas e diário citados, em que é patente circunstâncias de estadias e convívio de famílias.

Pretendem alguns desses autores preencher um vazio na literatura historiográfica acerca do Vale das Furnas, como é o caso de Bernardino José de Senna Freitas e José de Torres (Viagens no interior da ilha de S. Miguel. Ponta Delgada: Tip. de Castilho, 1849).[38]

1.7. O século XIX nos Açores. Liberalismo. "Ciclo da laranja" O Vale das Furnas

Os acontecimentos políticos e económicos que se verificam no arquipélago: liberalismo e início do **ciclo da laranja** (registam-se exportações a partir dos fins do século XVIII) são factores decisivos para um período de progresso ímpar na história dos Açores, interessando-nos agora a ilha de S. Miguel, que representa 2/3 do total do comércio ilhéu.

Se os deportados liberais e particularmente os emigrados que, juntamente com D. Pedro, preparam a expedição do Mindelo, encontram uma boa receptividade por parte dos grandes proprietários das quintas e o indispensável apoio financeiro, a sua estadia origina uma verdadeira **Renascença cultural**.[39]

---

[38] RILEY, Carlos Guilherme – *Garrett de passagem em S. Miguel*. **Arquipélago. História**. Ponta Delgada, vol. 6, (2001), p. 247-267

[39] MOTA, António Augusto Riley da – *O Dr. Botelho e o seu tempo*. **Insvlana**. Ponta Delgada, vol. 10, (1945) 1º sem., p. 119.

Nota: O relato que fazemos desses acontecimentos é forçosamente muito sucinto. Remetemos para um A. que estudou este período em pormenor:

MAIA, Francisco Machado de Faria e – *Um deportado da "Amazonas". Monografia histórica. Época liberal nos Açores*. Ponta Delgada: Tip. da Casa Fernando Alcântara, Lda., 1931.

MAIA, Francisco Machado de Faria e – *Novas páginas da história micaelense (1832--1895)*. Ponta Delgada: Tipografia Insular, Lda., 1948

Para o estudo do **ciclo da laranja** remetemos para:

DIAS, Fátima Sequeira – *A importância da economia da laranja no Arquipélago dos Açores durante o século XIX*. **Arquipélago. História**. Ponta Delgada, vol. 1, n.º 2, (1995), p. 189-240.

DIAS, Fátima Sequeira – *Uma estratégia de sucesso numa economia periférica. A Casa Bensaúde. 1800-1873*. Ponta Delgada: Instituto Cultural de Ponta Delgada, 1998.

MIRANDA, Sacuntala de – *O ciclo da laranja e os "gentlemen farmers" da Ilha de S. Miguel. 1780-1880*. Ponta Delgada: Instituto Cultural de Ponta Delgada, 1999.

SUPICO, Francisco Maria – *Escavações*. Ponta Delgada: Instituto Cultural de Ponta Delgada, 1995, 3 vol. Ind. Referências ao comércio e exportação da laranja.

1.7.1. *Os* gentlemen farmers *micaelenses*

Os contactos frequentes estabelecidos com o estrangeiro, especialmente com a Inglaterra, devido à intensa navegação comercial devida à exportação da laranja, origina a formação de uma nova geração – **a Grande Geração** – descendentes dos morgados dos inícios do período liberal nos Açores que viajam, permanecem no estrangeiro e aí recolhem as luzes da ciência e das artes de uma Europa em plena expansão económica, cultural e social.[40]

Poderíamos dizer que se verifica um "Grand Tour" (viagens efectuadas pelos filhos da aristocracia inglesa em direcção à Europa no século XVIII), mas agora em sentido inverso.

As iniciativas dessa **Grande Geração**, tendentes a introduzir na ilha novos conhecimentos sucedem-se: Sociedade Promotora da Agricultura Micaelense (1843), que publica o jornal "O Agricultor Micaelense"; Escola Médico Cirúrgica (1836) e, no aspecto cultural abrangente, a Sociedade de Amigos das Letras e Artes, a que A. F. Castilho deu o apoio decisivo.[41]

Um caso paradigmático é o de José do Canto, filho do Morgado José Caetano Dias do Canto e Medeiros (pai também de André do Canto, Ernesto do Canto, Eugénio do Canto), cuja paixão pela Botânica era conhecida, estabelece contactos com jardins botânicos e viveiristas em Paris, Londres, Liège.[42]

---

[40] Cartas particulares de José do Canto a José Jácome Correia e a Conde de Jácome Correia. Ponta Delgada: Tipografia do Diário dos Açores, 1915.

MEDEIROS, José Caetano Dias do Canto e – *Diário de Viagem. Introdução biográfica de Nuno Alvares Pereira*. Ponta Delgada: Instituto Cultural de Ponta Delgada, 1978. Introdução biográfica de Nuno Alvares Pereira. Viagem realizada em 1837.

[41] MIRANDA, Sacuntala de – *ob. cit.*, p. 36-45.

[42] Cerca de 1859 "sabe-se que possuía na ilha viveiros suficientemente providos para encetar a plantação de áreas consideráveis". SOUSA, Fernando Aires de Medeiros – *José do Canto. Subsídios para a história micaelense (1820-1898)*. Ponta Delgada: Universidade dos Açores, 1982, p. 81-82. Essas plantações efectuaram-se na Lagoa do Congro e Lagoa das Furnas.

O A. insere no seu estudo, fundamental para o conhecimento da vida e obra de José do Canto, correspondência do maior interesse.

Sobre José do Canto ver:

José do Canto no centenário da sua morte. Ponta Delgada: Instituto Cultural de Ponta Delgada, 2000.

Para além dos interesses literários (bibliófilo e camonista distinto como é sabido)[43], dedica-se ao projecto do Jardim de Santana, em Ponta Delgada, encarregando jardineiros estrangeiros da sua concepção e plantações.[44]

Foi sem dúvida "o principal agente da transformação da paisagem micaelense, divulgando o conceito que "a Natureza é antes de mais campo operativo destinado a uma multiplicidade de experiências económicas, científicas e artísticas"... "Nos limites da experimentação da Natureza e da representação de imagens fabricadas, surge o novo modelo de paisagem que irá transformar a ilha de S. Miguel no decurso da segunda metade do século XIX".[45]

1.7.2. *O Vale das Furnas. Intervenção paisagística*

As novas perspectivas acerca da intervenção, transformação da paisagem (concepção do **parque público**) encontram no Vale das Furnas as primeiras concretizações.

---

[43] RILEY, Carlos Guilherme – *José do Canto. Retrato de um cavalheiro na primavera da vida*. **Arquipélago. História**, vol. 5, (2001), p. 211-264. O A. refere, além do percurso de vida, as facetas multifacetadas de José do Canto.

[44] [...] Ernesto do Canto e o seu irmão José do Canto contam-se entre os "gentlemen farmers", tão significativos na sociedade açoreana de oitocentos, como o mostraram Sacuntala de Miranda e Fátima Sequeira Dias, nos seus estudos sobre o ciclo da laranja. Eram homens que associavam o interesse pelas suas propriedades agrícolas à consciência de que a ciência lhe podia ser sumamente útil. Ernesto do Canto, ao falar para os sócios da Sociedade Promotora da Agricultura Micaelense a propósito da nóvel cultura do ananás, em 1874, evidenciou uma lúcida compreensão do método experimental na ciência. [...]

A burguesia agrícola açoreana revela nesta época uma considerável capacidade de adaptação à conjuntura comercial e de aproveitamento das condições geo-climáticas. Prova disso está na diversificação que se procura obter pela adaptação de culturas exóticas, de que o ananás não é o único exemplo. O tabaco é outra dessas tentativas de aculturação, mas esbarrou em obstáculos institucionais, ligadas a limitação nacional da sua cultura e comercialização. Ficou longe da importância que o chá veio a ter e de que o maior cultivador foi o irmão de Ernesto do Canto, José do Canto.[...]

Pereira, Miriam Halpern – *Entre Agromania e agronomia*. In: Ernesto do Canto: retratos do homem e do tempo. Actas do Colóquio. Universidade dos Açores, 25-27 de Outubro de 2003. Ponta Delgada: Centro de Estudos Gaspar Frutuoso/Universidade dos Açores, 2003, p. 136, 137.

[45] ALBERGARIA, Isabel Soares de – *José do Canto. Um esteta da Natureza*. In: José do Canto no centenário da sua morte. Ponta Delgada: Instituto Cultural de Ponta Delgada, 2000, p. 137, 138.

Às grandes famílias de proprietários terratenentes juntam-se a classe burguesa dos comerciantes e agentes comerciais, também enriquecida com o "ciclo da laranja" na frequência do Vale, com intuitos de ócio, convivência social e evidente uso das águas termais.

Em 1861 um grupo de habituais frequentadores, influenciados pelas novas concepções importadas em que o **parque** tem um significado próprio de espaço público e contemplação da Natureza transformada, compra terrenos junto da Ribeira das Murtas, com o intuito de aí implantar um Jardim (parque comum e nele construir as suas casas de campo/*chalets*, recorrendo a jardineiros ingleses (George Brown e outros) e arquitectos franceses (Hugé).[46]

A presença desses *estetas da Natureza* opera, como já referimos, transformações paisagísticas que determina uma nova visão do Vale das Furnas como centro de vida social micaelense e estância termal frequentada por nacionais e estrangeiros. (BULLER, 1841), refere a presença de doentes americanos.[47]

Convirá ter presente que o turismo, a partir dos finais do século XIX, assume importância significativa nas ilhas.[48]

As modificações e valorização do Vale das Furnas não escapam aos visitantes que o conheciam, como é o caso de Thomas Hickling Jr., que afirma, em 1848, que "as Furnas fervilham de veraneantes e estão destinadas a serem uma estância importante para estrangeiros.[49]

---

[46] Registam-se os seus nomes: José Jácome Correia, António Borges da Camara Medeiros, Ernesto do Canto, António Botelho de Sampaio, José Maria Raposo do Amaral. José do Canto prossegue a plantação de matas ajardinadas na Lagoa das Furnas, aí edificando um *chalet* e e a Ermida de Nossa Senhora das Vitórias, em que a influência da paisagem dos lagos suíssos é manifesta.

ALBERGARIA, Isabel Soares de – *ob.cit.*, p. 168, 175, 177, 182.

DIAS, Urbano de Mendonça – *ob.cit.*, p. 89-95.

Sobre o assunto ver também o artigo ALBERGARIA, Isabel Soares de – *Os jardins como instrumento de modernização social. O contributo de Ernesto do Canto*. In: Ernesto do Canto: retratos do homem e do tempo. Actas do Colóquio. Universidade dos Açores, 25-27 de Outubro de 2003. Ponta Delgada: Centro de Estudos Gaspar Frutuoso / Universidade dos Açores, 2003, p. 153, 155.

[47] VIEIRA, Alberto – *ob.cit.*, p. 377

[48] VIEIRA, Alberto – *ob.cit.*, p. 377

[49] HICKLING Jr., Thomas – *Carta...* Trad. e notas de Henrique de Aguiar Oliveira Rodrigues. **Insvlana**. Ponta Delgada, vol. 51, nº 2, (1995), p. 193, 194.

1.7.3

Ultrapassámos na Introdução o âmbito do nosso trabalho que pretendíamos que abrangesse os textos publicados até aos inícios do século XIX (1811), incluindo, pelas razões referidas, os testemunhos da Família Dabney..

Pensamos que, sem referir na **Introdução** o início desse período decisivo registado no século XIX, seria **interromper** a descrição e evolução registada no Vale das Furnas e omitir as circunstâncias e as personagens que o possibilitaram.

A este período tão importante, a geração micaelense do século XIX seguinte soube sonhar, dar continuidade e concretizar as iniciativas tendentes à existência do grande centro de turismo e termalismo internacional.

Nota: Ao longo do nosso trabalho, muito especialmente nas referências ao Vale das Furnas no séc. XIX, citamos frequentemente o livro da Prof. Doutora Isabel Soares de Albergaria – *Quintas, jardins e parques da Ilha de S. Miguel*.

Consideramos que a A. elaborou o estudo mais completo e documentado acerca do Vale das Furnas, sobretudo no século XIX.

O título do Cap. 3 – Embelezamento da Natureza: os parques e matas ajardinados só por si define as transformações e as **novas** Furnas do séculio XIX.

2
TEXTOS

DIOGO GOMES DE SINTRA, [1499]-[1502?]

SINTRA, Diogo Gomes de – *As relações dos descobrimentos da Guiné e das ilhas dos Açores, Madeira e Cabo Verde*.... Lisboa: Colibri, 2002, p. 109, 111.

1. Intervenientes no "Descobrimento Primeiro da Guiné"

Do autor da narrtiva *Primeiro Descobrimento da Guiné*, Diogo Gomes, sabe-se que desempenhou as funções de almoxarife de Sintra, foi navegador ao serviço do Infante D. Afonso V, utilizou o instrumento naútico "quadrante" e afirma etr sido o descobridor da ilha de Santiago de Cabo Verde, juntamente com António de Noli. Já era falecido a 6 de Dezembro de 1502. Nas suas memórias há uma referência à morte de António de Noli, ocorrida a 8 de Abril de 1499. A morte de Diogo Gomes, poderá, portanto, situar-se entre 1499 e 1502.

Martim Behaim ou Martinho da Boémia ou de Nuremberga (c. 1459-
-1507), a quem Diogo Gomes terá ditado as memórias, esteve pela primeira vez em Portugal no ano de 1484. Dado que António de Noli conservou a capitania da ilha de Santiago até à morte, como se lê na obra de Diogo Gomes, podemos concluir que o ditado poderá ter ocorrido pelo fim do século XV.

Convirá ter presente que estas memórias se reportavam a factos acontecidos há dezenas de anos. Trata-se dum texto de segunda mão, numa língua que não a materna dos dois intervenientes, portanto, "susceptível de todas as reservas" (Damião Peres). Na sequência dos estudos de Ravenstein em 1908, de Joaquim Bensaúde em 1917-1920, de Luciano Pereira da Silva em 1945 e de Duarte Leite em 1959, o historiador dos descobrimentos portugueses Luís de Albuquerque conclui que a versão oral, em "mau latim", dada por Diogo Gomes a Martinho da Boémia "é fortemente suspeita de conter interpolações e elementos espúrios" e que a determinação de latitudes no mar por observações meridianas do Sol e as tabelas astronómicas dos guias náuticos do princípio do século XVI derivam do

Almanach Perpetuum de Zacuto. Por outro lado, a autoria do texto latino não é inteiramente pacífica. [...]

REMA, Henrique Pinto – Introdução histórica. In: SINTRA, Diogo Gomes de – *Descobrimento primeiro da Guiné*. Estudo preliminar, ed. e notas de coment. Aires A. Nascimento, introd. histórica Henrique Pinto Rema. Lisboa: Colibri, 2002, p. 33, 34. (Obras clássicas da literatura portuguesa).

[...]

10. Descobrimento das Ilhas dos Açores

Águas termais sulfúreas

Foram à segunda que agora tem o nome de ilha de S. Miguel, que era igualmente desabitada e tinha também muitas **aves** e **açores**; **aí descobriram também muitas águas termais, isto é, sulfúreas.**

[...]

12. Ilha de S. Miguel

Terra que parece cinza

Existe aí uma grande montanha cheia de fogo; no verão, esse fogo aparece como se fossem brasas vivas e no Inverno avista-se uma grande fumarada. Numa planície de grande extensão, fica uma terra que parece cinza toda a escaldar; seja o que for que lancem nesta terra imediatamente é consumido.

VALENTIM FERNANDES, [14--]-[1519?]

FERNANDES, Valentim – *Códice Valentim Fernandes*/leitura paleográfica, notas e índice José Pereira da Costa, Joaquim Veríssimo Serrão], [ed.] Academia Portuguesa da História. Lisboa: A.P.H., 1997. Manuscrito Valentim Fernandes" oferecido por Joaquim Bensaúde, p. 150, 151.

[...] Um terceiro interveniente na obra *Descobrimento Primeiro da Guiné* é Valentim Fernandes, natural da Morávia e domiciliado em Portugal. Aqui montou oficina de impressão de livros e em Portugal viveu de 1495 a 1518, ano provável da sua morte. Foi nesta época que se interessou pelos descobrimentos portugueses, enviando para o seu amigo alemão Conrado Peutinger (1465-1547), patrono de arte e amigo de Maximiliano I (primo direito do nosso D. João II), notícias sobre a actividade marítima dos portugueses. A miscelânea do *Códice Valentim Fernandes* terá sido resultado póstumo desse intercâmbio, embora haja quem o antecipe para os anos de 1506 e 1507. Dela faz parte *De prima inventione Guinee*, com uma segunda parte intitulada *De insulis primo inventis in Mari Occeano Iccidentis et primo de insulis Fortunatis quae nunc de Canaria vocantur, de insula Selvagem, insula de Porto Sancto, de insula de Madeyra, de inventione insularam de Açores*. Este relato do citado códice é o único redigido em latim; os restantes são em português do começo do século XVI.

Descoberta a miscelânea feita por Valentim Fernandes e chagada a notícia a Portugal, o Marquês de Resende tratou de lhe mandar fazer uma cópia, que foi encomendada ao paleógrafo alemão José Klausner, o qual a assinou a 10 de Dezembro de 1848. Deram-lhe o título *De Insulis et Peregrinatione Lusitanorum*. Esta cópia guarda-se hoje na Biblioteca Nacional de Lisboa. A Academia Portuguesa da História publicou esta obra em 1940, pela primeira vez, com o título de *Manuscrito Valentim Fernandes* e em 1997, pela segunda vez, com o título *Códice Valentim Fernandes*. [...] REMA, Henrique Pinto – Introdução histórica In: SINTRA, Diogo Gomes de – Descobrimentos primeiro da Guiné. Lisboa, Edições Colibri, p. 34.

[...]
Em esta ylha há lagoas de agoas que feruem / que se metem nellas algũa animalia per hũu pouco de espaço sae dy cosido que se pode comer/

Outras agoas há que nom som tam queentes em que metem galinhas que loguo som peladas

Lagoas de aguas que fervem

Toda esta agoa sabe a enxuffre

Terra cinzenta   E a terra aqui queyma como se esteuesse foguo debaixo E assi esta
que sempre ferve   nella hũu monte cheo de fogo que no verão parece caruam viuo e no verão cheo de fumo / E assi em hũu campo esta terra çinzenta que sempre ferue E o que nella lançam logo he consumido…

POMPEU ARDITI
Viagem de Pompeo Arditi de Pesaro à ilha da Madeira e aos Açores (1567). **Bol. Inst. Hist. Ilha Terceira**. Angra do Heroísmo, nº 6, (1948), p. 177.

Viagem efectuada em 1567 por Pompeu Arditi, nobre de Pisaro ao serviço do Rei de Portugal. A Madeira e os Açores aparecem sobretudo como preciosos pontos de abrigo e de abastecimento das naus portuguesas.[50]

---

[50] "... Ao contrário do Norte de África onde a presença constante e agressiva das forças locais obrigou a uma imediata fortificação; nas ilhas atlânticas, só ao longo do Séc. XVI e depois de muitas investidas e alguns pesados saques corsários, foi sentida a necessidade efectiva de se desenvolveram várias campanhas de fortificação nem sempre totalmente efectivadas e eficientes.

Com os primeiros anos do Séc. XVI, o arquipélago açoriano torna-se ponto obrigatório de escala e passagem de várias rotas atlânticas explicando-se assim o valor do espaço do arquipélago para a acção dos corsários europeus e depois americanos..."

"... Mais tarde, principalmente com a queda de Santa Cruz de Cabo Gué, tão cara aos açorianos e madeirenses em Março de 1541, a que se segue o abandono de uma série de praças no Norte de África, a fortificação portuguesa[a] sofre uma franca internacionalização, sendo chamados a trabalhar em Portugal vários arquitectos italianos..."

"... Assim na primavera de 1567 são enviados às ilhas atlânticas o capitão Tomás Benedito de Pézaro e Pompeu Arditi, também oriundo daquela cidade italiana. Segundo um sucinto relatório confidencial existente em Itália[b] e enviado por Pompeu Arditi a viagem começou pela Madeira... seguindo depois para os Açores e ficando 40 dias em Ponta Delgada para "assenatrem as obras que se houveram de fazer..."

"... Efectivamente não podem restar dúvidas da sua missão militar às ilhas atlânticas, que não é logicamente referido explicitamente para Itália. No entanto refere que em S. Miguel andou a ver as obras que eram necessárias e que o Capitão Tomás Benedito tinha proposto já a construção da parte de abrigo do Ilhéu de Vila Franca, explicando sucintamente o que era necessário..."

CARITA, Rui – *A viagem de Pompeu Arditi aos Arquipélagos atlanticos em 1567*. **Bol. Inst. Hist. Ilha Terceira**. Angra do Heroísmo, vol. 48, (1990), p. 89-101.

[a] Entre os prisioneiros do desastre de 1541, encontrava-se o Capitão do Donatário de São Miguel D. Manuel da Câmara que foram em defesa da praça com o socorro enviado de Lisboa.

[b] BATTELLI, Guido; COELHO, Trindade – *Viaggio all'Isola di Madera e alle Azorre*. Documentos para o estudo das relações culturais entre Portugal e Itália. Firenze: Tip. Alfani e Venturi, 1934, vol. 2, p. 21-36.

[1567]

Ribeira fria e outra quente

[…] Dizem que a duas léguas do lugar chamado Vila-Franca, dentro da montanha, ha algumas **furnas de enxofro** de onde se escoam, quase no mesmo ponto, dois regatos, um tão frio que não se lhe pode meter a mão dentro, outro tão quente que, metendo-se nele um porco e tirando-o logo, lá deixa a pele. Dizem ainda que ha aí uma planície no meio da qual está um lago cuja água negríssima de continuo ferve, e exala miasmas por modo que, se lá vão cães ou outros animais logo morrem, e aos homens não causam dano; cousas estas que, por ser perigoso e muito alagado o caminho, não tentamos ver. […]

SAMUEL PURCHAS, 1577(?)-1626[51]

PURCHAS, Samuel – *Hakluytus or Purchas his pilgrimes: a history of the world, in voyages and lande travells by Englishmen and others*. Glasgow: JamesMacLehc Sons, 1905-1907, vol 18, p. 366.

Na literatura inglesa, pioneira na elaboração do conceito de literatura de viagens, as compilações de Purchas são incluídas no conceito de "sea literature", distinto do de "literature of travel". CRISTOVÃO, Fernando – *Para uma teoria da literatura de viagens*. In **Condicionantes culturais da literatura de viagens. Estudos e bibliografias**. Coimbra: Almedina: Centro de Literaturas de Expressão Portuguesa da Universidade de Lisboa, 2002, p.23, 24.

[1610?]

Cap. VIII, Relatos de Mestre Thomas Turner que viveu dois anos no Brasil e outros sítios, relatos que ele me fez sobre as suas viagens.

Em São Miguel, uma das ilhas dos Açores, eles sobem, em jornadas matinais, uma colina, entrando numa **Capela** dentro da qual necessitam de lume no Verão por causa do frio: ali existe uma pequenina **de três nascentes** que lança para o ar, em jácto, água a ferver, com um horrível barulho contínuo, tendo uma temperatura elevada; a segunda, de temperatura insuportável que, em pouco tempo, escaldaria qualquer ser vivente até à morte, o solo do mesmo modo com uma temperatura impossível de se suportar, mas com águas tranquilas. A terceira é quente e **própria para Banhos**. Antes da Conquista, foram encontrados nestas ilhas homens sepultados em cavernas[...]

Caverna

Termalismo

PURCHAS, Samuel – *Hakluytus or Purchas his pilgrimes: a history of the world, in voyages and lande travells by Englishmen and others*. – Glasgow: JamesMacLehc Sons, 1905-1907, v. 16, p. 290. (1.ª ed., 1625)

---

[51] S. Purchas reuniu os relatos dos corsários ingleses que no sec.16 e 17 rondaram o mar dos Açores, atacando os navios das frotas portuguesa e espanholas que escalavam o Arquipélago, desembarcando nas ilhas e efectuando pilhagens.

Escritos num estilo coloquial, (alguns) literariamente pobres, imprecisos nas referências, tem a nosso entender, algum interesse. As passagens agora transcritas referem implicitamente o Vale das Furnas.

Cap. XIII, Descrição das ilhas dos Açores, ou ilhas flamengas, segundo Linschoten, com acontecimentos e acções inglesas.

[...] "Sendo muito elevado o terreno e parecendo oco ao ouvido, ao caminhar-se por sobre uma elevação pedregosa ressoam os passos como se por baixo houvesse uma furna ou concavidade. Dá a ideia de que debaixo do solo existem buracos, o que podem ser passíveis de causar tremores de terra. O mesmo acontece nas outras ilhas, dado que se trata de um fenómeno comum. Por este motivo, todas elas, na sua maioria, possuem jazigos subterrâneos de **enxofre**. Assim, em diversos locais da Terceira e de São Miguel o cheiro e o sabor a enxofre continua a ser expelido do solo, estando os terrenos em volta completamente crestados e queimados. Existem igualmente locais onde há poços e nascentes cuja água é de temperatura tão elevada que, só por si, era suficiente para cozer um ovo, como se de facto estivesse sobre lume." [...]

Caldeira

Tradução do Dr. Cristóvão de Aguiar

** Outras referência aos Açores existentes na obra citada de S. Purchas vol. 20, cap. 13 – The voyage to the Iles of Azores, under the conduct of the right Honorable Robert Earle of Essex, 1597, p.28-30 (referência às ilhas Terceira, Pico, Faial, Graciosa e S. Miguel), Não refere o Vale das Furnas. vol. 20. cap. 13 &. A larger Relation of the said Iland Voyage, written by Sir Arthur Georges Knight, collected in the Queenes Ship called the Wast Spite, wherein he was then Captaine; with Marine and Martiall Discourses added according to the Occurrences. (Refer as ilhas Terceira e Pico).

Dr. GASPAR FRUTUOSO, 1522-1591
Frutuoso, Gaspar – *Saudades da terra*. Ponta Delgada: Instituto Cultural de Ponta Delgada, 1998, vol. 4, Cap. XXXIX, p. 149; Cap. XLVIII, p. 196, 199; Cap. XLIX, p. 200-206; Cap. LV, p. 243; Cap. LXXI, p. 206, 288, 289; Cap. LXXII, p. 290; Cap. LXXXV, p. 343; Cap. LXXXVII, p. 349, 350; Cap. XCII, p. 368, 371; Cap. XCIII, p. 372.

[…] Este homem de mentalidade invulgar, com a alta cultura humanista da sua época e a ciência enciclopédica e aristotélica do seu tempo, veio aos 43 anos de idade paroquiar humildemente na sua terra, abandonando a carreira propícia e rendosa que encetara em Bragança, e rompendo as relações com tantos homens de mérito e valimento com quem convivera. Estranha resolução; tanto mais que devia conhecer a inferioridade do meio iletrado em que vinha viver, pouco progressivo em ilustração, ainda que em permanente aumento de riqueza e progressos materiais. […]

[…] Acrescentaremos ainda que a descrição desta ilha de S. Miguel é tão pormenorizada, os relevos do terreno, o recorte das costas, as ravinas, as grotas e a paisagem tão minuciosamente pintadas, que não pode haver dúvida que a percorreu toda, anotando vagarosamente a sua miuda topografia e a sua curiosa toponímia. […]

[…] Frutuoso possuía as múltiplas qualidades que o género histórico exigia: tinha um grande poder de observação, que é manifesto nas repetidas descrições topográficas e paisagistas de que estão repletas as *Saudades da Terra*; tinha o tino da investigação e o amor do documento, pois muitas vezes o vemos apoiar os seus assertos com a justificação documental que declara ter examinado, o que não era vulgar nos historiadores da época; a par da preocupação da exactidão e do miudo pormenor, não lhe faltava o método e clareza de exposição, mesmo nas difusas e longuíssimas deduções genealógicas, cuja justeza podemos afirmar, em face da abundante documentação com que o Dr. Ernesto do Canto e outros genealogistas micaelenses as confrontaram e verificaram; possuía a facilidade e vivacidade de estilo, com que tendia às vezes para o *humor*, mas nunca para a sátira ou sequer para a crítica acerba. No juízo que formava dos homens e dos acontecimentos políticos do seu tempo, mostra-se sempre benévolo e já notamos como era prudente e cauteloso, o que nos faz crer que tencionava dar ao prelo a sua obra […]

Rodrigues, Rodrigo – *Notícia bibliográfica do Dr. Gaspar Frutuoso*. In: Frutuoso, Gaspar – *Saudades da Terra*. Ponta Delgada: Instituto Cultural de Ponta Delgada, 1966, vol. 1, p. XV, XVI, XVII, XLI, LVI, LX, LVII, LX.

[...]

CAPÍTULO XXXIX

EM QUE SE CONTINUA A DESCRIÇÃO DA ILHA PELA COSTA DA PARTE DO SUL, DO LUGAR DA POVOAÇÃO VELHA, ATÉ CHEGAR À RIBEIRA SECA, JÁ PERTO DE VILA-FRANCA

[...]

Pastel
Vinhas
Trigo

Passada a **Ponta do Garajau**, dela até à **Ponta de Simão Figueira** (por razão de um penedo que defronte dela está, quase pegado com ela dentro no mar, em espaço que passam batéis entre ele e a terra, que por ser redondo se parecia com um homem, chamado assim Simão Figueira, que era anão) antre estas duas pontas, está uma enseada de areia, tanto como um tiro de arcabuz, e logo adiante da Ponta de Simão Figueira, em uma baía de compridão de um tiro de berço, que se faz antre seu penedo e antre outra ponta chamada o **Rosto Branco**, por ser a mesma ponta de terra branca, onde estão fajãs que terão cinco moios de terra, que têm **vinhas** e dão **pão e pastel**, está a **Ribeira Quente**, de muito boa e copiosa água, por causa que se ajuntam nela **as três ribeiras das Furnas, sc. a Quente e a outra que corre pela fábrica da pedra hume, que se chama a Ribeira que Ferve**, e a outra chamada **Ribeira Fria** e alguns outros regatos pequenos, deles, das mesmas Furnas, e outros doutras partes; na qual ribeira entra muito pescado, onde com não pequeno gosto e grande passatempo, fazem os **principais da terra e alguns sacerdotes** e religiosos e **alguns nobres estrangeiros**, no Verão, grandes e ricas **pescarias**.

Ribeira Quente

Fábrica de pedra-hume

Nobres estrangeiros
Pescarias

[...]

CAPÍTULO XLVIII

DA DESCRIÇÃO DA ILHA DE SÃO MIGUEL PELO MEIO DA TERRA, COMEÇANDO DO MORRO DO NORDESTE ATÉ ÀS FURNAS EM QUE SE TRATA DOS PASTOS QUE HÁ NELA

Caldeira

[...] os Graminhais em que há grama, e a grande serra, chamada por antiparistase, Serreta, ou por se achar nela mais baixo mato, que cresceu, não de princípio da ilha, mas depois de arrebentarem as Furnas, por toda aquela comprida encumeada ao redor delas, donde **os caminhantes vão**

vendo aquela sua espaçosa concavidade, como outro mundo inferior, mais perto do centro da terra, onde está o Inferno, que semelham parte dele, povoada de grandes alagoas, que estão parecendo mar, regada de muitas ribeiras frias e quentes, dantre as quais se alevantam grandes fumaças de umas bocas da terra, como de fúrias infernais, a que comummente chamam Furnas, de que mais particularmente agora direi, antes de passar além pelos montes, deixando as alturas da terra por estes vales dela, pois também é vale de lágrimas este em que agora vivo desterrada, em que todos vivemos, ou por melhor dizer, morremos.

Lagoa

[...]

CAPÍTULO XLIX

DAS FURNAS DA ILHA DE SÃO MIGUEL, A QUE ALGUNS CHAMAM BOCA DO INFERNO

Para tratar das Furnas desta ilha de São Miguel, se há de notar primeiro que a maior parte das faldras destas e doutras ilhas, que são as terras marítimas lançadas ao longo das cordas das serranias, que correm como lombo ou espinhaço alto, pelo meio de cada uma, e quase de todas elas, em alguns tempos passados, por diversas vezes correram arrebentadas, ou sacudidas dos picos das mesmas serras, ora em matéria e polme de pedra derretida (a que depois de resfriada ou coalhada chamam biscoutos, ou pedras de alvenaria ou de tufo, ou de cantaria, de pedra branca, cinzenta e preta e de outras cores) que do profundo procede e sai com a força do fogo que fazem acender os vieiros de enxofre, ou salitre, ou outras coisas naturais, e sobre a pedra correu e caiu depois cinzeiro e areia e pedra pomes e a mesma terra dos montes que arrebentaram; com que às vezes, donde cai nos altos, os faz mais altos e os baixos os arrasa com os outeiros, e as grotas com as terras junto delas, e outras vezes tomando posse do mar e estendendo as ilhargas com os mesmos biscoutos, que pelas águas salgadas se estendem como caes, e com areias e fajãs que, espraiando-se abaixo das rochas, fazem grandes entulhos, às vezes sobre o mesmo biscouto, e às vezes sobre as águas do mar, ao modo das lezírias, que fazem as invernadas e crescentes dos rios em terra firme, que aqui não são lezírias, por não serem alagadiças, mas são umas terras chãs e outras, fajãs ao pé das rochas, como é a do lugar dos **Mosteiros** e o que se acrescentou na Praia, no caminho de **Vila Franca**,

Geologia

Vulcanismo

19-20 – Frutuoso, Gaspar – Saudades da terra, cap. 4, 5 (excertos). Manuscrito (BRARPD), Agradecemos a autorização para a sua reprodução.

e em outra praia na vila da **Ribeira Grande**, nesta ilha de S. Miguel, e outras semelhantes. E assim parece logo a quem as vê com consideração e atenção que estas terras são de uma terra sobreposta e quase nateiro, do interior do sertão da serra e picos dela, que caiu do alto, onde a alevantou o fogo, ou trouxeram as ribeiras do polme de pedra ou terra, em tempo que arrebentou algum pico, ou a força das águas quando chovia; mais que terra própria e nativa daquele lugar, a terra do cume daquelas serras ou das rochas, com que se alargou esta ilha e da mesma maneira outras muitas, fazendo-se maiores do que primeiro foram. E parece que Deus ou a Natureza a que ele manda obrar, no princípio da criação ou feitura destas ilhas, pôs aquele muro altíssimo de serranias, para amparo do ímpeto que trás o grande oceano no tempo de sua fúria; e depois pelos tempos em diante, correndo (como tenho dito) pedra e terra das mesmas serras, se estenderam; os sinais do qual se vêem ao pé de alguma serra, com algumas partes da planura das faldras dela, onde se acha muito cascalho e areia rebatida das ondas do mar, testemunho claro que já ali em outro tempo chegou e depois correu mais terra ou pedra, que tomou adiante mais posse dele, e alargou mais as ilhas, fazendo-as maiores do que dantes eram e do princípio foram, como se vê claramente nas baixas dos lugares da Povoação e Faial, que estão ao pé de altos montes onde o mar chegava, de que a terra corrida tomou posse, e sobre elas se fizeram as casas e se prantaram pomares; [...]

[...] Como se vê também nos escalvados que ficaram ao redor das Furnas, quando elas arrebentaram, em que não se achou **arvoredo**, por estar acravado o que dantes havia, ainda que em outras partes nasceu e cresceu depois tanto, que se tornaram a povoar de mato espesso e altíssimas árvores, de modo que parecem estar prantadas desde o princípio da ilha e começaram juntamente com ela, em sua criação ou feitura. **E antre os montes que arrebentaram (como claro parece), a concavidade das Furnas foi dantes um grande e altíssimo pico, coberto de alto, grosso e basto arvoredo, nele antigamente nascido ou criado, que com a força das vieiras de enxofre ou salitre, que no centro de sua raiz havia, veio a arrebentar todo inteiro, antes da ilha ser achada muitos anos, e alçar-se para o ar, como pelouro de trabuco ou bombarda, ou todo inteiro ou em pedaços, desfazendo-se ou espalhando-se pelas partes a ele adjacentes e vizinhas**, fazendo, como digo, os escalvados, que acravou com sua matéria e terra que de suas entranhas saiu, **deixando feita uma profunda concavidade, que, da sua encumeada para dentro, pode ter cento e**

Matas

Cratera

cinquenta moios de terra; e a descida para ela, pela parte do oriente, da banda do sul, será de uma légua, pela qual se vão vendo em muitas estâncias profundos vales e fresquíssimas e saudosas fajãs, de alto e sombrio arvoredo, de cedros, faias, louros, ginjas, pau branco, folhado, urzes, uveiras de serra e outras sortes de árvores, com a verde hera abraçada em alguns troncos delas, e em seus ramos muitas maneiras de pássaros, fazendo tanta e tão doce harmonia com seus cantos (não faltando ali o agudo tiple dos tentilhões, e claros tenores das toutinegras, e como contralta os saudosos brados dos melros, e a contrabaixa dos pombos torcazes, com o suave contraponto dos canários) que quem desce por aqueles ásperos e solitários caminhos, não pode deixar de não parar, com os ouvidos a ouvi-los, e com os olhos a ver, e com o entendimento a considerar aqueles lugares sós, acompanhados de tanta soidade, que lhe arrebata o sentido e o vai alevantando tão alto em pensamentos e considerações de seu Criador, que de boa vontade se deixaria ali ficar naquele ermo, esquecendo-se dos povoados, se lhe desse lugar e o não estorvasse a humana fraqueza, invejosa destas saudosas saudades. Outra descida tem da banda do norte, mais íngreme, de espaço de meia légua, que se chama **Pé de Porco**, por dizerem que descendo-a ou subindo-a uns homens, no princípio do descobrimento da ilha, comeram ali um pé de porco que levavam cozido; outros dizem ter este nome, porque logo no princípio que começaram a andar por ali vaqueiros, e fazer currais de gado naquela rocha, acharam um pé de porco que nela deixaram uns ladrões, de um que ali mataram; a qual descida não é menos acompanhada de arvoredo, que a outra do oriente, e mais trabalhosa, ainda que não tão saudosa, afora outros caminhos ásperos, por onde descem ao campo baixo e raso, **onde estão as Furnas, que se podem pintar como os poetas pintam os Campos Eliseos, porque é um campo chão, deleitoso, fresco e aprazível, dantes calvo em algumas partes e em outras de alvo arvoredo**; mas já agora está sua calva coberta de muitas faias e outro mato ainda baixo, que virá a ser mui alto, se o não impedir a avara, estragada e desperdiçada condição dos homens; e como as Furnas são chamadas nesta terra, pelo parecerem assim, Boca de Inferno, nestas descidas têm mais facilidade, que quando se tornam, os que desceram, a subir por elas; como diz Virgílio, fácil é a descida para o Inferno, mas tornar a subir e escapar para os ares superiores do alto, aqui está o cansaço e o trabalho. Se as descidas são deleitosas, mais o são os campos amenos, acompanhados em umas partes com espessos bosques de altíssimo arvoredo, e em outras, de outro mais baixo, raso e raro, que deixa passar aos hóspedes e romeiros por antre sua verdura, regados com algumas grandes ribeiras, umas de claras e frias, outras de turvas e quentes águas, antre os quais, quase no meio daqueles campos chãos, naquela grande e profunda concavidade, estão as Furnas tão nomeadas e celebradas, não somente nesta ilha, mas quase em toda a parte do Universo, onde se sabe o nome dela.

Para mais clareza, direi, Senhora, por ordem as coisas que há neste campo, começando da descida a ele, da parte do oriente, da encumeada que chamam os **Graminhais**, por haver por ali muita erva deste nome, chamada grama, caminhando para o ponente, quase ao noroeste, **contando estas coisas brevemente, pois são mais para ver com os entendidos olhos e longas considerações, que para dizer, nem contar com compridas práticas, nem multiplicadas palavras**. *Acessos*

Vegetação

Um clérigo, a que não pude saber o nome, veio com os primeiros povoadores, que vieram a esta ilha e saíram na Povoação Velha; dali a dias, desejando ver de perto e saber que coisa era uma grande língua de fogo que sobre o ar aparecia e saía da terra, partindo da Povoação, se foi um dia com um companheiro, metendo-se pelo espesso mato, fazendo caminho com uma foice roçadoura e deixando por ele balisas e sinais nas árvores, porque à tornada se não perdesse; chegou sobre as Furnas, a uma alta encumeada, de que elas da parte do oriente estão cercadas, da qual descobriu primeiro que ninguém o lugar donde o fogo delas saía; e não se atrevendo descer abaixo, pela aspereza da terra e espessura do arvoredo, se tornou para a nova Povoação, que agora se chama Velha, em respeito das outras que pelo tempo adiante se fizeram, para tornar mais devagar e com mais companhia de gente a descobri-las, como depois fez; e suspeita-se que desceu a elas pela descida e caminho da encumeada dos Graminhais, da banda do oriente, de que agora usam os que a elas vão da Povoação e daquelas partes. **Este parece foi o que primeiramente descobriu as Furnas, que naquele tempo estavam mais altas e furiosas que agora, por então estar ainda junta maior matéria e fogo e mais fortes vieiros de enxofre, que as faziam ferver com maior fúria** e mais espantosas; estavam em terra mais alta, que se foi abaixando e consumindo cada vez mais, e o seu furor também foi desfalecendo, porque já agora são muito menos do que foram.

Acabando de descer por aquele caminho do oriente, da alta encumeada dos **Graminhais**, ao plano e campo chão, onde as Furnas estão (que é *Acessos* uma rocha que ficou feita ao redor do mesmo campo, daquela banda do oriente, quando aquele pico arrebentou e espalhou pelas terras a ele chegadas quanto tinha sobre a terra e sua raiz, ficando aquela grande concavidade, com os olhos e buracos de fogo abertos, sinais evidentes do grande fogo que fez alevantar tão alto e tão grande pelouro, como era aquele monte) logo ao pé da rocha e descida de deleitosas faias, como tenho dito, da parte do oriente, está uma grande e larga *Ribeira* de claras, frias e doces águas, em que os que acabam de descer a alta rocha, cansados e suados, se refrescam, lavam e bebem descansados; caminhando dali para o oriente, pouco espaço, está um pequeno ribeiro de água fria, que em partes é verde e em partes vermelha, doirada, ferrugenta e de outras diversas cores, segundo as têm os limos sobre que vai correndo não porque a água as tenha, mas por causa do lastro da terra e limos, cuja cor transluz pela água que é clara, como no mar Roxo acontece. Andando mais adiante, *Caldeiras* virando para a parte do sul com uma pequena volta, se vêem os grandes fumos e se ouvem os temerosos estrondos que as furnas estão fazendo; e chegando-se a elas se vêem duas juntas, entre as quais vai um caminho muito estreito, como vereda, por um baixo espigão de terra e pedra, que entre ambas está; a primeira, que fica da parte do ocidente, está mais alta, de água clara, tão quente que pelam nela leitões, porcos, cabras e cabritos, metendo-os dentro e tirando-os logo, que também os podem cozer nela se os deixarem estar mais tempo; e do peixe que nela se mete não fica senão só a espinha; deita esta furna no meio um olho de água fervendo, dois côvados de alto e de grossura de duas pipas, mui furiosa; mas posto que ponha terror a sua fervura, não se teme tanto aquela estreita passagem ao longo dela, por ser de água clara, a qual corre desta primeira, por um pequeno canal que atravessa o estreito caminho e se mete em outras duas, correndo de uma em outras para a parte do norte, que também estão fervendo com muitos olhos alevantados, cuja água não é já tão clara, ainda que são mais largas que a primeira. Logo mais adiante, para a banda de leste, está um olho fundo, aberto na terra, fumegando e fazendo terror, com espesso fumo que dele está saindo; junto com ele está outra furna, **como caldeira**, com muitos olhos **fervendo cinzento polme** e faz uns círculos a modo de coroas grandes, ou cabeças calvas, donde o vulgo lhe veio a chamar a furna de **Coroas de Frades**. Logo mais adiante está uma cova mais funda, que com um grande e furioso olho, ou borbulhão de polme cinzento escuro, subindo para o ar três ou quatro côvados de alto, de grossura de três pipas juntas, está em contínuo movimento, um olho saindo, outro começando; e pela fúria com que sai, matinada que faz e cor que tem encarvoada, se chama a furna dos **Ferreiros**, que parece que aquela é a forja de Vulcano; e esta é a mais furiosa, temerosa e espantosa furna de todas.

    Junto desta se abriu, pouco tempo há, outra mais pequena da mesma cor e polme, que ferve com três olhos menos furiosos e mais pequenos; em uma grota que corre ao longo delas, da parte do oriente, está um grande olho de água quente, de grossura de um quarto, que ferve para o ar em altura de um côvado; na qual grota se ajuntam as águas que correm destas furnas e fazem uma pequena ribeira de água quente, que se vai adiante para a banda do sul ajuntar com uma ribeira quente e outra ribeira fria, que passa pela **fábrica de pedra hume** e nasce acima dela e da rocha do **Pé de Porco**, (das quais direi adiante) e ambas juntas em um corpo, a fria e quente, vão cercando e rodeando as furnas todas pela banda do sul; e no cabo das furnas se encorpora a ribeira da água delas com estas duas. Mais além se ajunta a outra grande ribeira também de água fria, de que contei primeiro, que corre da parte do oriente, com estas três; e todas quatro juntamente se fazem uma e vão sair ao mar do sul, com nome de uma só **Ribeira Quente**, que com outros olhos se abrem, fervem e fumegam ao longo dela, se vai mais acrescentando e aquentando. Antes desta grota e água quente que sai por ela às furnas, antre ela e elas, está um outeiro pequeno de terra quente que quase todo **é enxofre misturado com uma mole e branda pedra branca**, principalmente na superfície, donde os que vão ver as Furnas **tiram muito e levam para muitas partes**, aproveitando-se dele alguns da mesma maneira que ali o acham, e outros o apuram somente com o **ferverem ao fogo**, e derretido, o deitarem em canudos de canas, com que **fica perfeito e formoso**, como qualquer outro, sem mais outra cerimónia; e por mais que se tire dele, da superfície daquele quente outeiro, nunca desfalece e logo se torna a achar outro no mesmo lugar, porque a mesma terra, que é vieiro dele, com a grande quentura que tem, está vaporando e criando outro, sem nunca faltar naquele mesmo lugar grande cópia dele.

    Junto da furna chamada das **Coroas** para a banda do sul estão na terra dois buracos pequenos, tão grande cada um como uma caldeira pequena, onde está fervendo a água clara; e mais para o ponente, da banda do sul, junto da **Ribeira Quente** que vai correndo ao longo destas furnas, está outro olho de água fervendo, ao tamanho dos de cima, e com passar a

Fábrida de pedra-hume

Caldeiras

Caldeiras

ribeira que chamam Quente, está ali quase fria, por vir já junta com a ribeira fria da fábrica e se misturar com este olho de água que fervia, está fervendo quente e não se esfria. Antre ela e as furnas se tirou já muita **pedra hume** que se fez e rendeu muita quantidade de **pedra hume**, e a dá muito boa e de bom rendimento. Esta é a causa porque se conservam ali tanto tempo aquelas bocas fervendo, sem se consumirem e gastarem e afundarem todo aquele lugar, porque se fora terra o que está antre elas, já estivera consumida e gastada com o grande fervor das águas delas, e tiveram feitas muito maiores bocas e aberturas; mas saem estas furnas como fontes ou olhos de água que ali nasce e sai por antre aquela pedreira de **pedra hume** e os vieiros de **enxofre**, e de algum **salitre**, que pode haver naquele lugar, ou outra matéria de fogo, que aquenta aquela água e ferve com grande fúria, sem nunca faltar água daquelas fontes que ali nascem: uma clara, que faz a furna clara e outra misturada com a terra e cinza, que faz as furnas de polme cinzento e negro; sem faltar o vieiro de enxofre e matéria de fogo que as aquenta e faz ferver com contínuo movimento e fervura, porque é muito o enxofre que tem debaixo e há em todo aquele campo, de que é claro indício haver alevantado para o ar e desfeito o grande e alto monte que ali esteve, deixando feita a rocha ao redor e a espaçosa e alta encumeada que já disse, dentro da qual outros muitos olhos de água quente se alevantam com fervura e grande fumo, ao redor das mesmas furnas e pela Ribeira Quente abaixo, de que não faço particular menção por serem pequenos; antre aquela terra, que é toda como estéril, há uma mina de enxofre.

Ribeira   Das Furnas, para a parte de leste, declinando à banda do sul (afastada mais espaço que dois tiros de arcabuz) está uma **furna pequena**, que por fazer um som e matinada como tambor, se chama o **Tambor**, e ferve para cima com um olho furioso e fervura que faz com um polme ralo de cor cinzenta, junto de uma terra quebrada. Ao redor dela, está mais de um alqueire de terra escalvada em que se deitam os bois no tempo frio, porque a acham quente. Perto desta furna se ajuntam as três ribeiras principais que nascem dentro da grande concavidade, sc., a fria e a que ferve e a quente e a outra que nasce das furnas, que vão **todas juntas em uma dali para baixo ter ao mar do sul; e lá tem o nome de Ribeira Quente**, ainda que são quatro, duas quentes e duas frias, encorporadas em uma só. Por esta Ribeira Quente abaixo, meia légua das furnas, no cabo do **Lombo Frio** (que é uma lomba em uma rocha dele, que se chama a **Felpelhuda**, por ter muito musgo e erva) saem desta rocha três tornos de água, perto um do outro, como quantidade de dois côvados antre cada um; o torno do meio é quente, os outros dois frios. Dali para baixo é a **Ribeira Quente** tão chã até o mar, espaço de outra meia légua que vêm as **tainhas** por ela acima até o **Lombo Frio**; tem esta ribeira um salto pelo qual podem passar as tainhas mais acima.

    Tão feias e furiosas são estas furnas e tanto horror põe a quem as vê e ouve o grande estrondo e arruído que fazem, trabalhando com contínuo movimento, que parece uma confusão e semelhança do inferno; das quais dizem os pastores, que por aquelas partes ao redor delas pastoram seu gado (por haver ali bons e abrigados pastos naquele lugar baixo) e o mesmo afirmam outros que o têm experimentado, que no tempo do Inverno (especialmente quando venta sul, sudoeste, sueste, leste ou nordeste) fervem com maior furor e fazem maior fumaça, parecendo-lhe que andam nelas os demónios, dizendo que a razão disso é andar naquele tempo o mar mais bravo, que as faz ferver com maior braveza; mas ainda que isto pode ser alguma causa, a principal é por que naquele tempo, que é mais frio com os ares frios circunstantes, por antiparastasis se reconcentra a quentura e recolhe para dentro da terra, com se acender mais o fogo nos vieiros do enxofre que há nela, com que acescenta a fervura naquelas bocas abertas, aquentando-se mais a água e polme delas, e saltando para o ar, com mais espesso fumo e apressurado ímpeto e veemência, e mores estrondos que no Verão, em que tudo tem menos, por respirarem pelos poros da terra que estão então mais abertos. **Mas também no Verão como no Inverno, ainda que mais no Inverno, se deve meditar no trabalho eterno que terão os danados, pelo que têm estas furnas perpétuo, sem nunca cessarem; e ainda que algumas delas cessaram já, outras se vão abrindo de novo, porque todo aquele campo é uma mina de enxofre**. E quando cursam ventos nordestes, por serem (como alguns dizem) mais tormentosos, e tanto que revolvem as águas e areias, também elas andam com mais fúria e soam mais ao longe, deitando mais cópia de vapores e fumos, cuidando que o mar por debaixo da terra se comunica com estas bocas; mas, como outros com mais razão afirmam, por os nordestes serem secos e taparem os poros da terra, com que são causa dela tremer, por não ter o ar por onde respirar, assim, quando ventam, são causa de maiores estrondos nestas furnas.

    Ainda que isto destas furnas é natural, parece coisa sobrenatural, e se perguntarem por que razão duram sem se gastarem, consumirem e acabarem (porque se o vieiro de **enxofre** as faz ferver e faz o seu fogo, esse

Pastorícia

Caldeiras

Explicação científica

fogo e esse **enxofre**, ardendo tanto tempo, já se houvera de acabar em tantos anos, e acabando, acabaram as furnas seu furor, e já as não houvera), **responde-se a isso que ainda que se vai gastando o enxofre (que é a matéria de fogo que faz ferver as furnas e aquela água que ali nasce) a mesma qualidade de terra vai criando outro enxofre e outra matéria de fogo, de novo, e assim nunca falta**; pelo que as furnas e seu fervor não cessam, porque (como dizem os filósofos) não é outra coisa enxofre senão uma grossura de terra, a que chamam pinguitudo, junta com a humidade, as quais, como sejam ambas matéria do mesmo enxofre, o que há naquelas partes em abundância, sempre a natureza está subministrando o dito enxofre, que nunca falta nestas furnas, do que é clara mostra e prova o lugar que atrás tenho dito, onde nunca falta por mais que dele tirem; pelo que é estéril a terra dantre as furnas, por ser toda uma mina de enxofre. **Outra razão se pode dar e é que** será tamanho e de tanta quantidade o vieiro de enxofre e matéria de fogo ali debaixo da terra, que **pode durar e dura tantos anos, como tem durado e ainda durará até que se acabe de gastar e consumir pelo tempo adiante, e então acabarão de ferver as furnas, como já acabaram algumas e cessaram por se acabar a matéria do enxofre e água ou humidade que as cevava; e outras começarão novamente, por se começar novo enxofre e nova matéria de fogo na humidade que ali acham**, ou se criou também nova humidade que ferve com novo fogo nascido de novo; **e assim umas furnas vão secando, outras começando e abrindo novamente, por ser pedreira de pedra hume o espaço que está entre algumas, ou elas como fontes nascerem antre esta pedreira, não se desfaz nem gasta, como pudera ser gastado, se não fora pedra, como já tenho dito**.

Um tiro de arcabuz das furnas para a parte do ocidente estão em um campo algumas pequenas bocas abertas, pouco fundas, e outras quase rasas com a superfície da terra; e ao redor das mesmas furnas, para a banda do mar e da terra, uns lugares, como covas, e outras rasas, em outros três ou quatro pedaços de terra, de alqueire cada um, em diversas partes, donde saem uns fumos e fedores tão prejudiciais e infestos a quaisquer aves do ar ou animais da terra (como são gado vacum, ovelhas, cabras, porcos e cães, que ali chegam, ou as aves que por cima voam ou pousam nas árvores) que caem e em breve espaço morrem, se logo os não tiram fora, escapando os cães com a vida, cortando-lhe as orelhas, por onde purgam aquela peçonha que pelos narizes receberam. Dizem alguns que ao longo da Ribeira Quente, por ela abaixo, estão outros campos desta mesma qualidade, até os quais somente sobe do mar pescado de diversas maneiras, sem passar mais acima, e todos, uns e outros, se chamam por esta razão os fumos ou fedores, sem em nenhuma parte deles receber dano nem mal alguma pessoa humana, se não se deixar estar ali por notável espaço de tempo, porque os que se detêm mais de uma hora, quando vão tirar dali o gado, também sentem movimento no corpo, como é vómito e outros acidentes. Além, pouco espaço ao ponente, corre uma grande e fresca ribeira de boas e claras águas, que nasce na rocha junto do **Pé de Porco**, onde está feita a **fábrica de pedra hume**, que ali mandou fazer João de Torres, mestre dela, depois que deixou de obrar a da vila da Ribeira Grande, de que adiante contarei; e com esta água desta ribeira ser muito fria, está fervendo em muitas partes, com a respiração que faz a quentura dos vieiros de **enxofre** que está debaixo daquela terra, por onde vai correndo; pela qual razão se chama a Ribeira-que-Ferve, cuja água dizem ser a melhor de toda a ilha, se o não for a da cidade da Ponta Delgada, principalmente na fonte donde nasce, onde está mui fresca e fria, porque na donde sai, vai já muito amassada e encalmada, sem perder sua bondade, mas às vezes por isto e por causa das raízes que dentro nos alcatruzes crescem muito, sabe a terra e não se bebe tão fresca e fria, posto que a água que vem de longe por canos limpos é melhor (quanto mais comprido tem o curso) que na fonte donde nasce, por vir purificada de algumas escórias que da terra nascem. Defronte da fábrica, um pouco mais acima, está uma **fonte**, como um cano de água, que **sabe a ferro** e se mete na mesma ribeira, pelo que, quem quer boa água dela, a toma acima do lugar onde esta fonte de ferro se mete nela.

 Desta ribeira fria que ferve, pouco espaço para o ponente, es**tá uma ermida de Nossa Senhora da Consolação**, de muita romagem, que agora com grande custo mandou consertar o magnífico e **liberalíssimo Baltazar de Brum da Silveira, em condição Alexandre**.[52] Além dela, um tiro de

---

 [52] Devia ter sido tambem no tempo d'este ouvidor [Fr. Manuel Rodrigues Pereira, 1538] que um filho do dito Diogo Affonso Columbreiro, chamado elle Sebastião Affonso foi viver para as Furnas e ahi edificou uma ermida cuja invocação se perdeu na noite dos tempos; mais tarde reedificada por Balthazar Brum da Silveira com a invocação de Nossa Senhora da Consolação. Foi d'ella muitos annos ermitão e com muita probabilidade lá morreu. D'esta ermida que foi a primeira que ahi houve perdeu-se completamente a memoria e para que não reste duvida sobre a sua existencia transcreve-se abaixo a nota encontrada no Archivo da Santa Casa da Misericordia de Ponta Delgada pelo Snr. Rodrigo Rodrigues: «...O terceiro filho de Diogo Affonso Columbreiro, chamado Sebastião Affonso, irmão de

Termalismo besta, está a **Ribeira Quente**, que nasce perto da dita ermida, de dois grandes e apartados olhos de água turva e tão quente que se se não temperasse com outra fria de outras fontes que ao redor nascem não se poderia sofrer sua quentura; mas com esta mistura fica sua água temperada, sem ferver, como ferve a outra ribeira fria que atrás disse, ficando a ermida antre estas duas ribeiras, a fria e a quente; abaixo da cruz da ermida, mui perto, está uma fonte muito fria e amarela a metade dela, e a outra metade verde, não tão fria. **Na qual Ribeira Quente se curam muitas pessoas de**

Termalismo **flegma, salsa e sarna e outras enfermidades, tomando nela banhos, sem mais outros suadouros; a que não faltam, se não oficinas e edifícios para se igualarem com as celebradas Caldas da Rainha**, que estão em Portugal, junto de Óbidos, e as Caldas junto a vila da Bouzela e quaisquer outras.

Da ermida das Furnas, a mais de três tiros de besta para o ponente,
Lagoa **está uma grande alagoa de água doce**, que terá em circuito mais de uma légua; e da parte das Furnas, acima de um cerro e baixa encumeada, que

---

Izabel Carneira, este tal dizem deu sua legitima a sua irmã D. Maria, atraz referida em casamento e da Vargem se foi solteiro para a banda das Achadas e não se alcançou se casou ou não; só se diz fazer uma ermida nas Furnas onde viveu nella muitos annos e não se alcançou descendencia sua.» [v]

Foi a esta ermida que João Gonçalves Perdigão, escudeiro, casado com Branca Gomes deixou um legado de 100 rs. por seu testamento approvado pelo tabellião João de Senra a 16 de fevereiro de 1551.[w]

Fructuoso faz-lhe tambem referencia e diz a respeito delle o seguinte: "Este Sebastião Afonso sendo depois de velho ermitão das Furnas teve um gallo que pelejava cruamente com a gente que lhe cantava como gallo, ferindo os homens com o bico e esporões com tanta braveza que não se podendo com um pao uma vez defender um homem, chamava aqui del-rei sobre elle, tirando a espada com que ainda se não podera valer, se outros os não apartassem accudindo ao ruido.»[x].

Será esta ermida a que o autor do Sanctuario Mariano diz ter existido nas Furnas com a invocação de Nossa Senhora da Conceição?

A sua reedificação por Balthazar Brum da Silveira foi ainda no tempo de Fructuoso porque, referindo-se a elle o benemerito historiador diz: «...D'esta ribeira fria que ferve pouco espaço para o poente está uma ermida de Nossa Senhora da Consolação, de muita romagem que agora com grande custo *consertou* o magnifico e liberalissimo Balthazar Brum da Silveira em condição Alexandre.»

[v] Notas do Snr. R. Rodrigues fls 141?.
[w] Notas do genealogista José Pedro da Costa.
[x] Saudades da Tarra, edição de Supico e C. pag. 63.

IMAGEM DE NOSSA SENHORA DA CONSOLAÇÃO

21 – In: CORREIA, *António Albuquerque Jácome* – O Convento da Caloura: Câmara Municipal da Lagoa, 2000

está antre ela e as mesmas Furnas, tem outras quatro ou cinco furnas, fervendo e fumegando da mesma maneira que as já ditas, das quais dizem que procede a Ribeira Quente e os dois olhos que já disse que dela nasciam, em que se tomam os banhos; e quando a água cresce no Inverno, as cobre de água, como também se secam no Verão parte delas. E às vezes se vê esta alagoa vasar alguma coisa e tornar-se a encher, como maré, pelas bordas, de que parece ser causa o vento, que a faz ir para uma parte e tomar o seu lugar, quando a calma cursa ou vem da parte contrária, ou por causa da lua; pode ter esta alagoa (que é mais larga que as das Sete Cidades, mas não tão comprida) dez moios de terra, a qual deu el-Rei a um João Tavares, da vila da Ribeira Grande, que lha pediu com determinação de a vasar pela parte do Sanguinhal de Duarte Pires, e dali a levar ao mar pela Ribeira Quente, por se aproveitar da terra dela para semear **pastel ou trigo**, o que não

Lagoa

Caldeiras

Pastel

Trigo

22 – MYRICA FAYA Aiton (MYRICACEÆ). Faia. Em todas as ilhas dos Açores, Madeira, Canárias, Portugal. In: SJÔGREN, Erik – Plants and Flowers of the Azores: Plflanzen der Azoren: Plantas e flores dos Açores. Reprodução das ilustrações e texto autorizadas pelo Autor (Ver Bibliografia)

23 – ERICA AZORICA. (HOCHST) D. A. WEBB. (Urze. Em todas As Ilhas dos Açores. In: SJÔGREN, Erik – Plants and Flowers of the Azores: Plflanzen der Azoren: Plantas e flores dos Açores. Reprodução das ilustrações e texto autorizadas pelo Autor. (Ver Bibliografia)

houve efeito. **Está claro que onde está esta alagoa grande foi outro alto pico que em outro tempo arrebentou** e ficou ali aquela concavidade, dividida com o cerro que está entre ela e o campo das Furnas, em que se fez aquela grande alagoa, correndo para ela algumas ribeiras, regatos e grotas de chuvas e enchentes. **Dizem que de toda a terra ao redor dela se pode fazer caparrosa**, se se soubesse quantos dias há de estar a apodrecer, e houvesse mestre dela, como também de alguma terra dantre as furnas se

24 – PICCONIA azorica (Tutin Knobl. (Oleaceæ) . (Pau branco). Em todas as ilhas dos Açores, excepto Graciosa. Endémica dos Açores. In: SJÔGREN, Erik – Plants and Flowers of the Azores: Plflanzen der Azoren: Plantas e flores dos Açores. Reprodução das ilustrações e texto autorizadas pelo Autor. (Ver Bibliografia)

25 – LAURUS azorica (Seub.) Franco (Lauraceæ). (Louro). Em todas as ilhas dos Açores, Madeira, Canárias. Endémica dos Açores, Madeira e Canárias. In: SJÔGREN, Erik – Plants and Flowers of the Azores: Plflanzen der Azoren: Plantas e flores dos Açores. Reprodução das ilustrações e texto autorizadas pelo Autor. (Ver Bibliografia)

faz já muito boa. **Dali a pouco espaço, para a banda do sul, abaixo do caminho que vai das Furnas para Vila Franca, estão duas alagoas pequenas, de água doce**, a respeito das quais, a outra atrás **se chama a Alagoa Grande; e das duas menores**, a que está da banda das Furnas é mais escura, em uma cova de um pico que em outro tempo arrebentou, cercada a água ao redor de altas árvores; outra, da banda do ponente, é mais clara, onde vai ter uma ribeira que se **chama de Diogo Preto**, nome de um

Lagoas

26 – FRANGULA azorica. Grubow (RHAMNACEÆ). (Sanguinho). Em todas as ilhas dos Açores, excepto Graciosa. Endémica dos Açores Madeira. In: SJÔGREN, Erik – Plants and Flowers of the Azores: Plflanzen der Azoren: Plantas e flores dos Açores. Reprodução das ilustrações e texto autorizadas pelo Autor. (Ver Bibliografia)

27 – PRUNUS LUSITANICA L. subsp. Azorica (Mouillef.) Franco (ROSACEÆ). (Ginjeira brava). Nas ilhas de S. Miguel, Terceira, São Jorge, Pico e Faial. Subespécie endémica dos Açores. Rara. In: SJÔGREN, Erik – Plants and Flowers of the Azores: Plflanzen der Azoren: Plantas e flores dos Açores. Reprodução das ilustrações e texto autorizadas pelo Autor (Ver Bibliografia)

homem principal que ali morou e tinha sua fazenda; na qual alagoa clara (que tem em baixo areia) se some a dita **ribeira de Diogo Preto**, e vai por debaixo da terra, espaço de uma légua, a sair no mar, nas fontes que saem junto do **Forninho**, perto da baixa chamada **Lobeira** (como já tenho dito), o que tenho por mais certo, que o que outros dizem, serem aquelas fontes que nascem no mar, da Alagoa Grande, porque se dela saíram, fora minguando, o que não faz, pois está sempre em um mesmo ser, afora as mudanças que lhe faz fazer o vento, ou as enchentes que nela entram no Inverno, ou secura do Estio, ou a lua.

Das Furnas até à ribeira de Diogo Preto vão dois caminhos bem assombrados, em que espairecem e se desenfadam muito os caminhantes, um ao longo da Alagoa Grande, pela qual se estendem os olhos de água por suas águas, e outro por um lombo alto, acompanhado de altíssimo arvoredo de uma e outra banda; e da do sul se vão os olhos apascentando por altos montes e baixos vales, povoados de espessas árvores, que fazem aqueles lugares e caminhos estranhamente alegres e saudosos; anda nela diversidade de aves em grande número, como são adens, mergulhões, maçaricos, galeirões, patas bravas e outras espécies delas; podia-se criar ali infinidade de peixes de água doce, se houvesse curiosidade para os trazer a ela, de fora.

Ribeira

Lagoas

Fauna

A noite que amanheceu a **sete de Outubro de mil e quinhentos e oitenta e oito, choveu por aquelas partes tanta água, que atupiu muitas destas furnas** com suas enchentes e levou algumas casas com seus moradores ao mar, de que tomou bom espaço posse, um pedaço de terra que quebrou do pico da Vara, muda**ndo a Ribeira Quente de sua primeira madre, e em diversos lugares e partes desta ilha**, fazendo muitas mudanças e espantosas novidades.

Inundações de 1588

Ribeira Quente

[…]

CAPÍTULO LV

DA INFINIDADE DE AVES DIVERSAS QUE HOUVE NA ILHA DE SÃO MIGUEL, NOS PRIMEIROS ANOS DE SUA POVOAÇÃO, ENTRE SEU ESPESSO ARVOREDO

[…]
Posto que muitas aves vieram aqui de fora a esta terra, nela se acharam algumas maneiras de pombos como naturais dela, uns pretos, que chamavam pombos da serra, que matavam às trochadas com paus e aguilhadas e com lanças, nos paus e nas arvores, tão tolos que eram, pela pouca comunicação da gente, que tudo esperavam; estes eram da terra. Outros houve cinzentos, que chamavam turcazes**,** que eu cuido serem naturais, mas alguns dizem

Pombos

que vieram depois aqui de fora, porque d'antes os não havia, e multiplicaram tanto que agora há aí muitos, nas Furnas e na serra sobre a Porvoação Velha,

[...]

CAPÍTULO LXXI

DE OUTRAS PERDAS E DANOS QUE O MESMO TREMOR DA TERRA FEZ E CAUSOU EM OUTRAS PARTES DA ILHA DE SÃO MIGUEL

[1522]

[...]

Subversão de Vila Franca

Nas Furnas, estavam em uma cafua dezassete pessoas e estava por senhor da cafua (que era casa grande) um **João Delgado**, homem preto, de muita verdade e bom cristão, que fazia muito gasalhado a todas as pessoas que ali iam ter àquela criação de seu senhor, chamado **Pedro Anes Mago**, pai de Pedro Anes Mago, vigairo que agora é da vila da Lagoa; uns bardeavam, e outros **eram pastores**, outros iam para outras partes da ilha, e aquela noite acertaram de pousar ali, e com o tremor morreram todos, ficando só o preto João Delgado vivo, que escapou mui escalavrado, e sendo depois forro, faleceu no lugar de Rabo de Peixe e foi enterrado, por sua virtude, dentro na igreja de cima, que então servia de paróquia.

Na mesma noite da desolação de Vila Franca, arrebentou junto das mesmas Furnas (onde se chama a **Lomba das Camarinhas**) terra de compridão de um tiro de arcabuz, com tanta altura e concavidade que as árvores que nela estavam, nada se moveram nem arrancaram, mas sim, pela ordem em que estavam, correram por uma terra chã, passando duas ribeiras, a **Ribeira Quente e a Fria**, e cobriram mais de vinte moios de terra; e ali cessou a corrente da terra, mais abaixo para a banda do mar, apartada do lugar onde dantes estava com as ditas árvores, que nela também dantes estavam prantadas, algumas das quais se cortaram depois, mas durou muitos anos uma grande faia, verde e fresca, junto da qual o negro **João Delgado** fez outra cafua, e na mesma faia, que correu sobre a dita terra, dependurava os **cabritos e cabras, e carne, pão e miúdos das reses** que matava; a qual faia, contam os antigos, que ia na dianteira da terra corrida, aquela noite do tremor.

Um canário, chamado Pedralvres, natural de Tenarife, que foi de João Álvares do Sal, morador na vila da Lagoa, achando-se aquela noite no sítio das Furnas, deitou quatrocentas **cabras** ao pé da rocha, que se chama **Pé de Porco**, da qual com o tremor quebrou e caiu um pedaço e soterrou as cabras, sem aparecer mais alguma. [...]

Alimentação

CAPÍTULO LXXII

DA CAUSA DESTE TREMOR DE TERRA QUE SUBVERTEU VILA FRANCA E DE UM TERRAMOTO QUE ACONTECEU NO ANO DE MIL E QUINHENTOS E SESSENTA E TRÊS, NO TEMPO DO CAPITÃO MANUEL DA CÂMARA

[1563]

[...]
E no mesmo tempo correu a quebrada da terra nas Furnas entre a alagoa grande e as ditas Furnas, e levou um grande espaço da superfície sobre si, com as árvores que nela estavam prantadas, ficando todas na ordem que dantes tinham, sem se mudar alguma do seu lugar, como está dito.

Lagoa

O monte das Furnas parece que, quando arrebentou no tempo que se descobriu esta ilha, ou antes dela descoberta, caiu a terra e polme dele ao redor pelo mato, que se chama a **Serreta**, que nasceu depois sobre o acravado e sobre os montes junto de Vila Franca. O mesmo parece que foi outro monte, onde agora está a grande alagoa das Furnas, como mostram as quebradas e rochas ao redor dela; e daqui, destas partes ou de outras, em tempo de outros antiquíssimos terramotos ou tremores, antes de ser achada esta ilha, saiu a terra e polme que cobriu estes montes ao redor de Vila Franca, como terra adventícia e postiça sobre eles. E, com o tremor grande, que foi no tempo do dilúvio de Vila Franca, quebrou a terra do monte que está sobre ela e correndo sobre a vila, a cobriu toda. Na Ponta da Garça e na Maia (como tenho dito) fez o mesmo; onde é de notar que a terra que correu sobre Vila Franca era uma quebrada de um pico que está sobre ela, a qual não é o solo e torrão de uma terra natural do pico, mas é terra que parece que caiu sobre aquele pico e ao redor de Vila Franca, no tempo quando arrebentaram as Furnas, ou outros pico em tempo de outros terramotos que antigamente houve nesta ilha, antes de ela ser descoberta, nem povoada. [...]

História geológica

CAPÍTULO LXXXV

COMO DA PARTE DO NORTE COM FORÇA DE FOGO ARREBENTOU OUTRO PICO, CHAMADO DO SAPATEIRO, PERTO DA VILA DA RIBEIRA GRANDE; ONDE SE DECLARA A ORIGEM DOS BISCOUTOS QUE HÁ NESTAS ILHAS E DA PEDRA POMES

[…]

Pedra hume   E nas Furnas se acha **caparosa** e se fez **pedra hume**, como na vila da Ribeira Grande, e em muitas partes da ilha se acham pedreiras dela, que também é mineral e isca de fogo. Há também em muitas partes da mesma ilha, principalmente na Ribeirinha, termo da vila da Ribeira Grande, do caminho para a serra, muita **marquezita**, pelo que se conjectura que também deve de haver outros minerais que sejam cêvo do fogo, como é rosalgar e outros, pois o fedor de alguns mata cães, pássaros e gado, que se chegam aos lugares onde os tais materiais estão, como se vê claro no campo dos fedores das Furnas e junto das Caldeiras da **vila da Ribeira Grande**, de que já tenho contado. Também parece que deve de haver minas de prata, mas mui profundas e cobertas de pedra que correu e de cinza e de pedra pomes, que caiu por cima, ou, se não houver **prata**, pode ser que será por não penetrarem os raios do sol ou da lua a terra, por serem oblíquos e não tão rectos e ponteiros que tenham força para criar minas de **ouro ou prata** nas entranhas desta terra, que é em extremo húmida, pelo que tudo nela cria bolor, mofo, e nas armas muita ferrugem. […]

Alguns dizem ser matéria dos biscoutos o **acernefe** que se acha nas Furnas, que é um material amarelo como pedra luzente, no qual pega o fogo mais que em enxofre e queimado se derrete e torna em escória, da maneira que são os biscoutos que correram nesta ilha, ou ambos juntos, **acernefe e marquezita**, são matéria deles. […]

CAPÍTULO LXXXVII

DO QUE ACONTECEU NA CIDADE DA PONTA DELGADA, NO TEMPO DO SEGUNDO TERRAMOTO

[1563]

[...]
Da Ribeira Grande até o **lugar de Porto Formoso e Maia**, caiu muita quantidade de cinza, em tanto que acravou todas as novidades e as cobriu em maneira que se perderam, sem delas se aproveitar senão mui poucas espigas. **Da Maia** para além, convém a saber, nas freguesias dos Reis Magos e em ambas **Achadas**, e na de S. Pedro da Lomba, e na **vila do Nordeste até a Povoação e Furnas**, além da **muita cinza** que também choveu, caiu tanta pedra pomes, misturada com algumas rachas de pedra brava, que não ficou coisa que não cobrisse, nem grota que não arrasasse, nem árvore que aparecesse, nem pessoa que não cuidasse senão que o mundo se acabava. Donde por toda aquela costa (que são bem nove léguas de terra, assim pelas terras feitas como pela serra, porque apenas se podia caminhar a pé, por ser muito fragosa e coberta de arvoredo) ficou tudo tão raso e desabafado, que não há lugar por onde mui à vontade carros não possam andar.

As pedras que caíam a lugares eram algumas delas de grandor de potes, e outras maiores e mais pequenas. E, quando davam no chão, nos telhados ou árvores, todas se esboroavam com muita facilidade. Mas deixaram a terra tão bravia, áspera e estéril, que não havia boi que a dois passos não se despeasse, nem erva que arrebentasse, nem esperança que jamais frutificasse. Foi nestes dias tanta a obscuridão daquelas bandas, que quase não se viam as pessoas umas às outras. E de quando em quando se sarrava tanto, que de nenhuma qualidade se podiam ver, senão às palpadelas.

Afirmam alguns que **foram vistos os demónios alardear e soar espantosos estromentos**, tanto quieta e sossegada, se começou a alvoroçar e a perder a esperança de tão cedo se assegurarem. E logo se fez na cidade outra mui devota procissão (afora as que cada dia se faziam) na qual se tirou a imagem de Nossa Senhora da Concepção. Dali por diante, quis Nosso Senhor que cessaram os terramotos. [...]

Procissão de Cinzeiro

CAPÍTULO XCII

COMO SE DESCOBRIU E FEZ PEDRA HUME NA ILHA DE S. MIGUEL

Pedra hume

  No ano de mil e quinhentos cinquenta três, a vinte e dois do mês de Maio, que foi a primeira octava do Pentecoste, indo o doctor Gaspar Gonçalves, morador na vila da Ribeira Grande, ver as Furnas, achou as veias da pedra hume e foi o primeiro que nesta ilha as descobriu desta maneira. Nas covas e buracos que estavam por entre as mesmas Furnas, achou a frol e escuma seca da dita **pedra hume**, que ali se ajunta da frol e grossos vapores que vêm de baixo, e cuidando ser salitre (porque o parecia) o fez experimentar em sua casa por um mestre Jaques, bombardeiro flamengo, ou condestabre dos bombardeiros, que aquele ano atrás viera a esta ilha com o Capitão Manuel da Câmara. E, achando que não era salitre, o deu a um surrador, chamado Hector Fernandes Lixabá, que experimentasse a dita frol nas peles, porque tinha sabor da pedra hume. […]

  […] Pelo que, vendo **João de Torres** que esta obra se consumia, determinou fazer outra fábrica nas Furnas, na qual gastou setecentos mil réis em tudo quanto fez. E, quando a teve acabada, ficou com dívida de duzentos e trinta mil réis, em que devia vinte moios de trigo ao feitor **Jorge Dias**, e quarenta mil réis a **Diogo Lopes de Espinhosa** e a outras pessoas. Fez o primeiro peso de sessenta quintais de pedra, de que levou certidão ao feitor para lha pagar, mas pagou-se dos quarenta mil réis do feitor passado, e deu-lhe nove mil e setecentos réis, com que começou a fazer o outro peso, que fez de cinquenta quintais. E, como viu o feitor que ia pagando, por rogo lhe deu quinze mil réis, pagando-se da demasia, pelo que dali por diante fez João de Torres pedra a medo, por não ter dinheiro e a gente andar muito cara, de modo que foi necessário vender as peças de ouro e prata que tinha. Toda a pedra hume que fez seriam quinhentos e oitenta quintais. E não fez mais por não ter poder para isso. […]

CAPÍTULO XCIII

DE ALGUNS MINERAIS QUE HÁ E SE PRESUME HAVER NA ILHA DE S. MIGUEL

Há nesta ilha muitos minerais, alguns dos quais são causa dos terramotos dela. Deles direi o que alcancei saber, e alguns que por conjecturas se presume haver.

Nas Furnas, que estão ao oriente, há **pedra hume** e na alagoa grande há tanta **caparrosa** que acham serras dela; da qual dizem os alquimistas que são fezes de prata. Também há muito **enxofre**, que nunca ali falta, por mais que dele tirem. E achou-se **acernefe**, que é um material amarelo, mui luzente, no qual pega o fogo mais que em enxofre, e queimado se derrete e torna em escória, de maneira que é o biscoito que correu nesta ilha e saiu do **Pico do Sapateiro**, e outros muitos que dantes correram doutros picos; e pode ser que o acernefe é a matéria de que todos eles se geraram e fundiram, ou será a **marquesita**, que já tenho dito, e **acernefe**, tudo junto.

[…]

Minerais

Pedra hume

Caparosa

ANTÓNIO FERNANDES FRANCO, [...] – [F. 25.3?.1669]

FRANCO, António Fernandes – *Relaçaõ do lastimoso e horrendo caso qve aconteceu na Ilha de S. Migvel em fegunda feira dous de Setembro de 1630 recopilada pelo Padre…* Lisboa: Pedro Craesbeeck, 1630.

Natural de Lagoa, 3.º Vigário da Igreja de N. S. do Rosário. Escreveu a Relação que reproduzimos a partir do exemplar (raro) existente na Biblioteca Geral da Universidade de Coimbra. A sua excelência foi divulgada em 1903 pelo Dr. Augusto Mendes Simões de Castro, director da BGUC, no *Archivo Bibliographico da Universidade de Coimbra*, vol. 7, n.º 4, 1908, acompanhado de uma nota do Dr. Mendes dos Remédios. Decorrido um ano foi publicada pelo Dr. Eugénio de Castro uma edição facsimilada das traduções francesas e espanholas. [Archivo dos Açores, Ponta Delgada, vol. 9, p. 416-421]

[...]
Tem efta Ilha duas Serras mui altas, hũa em cada ponta, & no meio he tam baixa que os nauegantes, a vem muitas vezes alagada pello meio, a modo de fella. Em hũa Serra deftas que fica pera a parte de Lefte, no mais alto della fe faz hũ valle muy profundo, & no baixo della ha hũa efpaçofa campina, que tem muitas ribeyras, & altifsimos & frefcos aruoredos. Ha tambem hũa ribeyra de agoa quente temperada, muy medicinal pera muitas enfermidades, onde os enfermos tomaõ muytos banhos: junto a efta ribeyra ha hum Conuento de Clerigos retirados Ermitaẽs, homẽs degrande virtude, que ellegeraõ efta folidaõ para paffarem o reftante da vida fora de humanos tratos, faõ em numero cinco Sacerdotes & tres irmãos leigos de feruiço, & vay em muito augmento. Hum pouco defuiado defte Conuento eftá hum fitio no mefmo valle em que ha muitas furnas de que fae fumo, agoa quente, clara, & delgada: de outras fae polme cór de finza mui fotil, hũas faõ maiores, outras mais piquenas: de hũas fe ouue mui grande eftrondo & horror, de outras menos, com roim cheiro de enxofre & falitre, com outras muitas particularidedes que aqui naõ tem lugar. Ha mais nefte valle hũa notauel alagoa de agoa clara & frigidifsima, que tem de comprimento hũa legoa, & de largura mea, em que podem nadar & balrauentear Naos de muy grande porte, junto a efta alagoa em fuas prayas ha algũas furnas pequenas, de que fae muito quente a agoa com fumo & cheiro de enxofre. **Deftas furnas pequenas rebentou taõ grande impeto de fogo, que**

meteo efpanto a toda a ilha, precedendo antes tremores de terra em fegunda feyra dous de Setembro, duas horas depois de meia noite, & fe leuantou efte fogo em nuues ao Ceo, & fachas taõ horendas & altas, que de toda a ilha fe defcobria: correo defta alagoa hũa grande ribeyra de fogo ate o mar que difta duas legoas, & leuou o que diante achou, & hum grande monte que fe chama o Pico da Cruz, & o meteo pello mar adentro, fazendoo recuar diftancia de tiro de hum reforçado mofquete. **Os roncos & vrros que dauaõ aquelles rayos de fogo caufauaõ temerarios efpantos, & eraõ tantos que parecia que os Ceos fe conuertiaõ em fogo**. As cafas de hũ fitio que chamaõ o Forninho, onde ha muitas vinhas, & de duas Freguefias que lhe ficaõ de hũa & outra parte, que faõ Ponta da Graça, & Pouoaca, fe arrazaraõ, fem ficar hũa em pe, & muitas no Fayal que he outra Freguefia mais diftante, & morreo quantidade de gente, de que fe naõ fabe numero certo mais que de cincoenta & duas peffoas que eftauaõ em hũa cabana de guardadores, de que fugiraõ dous: & chegando hum a fua cafa cahio fobre elle & o matou: & o outro diffe, que os cincoenta era impofsiuel efcaparem da ribeyra do fogo. No feguinte dia, que foi terça feira, fe começou a cobrir toda a ilha de cinzeiro & pedra pomes, o Ceo fe efcureceo, & cada vez em mor crefcimento. E chegando a quarta feira, das onze & meia ate duas horas depois de meio dia negou o Sol fua luz, & ficou tam horrida & fea noite, que jamais fe vio em tempo de inuerno. Os homẽs andauaõ pafmados dando hũs per outros fem fe conhecerem, nem verem: & pera fe ver hũa Prociffaõ que entaõ paffaua, fe acenderaõ vellas nas janellas, naõ auia marido que foubeffe de fua molher, nem molher de feu marido: o pay naõ fabia dos filhos, nem os filhos do pay: tudo era confufaõ & notaueis clamores ao Ceo, pedindo mifericordia & perdaõ de fuas culpas, afsiftindo nas Igrejas de noite & de dia, com muitas difciplinas & inuenções de penitencias: fizeraõfe muitas Prociffoẽs, de forte, que a todos parecia o dia vltimo do Juyzo, & ate os brutos animaes andauaõ pafmados.

[...]

VULCANISMO NOS AÇORES

Vulcanismo nos Açores... **Archivo dos Açores**. Ponta Delgada, vol. 2, (1980), p. 535-547

[Erupção de 1630]

Outra narrativa da mesma erupção por autor anonymo contemporaneo[53]

Erupção de 1630

O castigo universal d'esta ilha foi quando rebentou o fogo nas Furnas no anno de 1630 a 3 de Setembro.

Principiou a tremer a terra às 8 da noite, e continuou com extraordinária rijesa até às duas depois da meia noite, no qual tempo se vio com um tremor... no ar muitos raios de fogo; ao principio cuidaram que eram relampagos, mas pouco depois se intendeu o que podia ser pelos muitos urros que a terra dava.

O sitio aonde rebentou foi nas Furnas junto á lagoa barrenta; continuaram os raios com tanta ligeireza e em tanto numero que parecia se abrazava o mundo, e a não estarmos animados do que tínhamos ouvido a nossos antepassados do que acontecido havia no fogo de S. Pedro,[54] perderamos os animos, e assim servia de muito esforço para a gente; muitas pessoas que neste tempo havia que se recordavam do fogo passado.

Terça feira 4 do dito mez de Setembro pela manhã se vio no ar uma temerosa nuvem tão encarapellada e tão alta e medonha causada da pedra pomes e cinzeiro que o fogo lançou quando rebentou, que pareciam os encarapellos d'ella grandes montanhas; e logo ao mesmo dia ás tres da tarde chegou a esta villa o Padre Alvaro da Costa de Carvalho, cura d'um logar que se chama Ponta Garça, em Villa Franca, fugindo com mais de oitenta almas que comsigo trouxe, entre a qual gente vinha muita nobre, descalça e mal composta, por não haver tempo ao fugir de se auctorisar: vinham as mulheres sem maridos e maridos sem filhos nem mulheres, porque cada um se salvou para a parte que melhor lhe pareceo. Delle e da gente soubemos o miseravel estado em que muita gente perecera, e o sitio e logar onde rebentara o fogo e

---

[53] Assento lançado n'um livro manuscripto pertencente ao Sr. Dr. Augusto Climaco Raposo Bicudo.

[54] Erupção de 1563.

dos raios que vimos fomos desenganados o não eram senão muitas pedras ardentes e pedaços de paus que n'aquella parte havia, que o fogo levantou ao tempo do seu rebentar, que como digo foi no Valle das Furnas, na Lagôa barrenta, creação de Balthazar Rebello em cuja cafua e casa de pastor estavam mais de trinta pessoas, que andavam com outra gente n'aquella parte ao azeite de baga, e se achou por boa conta seriam mais de oitenta pessoas as que o fogo fez em pedaços ao tempo de seu rebentar.

Baga do loureiro (azeite)

* * *

Epitome tirado d'uma breve Relação feita pelo licenciado João Gonçalves Homem; cidadão da cidade de Ponta Delgada e nella morador, do que succedeo n'esta Ilha de S. Miguel e se vio nesta dita cidade no mez de Setembro passado do anno de 1630.

(Inedito)

[…] Na dita segunda feira, 2 do dito mez, em *(que)* a Lagoa que chamam obscura, pela agoa que nella está ser mui negra e fedorenta, que tem em toda 15 alqueires de terra, que em Portugal são 30 desta medida: levou também outra Lagoa que chamam Barrenta pela agoa della ter barro e polme. A estas ambas, consumiu e seccou com esta rebentação. A outra Lagoa, que chamam Grande, tem e tinha agoa mui clara e duas legoas em roda com 30 braças em fundo; todas estas Lagoas são sitas juntas em as Furnas, logar sabido nesta ilha.

Erupção de 1630

Esta rebentação fez boccas e covas de 40 moios de terra, que são 80 moios dessa medida em Portugal, e tantas abrazou e consumiu; levando e queimando com esta subita rebentação 75 pessoas que juntas estavam fazendo azeite de louro; depois de ter feita esta bocca e abertura; fez dentro em si outra bocca na qual se formou um pico tão alto como o mais levantado desta Ilha, todo de pedras de fogo que se ajuntaram e agregaram de tal sorte que não havia uma mais alta que outra, e parece estava formado por mão de algum artífice; este pico tinha em o cume e remate uma boca a modo de funil ao parecer de 20 alqueires de terra de largo, que são 40 dessa medida, (em Portugal) pela qual se viam sahir fumos, umas vezes labaredas; pedras e madeiras outras vezes: tudo emfim fogo, com mui grandes, gressos e levantados cinzeiros e continuaram de modo que mui poucos dias estivemos sem elles e muitas vezes se nos representavam como em seus primeiros dias.

Lagoa Grande
Baga de loureiro (azeite)

ANTÓNIO FERNANDES FRANCO, 1662-1732

Natural de Lagoa, 3º Vigário da Igreja de Santa Cruz . Escreveu a Relação que reproduzimos a partir do exemplar (raro) existente na Biblioteca Geral da Universidade de Coimbra. A sua excelência foi divulgada em 1903 pelo Dr. Augusto Mendes Simões de Castro, Director da BGUC, no **Archivo Bibliographico da Universidade de Coimbra**, vol. 7, nº 4 (1908), acompanhado de uma nota do Doutor Mendes de Remédios. Decorrido um ano foi publicado pelo Dr. Eugénio de Castro uma edição facsimilada das traduções francesa e espanhola [**Archivo dos Açores**, vol. 9, p. 416-421]

RELACAŌ DO LASTIMOSO E HORRENDO
CASO QVE ACONTECEO NA ILHA DE S. MIGVEL
em segunda feira dous de Setembro de 1630, Recopilada pello Padre Antonio Fernandez Franco, natural da mesma Ilha.

ILHA de S. Miguel he hũa das sete dos Açores, & por outro nome Terceiras, que está no mar Oceano em altura de trinta & noue graos, he a mais chegada & vezinha dellas a este Reyno, tem dezoito legoas de comprido, & tres de largo mais & menos, corre de Leste a Oeste, he mui fresca em seu Estio de bós ares & de crystalinas & excelentes agoas, muy fertil de paõ, vinho, pastel, & outros frutos, que a fazé conhecida, comerceada de muitas naçoẽs: tem muito gado de vacas, cabras, carneiros, porcos, & muita & boa caça, & sobre tudo muy barata de tudo o que a terra dá. Carrega pera fora em cada anno seis mil moyos de trigo mais ou menos, & céto oitenta mil quintaes de pastel, auendo pazes com Inglaterra & Frandes; tem hũa Cidade de mui numeroso pouo, & nella tem hum forte Castello com muita & mui grosa artilheria, tem tres Conuentos de Freyras Francilcanas, & tres de Frades de S. Francisco, de S. Augustinho, & da Companhia, fora outros dous de Francicanos que ha em duas Villas Ribeyra grande & Villafranca onde tambem ha outros dous de Freyras. Tem cinco Villas, & trinta & duas Freguesias parroquiaes todas a bei ramar em seu circuito. De toda ella he Capitaõ mor & Gouernador o Conde de Villafranca que nella tem muy grossa renda. Tem esta Ilha duas Serras mui altas, hũa em cada ponta, & no meio he tam baixa que os nauegantes a vem muitas vezes alagada pello meio, a modo de sella. Em hũa Serra destas que fica pera a parte de Leste, no mais alto della se faz hũ valle muy profundo, & no baixo della ha hũa espaçosa campina, que tem muitas ribeyras, & altissimos & frescos aruoredos. Ha tambem hũa ribeyra de agoa quente temperada, muy medicinal pera muitas enfermidades, onde os enfermos tomaõ muytos banhos: junto a esta ribeyra ha hum Conuento de Clerigos retirados Ermitaẽs, homés de grande virtude, que ellegeraõ esta solidaõ pera passarem o restante da vida fora de humanos tratos, são em numero cinco Sacerdotes & tres irmaõs leigos de seruiço, & vay em muito augmento. Hum pouco desuiado deste Conuento está hum sitio no mesmo valle em que ha muitas furnas de que sae fumo, agoa quente, clara, & delgada: de outras sae polme cór de sinza mui sotil, hũas são maiores, outras mais piquenas: de hũas se ouue mui grande

A   estrondo

estrondo & horror, de outras metios, com roim cheiro de enxofre & salitre, com outras muitas particularidedes que aqui naõ tem lugar. Ha mais neste val le hũa notauel alagoa de agoa clara & frigidissima, que tem de comprimento hũa legoa, & de largura mea, em que podem nadar & balrauentear Naos de muy grande porte, junto a esta alagoa em suas prayas ha algũas furnas pequenas, de que sae muito quente a agoa com fumo & cheiro de enxofre. Destas furnas pequenas rebentou taõ grande impeto de fogo, que meteo espanto a toda a ilha, precedendo antes tremores de terra em segunda feyra cous de Setembro, duas horas depois de meia noite, & se leuantou este fogo em nuues ao Ceo, & fachas taõ horrendas & altas, que de toda a ilha se descobria: correo desta alagoa hũa grande ribeyra de fogo até o mar que dista duas legoas, & leuou o que diante achou, & hum grande monte que se chama o Pico da Cruz, & o meteo pello mar adentro, fazendoo recuar distancia de tiro de hum reforçado mosquete. Os roncos & vrros que dauaõ aquelles rayos de fogo causauaõ temerarios espantos, & eraõ tantos que parecia que os Ceos se conuertiaõ em fogo. As casas de hũ sitio que chamaõ o Forninho, onde ha muitas vinhas, & de duas Freguesias que lhe ficaõ de hũa & outra parte, que saõ Ponta da Graça, & Pouoaca, se arrazaraõ, sem ficar hũa em pé, & muitas no Fayal que he outra Freguesia mais distante, & morreo quantidade de gente, de que se naõ sabe numero certo mais que de cincoenta & duas pessoas que estauaõ em hũa cabana de guardadores, de que fugiraõ dous: & chegando hum a sua casa cahio sobre elle & o matou: & o outro disse, que os cincoenta era impossiuel escaparem da ribeyra do fogo. No seguinte dia, que foi terça feira, se começou a cobrir toda a ilha de cinzeiro & pedra pomes, o Ceo se escureceo, & cadavez em mor crescimento. E chegando a quarta feira, das onze & meia até duas horas depois de meio dia negou o Sol sua luz, & ficou tam horrida & fea noite, que jamais se vio em tempo de inuerno. Os homẽs andauaõ pasmados dando hũs per outros sem se conhecerem, nem verem: & pera se ver hũa Procissaõ que entaõ passaua, se acenderaõ vellas nas janellas; naõ auia marido que soubesse de sua molher, nem molher de seu marido: o pay naõ sabia dos filhos, nem os filhos do pay: tudo era confusaõ & notaueis clamores ao Ceo, pedindo misericordia & perdaõ de suas culpas, assistindo nas Igrejas de noite & de dia, com muitas disciplinas & inuençoẽs de penitencias: fizeraõ se muitas Procissoẽs, de sorte, que a todos parecia o dia vltimo do Iuyzo, & ate os brutos animaes andauaõ pasmados. O Conde & Gouernador a tudo assistia com cuidado, fazendo compor muitos odios que na Cidade auia, & fazendo soltar os presos que estauaõ nas cadeas por crimes leues, auendo aos criminosos perdaõ das partes, & aos que deuiaõ compós com seus acredores, & pellos Impossibilitados pagou com sua fazenda. A sesta feira amanheceo o dia mais claro, & o sabbado foy em melhoria, porem o cinzeiro era tanto que não auia andar pellas ruas senão attolando, & em Villafranca estaua este cinzeiro & muita pedra pomes sobre a face da terra em altura de quatro dedos, & o mesmo pella parte te do Norte termo defta Villa, os gados fe recea morrão todos, porque naõ ha em que ponhaõ boca, nem difto ha efperança, fe Deos não acode por fua diui na mifericordia. A grande alagoa dagoa com o impeto & vizinhança do fogo fe fecou de todo, & ainda em fete de Setembro duraua o fogo, mas com menos rigor; os Ermitães fe fairão com o Sanctifsimo Sacramento fem lezão algũa. As Religiofas de Villafranca que ferão fefenta molheres, recolherão a Cidade acompanhadas decentemente cinco legoas, donde ficão recolhidas com as do Conuento da Efperança da mefma obediencia. As Religiofas da Villa da Ribeyra grande tambem deixarão o feu Conuento, & fe forão recolher em hũa quinta muy diftante. Da ilha de SanctaMaria, que difta dezoito legoas, forão barcos por mandado do Capitão mor faber fe auia ilha, ou era abrafada pello muito fogo que virão & pedra pomes que lá cahio. Da ilhaTerceira que difta trinta legoas, foi tambem barco faber fe efcapara algũa gente do grande incendio que ouuirão & virão, & deu noticia de hũa deuota Prociffaõ que o Bifpo fez de Preces, em que fora defcalço, & a mais gente com muita penitencia.

LAVS DEO.

EM LISBOA

Com todas as licenças neceſſarias.

Por Pedro Craesbeeck Impreſſor del Rey.
Anno 1630.

Eſtà conforme com o original. S. Domingos de Lisboa 27 de Setembro 630.
Fr. Thomas de S. Domingos Magiſter.

Taixaſe eſta folha em finco reis. Em Lisboa a 27 de Setembro 630.
Cabral. I. F. Salazar. Barreto.

28 – III
Reprodução das ilustrações autorizada pela Bibl. Geral Univ. Coimbra

[...]
Com o cinzeiro que esta rebentação de fogo levantou entupiu e cubrio todo o Valle das Furnas donde os Padres que nella habitavam, vivendo com mui grande exemplo e satisfação de toda a Ilha, se tinham retirado, ou por melhor, fugido. Dois dias depois dos primeiros tremores assanhou e foi raso tudo, o dito cinzeiro, de tal sorte que é campo raso agora, o que d'antes erão grotas fundas e alcantiladas rochas; levou o mar esta rebentação de fogo, vinhas e terras entupindo com ellas e pedra pomes e alagando o mar e fazendo nelle repuxo tal, que por onde barcos e navios passavam á vela, agora se passeia e passa toda a pessoa a pé.

Padres Eremitas

Cinzeiro

Campos, terras e pastos de gado ficaram incapazes de dar herva para o sustentar, e tudo perdido para esta vivenda. Faz somma de 7 e mais legoas em roda, que tantas cubriu e encubrio o cinzeiro; todo o animal n'estes dias vinha fugitivo assim de fogo como de falta de mantimentos a buscar pousada, os passarinhos do ar faziam das casas seus ninhos, de sorte que até todo o mez de outubro e entrada de novembro se não vio n'aquellas partes ave que andasse pelo ar.
[...]

(MS. da Bibliotheca Publica de Evora, Codice $^{CIX}/1,13$

O manuscripto original é bastante barbaro e parece ter sido copiado por algum hespanhol, que lhe introduzio a sua orthographia e muitos erros de grammatica, alguns dos quaes, mais importantes, aqui se corrigiram para facilitar a leitura.

* * *

Noticia da mesma erupção pelo Padre Pedro da Ponte, Cura da freguezia de N. Senhora do Rosario da Villa da Lagoa.

(Inedita)

Segunda feira á noite dois d'este mez de Setembro, tremeo a terra, muito principalmente em Villa Franca e seu termo, da meia noite ávante, pouco mais ou menos, **arrebentou grandissimo fogo na alagôa das Furnas, que com grande furia arremeçou infinita pedra, e páos para o mar da banda da Povoação e Ponta Garça, o que fez grandissimo medo a toda a gente d'aquella parte**, e assim morreram de gente que andava á

Erupção de 1630

29 – In: FORJAZ, Vitor Hugo – Alguns vulcões da Ilha de S. Miguel, 4.ª Ed. (Ver Bibliografia). Reprodução autorizada

30 – In: HARTUNG, George – Die Azoren: ihrer ausseren erscheinung und nach ihrergeognostischen nature: atlas – Leipzig: Verlag von Wilhelm Engelmann, 1860. (Ver Bibliografia)

baga (de louro) dos de Villa Franca com o seu termo, mais de cento e cincoenta pessoas; isto de lançar páos e pedras durou alguns dias mas com menos furia; arderam casas e cafúas aonde estava recolhida gente. **Ao dia seguinte terça feira, sahiam muitas nuvens de cinza d'aquella parte para o ar, e nuvens muito bastas e grossas, de que á quarta feira cahiu grande cinzeiro, que durou alguns tres dias, enchendo e cobrindo as terras por aquella banda, por esta Villa, e outras partes d'esta Ilha**.

Cinzeiro

[...]

(L.º 2.º de termos de Baptismo, de N. S.ª do Rosario, fol. 15.)

* * *

No Livro d'obitos da mesma freguezia, em 7 de Setembro de 1630, escreveu o dito P.ᵉ Pedro da Ponte, o que se segue.

(Inedito)

Agueda Roiz mulher de Domingos Curvello, (cujo termo d'obito lançava) estava confessada e commungada como o tinha feito todo o christão da mór parte d'esta Ilha, por occasião dos grandes terrores e medos que houve com o arrebentar do fogo que houve nas Furnas, d'onde affirmam pessoas dignas de fé, que n'este tempo estavam na costa de Villa Franca nas vindimas de suas vinhas, que n'este tempo ardêram e succumbiram quasi todas de cinza e rochas cahidas sobre ellas, estas pedras que cahiram no mar e cinza que choveu por muitas partes d'esta Ilha, **tudo sahia do logar das Furnas, em fim dizem que viram grandes calháos e pedras como barcos e saccas de trigoe outra grande somma**, cahirem no mar da banda do sul de Villa Franca.

[...]

* * *

Lembrança á cerca d'esta erupção feita pelo P.ᵉ Manoel Gonçalves. Jesuíta, do Collegio de Ponta Delgada.[55]

---

[55] Daí o facto de terem restado folhas em branco, que serviram ao P.ᵉ Manuel Gonçalves, da Companhia de Jesus, quando da sua estadia no Colégio dos Jesuítas de Ponta Delgada, para escrever a notícia do terramoto de 2 de Setembro de 1630, que acompanhou a erupção vulcânica da Lagoa Seca no Vale das Furnas, e que parece ser a súmula do relação

(Inedito)

Erupção de 1630

Aos 2 de Setembro do anno de 1630, em 25 de lua, a noite de segunda feira para terça, das 9 para as 10 horas, estando tudo muito quieto e sereno, subitamente começou a tremer toda esta terra, com tantos e tão continuos terremotos, que a gente sahindo-se das casas, temendo lhe cahissem sobre as cabeças, andava muito atemorisada, e com muito fundamento, porque alguns d'elles foram tão grandes que o relogio d'esta cidade (sino de boa grandeza), chegou, com a força do abalo, a dar tantas e tão apressadas horas que parecia rebate de guerra, por ser o com que se costuma dar em occasiões que o pedem, temendo todos que com a torre em que estava viesse logo abaixo, e apoz elle as mais casas e edificios, e continuando os terremotos d'esta sorte até 2 horas depois de meia noite **rebentou de improviso um mui furioso e impetuoso fogo com grandes estouros e estrondos,**

Padres Eremitas

em certo posto d'esta ilha chamado Alagôa Sêcca, não longe d'um mui grande e sombrio Valle, que todos commumente chamam as Furnas,

Lagoa Sêca

cujo immenso arvorêdo ardeu quasi todo, e com elle muito grande copia de gado que no mesmo tempo se andava de tal Valle apascentando; e o que mais se sentio foi a perda de muita gente que subitamente morrreo abrazada no fogo, parte soterrada na cinza e enterrada na terra, com os grandes terremotos d'ella; andando uma de tal gente com o gado, e outra colhendo baga de louro, de que se fazia muito azeite, e a mais estando então em suas vinhas e quintas; o numero dos que assim acabaram só Deos o sabe; porem pela diligencia humana que sobre isso houve, acharam-se ser 191 pessoas.

E foi tal o ímpeto com que sahio o dito fogo, que derrubou e arrazou as egrejas e casas quasi todas, de dois logares inteiros, em um, chamado

---

que acerca de tal sucesso fez para ser entregue ao Conde de Vila Franca, D. Rodrigo da Câmara, que lha encomendara. Hoje, tal notícia já não existe no manuscrito das «Saudades do Terra», donde foi arrancada em data relativamente próxima, explicando-se assim o corte que se nota na numeração das folhas, que vimos passarem do número 290 para o 300.

De facto, o Dr. Ernesto do Canto, ao publicar aquela descrição no «Archivo dos Açores», chamando lhe «lembrança» diz expressamente que foi escrita pelo autor (P.e Manuel Gonçalves) no manuscrito original das «Saudades do Terra» do Dr. Gaspar Frutuoso, e que dela fala o P.e António Cordeiro na «História Insulana», Livro V, cap.º XII. RODRIGUES, João Bernardo de Oliveira – *O manuscrito original das "Saudades da Terra"*. In: FRUTUOSO, Gaspar – *Livro primeiro das Saudades da Terra*. Ponta Delgada: Instituto Cultural de Ponta Delgada, 1966, p. CXXXVII, CXXXXVIII.

Ponta da Garça, distante do das Furnas perto d'uma legoa; e outro por nome Povoação, que distará algumas duas léguas, e ficou quasi despovoado de todo; e succedeu que em um d'estes logares a onde o Santíssimo Sacramento ou fôsse por culpa ou por inadvertencia ou por a subita ruina não dar logar para isso, não se acudio ao Sacramento, com magua e sentimento de muitos; com tudo acudindo-se-lhe depois da maneira que foi possível, desentulhando e abrindo o caminho, acharam o tal Sacrario dentro n'elle estando juntamente uma imagem do menino Jesus, que dantes no mesmo altar estava, agora inclinada em tal modo e postura no dito Sacrario que parecia assim o defendera e guardára: e como cousa d'esta sorte notavel de muitos foi ponderada. É logo em se achando se fez o que em tal caso se devia; e o mesmo fizeram certos **ermitães que no Valle das Furnas em seu recolhimento todos juntos viviam**, os quaes em vendo o tal incendio se armaram com o divinissimo Sacramento do altar e com elle dentro no Sacrario para outro logar mais seguro se retiraram, sahindo-se juntamente com elles alguma outra gente quasi *per medias flammas & mille sequentia tela;* porque pelos ares não se viam senão muitas lanças ou montantes de mui temeroso e espantoso fogo que a todos seguiam e perseguiam, ameaçando e causando a tudo o que tal fogo achava, incendio, assolação e ruina, indo todos bradando por Deos e pela Virgem Maria, e particularmente se contou d'uma pessoa que valendo-se n'aquele aperto da invocação do Sagrado Rozario da Virgem Senhora Nossa, e chamando por ella escapára das chamas, não ficando as mais que a acompanharam livres d'ellas.

Alem disto chegou o trabalho e aperto a tanto que as religiosas que há em Villa Franca (villa que dista do logar das Furnas algumas duas leguas, e aonde tambem com os taes terremotos cahiram algumas casas) se sahiram quasi todas para o outro convento que está nesta cidade de Ponta Delgada o qual é da mesma ordem e obediencia dos religiosos do Seraphico Padre S. Francisco; digo quasi todas, porque d'algumas 70 freiras que eram, não ficaram em Vila Franca mais que quatro ou cinco, as quaes por serem já muito velhas não quizeram ou não poderam vir, e lá em parte conveniente ficaram bastante accommodadas.

Mas o que mais atemorisou a toda a esta terra foi a muita cinza que por espaço quasi de tres dias e tres noites choveu sobre ella, começando na manhã de quarta feira, que com rasão se podia chamar quarta feira de cinza; e foi ella tanta que em algumas partes chegou a dez e doze palmos d'altura e em outras a vinte e a trinta, ficando muitas casas

Pastorícia

Baga do loureiro (azeite)

Padres Eremitas

Cinzeiro

soterradas até aos telhados: e juntamente chegou a tão grande distancia que não só abrangêo a ilha de S.ta Maria e a ilha Terceira, se não que se affirmou chegára tambem alguma d'esta dita cinza á ilha do Corvo; porem o que ainda mais assombrou a todos foi o toldar-se e escurecer-se logo a quinta feira seguinte o céo de tal sorte, que *tenebræ factæ sunt super universam Insulam*; para que não diga *super universam terram*; pois não só n'esta terra, senão em outras, particularmente na ilha que fica dita de Santa Maria; se trocou e mudou em noite o dia; e aqui n'esta ilha duraram as taes trevas não só por espaço de tres horas (como aconteceu na morte de Christo Senhor Nosso e sendo aquelle eclipse de que pasmou o grande Theologo e Astrologo S. Dionizio Areopagita) senão quasi por todo o dia na quinta feira em que n'esta terra *factoe sunt tenebræ horribiles et tam densæ ut palpari possent*; como a escriptura Sagrada disse das antigas do Egypto.

Procissões do cinzeiro

Supposto isto com outras muitas cousas sem conto que deixo com se poder ver qual andaria toda a gente d'esta cidade e ilha, quão assombrada, pasmada e desconfiada; e assim tudo eram lagrimas, brados, suspiros e gemidos, fazendo todas as religiões, freguezias e confrarias, não só d'esta cidade, senão de toda a ilha, **suas procissões com muitos penitentes**, havendo nas mais d'ellas ou no principio ou no cabo sermão ou alguma pratica com que mui facil éra mover ao auditorio á devoção e lagrimas por elle já com o que tinha visto e via, estar tão movido.

Mas os que mais se esmeraram para mover e render a todos a grande dôr dos peccados para por esta via se aplacar a ira e justiça divina, foram os nossos que então n'este collegio estavam: e assim todos os dias pela manhã no tempo da primeira missa em todos os dias que durou o castigo do céo nos ajuntavamos na egreja, e diante do Santissimo Sacramento resavamos as ladainhas dos Santos, e acabada ella havia uma pratica espiritual do pulpito para o fim que fica dito, alem d'assim se consolar e animar mais todo o povo que tão desanimado e desconsolado andava; jejuavamos tambem todos os dias, e não sei quantos foram a pão e agua, **pondo-se na meza alguns pratos de cinza**, que **actualmente estava chovendo**, para mais excitar a todos a penitencia que o Santo Job dizia, fazia *in favilla et cinere*; e assim se fizeram n'este collegio não poucas nem pequenas penitencias pela tal necessidade tão urgente. A oração éra continua, tendo então mais logar *oportet semper orare nunquam diferre*, porque o castigo ia sempre continuando, e nunca afrouxando.

Procissão do cinzeiro

Na quinta feira das trevas acima das ditas ordenamos uma mui devota procissão, a qual sahin pela ordem seguinte: das onze horas para o meio dia que parecia na obcuridade ser meia noite muito obscura. Primeiramente iam adiante alguns meninos com algumas insignias, que sua muita devoção e piedade lhes ensinava, levando alguns d'elles penedos e pesos muito sobre suas forças e idade, mas para mais se animarem quizeram como meninos que eram levar por guia sua uma imagem de Christo Menino, que quatro d'elles em um andôr aos hombros levavam; e a tal imagem vestida toda de luto, e com a cinza que então actualmente chovia e a cobria, movia mais tal vista a devoção e lagrimas; seguiam-se logo as duas confrarias ou congregações que temos n'este collegio, assim a dos estudantes com a dos officiaes da terra, indo em andor a imagem da Virgem Senhora Nossa, de todos protectora e defensora; no cabo de baixo d'um páleo preto ia o Santo Lenho acompanhado d'uma e d'outra parte com muitos lumes; a gente éra inumeravel, e da mesma maneira foi o choro que houve ao shair e recolher da procissão e em o sermão que houve recolhida ella na nossa egreja.

Tambem ao dia seguinte (que era o dia do nascimento da Virgem Senhora Nossa) tivemos na nossa egreja posto em publico o Santuario das reliquias que ha n'este collegio ficando no meio d'elle uma devota imagem da mesma Virgem, que no meio dos Santos que é o orago do mesmo collegio, como Rainha e Senhora de todos faz sua morada e detença confrme aquillo do Cap. 20 do Ecclesiastico (que da mesma Senhora tambem se entende em forma que Ella propria esteja dizendo) *Et in plenitudine Sanctorum detentio mea*; e juntamente como o tal dia éra de seu Santo Nascimento bôa conveniencia éra pôr-se d'aquella maneira em publico. No sermão (que a santa obediencia me ordenoù fizzesse) accommodei-me assim á festa como á necessidade do tempo que corria, no qual, como já ia melhorando e aquietando um tanto mais assim as cousas (o que éra por meio e merecimento da mesma Virgem Santissima, que n'aquelle dia nascera, nascendo-nos com ella todo o bem, compondo e serenando tudo) tomei por thema aquellas palavras do cap. 8 dos proverbios (*cum eo eram cuncta componens*) o que a Virgem benditissima dizia, e della tambem se entendia alem de serem palavras da epistola da missa e festa d'aquelle dia, havendo em todos os ouvintes (que eram muitos) muita devoção e lagrimas, dando a todos, todas as devidas graças a Deos Nosso Senhor e á mesma Virgem Mãe Sua e Senhora Nossa pela mercê que já lhes ia fazendo.

As confissões e communhões que n'este dia e em todos os mais em que durou este tal trabalho, foram sem conta, sendo rara a pessôa que em toda esta Cidade e Ilha ficar sem se confessar porque todos (geralmente fallando) cuidando de tudo o ponto acabavam, com tudo isso, não eram acabados; e assim entraram pelo principio d'Outubro, postoque já então com menos força.

Tudo isto fica assim referido só em summa; porque foram enumeraveis as cousas que sobre este tal caso se fizeram, todas de muita edificação e exemplo da qual fiz então por assim m'o commetter a obediencia alem do Ill.ᵐᵒ Snr. D. Rodrigo da Camara, Conde de Villa Franca, que então aqui estava, me encommendar uma larga relação que levou algumas doze ou mais folhas de papel (ainda que poucas foram para o que a tal materia muito larga mais larga o pedia), o qual o dito Senhor Conde mandou a Sua Magestade, e um treslado da mesma á Srª Condessa, a sua mulher, e outra ao Ill.ᵐᵒ e Rev.ᵐᵒ Sr. D. João Coutinho, seu tio, Bispo que então éra de Lamêgo, e agora está eleito por dignissimo Arcebispo d'Evora.

Esta *Lembrança* foi escripta pelo autor no manuscripto original das *Saudades da Terra*, do D.ʳ Gaspar Fructuoso, e della falta o Padre Antonio Cordeiro na Hist. Insvlana L.°V. Cap. XII...

Article I. *Escriptores e obras, que tratam da erupção de 1630*

Manoel de Brito Alão – *Prodigiosas historias da casa de N. Senhora da Nazareth*. Lisboa 1637 fol. 26.

Buffon – *Histoire Naturelle*, art. XVI.

Luiz Antonio d'Araujo – *Memoria dos Tremores...* p. 11.

Joaquim José Moreira de Mendonça – *Historia Universal dos Terremotos*, no numero 338.

P.ᵉ Antonio Cordeiro – *Historia Insulana*, L.° V. Cap. XII § 96 e seg.

Bernardino de Senna Freitas – *Viagem ao Valle das Furnas*.

P.ᵉ Simão d'Araujo – *Compendio em que se relatam as deprecações publicas... pelas calamidades presentes: contagio de Italia, fome, conflagração da ilha de S. Miguel...* Porto 1631.

Francisco Affonso de Chaves e Mello – *Margarita Animada*, p. 273.

P.ᵉ Antonio Fernandes Franco – *Relação do lastimoso e horrendo caso que aconteceo na ilha de S. Miguel em segunda feira 2 de Setembro de 1630*, Lisboa 1630. Não se sabe de existir exemplar algum d'este opusculo, mas há alguns exemplares de traducção hespanhola impressa em Valencia em 1630, duas folhas in fol.

Relation del diluvio que houvo en la Ilha de S. Miguel em 2 de Setembro de 1630, 3 pag. manuscriptas, na Bibl. Real de Madrid, est. H, n.° 64, fol. 327.

«Principios, creação e progresso da Congregação Heremítica dos Padres; e Irmãos do valle das Furnas da Ilha de Sam Miguel escravos heremitas de Nossa Senhora da Consolação; que depois com a imagem da mesma Sª; por causa do fogo vierão habitar em val de Cabassos valle da Piedade, na hermida de N. Sª da Conceipção na Costa da ditta Ilha yunto ao porto da villa de Agoa de pao.

Rellação verdadeira, que guardada da antiguidade escreveo hum delles o Padre Menistro Manoel da Purificação no qual só se conservou a caza mtos. annos, passando pella conservação, e augmento della mtos. trabalhos; e depois a mandou reformar, e por em limpo pello Irmão Antonio da Assumpção.

Sob a protecção e amparo do S. Conde Governador o S. Dom Manoel da Camera Conde da Ribeira grande.

No anno do S. 1665».

Nota do organizador da **Colectânea**

Em coerência com os propósitos enunciados na Introdução, transcrevemos passos, alguns conhecidos, do manuscrito existente na Biblioteca Pública e Arquivo Regional de Ponta Delgada, em que se refere a chegada dos Padres Eremitas Diogo da Madre de Deus (no século Diogo de Bairos), Manuel da Anunciação (no século Manuel Fernandes) e Luís Ferreira, natural de S. Miguel que, depois de professarem na Ordem de S. Francisco, impressionados pelo desastre de Alcácer Quibir, optaram por uma vida contemplativa e de penitência na solidão da Natureza (influência das reformas tridentinas?) que os conduziram, após uma passagem pela Serra de Ossa, ao Vale das Furnas. Aí, em 1614, encontraram o ambiente que ambicionavam, instalando--se em casas pertencentes ao Capitão-Donatário, D. Rodrigo da Câmara, Conde de Vila Franca, aí fundando um Eremitério.[56]

Após a grande erupção de 1630, que tornou impossível a sua permanência no Vale, retiraram-se para o convento de Vale de Cabaços, Caloura.

Os cronistas posteriores certamente conheceram e utilizaram o manuscrito, como é o caso evidente de Fr. Agostinho de Monte Alverne. Mais recentemente o Dr.

---

[56] O manuscrito adquirido pelo Dr. Ernesto do Canto que aliás transcreveu o cap. 28 que inserimos no nosso trabalho relata a vida da comunidade na sua vivência religiosa constituindo uma crónica indispensável para o conhecimento da vida contemplativa ali praticada, disciplina praticada e dos factos mais relevantes e irmãos que se juntaram aos primeiros eremitas.

Urbano de Mendonça Dias transcreveu alguns passos, bem como o Eng° António Albuquerque Jácome Correia, transcreveu a crónica na sua totalidade (trabalho não publicado), resumindo o seu conteúdo no seu estudo sobre o Convento da Caloura[57]

O titular da Crónica indica o Padre Manuel da Purificação como autor que "depois o" mandou reformar e por a limpo pelo Irmão António da Assumpção que "seria o cronista até ao cap. 57 que termina em 1675.[58]

A Senhora Doutora Susana Goulart Costa, da Universidade dos Açores, prepara a transcrição e estudo crítico do manuscrito, trabalho que consideramos da maior importância e que esperamos seja publicado em breve. Limitamo-nos pois a transcrições pontuais relativas à descrição geográfica do vale, acontecimentos ocorridos (caso da erupção de 1630) e instalações onde viveram.[59]

Saliente-se que o testemunho de vida ascética dos Padres eremitas inspirou um outro açoriano a escrever um texto em que o eremita "Diogo do Amor de Deus" ganha foros de santidade.[60]

[1665]

[...]

CAPITOLO 5.º
De como chegaram no alto da serra a descobrir o Valle das Furnas
e do que nelle virão de aquella banda athe a Ermida

Chegada ao Vale das Furnas

[fl. 13 v.] Em aquellas devottas praticas, e consideraçois, feito ao trabalho corporal do caminho spiritual emgano, ou alivio, sendo os pés da

---

[57] DIAS, Urbano de Mendonça – *História do Vale das Furnas*. Vila Franca do Campo: Emp. Tip. Ltd. de Vila Franca do Campo, 1936, p. 29-45.
CORREIA, António Albuquerque Jácome – *O Convento de Caloura*. Caloura: Câmara Municipal de Lagoa, 2000, p. 25-31, 65-72.

[58] No cap. 49, p. 181, afirma-se "até aqui escreveu o irmão Assumpção. Daqui por diante escreve quem ordena o padre ministro".

[59] Discordamos da opinião do Dr. Ernesto Canto que numa carta dirigida ao Dr. João Teixeira Soares de Sousa informa que "o estilo do mais requintado gongorismo recheado de milhares de textos dos Santos Padres, etc., torna a leitura d'uma invencível tortura!..." (**Arquivo dos Açores**, Ponta Delgada, v. 13, (1983), p. 543, 544.

[60] DEUSDADO, Ferreira – *O eremita do Valle das Furnas*. In: Quadros açóricos. Lendas chronográficas. Angra do Heroísmo: Imprensa Nacional; Ed. Manuel Vieira Mendes; Prop. Manuel António Ferreira Deusdado, 1907, p. 167-174.

alma os que mais afetuozamente afervorados caminhavão, chegarão os tres soldados da milicial bandeira de Christo, subida ja de todo a serra, a descobrir no alto de hum cabeço o lugar que por seu corpo de guarda e praça de armas, o Senhor lhes tinha [fl. 14] lhes tinha destinado na fermosura daquelle Valle das Furnas. **E admirando na primeira vista de aquelle espantoso e alegre quadro, a propriedade, com que lhe quadrava, e era competente o nome de paraizo terreal, que a devoção e piedade christam dos moradores da Ilha lhe quizera; com lagrimas e suspiros da alma, prostrados por terra, e beijando a com profunda humildade, levantadas as maos aos ceos, fizerão oração a Deos.** Rezados em seu louvor e acção de graças os dous psalmos 39 e 65 Expectans expectavi Dominum et jubilate Deo omnis terra que a devoção lhes mostrou aly por acommodados as mizericordias do Senhor experimentadas em avellos tirado do mundo, e trazido ao hermo que ja vião tam propio e acommodado para a vida spirituall de conversar nos ceos. E acabados os psalmos nas promessas da nova vida a que se se didicavão, asim mesmo prostrados por terra, tomados os lachrimozos affectos das insinuaçois de Santa Getrudio dizião ao Senhor desta maneira. Trino e omnipotente Deos Pay de mizericordia piadosissimo attendei Senhor e ponde vossos benignos olhos nestes tres filhos, e servos humildes que renunciado o mundo, de todo o coração vos dezejamos servir daqui por diante nesta vida solitaria neste hermo tam aprazivel a que nos guiastes. Apre...issimo Senhor nossos dezejos para vosso louvor e maior gloria, consolação e aproveitamento de nossas almas. Attendei com vossa mizericordia infinita ao que de hoje por diante queremos ser e queremos obrar não ao que fomos e obramos athe aqui porque de todo o coração ...[contritos] e ja outros arependidos nos confessamos por seres inutiles, e indignos de receber solitarios vossos divinos favores, e indignos de fazer vida solitaria na habitação tam boa deste valle, tam boa que com S. Pedro vos poderamos Senhor dizer bonum est nos hic esse se se nos não envergonhara o tempo mal gastado ao vigor e primeiras forças nas honras e vaidades do mundo quem somos nos Senhor para nos poder gloriar deste bem? [...].

Oração

[fl. 14 v.] [...] Acabadas asim estas humildes e dedicatorias preces levantados do chão no alto daquelle cabeço, comessarão a lançar os lachrimosos olhos pelo circuito do valle que toda a vista descubria, cercado o centro delle de altissimas e inaccessiveis rottas, rochas, a que so subião as aves do ar a buscar nas maiores asperezas dos rochedos os seus ninhos, das

Descrição do Vale

Fauna

quaes comtemplavão… flores, e… do valle, a que baixavam alegres com sua suave melodia, e com a mesma por impulso secreto da natureza [fl. 15] da natureza tornavão a subir ao seu descanço. O P.ᵉ Luis Ferreira que era dos tres companheiros o natural da Ilha, concordava a vista com as noticias, que do sittio lhes havião dado em Lixboa; e os dous applicando ao que os olhos vião, a vista interior do spiritu que os guiava, nesta primeira vista, tanto que … **visão aquella maravilha da natureza, qual era a hermida de Nossa Senhora no centro profundo de tam ameno valle, e este todo em circuito cercado, não de serras commuas, e achados montes, senão de impinadas rottas e inaccessiveis rochas, de fragozas pedreneiras, a que so podião levadas por Deos em seu boo subir as aves**. Nesta primeira vista digo virão, e meditarão, lhes mostrava Deos hum recopilado debuxo do ultimo fim do voo da comtemplação a que os trazia, mostrando lhe o como se obrava, e como so era da omnipotencia Sua concedello; como o boo as aves que do profundo do valle, e levadas por natural impulso, voavão a por nas asparas e mais altas pedras os seus ninhos; o qual debuxo havia o mesmo Senhor reprezentado ao Sancto Job naquella pregunta sem resposta, que no Cap. 39 da sua historia lhe fizera, […] porventura por teu querer, ou ao teu preceipto se levantará e voará a aguia a por no mais alto ou asparo o seu ninho! Nas pedras e pedreneiras permanece, e nas rottas pedreneiras, e inaccessiveis rochas dali contempla o sustento que de longe com prespicaz vista vera. Seus olhos lambem sangue os seus filhinhos; e en avendo morticinio se acha logo prezente. O que na exposição moral do glorioso P.ᵉ S. Gregorio Magno, não outra couza significa senão o que os tres companheiros vião simbolisado no aspecto do valle, e o que nelle vinhão a esperar que Deos obrasse nelles: a intelligencia sutyl e sublime contemplação do justo, que como aguia… a prespicacia da vista no sol … divino do valle da profunda humildade pela mão so do poder de Deos, e não propias [fl. 15 v.] por proprias diligencias ou querer, he elevado e voa a por o seu ninho nas fragosas pedras das mais asparas mortificaçois voando das couzas terrenas que despreza para as celestes, e invisiveis que dezeja […].

[fl. 16] […] E asim dando ao Senhor graça do muito que na primeira vista do valle se dignara de mostrar lhes interiormente acerca do fim a que a elle vinhão humilhados, e compungidos os tres companheiros lhe dizião. Permiti Senhor por vossa bondade que asy como nesta primeira vista no lo significais, e admoestais mizericordioso, e benigno, asim o obreis por vossa omnipotencia em vossos servos, e se cumpra em nos para mayor gloria vossa, e de vossa May Santissima se he isto o que em nos quereis. Não queremos Senhor a nossa, senão a vossa… vontade. **Asim mesmo do alto daquelle cabeço a que chegarão discubrindo logo no centro profundo do valle, a que sempre se lhes hião dezejozos ja de chegar, olhos: descobrirão digo a hermida de Nossa Senhora com, pegadas della, humas cazas da mesma altura quanto nobres e aparatozas, as sufria e apacitava aquelle sitio: as quais disse o P.ᵉ Luis Ferreira, que feitas de pouco, erão o refrigerio e retiro do Senhor Conde General o Conde de Villa Franca D. Manuel da Camera que amava a solidão daquelle dezerto, e nelle com a devocão da Senhora hia quando lhe parecia no verão a consolar e aliviar seu principal espiritu dos trabalhos**, occupaçois, e molestias do seu cargo, e temporal estado. No que aos companheiros se offereceo novo motivo, de darem a mesma Senhora e a Deos louvores, e novas graças da consolação que pelo tempo adiante se lhes poderia seguir, de serem pela ocasião destas cazas visitados da piedade de hum tam grande principe e senhor. E do muito fruto que aos povos de toda a Ilha lhe resultaria[61] com seu exemplo e a elles mesmos na admiração de seu spiritu e suas heroicas virtudes, a que no estado de pobres heremittas, e soldados ainda visonhos, se reputavão ja por muito inferiores.

Ermida de N. S. da Consolação

Meditavão as cazas de campo, e refrigerio de tam grande principe e senhor em tal dezerto não menos em sua esphera, e no sittio limitado da Ilha de S. Miguel que a caza do bosque do Libano, que no 3.º dos Reis edificara o sabio rey Salomão, […].

[fl.16 v.][…] E assy ficaram os tres heremittas edificados deste edificio, dando a Deos louvores, de que o principe General da sua Ilha, e protector que ja podiam chamar do seu Valle das Furnas, fosse tam amante da penitencia na solidam daquelle dezerto, que soubesse disfarçar e incobrir aquella heroica virtude, com aparencia tam contraria, como à primeira vista, as cazas de campo significavão; que se dezião para elle de alivio e refrigerio; couza que como no mundo se achava en tantos, assy aquella era achada em muitos poucos virtude e disfarce de que paresse uzou a esposa santa, quando no Livro dos Cantares chamava para o campo e refrigerio ao

Capitão do Donatário D. Manuel da Camara

---

[61] Com o *u* corrigido de *o*.

31 – Principios, creação e progresso da Congregação Heremitica dos Padres; e Irmãos do valle das Furnas da Ilha de Sam Miguel, escravos heremitas de Nossa Senhora da Consolação. (1665).

32 – Principios, creação e progresso da Congregação Heremitica dos Padres; e Irmãos do valle das Furnas da Ilha de Sam Miguel, escravos heremitas de Nossa Senhora da Consolação, cap. 5 (excertos). Manuscrito (Bibl. Publ. Arq. Reg. de Ponta Delgada). Agradecemos a autorização para a sua reprodução

seu amado, [...] sendo isto não outra couza, senão a penitencia, e compunção do coração para que Deos disse[...].

[fl. 17] [...] **Baixando ja do alto e impinado monte para o inferior do valle descuberto, virão que do pe da rocha em que estavão nascião manancias [fl. 17 v.] manancias sinco fontes de claras doces, e abundantes agoas: tam abundantes que a pouco espaço de suas correntes, se formava de cada huma dellas huma ribeira, e que todas as sinco ribeiras estavão cubertas de saborozas ervas agriois, asselgas, e rabaças e cercadas, ou valladas, de grandes fragozos silvestres arvoredos, muitas faias, e loureiros, os loureiros materia do azeite que uzava a Ilha, e as faias de muitas taboas, e grossos madeiramentos que cortados para obras renascião afora outras arvores que se não podem especificar, nem a aprazivel vista que nas margens fazião das ribeiras; as quais todas sinco, nascidas das sinco fontes dentro no mesmo valle se juntavão todas caminhando para o mar em huma so, que se pella fermosura da muita agoa que levava tam abundante, era aprazivel, e deleitoza, era pela largura, e fundo que occupava, trabalhoza de passar, e se passava o a vao com agoa a meio corpo, ou lançadas madres de madeira com que a necessidade lhe fazia ponte.**

Flora

Nascentes

Ribeiras

Estas fontes diversas e ribeiras unidas em huma cauzavão nos tres heremittas fontes e ribeiras de lagrimas pelo muito que nellas, do instituto a que vinhão, e da mizericordia de Deos, se lhes simbolizava; e celebrandoas cada qual com o lugar que lhe occoria da Scriptura Santa hum chamava as mesmas fontes para louvores divinos, com o benedicite fontes Domino do Cantico no Cap. 3 do Daniel. Outro dava a gloria a Deus autor daquella maravilha, com o a periam insupinis collibus flumina, et in medio camporum fontes do Cap. 41 de Isaias. Outro com o non nobis Domine, non nobis sed nomini tuo da gloriam do psalmo 113 [...]. E todos huns e outros rompererão lachrimosas vozes cantando o psalmo 103. Benedic[ite] anima mea Dominum: athe aquellas palavras, qui emittis fontes inconvallibus, inter medium montium persibunt aquae.

Lembravalhes aquelles quatro rios que no segundo dos Genesis, nascião de huma fonte do paraizo terreal, divididos nas quatro partes [fl. 18] partes do mundo, de cuja semelhança porventura avião nascido, o nome de paraizo que a pia e devotta Ilha dera a este valle: Mas excedendo no numero das fontes, e na união das ribeiras depois em huma figura ao

Ribeira Quente

figurado sabendo que a alma nas palavras, e symbolos de Deos Nosso Senhor, como no quarto dos Cantares, fons hortorum, se chama fonte: viãosse indignos, e a humildade os não deixava fallar o que entendião, que podia o Senhor aqui prefigurarlhes em professia que de tres que hora vinhão, serião em algum tempo (como depois forão) sinco sacerdotes no dezerto deste valle, que como fontes, dividirião em ribeiros suas agoas dando de beber aos proximos a virtude e penitencia em seu exemplo [...].

Muita consolação lhes dava neste sentido esta figura, ou occulta professia, symbolizada mais na união das sinco ribeiras em huma so, a união que em hum so coração convinha, e se podia sperar que tivessem os que se congregassem fontes de bom exemplo naquelle valle[...]. Mas não deixava de lhes fazer [fl. 18 v.] temor o muito que entendião requeresse, para na virtude, e bom exemplo serem os congregados heremittas fontes divididas em ribeiras dirivadas para fora; porque conforme notou o doctissimo Alapide, se as ribeiras que manão das fontes, são as palavras que saem do coração, a doctrina, o exemplo, e obras boas, era necessario que como as agoas das fontes, fossem tambem perennes as obras boas, exemplo, e doctrina, que nunqua cessassem, nem cessassem: e que não menos fossem como as agoas, profundas, e abundantes as doctrinas, e instituiçois; e que como nas fontes, que quanto mais agoa dellas corre e se deriva, tanto nellas de novo vem outra nascendo, e assy mesmo quanto aos proximos podessem aproveitar, fosse aproveitamento que nos mesmos heremittas resnacesse; [...] assy convinha que suas palavras, doctrinas e exemplo na vida heremittica, e solitaria, primeiro que aparecessem no publico, fossem purgadas pello exame de riguroza meditação, onde deixassem todo o vicio, e amargor, e se fizessem suaves para serem acceites, e agradaveis a Deos e ao mundo. E como para todas estas obrigaçois, se achavão faltos de sciencias [fl. 19] de sciencias, e a lição que tinhão dos Sanctos Padres, entre occupaçois do seculo, não havia sido muita, isto lhes causava temor, e tremor, na figurada ou occulta professia, temendo não serião fontes na virtude, e penitencia, nem manarião dellas agoas que pudessem formar ribeiras; mas contudo não desfallecião na fee e esperanças do poder divino que como o fizera em toscos, e grosseiros pescadores, podia nelles peccadores obrar semelhante

Nascentes

milagre, e maravilha. Ainda nestas sinco fontes, e ribeiras se lhes descobrião mais maravilhas: como era symbolisarenselhe nellas as sinco fontes do Salvador, profetizadas por Isaias no Cap. 12 de que falla o glorioso P.e São Bernardo em o Sermão 66 dos piquenos. Haurietis aquas ex fontibus

Salvatoris que sendo Christo Pai Nosso, fonte occulta na divindade, se fes fonte patente humanado para a caza de David, como disse no Cap. 13 o profeta Zacharias, erit fons patens domui David, e depois para o mundo todo, em Sua paixão sacrosancta se derivou em sinco fontes de Seu precioso sangue, que são as que S. Bernardo chama fontes de verdade, sabedoria, virtude, charidade, e vida, e no Sermão 1 da festa do Natal, fontes de mizericordia, sabedoria, graça, fervor, e devoção: Neste sentido da devoção, advertirão que a huma destas fontes chamava Hugo S. Victore, no Cap. 3 das Bodas fonte de compuncção, insinuando assy a grande obrigação e empenho dos que professassem vida espiritual, compungida, da de ver a compuncção ser nelles como fonte perenne, compungidos perennemente na meditação da sacratissima paixão e do sangue que nella manou pelas sinco fontes de Christo Nosso Salvador de que se diriváram os ribeiros de sangue que a imitação dellas derramarão gloriosos Martyres. [...] [fl. 19 v.]. E asim imprecando devottamente o amparo da Virgem Santissima da Consolação[62], a cuja hermida se vinhão dedicar, de novo se lhes offercião escravos perpetuos, pedindolhe que pois era fonte, e rio, fonte da graça, e consolação, fonte da immortalidade, fonte de que manavão ribeiras purissimas, fonte de remedios e cura perenne, fonte regadora de toda a terra, fonte abundantissima da Santissima Trindade, fonte da fonte viva, fonte da humanidade de Christo Jezus Nosso Salvador, fonte de que as fontes do Salvador tomarão nascimento, e fonte finalmente limpa, clara, e sem macula, concorresse com seus auxilios a seus humildes servos, para que lavados nas fontes mixticas que nas sinco do valle a que chegarão se lhes symbolizavão, adquirissem aquella [...] e limpeza de coração que Deos amava, e a que, parece que mostrandolhes a maravilha daquella[s] sinco fontes, os admoestava misericordioso, para se lavarem nas das agoas mais abundantes, e salutiferas de seu sangue: pediãolhe finalmente as agoas da fonte da graça de que era cheia, para que nella bebidas della as agoas[63] da verdadeira contrição e compunção, na nova vida heremittica, nascessem nelles perennes fontes [fl. 20] fontes de virtude penitencia, e bom exemplo; fontes de agoa viva, que se lhes não cessassem, nem entupissem nunqua com a terra de vaidosos cuidados, ou pensamentos do mundo; fontes que se lhes não turbassem com limo de nenhuma complacencia, nem com os

Ermida de N. S. da Consolação

---

[62] Na margem esquerda: *Nossa Senhora da Consolação*.
[63] Com o primeiro *a* entrelinhado.

ventos das mais turbulantes tribulaçois, e tentaçois, mas sempre claras na profunda humildade, christalinas no conhecimento propio, delles, e de suas vidas, se dirivassem em rios, ou ribeiras que na terra dos proximos, como regos da graça e mão divina, produzissem e frutificassem fructu centessimo para maior gloria e honra do mesmo Senhor comprindosse em tudo, a, que so amavão, e veneravão, posposta toda a propia, Sua santissima vontade.

Capitolo 6.º
Do mais que no valle havia pela outra banda de detras da hermida

Quando decião do alto da rocha para o valle dando graças ao Senhor do que nelle vião: o P.ᵉ Luis Ferreira que era o natural da Ilha, com outro homem bom que levavão por guia, advertião aos companheiros que alongassem a vista, e lancassem os olhos para a outra parte do valle que ficava por detras da hermida (porque havião de passar nella, e não sahir tam depressa, a consideração e vista sensitiva de tam deleitozas creaturas) e elles o fizerão assy vendo com os exteriores, e meditando com os olhos da alma, as maravilhas mayores, que os naturais lhe hião mostrando ao longe, e descrevendo por verdadeira rellação de... em tudo conforme com as noticias que de tudo tinhão do dito P.ᵉ ouvido em Lixboa. **E em primeiro lugar lhes mostrou, huma que se chamava a Ribeira Quente, cujo nascimento era com tam excessiva quentura, que não he sofrivel nem tolleravel nas forças humanas, poder nenhum homem meter a mão nella; a qual a pouco espaço se mosturava logo com outra ribeira fria, que lhe moderava, e temperava a quentura, com tal temperamento que fiquava sendo ribeira medicinal, em que os doentes hião a tomar banhos, pera** [fl. 20 v.] pera saude de varias e diversas infirmidades, a que aquellas agoas fazião cura. E estas ribeiras se hião a extinguir metidas nas outras de que trata o cap. precedente. E nesta ribeira composta dos dous extremos de fervor, e frieldade, das duas agoas unidas em huma de temperado calor, medicinal para a saude de infirmidades; Consideravão os tres heremittas, hum notavel hieroglifico, em que Deos Nosso Senhor lhes manifestava o temperamento e discrissão das virtudes, que queria delles nos principios de sua nova vida, quasi emsinuandolhes que seria nelles não saudavel todo o exesso, e que so pela via de huma moderada discrição e temperado meio em seus exercicios, obrarião a virtude saudavelmente, e

Ribeira Quente

Águas termais

sararião das infirmidades, ou reliquias[64] dellas que lhes fiquassem do seculo, e vida passada, e assy mesmo no exemplo, obrarião com a mesma discrição e temperamento saude para os proximos que os quisessem imitar.

[…] E como os tres heremittas havião symbolizada, e figurada a virtude da discrissão, no temperamento de aquellas [fl. 21] de aquellas duas fontes ou ribeiras quente, e fria, advertidos que os Sanctos Padres lhe chamavão tambem a discrissão fonte das outras virtudes; interiormente davão a Deos graças suspirando resignados em Sua sancta vontade, por se algum dia, veria a ser, e premittiria acazo, que de tres que agora vinhão se formasse congregação de heremittas com regra, ou estatutos, em que tivessem a discrissão estatuida, e disposto para[65] só seguirem, hum meio e moderado temperamento dos exercicios, appartado dos extremos de muito fervor, e de muita frieldade, que erão os excessos que Deos Nosso Senhor lhes mostrava no temperamento daquellas agoas.

[…] [fl. 21 v.] […]

[fl. 22] […] **Entre estas devottas preces pias, espirituais consideraçois não se discuidava o demonio: e antes que apartassem a vista destas duas ribeiras quente e fria que temperadas, e unidas em huma fazião temperamento de caldas, ou saudaveis [fl. 22 v.] ou saudaveis banhos aos infermos: Disto mesmo tomou ocasião, e motivo para interiormente os tentar, persuadindolhes fora errada, e totalmente sem experiencias da vida heremittica, a eleição daquelle valle, porque sendo lugar ermo, teria grandissima contradição, e estorvos continuados no seu preposito principal da quieta solidão, e serião perturbados e desinquiettos na frequencia, multidão, e concurso dos muitos infermos que dos povos da Ilha, virião assistir no valle dilatados dias, e mezes a tomar os banhos de aquellas caldas para sua saude, e não poucos depois de milhorados sob pretexto de devoção e acçam de graças a Nosso Senhor se haverião de deter convalescentes frequentando a hermida, e assistindo nella, elles averião de perturbar a sua dezejada quietação grande parte do anno**; e que de aquellas romarias, e tumultuo-

Termalismo e solidão

---

[64] Com a silaba *li* entrelinhada.
[65] Corrigido de palavra ilegível.

zos concursos ficarião seus espiritos tam distraidos, e armonia silenciosa[66] silenciosa[67] tam destemperada que lhes não bastaria todo o resto do anno para a tornarem a temperar, e assy ficarião perdendo todo o tempo e todo o seu trabalho, e tirados de hum labarintho, se acharião em outro. Mas ajudados, da Virgem Nossa Senhora da Consolação, cuja era a cauza, facilmente confortados pella graça, receberão digo rebaterão e vencerão os tres heremittas esta tentação, conhecendo pela lux divina, que com o **estado de heremittas solitarios, e contemplativos, não era incompativel a cura e serviço dos infermos**, antes lhe seria ajuda para mais merecimento, do que podessem alcançar por outros exercicios, como se havia, visto por exemplos muitos das vidas dos Santos Padres, que estavão recopillados no livro a que chamão Speculum Exemplorum e que quando elles fossem tam ditozos, que fosse tal e tanto o concurso dos infermos, que tivessem necessidade de ser por elles curados, e servidos, lhes asistirião e os servirião com alegre charidade gozosos, entendendo que nelles, e em cada hum delles era o infermo Christo a quem servião, tendo se ainda por indignos de fazerlhes o Senhor este favor, de permittir o servissem em seus servos firmes na fee do Sagrado Evangelho em que o mesmo Senhor dissera, se fazia a elle mesmo a charidade, e esmolla, cura, e serviço, que se fazia a qualquer minimo de seus servos; e que quando sucedesse o que não speravão, que lhes rezultasse de obrarem charidade com os infermos, que viessem as caldas, alguma perda, ou falta, e perturbação dos exercicios do silencio, e quieta oração, não [fl. 23] não seria isso nelles damno, nem auzencia de Deos, pois não seria escondido ao mesmo Senhor que deixavão na oração, o buscarem em tal cazo, e o ficavão buscando na charidade, exercitada com seus servos; que era deixar a Deos por Deos, e deixallo no fruitivo e gozoso, por na obra mais penoza; e quando destes exercicios, ou obras da charidade se recolhessem perturbados, distraidos, e obscurados, não ficarião por isso menos claros e fermosos ante os olhos divinos,

[…]. E finalmente concluião, para expeluir e envergonhar ao demonio em sua tentação, que como os doentes os não viessem buscar a elles como a homens que tivessem dom, e graça de curar infermidades (que era o porque alguns padres do ermo largarão luguares a que concorria gente, por fugir de incorrerem in presumpção complacencia, ou vana gloria) e ao

---

[66] Com a silaba *si* entrelinhada e parte da restante palavra escrita sobre letras ilegíveis.
[67] *Sic*.

Valle das Furnas os **doentes que vinhão a buscar saude era da mão de Deos naquella insensivel creatura da agoa temperada das duas ribeiras quente e fria**, valendosse da intercessão e consolação da Virgem Nossa Senhora e dandolhe a mesma Senhora e a Deos as graças: Como isto era mayor gloria de Deos, e da Senhora, elles como escravos seus que se lhe vinhão dedicar perpetuos heremittas, devião disso mesmo receber grande goso, e alegria spiritual, tanto mayor quanto indignos peccadores fossem menistros, e serventes das mesmas [fl. 23 v.] das mesmas maravilhas, de sua mizericordia e poder: E assy dando graças a mesma Senhora emvergonhado o demonio, e vencida a tentação não descairão do amor do sittio, nem esfriarão o fervor que para elle trazião, antes **humildemente se gloriarão, de que no valle exprimentassem seus devotos ser ella a verdadeira consoladora dos afligidos**, que com a dezejada saude, na cura de aquellas misteriosas agoas fossem consolados e sãos de suas infermidades acrescentando a fee de que esta Senhora como os Santos Padres lhe chamão, hera consolação verdadeira dos infermos: saude dos desesperados: officina das mecinhas: fonte perenne das curas: saude universall, e causa da saude de todo o genero humano: Alabastro de unguentos: aquaducto da graça: Balsamo sem mixtura: Socorro de todos: Cisterna de Belem[68].

Termalismo

E cura de todos os encuraveis. Mais adiante lhes mostrarão que detras da hermida, e detras de hum pico que ali havia de grande altura, estava huma muito funda, e fermosa lagoa de agoa clara, largura em circuitu mais de huma legoa, na qual vião nadar, e mergulhar se muitos pattos, ou adens, e galeirois, que deixavão por ali não poucos ovos: e na mesma praia desta lagoa, estavão para huma parte duas caldeiras redondas de agoa fervente que fervia não con furia mas com muita quentura, e fundas de tal sorte que se não via, nem podia ver o nascimento de aquella agoa quente. E como os bons heremittas, não so hião vendo, o que se lhes mostrava, mas hião contemplando tudo o de aquelle valle, por obras misteriosas de Deos dirigidas a instrucção, e documentos da nova vida, que solitarios ião a exercitar nelle. Não pouco se edificarão com a vista desta lagoa, e caldeiras, entendendo ser bastante geroglifico ou figura com que o Senhor os alumiava e confirmava no que entenderam, na precedente das duas ribeiras de agoa huma quente, e outra fria moderadas naquelle moderado calor, que mitigados, e temperados os extremos fazia cura de caldas aos doentes. Porque nas

Lagoa

Fauna

---

[68] Com o *m* corrigido de letras ilegíveis.

Caldeiras ferventes duas **caldeiras** cujo fervor era sem furia, se lhes symbolizava que não tepidos (?), senão fervorozos os queria o Senhor em amalo e servillo nas virtudes, mas fervorozos sem furia, que era sem excessos, ounimieda- [fl. 24] ounimiedades nos exercicios e vigurozos impulsos e com aquella discrissão, que o temperamento das outras duas ribeiras lhes symbolizava, mostrando lhes Deos logo atras della, o fervor das caldeiras sem furia, em signal de que pela discrissão se não exclue o fervor, mas so se temperão para que não fação damno os furiozos excessos: porque com esta discrissão de fervorozo amor, e fervorozos exercicios, como os pattos ou adens nas agoas da lagoa, se acharião os spiritos metidos e sumergidos todos em Deos, nadando nas agoas da graça, e tomarião os proximos os bons exemplos, que pellos ovos das adens e galleirois que tomavão para sustento, se podião significar. Não sendo emconveniente ser as adens ou pattos symbolo dos não doutos, ou dos menos scientes, porque sem sciencia podia haver em simplices heremittas, discrissão, e aproveitamento de spirito na vida penitente, o que não pouco symbolizavão aquellas aves, que como disse Hugo de Sancto Victore, na cor de cinza que tem todas as que não nascem dosmesticas, significão o vil habito, e penitencia dos que para o hermo se apartarão do mundo; onde acresenta que voão sempre ordena- damente e que symbolizão, os que larguadas as couzas terrenas vivem ordenada, e discreta vida de espirito: e que clamão: de como he seu natural nestas adens apontão as vigilias da noite, e sam aves que mais que todas ao longe sentem o cheiro dos homens, em que se symbolisa o espiritual solita- rio que com discrissão ao longe conhesse pello cheiro de boa, ou ma fama, aos homens mais remottos.

Caldeiras **E no fim do valle junto a serra, virão como lhe forão mostradas outras caldeiras; ou furnas de varias sortes[69] e botavão de sy humas continuas fumaças com estrondo, ouvido em todo valle, e nellas entenderão se lhes symbolizava aqueloutra parte dos excessos reprovada na primeira figura do temperamento, e discrissão das virtudes; cujo meio melhor ficarão conhecendo, mostrados pelo Senhor a seu espirito, os extremos separados do fervor sem furia das caldeiras da alagoa, e do furiozo fervor, e fumassas**, e estrondo de estroutas, sendo

---

[69] Segue-se um sinal de parêntese curvo que não apresenta fecho posterior, pelo que o mesmo não tem significado.

a fumassa, e estrondo so daquelles, que interiormente hipocritas faltos da perfeição da virtude, e do amor de Deos, são so no exterior, todos fumassa [fl. 24 v.] fumassa; e tudo estrondo, nas aparencias de furiozos excessos, e indiscretas demazias: exterminant enim facies suas, disse o Senhor no Evangelho, ut appareant hominibus jejunantes. e he o muito fumo symbolo da iniquidade segundo aquellas palavras, acetum dentibus, et fumus oculis, do Cap. 1.º dos Proverbios, onde a versam dos 70 leu, sic iniquitas his qui illa utuntur; e he symbolo da soberba, como no mesmo Cap. 10 notou o doctissimo Alapide tendit sursum per suberbiam, omnes transcendere ambiens et satagens, quer subir como o fumo o que fas desordenados e indiscrettos excessos, ambicioso de transcender e passar dos outros.

Pouco se detiveram os heremittas nesta consideração das **caldeiras** furiosamente fumigantes, porque o ser symbolo de desvairados, e indiscrettos excessos de penitencia, e symbolizavam ellas muito as claras no estrondo que fazião, com o seu furioso fervor ouvido em todo valle [...].

Alargada a vista ao que os naturais lhes hião mostrando na[70] valle virão logo mais abaixo outra furna, ou caldeira **sequa, que chamão os fedores**, a qual tambem sem agoa, furiosamente fervendo sem mostrar fogo lançava de sy tais fedores de enxofre, tam infernais, e venenosos que os passaros e aves, que nas alturas do ar voavão sobre ella cahião logo nella mortos, e da mesma sorte repentinamente morrião logo nella os animais [fl. 25] os animais que apassavam; e para evitar o damno acercarão os **pastores** ao longe com densos bardos para que as rezes de seus gados não podessem chegar a ella, nem a elles tam pestilente cheiro; pelo perigo do qual se não atrevem os humanos chegar a ver, nem inquirir de perto ou dentro della o nascimento desta furna, ou caldeira, nem a cauza destes effeitos, tão horrendos, e espantozos. Derão os heremittas graças a Deos, mas não se admiravão conhecendo ser obra divina, cheia do mesmo misterio, que vinhão meditando nas figuras do[71] indiscretto[72]

Pastoricia

Caldeiras

---

[70] *Sic.*
[71] Com o *o* corrigido de *a*.
[72] *Idem.*

e furiozo fervor, que como degenerava in vicio, e tinha ou podia ter em sy a culpa e peccado occulto da hypocresia, lhe mostava Deos nestoutra figura que não so era fumassa, como na precedente asnimiedades e excesso, mas erão venenoso e mortal cheiro que matarião aos proximos segundo seu exemplo, sendo couza sabida que he o peccado ou a culpa, symbolizado no mao cheiro, como pelo contrario no bom se symboliza a virtude, e perfeição segundo aquellas palavras de S. Paulo na Segunda aos Corinthios Cap. 2.º Christi bonus odor sumus Deo: De donde dis S. Gregorio lib. 14 dos morais Cap. 28 ita e contrario fator ex vitio. Mais adiante lhes mostrarão outra furna, que estava debaixo de humas pedras, e se não deixava ver, mas do furioso fervor da agoa, que tem por baixo, rezultava outro estrondo, e ruidos como de moinhos, que se ouvia continuo em todo o valle, de tal maneira que por esta cauza, **chamavão os moinhos a dita furna**; e como isto era so estrondo, e daquella furna se não deixava ver mais, cuberta com as pedras. os heremittas qu tudo piamente applicavão a meditação, de sua instrucção e documentos lhe applicaram o mesmo sentido em que tinhão meditado o estrondo das outras das fumassas. Sendo neste estrondo das mós de moinho, symbolizadas as obras do demonio, conforme o psalmo 57 molas eorum confringam. E o Cap. 9 do Job conterebam molas iniqui, sendo verdade o que notou Cornelio Alapide no Cap. 17 verso 13 dos Proverbios que entam fazem as mós ou rrodas do moinho mais estrondo quando nas suas pedras não ha trigo que possa moer; e ficava sendo aqui o figurado, faltar o grão ou trigo da virtude, quanto as indiscrettas, furiozas, e excessivas [fl. 25 v.] e excessivas demasias dos exercicios della, faziam como moinhos estrondozo ruido [...]. E assy a esta vontade do Senhor, ou a este documento e instrucção bimembre, do discretto fervor, fora de excessos e demasias, forão applicando tudo o mais que vião, e no valle se lhes mostrava; dezejozos já de chegar a hermida para renderem ao Senhor e a sua May Santissima dos favores deste avizo, e direcção, humildes e fervorozas graças.

Junto aaquella furna ou **caldeira que chamavão dos moinhos** divizarão outra que pellos naturais lhes foi mostrada, a qual tambem fervia [fl. 26] fervia, mas sem furia, com boca larga, e dentro não agoa senão hum polme grosso e barrento, que formava de sy mesmo com o fervor humas rodas, circulos, ou coroas, pelas quais se chamava aquella furna, coroas de frades e nella piamente lhes parecia, aos heremittas, que lhes significava Deos Nosso Senhor que como o barro, ou pedras de natural dureza, aly com moderado e não furiozo fervor se abrandavão, feito de huma, e outra couza o polme brando que se formava em coroas, assy mesmo, com o discretto fervor do amor de Deos, e sem furia, nem excessos nos exercicios da virtude, os coraçois que pella corrupta natureza, e effeitos da culpa estivessem, emduricidos em massa solida, ou como pedras se abrandarião, feitos pelo temor de Deos polme brando, nas branduras humildes, e humiliaçõis, e compunçois de espirito, e se lhes formarião disso croas de premio a seus trabalhos [...]. [fl. 26 v.] [...] Seguiasse junto a esta do polme, e coroas de frades, mostrada pelos naturais outra caldeira ou furna do mesmo tamanho cheia de agoa clara e limpa que tambem fervia moderadamente sem fervor digo furor, mas de tal maneira que os romeiros que por aly passavão se querião cozer alguns ovos, a todos em hum pano os metião no fervor daquella agoa, e sem detença consideravel sahião de entrar e sahir cozidos: e se na furna do polme precedente consideração no fervor discretto e moderado a brandura do coração no temor de Deos, aqui nesta pella cozedura dos ovos que metidos naquella fervura, sendo naturalmente brandos ficavão duros [...]. [fl. 27] [...] Logo mais adiante lhes mostrarão outra furna, ou caldeira de agoa funda e obscura tambem fervente, e fervendo com tanto furor que voava ou subia para o ceo, o furioso borbolhão de sua grossura, altura quasi de [fl. 27 v.] de huma lança, e no ar se desfazia e caindo em choveiro que ao redor da furna fazia lodo, e por causa da agoa que subia, e decia, se não podia ver esta furna a vontade [...]. Mais abaixo lhes mostrarão que se seguia logo a esta furna hum regato de pouca agoa que junto a ella estava sempre fervendo com brandura moderada, sem furia, nem estrondo, mais que o sonido de huma frigideira; de cuja semelhança era chamado aquelle regato as [fl. 28] as **frigideiras**, porque chiando, e gemendo sempre parecia estar se ali frigindo; no que os pios eremittas consideravão outra figura do discretto e moderado fervor, dos que professam vida spiritual, e de oração; que era o seu estado, não para querer logo gozar fruiçois e felices suavidades da devoção; mas estado afflictivo ... Não se ditiverão nesta consideração dezejozos ja de acabar de ver o valle, para entrarem na hermida; e porque era couza entre elles asentada que a vida que vinhão a exercitar havia de ser aflicta, e não de refrigerio. Mostrarão lhes os naturais logo que junto a este circuitu das furnas hia passando **aquella ribeira** que no capitulo precedente tinhão visto formada das sinco; das sinco fontes, e que ao passar por este sittio ou lugar das caldei-

Ribeira Quente

ras ferventes fazia de ssy mudança em agoa quente, e fervia tambem pelas ilhargas[73], mas não com furia nem excesso [...].

[fl. 28 v.] [...] Ja mais para o cabo adiante das atrasadas lhes mostrarão a distancia de hum tiro de mosquete **outra furna** que se deixava ver debaixo de hum penhasco fervendo tambem agoa della com tam demasiado estrondo, e furiozo fervor que se ouvia em todo o valle a modo de som de muitos tambores, e assy lhe **chamavão os tambores** e detendosse pouco nesta vista porque lhes confirmava a a instrucção que nas mais havião meditado, e colhido, contra o fervor indiscretto, o qual quanto se custuma ostentar por vana gloria, tanto por este symbolo dos tambores, ou semelhante das trombetas, o tinha reprovado Christo nosso bem no Cap. 6 de S. Matheos cum facis eleemosinam noli tuba canere. Se bem por outra parte consideravão que das maravilhas que havia no valle, se podia entender que publicavão estes tambores louvores divinos, devidos ao Author dellas, e que so neste sentido se podião applicar a boa parte; pois não menos com tambores (laudate cum intym pano) incitava David a louvallo, do que com outros instrumentos; e nunca nos louvores divinos se podia considerar excesso nem indiscrissão.

E finalmente lhes mostrarão, que adiante da **furna dos tambores** passado o riacho com trabalho na ribeira que levava ja juntas as sinco do capitulo precedente estava debaixo da da dita ribeira hum buraco, ou caldeira furna entre huma pedreira a qual era do tamanho da redondex e circuitu de huma pineira, a qual dentro de ssy fervia tam furiosa, e estrondosamente horrenda, que das muitas agoas da ribeira que lhe passava para sima levantava para o ceo borbolhois ou esguichos grossos altura de muitas lanças que tornavão a cahir como chuveiro, e não se podendo della por esta cauza ver mais, lhes **chamarão os esguichos**: e passando delles a ribeira se hia a meter no mar, mas ao entrar delle, hia toda quente, assy chamada por passar por alguns olheiros semilhantes de fogo na distancia [fl. 29] na distancia de huma legoa, que de aly ate o mar lhe ficava. Davão os heremittas graças a Deos, de que ao parecer, neste portento ou figura, não menos que nas precedentes, se lhes symbolizava do fervor indiscreto, e furiozo das virtudes, e amor de Deos, outro effeito não menos perjudi-

---

[73] Com o *l* corrigido de *g*.

cial, e damnoso a saude das almas: qual era, que não satisfeita a furia desta furna, de lançar para o ar como a outra que fica atras, as suas propias agoas, lançava as alheas da ribeira que humilde, e sem furor, rasteira hia correndo seu ordenado curso: e assy mesmo os que discretto fervor, obravão nimiedades em seus excessivos exercicios, [...].

Acabadas de ver estas furnas, ou caldeiras, entenderão os heremittas, que juntamente dellas avia tomado aquelle sittio o nome de Valle das Furnas. E se athe aqui a maravilha dellas, e das mais agoas ferventes do valle, lhes havião pia e devotamente feito instrucção e documentos saudaveis para a vida que vinhão começar; Consideradas todas juntas lhes fizerão não piqueno terror, e espanto; vendo que naquellas ferventes, e estrondozas agoas naquelles fogos, e fedores de enxofre, e na profundidade daquellas obscuras, medonhas, e em parte invisiveis caldeiras, quasi lhes mostrava e reprezentava Deos huma quasi visão e piquena semelhança [fl. 29 v.] semelhança, ou apparencia do inferno, e que a a havião de ter prezente por toda a vida naquella parte posterior do valle não menos que a semelhança do paraizo terreal que estava na primeira. [...]. [fl. 30] [...].

Capitolo 7.º
De como chegaram a hermida; se offereceram a Nossa Senhora
e se despedio o ermitão cazado que nella estava

Passada a vista, e consideração, por tudo o que o valle tinha de huma e outra parte, acabarão os heremittas de decer o empinado cabeço daquelle monte, e no fundo do valle se acharão no atrio, ou **portal da hermida de Nossa Senhora da Consolação**; E tornando a lançar os olhos, por todo o circuitu para o alto davão graças ao Senhor da fermosa, **e alegre vista que fazia aquelle [fl. 30 v.] aquelle grande valle cuberto de verdes e aprazíveis mattos, e arvoredos das ribeiras, e cercado de tam altas e impinadas serras, e rochedos; parecia cercado de inaccessiveis torres, e muralhas, que o defendião das armas e entradas do mundo** lhes não poderem fazer guerra, aos que como em castello de presidio, nelle estivessem recolhidos: e o defendião tambem dos ardores do sol, e de tal maneira, que na maior parte do valle, não chegavão, nem podião entrar seus raios por muito que as ervas, e prantas, e pastos os dezejassem. E en summa,

Ermida de N. S. da Consolação

Acção de graças

parecendolhe que era o valle assy vallado hum tabernaculo na terra em que Deos os escondia para os livrar dos guereiros inimigos do corpo, e da alma, lhe davão novas graças de haver sido a lux de Sua verdade a que a tal monte, e tabernaculo aly os trouxera, e guiara, dizendolhe com David no psalmo 42 Emite lucem tuam, et veritatem tuam, ipsam adeduxerunt, et aduxerunt, in montem sanctum tuum, et in tabernacula tua: mandai sobre nos Senhor a vossa lux, e a vossa verdade, pois ellas sam as que dos enganos do mundo nos tirarão, e nos trouxerão a este vosso santo monte, e vosso tabernaculo: E assy com vox submissa, humilhados e postrados naquelle atrio cantarão ao Senhor em louvor, e acção de graças o psalmo 26 Dominus iluminatio mea, et salus mea, quem timebo, desfazendosse em amorosas lagrimas naquelles versos delle, que dizem (unam petii a Domino et hanc requiram ut inhabitem in domo Domini omnibus diebus vitae meae) e o subsequente, quoniam abscondit me in tabernaculo suo: in die malorum protexit me in abscondito tabernaculi sui; porque isto so era o que in dillatados annos em suas oraçois e suspiros lhe tinhão pedido, que os abstrahisse, e escondesse do mundo, e de seus males, e lhes deparasse caza sua, em lugar solitario, onde segundo Sua santa vontade, O podessem servir todos os dias de sua vida. Aqui virão compridos seus dezejos, e fundarão no comprimento delles, sperança firme do comprimento de outros maiores, que como Deos Nosso Senhor os escondia naquelle tabernaculo da terra quanto ao corpo, tam deleitozo, e tam acommodado a seu modo e instituto de vida, nos progressos della lhes haveria de esconder o spirito per verdadeira comtemplação no tabernaculo de sua facie, e fazer [fl. 31] e fazerlhes mizericordiosa protecção, em livrarlhos da contradicção[74] de mas lingoas que era o que por David no psalmo 30 tinha prometido a seus servos que nelle havião posto sua esperança. Perfecisti eis qui sperant in te in conspectu filiorum hominum: abscondes eos in abscondito faciei tuae a conturbatione hominum; protege eos in tabernaculo tuo a contradictione lingarum.

Acabando esta acção de graças, se levantarão, e entrando pela hermida se tornarão logo a postrar beijando humildemente e com muitas lagrimas o portal della; e poseguindo em medidos passos com as tres adoraçois em humiliação profunda forão com a ultima parar ajoelhados ao pe do altar da Senhora; e pela fermosura, e alegria de tam devotta imagem movidos a

---

[74] Com as letras *tr* corrigidas de *di*..

devoção, e com impetuoza corrente que não podião refrear impedindolhe as lagrimas as vozes, ou sendo vozes as mesmas lagrimas e instrumentos os soluços e suspiros cantarão em luguar do hymno de Santo Ambrozio, e Santo Agostinho estoutro de S. Boaventura a mesma Senhora [...].

Leitura paleográfica do Dr. Joaquim Tomas Pereira e do organizador da presente Antologia.*

[...]

Capitolo 19.º
De como por morte do Conde de Villa franca D. M.el da Camera, reformarão a ermida e fizerão dormitorio e outros commodos de forma da Congregacam

[fl.1] Não paravão os tremores da terra em que desaforado o demonio perseguia tanto aos heremitas servos de Deos que lhe tinhão posto em lamentavel estado a ermida de N. S.ra e as cazas do Conde da Villa franca junto a ella quasi de todo destruidas e ja deloquadas de tal manr.a que o pio e zellozo principe p.a acodir a tam pia necessidade tratava de acodir a nova reforma de hua couza e outra e tinha ja juntos os materiais p.a isso gastado algum tempo na conducção delles p.a o sittio em o qual os pobres heremitas se padecião a falta não padescião tanto como de antes na tentação que por ella o demonio lhes fazia porq.e os confortavão e animavão as esperanças firmes de em breve se começar a obra que sendo ja do braço daquelle devoto principe havia de ser mais commoda e mais fortalecida p.a se sustentar resistente aos terramotos. E assy com grandissimo fervor occupavão gr.de p.te das suas preces e oração em pedir a Deos e a virgem N.a S.ra p.la saude corporal e spiritual do seu Conde bem feitor e chamandolhe padroeiro pay e protector e seassy piamente se pode dizer importunavão a

Sismos

---

* O Dr. Joaquim Tomás Pereira, meu bom e querido Amigo bibliotecário e paleógrafo qualificado, faleceu recentemente.
A emoção que lhe causou a leitura das passagens que transcreveu, foi factor decisivo para visitar o Vale das Furnas.
A minha comovida homenagem ao <u>Homem Bom</u> que foi durante toda a sua vida

N. S.^or pellos augm.^tos de seu estado e affluencias de bens que pudesse como era inclinado levantar templos a seu S.^to nome.

Porem nosso S.^r que p.^a remunerarvos não [fl.2] necessita do complemento de nossas boas obras e se satisfas de huma boa vontade foi servido que o d.^o Conde G.^or no anno de 1617 antes de^75 fazer como queria as obras de N.^a S.^ra e dos seus heremitas no valle das furnas cahisse em uma grave infirmidade pella qual quis tirar a este valle de lagrimas e levallo a gozar os premios na gloria que merecião nadivina miz.^a as virtudes que pella graça havia obrado na terra na infirmidade ou appertos dos ultimos dias della alem dos religiosos de todas as religiois em cujos spirituais coloquios se animava m.^to p.^a o transito e caminho da patria; fes chama.^to aos seus heremitas os dous p.^es D.^o da Me de Deos e M.^el da Anunciaçam do Valle das furnas que logo lhe forão asistir; e estiverão com elle a cabeceira sinco dias consolandose m.^to com elles e dando manifestas demonstracois que de os ter prez.^tes e fallar comelles recebia sua alma gr.^de alivio e alegria naquellas horas que p.^a os humanos erão as de mayor aperto e angustia. Sabe Deos lhe dezia o charitativo principe quanto se fora sua s.^ta vontade que eu uzasse de minha e que nunca me arrimei e me dera a escolher, escolheria eu antes na incerteza dos humanos, determe mais na terra a fazer lhe algum serviço agradavel como em vos outros servos já pertendia; do que evitar logo o seguro lugar da gloria p.^a que de sua bondade e mi.^za infinita me criou. Mas miserravel de my nem nos merecim.^tos da graça me tenho por seguro ou certificado do premio nem nas obras de vida que mais durassem poderia eu nunca saber o fim se me sairião(?) agradaveis ou odiosas se penderia nellas p.^a a mão d.^ta ou p.^a a esquerda nem se me faria digno de seu amor ou de sua ira ou (?) lhe infinitas graças q. elle que me tira da terra e com apresciencia de sua immensa e inexoravel sabedoria com q. chama [fl.3] A juizo a todos os humanos naquelle ponto de idade em q. previo q. sendo mais dillatada a vida não subiria a outro mayor grao de bondade p.^a o premio ou de malicia p.^a o castigo. Neste ponto em que me chama Deos he a esphera mais alta de peccador ou de justo a que podera chegar o vosso irmão Conde se mais vivera. Ajudaime charissimos p.^es heremitas escravos m.^to amados daqqelle divino S.^r e da Virgem da Consolação sua may ss.^ma ajudaime a conformar em sua ss.^ma vontade que o me chame esse peccador para apena ou como justo p.^a o premio eu sem resp.^to do premio, nem da pena, lhe

Morte de D. Rodrigo da Câmara

---

^75 à margem: 1617.

entregue como couza sua nas suas maos o meu espirito tendeo condignissimam.^te por premiado em obrarse nelle seu s.^to beneplacito nos atributos tanto do rigor e da just.^ça como nos da begninidade e mi.^za lembrame por ser couza deste tempo que nos coloquios espirituais em que huns a outros no valle das furnas nos exercitavamos a devota liçam e meditação dos livros pios tras do livro crucificado xpo. per que meensinastes a ler as tres letras ou letras de tres cores que continha vos dezia ece termos outro livro os mais humildes que era os de nossas consciencias. E porque agora he o tempo em que a este vosso irmão e amigo se ha de abrir no tribunal de Deos este livro, e nas licois aprendidas por elle q.^do pella miz.^a divina e intercessão da virgem ss.^ma sua may precurante o Anjo da minha guarda senão ache a minha licção totalm.^te ignorada digna dos asoutes que o evang.^o chama m.^tos se poderam achar barbarismos e solicismos não poucos dignos da palmatoria temporal p.^a que servem como bons padrinhos as intercessois dos s.^tos cos sufragios e sacrificios dos fieis estes vos peço p.^a tal cazo: nam me falteis com elles por esmola de charidade e amor do proximo q. no amor de Deos professais [fl.4] Abstraidos do mundo e seus enganos. Perseverão sem afroxar do (?) com que começastes animeivos preparados p.^a no braço de D.^o com a fortaleza de humilidade em paciencia rebaterdes vendida a guerra do inimigo na fronteira em q. Deos vos pos por capitais dos soldados que quer criar de sua milicia. Vende m.^ta confiança na divina providencia que vos não hade faltar largandolhe esse cuidado. Guardai as vossas paredes que nisso fazeis m.^to. Amai aos povos desta Ilha que vos amão e rogai por elles que os apparte o s.^r de culpas e offensas suas e lhes ensine os caminhos mais estreitos p.^a que na via larga não obrem ignorantes sua perdição. A meus sucessores encomendei a Deos que o não offendão tendeme nelles por prez.^te como a elles lhe encomendo daime a vossa benção pedi p.^a esta alma a de Deos e que nos vejamos na patria e ficaivos(?) embora que são horas(?) da partida.

  Nestas amorozas praticas entrando o bom Conde em Agonia os religiosos e p.^es da Conpp.^a de Jesus fizerão no officio della sua obrigação e os dous heremitas emmudicidos com a dor feitos fontes de lagrimas seus olhos dando o lugar competente aos outros p.^es separados hum pouco mas defronte a estes em oração levantadas suas maos a Deos, lhe fallavão em seus coraçois desta manr.^a Immenso e todo poderozo S.^or p.^a quem como disse no Cap. 3 o Apostolo S. Pedro (latim) hu dia val por annos mil e milhares de annos por hum dia. Ninguem pode duvidar s.^r que morre este vosso servo(?) no seu dia, sendo o dia decretado de vossa s.^ta vontade

Morte do Conde de Vila Franca

poderia indiscreta a humana affeição como pranta cortada [fl.5] Em seu verdor emayor frescura sentillo por mallogrado se a fee de vossas mez.^{as} nos não cortificara que qual o Rey de Macedonia contando não o numero de seus annos, mas o numero de suas vitorias dizia haver vivido m.^{to} porque as vias m.^{tas} e dillatadas assy mesmo se deve ter por larga, dillatada, e bem lograda vida, a do que em poucos annos nos fes e dezejou fazer m.^{tos} serviços. Muitas e infinitas graças vos sejão dadas, que prodigo de miz.^{as} com este servo vosso lhe multiplicais as obras pellos dezejos e havendo gloriozam.^{te} humilde obrado m.^{tas} em vosso serviço honra e mayor gloria lhe acrescentastes o numero pella boa vontade, e aceitada mais esta p.^{las} obras consumandoo em breve e satisfazendovos como se tempos m.^{tos} de dillatada vida em centenas ou milhares de annos vos sirvira. Verdadeiram.^{te} cremos S.^{r} que viveo p.^{a} vos não hua senão m.^{tas} vidas quem tantas emsyna consideração deste dia tendoo sempre prez.^{te} e por ultimo o que vivia, se multiplicava mortes: quem morrendo todos os dias lograva en cada hum delles hua vida, ou nova vida, de lux a lux, e de claridade em claridade, discipulo da morte p.^{a} a vida e da vida p.^{a} esta morte não sendo morte a que nas vossas maos divinas entregado o seu espirito lhe he vida e vida eterna qual aos que mortos vivem em vos mizericordioso e s.^{r} da morte e da vida prometestes. O vosso Conde S.^{r} ou o vosso Companh.^{ro} em seguirvos e imitarvos, alegre e resignado em vossa sancta vontade se está partindo, e nos deixa e se bem como vos dizestes a vossos sagrados discipolos deveramos nos que o amamos festejar sua partida em q. sevai j.^{a} vos, somos humanos, e somos fracos, e ainda sentimos fazei como omnipotente que sois que se tempere en nos este sentim.^{to}, e que sem mixtura de offensa vossa sintamos na ida mas o não irmos nos [fl.6] Com elle p.^{a} nos não ficarmos sem elle mas ficarmos não como elle tam veidos(?) e tam conformes com vossa s.^{ta} vontade; vos S.^{r} nolo destes vos nolo (ti)rais seja bendicto e louvado o vosso s.^{to} nome: não immortalizado(?) destes por bem feitor no serviço e reparo de caza de vossa may ss.^{ma} mas louvado sejais que quasi immortal nolo fizestes na sucessão ditoza a que pobres e desfavorecidos por sua boca nos encomendais, promettendossenos nella por prez.^{te} comnosco ate o fim do mundo, como vos aos vosso pormetestes. Preciosa he na vossa presença a morte dos justos deste s.^{r} fazei eternas as memorias. E cumprasse vossa Sta vontade.

Partido o bom Conde p.^{a} a vida perduravel, **feito de seu cadaver pio deposito no mosteiro da esperança da Cidade de Ponta delgada** se lhe celebrarão as exequias de seu estado, a que assistião sem poderem enxugar os olhos os heremitas, e foi couza notoria, que q.^do depois de tempo se vierão a tresladar seus ossos p.^a Lix.^a se achou assy mesmo inteiro o cadaver e assy mesmo lovado com a veneração que a inteireza as alma significada nisto merecia, foi por ocazião de hu naufragio captivo o caixão a Berberia, onde tendoo os mouros com a mesma veneração, foi Deos servido que estivesse como posto em altar publico no lugar de donde vivo havia devoto e pio resgatado m.^tos captivos, não permitindo Deos que como tal fosse vendido, nem resgatado mas que como joia, q. não tinha preço, o mouro que o pesuia o mandasse de prezente a hu capitão ou g.^or dos fronteiros de Portugal o qual o restituio aos sucessores e por elles a sua capella que tem no cruzeiro do Convento de S. Fran.^co de Lix.^a onde em(?) perpetua sepultura assy mesmo vivo p.^a Deos, e vivo na memoria dos homens se conserva. Couza que chegada as noticias dos seus heremitas foi nelles motivo de mayores louvores a Deos [fl.7] Por verem neste servo seu cumprido a letra o que os justos dissera David no P.^sal 33 (latim).[76] No testamento com que fallecera havia explicitam.^te disposto, que aos seus heremitas do Valle das furnas se lhe dessem todas as **madeiras, pedrarias, cal, telha, e materias que aly nas suas cazas tinha preparado** e huma certa esmolla de d.^ro, congruente, e bastante com que pudessem pagar officiais, e comprar o que mais fosse necessario, p.^a se fazer a **obra de seu honesto e competente Recolhim.^to**; que elle dezejara de lhes fazer em vida. A qual verba se deu logo a execussão comprida pellos testamenteiros com toda a devota pontualidade; e recolhidos os dous p.^es heremitas da cidade p.^a o seu valle, entre as lagrimas, e suspiros, que a saudade de tam charidozo principe lhes cauzava, tratarão logo de fazer a sua obra e conduzi-vos os melhores officiais da Ilha foi logo feita com toda a perfeição ajudado o trabalho pella devoção dos povos.[77] **E ficou a ermida da S.^ra huma Igr.^a muito bem concertada e de alegre vista com sua sanchristia, e ornam.^tos necessarios em hua limpa e aceada religioza pobreza, fizerãosse sinco sellas novas que com quatro aproveitadas das antiguas ficarão sendo nove, com seu refeitorio, e cozinha, e outras officinas a que depois se acresentarão cazas de hospedaria humas** de dentro p.^a prellados e s.^ros e outras da banda de fora p.^a os devotos Romeiros: tudo cazas fortes de paredes e esteos por amor dos tremores e bem tilhadas de telha

Testamento

Obras nas casas, no eremitério e ermida

---

[76] à margem: carta do testamento do Conde a favor dos heremitas
[77] à margem: obras que se fizeram

que ahy mesmo se fazia, ficando som.^te baixas, como he ordinariam.^te a obra na Ilha, por amor dos ventos e erão por todas 32 cazas, que acommodadas cada qual a seu ministerio fazião ja hua honesta habitação de communidade m.^to honesta p.^a huma congregação humilde, que no estado da pobreza heremitica não pedia mais [fl.8] ostentação nem grandeza (?) **depois fazerem hua fermmoza com hu alegre pomar dentro de m.^tas arvores e saberozas fructas assy de (?) como de toda a sorte com hum fermoso castanheiro de fronte da vista das cazas a cuja frescal e alegre sombra se refosilhavam de veram os hospedes e jun(to) hy mesmo hum jardim de flores diversas, rosas, cravos, e boninas cujo cheiro (?) no uzo da Igr.^a altar e sanchristia fazia sua** (?) que huns a outros se dezião e podião com rezão dizer palavras do P.^sal 45 (...) para Deos vinde vamos a ver as maravilhas do s.^r vamos a ver os servos seus que pusilanimes a combate(?) do demonio, ainda honte fugitivos desemparavão o valle das furnas mortos de fome e sem abrigo e hoje já fortalecidos de Deos, e amparados da mão divina severão abundantes da divina providencia, e proveem, em sinçera charidade com gazalhados(?) e sustento aos Romeiros da virgen May de Deos vamos (?) a nos (?) a vizão. Era a vizão tam gr.^de que os pobres e humildes heremitas na miz.^a, e (omn)ipotencia de Deos, a comtemplavão coma feita não a elles q. a não merecião, não aa Virgem SS.^ma may sua cuja era a gloria de mayor honra no concurso e de(vo)ção dos fieis que a sua caza já pellas commodidas vinhão em romaria com mais frequencia e assy não fazendo os heremitas cazo de sy en nome da (?) davão a Deos as graças, e louvores, repetindo m.^tas vezes o seu cantico da Magnificat em devotas e fervorozas lagrimas, no versiculo, (latim) e no outro (latim) erão (gra)ndezas e maravilhas de Deos, as que alem das naturaes estavão obradas no valle. E vivião assy nelle os heremitas aquelles annos das obras ao cabo dellas ja con tal quietação e consolação de espirito todos unidos na imensidade(?) de hum conforme coração e tam quietos q. se admiravão do que o demonio(?) estivesse tam esquecido delles e temendo a complacencia e vana gloria [fl.9] Oravão a Deos com as palavras do P.^sal 35 (latim) livrainos s.^r que en nos senão levante ou vento da soberba pello estado e altura de quietação em que nos vemos e que não movam ou queirão mover maos de peccadores e vigiavão con gr.^de temor e cautella o por donde tornaria o demonio a combatellos porque sabião de sua (ma)licia que se vencido se apartava era som.^te a tempo ou por certo tempo(?) as armas ou como dizem a fazer gente p.^a com dobradas forças a traição e culto começar novo combate e fazer mayor a guerra. Nisto era a sua meditação preparandosse e pedindo a Deos auxilios p.ª que q.^do visse a tentação os não (a)chasse descuidados. Po rdonde vira, dizião, o nosso inimigo por donde vira (latim) por donde vira.

[...]

Capitolo 28.º *
De como se destruiu a abrazou o Valle das Furnas, em uma noite, e das mais couzas que a isso se seguiram

[...]
O Senhor por seus altos secretos, e inexcrutaveis juizos ao demonio, que sem ella nada pode, he de crer que lhe concederia a licença, que elle pediria,[78] ainda com mayor instancia, e sendo em 2 de Septembro d'aquelle anno de 1630, dia em que na reza da Igreja os heremitas havião rezado as primeiras Lições do Livro de Job em que contra elle pedira o demonio, e lhe concedera Deos a semelhante licença, que furioso executara, tendo logrado tam poucos mezes a quietação em que o morto P.ᵉ Diogo da Madre de Deus no Abril precedente os havia deixado: havendo sido aquelle dia de segunda feira muito claro e sereno, e havendo elles passado no seu jejum e penitencia pelas Almas do purgatorio; sahindo da disciplina, e estando já recolhidos nas suas cellas pelas oito horas da noite, sentiram uns crueis, e estrondosos tremores da terra, que os fizeram sahir dellas, temerosos, inquietos, e despavoridos, e com o *sub tuum præsidium confugimus* se foram a correr para a Igreja pedir soccorro á virgem Nossa Senhora e a Deos Nosso Senhor misericordia. Resaram o seu *ora pro nobis* de umas e outras ladainhas, com a devotíssima do Santissimo Sacramento, e outras preces e orações que a Igreja Santa tem estatuidas para casos de semilhante perigo e necessidade, as quaes repetiam involtas em muitas lagrimas do coração prostrados por terra e resignados nas mãos divinas, com toda a humildade, esperando da sua misericordia infinita se aplacariam como outras vezes (se bem desta eram maiores) aquelles furiosos tremores.

Sismo de 1630

---

* A transcrição e notas são do Dr. Ernesto do Canto
[78] Para se entender isto, é conveniente saber que na Chronica donde se extrahio esta noticia existe o Cap. 28 cuja epigraphe é: *De como o demónio alcançou de Deos licença para destruir o Valle das Furnas; e os fundamentos que para isso se podem conjecturar, que allegaria!!*

Estando assim nestas lacrimosas preces desconsolados e todos affligidos, se lhes acrescentou a afflicção sem espaço de tempo, com um **aballo horrendo da terra**, que lhes **derribou grande parte da Igreja**, salvos elles na outra parte da banda do Altar, aonde estavão: com o qual ficaram mais timidos e descoroçoados, vendo derribado o seu castello e fortaleza, temendo que o demónio (cuja lhes parecia a furia) não teria respeito ao Altar e arruinaria tambem as paredes delle; todos á uma com o temor, tremendo de pés e mãos, chorando e batendo os dentes, assim como poderam sem saber o que fazião, nem como em um abrir e fechar de mão o fizeram, **acudiram ao Altar, e tiraram d'elle o cofre do S.^{mo} Sacramento e a imagem de N.ª Sr.ª da Consolação**, e outras de alguns santos, e reliquias que n'elle tinham, e não lhes dando o tempo e apertos, lugar a maior decencia, puzeram a caixa do Sacrario, e as imagens e reliquias no pateo descuberto, que dentro na cerca tinham, fóra da Igreja, com o sirio Pascal acceso, e elles todos prostrados de joelhos por terra, sem mais follego, nem lugar que de um clamoroso Miserere mei, Deus, entre lagrimas, suspiros e soluços, e de repetir o *eripe me manus tuas, Domine, commendo spiritum meum,* como na hora da sua morte em que se reputavam; porque continuavam na mesma hora os tremores da terra com tal furor que os pobres heremitas que nella estavam prostrados os lançava de uma parte para outra em monte postos uns sobre os outros: e assim como homens, que não esperavam já vida, nem escapar, tratavam d'aquella hora como ultima, em actos somente de contricção, protestações da fé, e pedir a Deos mizericordia e perdão de peccados.

Azeite e baga de louro

Os pastores e **outra muita gente**, que naquelles dias ali andavam a recolher a **baga de louro de que se faz o azeite**, no principio da noite se recolheram á Igreja, mas cahida ella não lhes servia de amparo, e não podiam recolher-se pelos mattos, que com os tremores quebravam e cahiam rotos, e ficaram nas praias das alagoas onde tinham a baga, passando ali o peior aperto, e confusão como os heremitas, sem saber o que fizessem. No qual estrago, e combate se passou como um abrir e fechar de mão o breve espaço de depois das oito horas até ás onze, sendo a noite muito clara e serena, e estrellada, e pelas onze horas se cobrio ali o **ceo d'uma nuvem tenebrosa, e medonha, muito negra de que cahiu um pouco de orvalho**, que os obrigou a recolherem pela meia **noite o sacrario, imagens e reliquias, a uma cella baixa e pequena**, que por forte e mais segura havia escapado da ruína, que todas as outras com a Igreja haviam padecido: na qual havendo passado bem pouco espaço os atribulados heremitas, sem lugar de conselho, nem deliberação alguma sentiram logo um cruel e tão horrivel estrondo, que parecia dissolver-se a machina do mundo, e pelo qual se sahiram da cella, e viram ir pelos ares um grande monte d'aquella serra, que estava entre as duas Alagoas, das quaes ambas sahiam duas nuvens de fogo, e foi N. Senhor servido que aquelle monte assim arrancado do seu lugar, para que os não sepultasse debaixo de si, cahisse para a parte do mar aonde sepultou a outros que ali se achavam. E vendo-se em tal confusão e aperto, com o medo maior das nuvens de fogo que sahiam das alagoas, todos e cada um trataram de **fazer diligencia por salvar as vidas, e abraçando-se um com a caixa do sacrário, que com o cofresinho dentro era assim portátil, outro com a imagem da S.^{ra}, e outros com as mais imagens e reliquias levando cada qual a sua por bordão, alivio e soccorro da morte em que se reputava a todo o risco, sendo meia noite dada largaram o valle e se meteram pelos mattos, e veredas delles**, sem reparo no passar das ribeiras, cegos de fogo e perdendo não só o caminho, mas o tino, e alento natural, foram caminhando o resto da noite com muito perigo e trabalho, como os que sahem nadando do naufragio cada qual pegado a sua taboa, que era a relíquia, imagem e sacrário, que levavam em seus braços, sem saberem uns dos outros até que amanheceo, procurando cada qual topar com algum dos povos visinhos qualquer que fosse, que a uma e outra parte ainda que errados e perdidos caminhassem, lhes não podiam faltar se Deus os não tivesse similhantemente arruinado do que não levavam pouco temor, e tremor; porque debaixo dos pés lhes ia como fugindo, tremendo a terra por que caminhavam, e não só temiam esta, mas a dos montes que desencaixados dos seus rochedos, lhe podiam, como o que haviam visto, cahir sobre as cabeças; porque lhes não faltava nada a esta hora para parecer-se com aquellas em que o Senhor disse no Cap. 23 de S. Lucas, que dirião as gentes, *montes, cadite super nos, et colles cooperite nos*. E amanhecido o dia de terça feira 3 de septembro **uns se acharam no logar da Maia** com o sacrario que collocaram em seu lugar competente; outros no **logar do Porto Formoso com as imagens e reliquias**, e outros não podendo sahir dos mattos, nem atinar caminho, nem vereda passaram o dia sobre as serras vendo a furia do fogo, e pedindo a Deos mizericordia: e por noite se vieram a ajuntar todos na freguezia do **Porto Formoso**, aonde com grandes lagrimas e prantos foram recebidos na caridade d'aquelle povo, attribuindo a peccados passados o castigo de Deos que a seus olhos estava presente: e vendo que o Senhor fôra servido, de entre aquelle cruel fogo havelos salvado, e tirado como a Loth, sem saberem como nem por d'onde, nem como tiveram forças e animo para passar, lhe deram nuitas graças, pondo a perda nas suas sanctas mãos, com as palavras do santo Job. *Dominus dedit, Dominus abstulit, sit nomen Domini benedictum;* e ao dia seguinte, quarta feira lembraram-se o caminhar á villa da Ribeira Grande com as suas imagens, sacrario e reliquias, e foram agazalhados ali na ermida do Salvador até verem o fim que tomava este successo: porque estavam firmes na fé, que sendo da ira de Deos não havia de durar que se não aplacasse com misericordia, por intercessão da virgem Nossa Senhora.

Os povos visinhos, n'aquelle tremendo dia de terça feira 3 de setembro começaram a ver e sentir pelas nuvens de fogo que se viam de toda a parte os effeitos que haviam cauzado os tremores horrendos da terra na noite precedente; e sabendo-se que sahia o fogo do Valle das Furnas, uns tinham por certo, serem mizeravelmente abrazados os heremitas, outros na caridade do governo publico, os mandavam soccorrer por mar, e não foram achados. A gente dos povos despejava seus lugares, se procuravam salvar nos mais apartados, deixando a pobreza de suas casas, porque não havia tempo e lugar de outro governo, ou providencia, mais que salvar as vidas, e deixarem tudo a olhos cerrados, que corresse sua fortuna: ao logar da **Ponta da Garça** lhe alcançou n'este estrago a maior parte, e por ser o mais vizinho do Valle das Furnas, e haver cahido sobre elle a primeira força do fogo, ficou quasi de todo abrazado e ardido, **com perda de muitos moradores**, de que se tem por certo **pereceram mizeravelmente mais de oitenta pessoas** e algumas andando nas suas vinhas occupados em recolher seus fructos, ficaram n'ellas mesmas tão sepultados que nem o lugar aonde estavam as vinhas apparecia, nem se podia conhecer, **tudo era confusão em todos os logares da Ilha**, sem poder a gente obrar outra couza, mais que socorrer-se ás Igrejas a esperar n'ellas a hora da morte, que o cruel fogo lhes ameaçava, tão cruel que foi visto pela região do ar das outras Ilhas, e os da Terceira mandaram barcos a saber da ilha de S. Miguel se era assolada como lá lhes parecia.

Os penedos que o fogo comsigo levava, eram muitos e mui grandes tirados das profundas entranhas da terra, com tal furia, que abrazando os mattos, iam cahir nos povos com grande damno d'elles, e os que por grandes subidos á região do ar, tornavam a cair na mesma cova donde sahiram, erão taes e tão grandes que alem de a entupirem formavam n'ella mesmo, levantado para o ceo um alto pico tão alto como outros que ha na Ilha.

Logo consecutivamente se **sentio e padeceo em toda a Ilha um medonho e espantoso cinzeiro**, que do ar sahia e cahia com tanta copia de grossa cinza que cobria os campos, cidade e povos d'ella, de tal sorte que a sua escuridão eclypsou, e obscurou tanto a luz do dia, que se não conheciam os homens uns aos outros como em noite escura, e com a muita obscuridão não atinavam com ruas, nem caminhos, e para atinarem com as Igrejas a que era força acudirem a pedir mizericordia, era necessário levarem lanternas ao meio dia, como se fora á meia noite, com tanta confusão que não havia mãe que desse razão dos filhos, nem filhos que dessem razão do pae, porque cada ual tratava só de sua salvação, como em hora de naufrágio, e só dentro das Igrejas se conheciam uns aos outros, nos adros das quaes se mandaram accender fogueiras, para que os freguezes podessem atinar com ellas, que tal era a obscuridão do cinzeiro, que sem ellas lho tolhia. **E no dia seguinte appareceo toda a Ilha e povos d'ella em luz de dia cobertos de cinza tão grossa, e em partes de tanta altura que acodiam atiral-a dos telhados para que o pezo della lh'os não abatesse, e arruinasse, e cada qual tratava de se desentulhar como podia.**

Cinzeiro

Procissões e penitencias fora muitas as que por toda a Ilha n'aquelles dias se fizeram, e se foram depois continuando sempre com a dor diante dos olhos da imagem d'aquelle triste dia tornado em triste noite, e noite eterna de alguns que n'ella foram achados obrando a mesma torpeza de seus costumados, e abarregados vícios, e peccados, que são os que na ira de Deos irritaram para este castigo sua divina justiça, e soltaram as rédeas á infernal fúria do demónio, que como ministro a executasse.

E n'aquelles dias os padres e irmãos heremitas assim no logar do **Porto Formoso**, como na ermida do **Salvador da Ribeira Grande** para onde se passaram, vendo o que se passava, e ouvindo qual outro Job, as más novas e recados que vinham dos outros povos, e do que mais passava no seu valle das Furnas, depois da hora em que o haviam deixado; pareciam homens semimortos, ou cadáveres vivos, assombrados, e despavoridos do sobresalto, muito mais na continuação d'aquelles três dias, do que se haviam assombrado, e despavorido, nas três horas da noite, em que n'elle haviam supportado a primeira fúria, e ímpeto dos tremores da terra, e das nuvens de fogo. Era verdade palpável, e permanente, e parecia-lhes sonho o que havia passado por elles. Consideravam-se humildemente grandes peccadores, e que por qualquer offensa de Deos podiam ser elles os merecedores d'aquelle castigo; por outra parte viam, como as couzas, que com os olhos se vêem, as maravilhas do Senhor para com elles, que podendo-os sepultar peccadores, entre os fogos, cinzas, e ruínas do Valle, os havia d'ali tirado, e posto em lugar salvo, salvos e livres na Ermida do Salvador em que estavam, quasi na invocação d'ella significando-lhes que assim como fôra seu salvador na redempção do orbe universo, e salvador em outras muitas occasiões em que os livrára, e redimira da morte de suas varias culpas, assilm mesmo os salvara, e redimira na occasião presente, sacramentado em sua companhia; e sendo-lhes guia, vida e caminho, com sua Mãe Santissima, onde não havia vida, vereda, nem caminho, e onde perturbados os sentidos lhes não podiam fazer guia. Viam os beneficios de Deos Nosso Senhor n'aquelle successo, e como todo elle significava querer penitencia de culpas, e melhoramento de vidas, com perseverança nos caminhos de sua justiça. E assim prostrados por terra e em acção de graças em protestação de maior penitencia, e de maior guarda e observancia de seus divinos preceitos: se não occupavam em outras preces senão em repetir com muitas lagrimas, e suspiros da alma, aquelle Psal. 17, ou cantico de David, *diligam te, Domine, fortitudo mea,* em cuja letra viam representado quasi o estrago d'este successo, as graças do beneficio de serem delle salvas suas pessoas, e a obrigação que lhes incumbia de acrescentarem virtude e maior penitencia. E isto mesmo com fervorosos clamores exhortavam a todos os moradores da Ilha, pondo os peccados em si mesmos, reputando-se, e conhecendo-se com humildade que elles sós eram os peccadores, que haviam irritado a ira de Deos; pedindo que rogassem. por elles, para que mizericordioso aplicasse a indignação de sua justiça: e os dos povos semilhantemente, conhecendo-os por homens espirituaes e penitentes, se confessavam que não os heremitas, mas elles sós eram os que haviam peccado, usando mal, e fazendo abuso das delicias do Valle das Furnas porque applicados mais ao temporal, que ao eterno tratavam mais do corpo nelle, e da satisfação de seus perversos apetites, e vontades, que do espirito; e corpo e espirito não governavam pelo exemplo e doutrinas que no mesmo Valle viam e ouviam; e assim uns e outros se compungiam, e uns e outros se edificavam, e todos conformavam e concluiam, que o successo não fôra outra cousa senão castigo de peccados, e querer Deos penitencia delles, e mais penitencia.

Confirmavam esta piedosa, e verdadeira rasão, considerando que obscurar-se a luz do sol convertido o dia em tenebroza e obscura noite como aqui haviam experimentado fôra cousa que depois do Egypto se não vira senão na morte de Christo, quando seus inimigos o crucificaram, e ainda então não durára aquelle eclipse mais que tres horas conforme o que refere S. Matheus no cap. 27 *a sexta autem hora tenebræ factæ sunt super universam terram usque ad horam nonam;* e S. Lucas no cap. 24 *et obscuratus est sol.* E assim consideravam, que sendo verdade o que dissera S. Paulo no cap. 6 aos Hebreos que os que peccam tornam a crucificar o filho de Deos: *rursum crucifigentes filium Dei:* isso mesmo, em repetir e renovar este prodigio do dia feito noite, parecia claramente haver querido significar o Senhor que os pecados dos homens ou os peccados da Ilha, o estavam crucificando, e accrescentavam que se na vista do primeiro prodígio, houvera um Dionisio Areopagita que dissera, que ou padecia o Author da natureza, ou se dissolvia e acabava a machina toda do mundo; isto mesmo os da Ilha Terceira haviam entendido, mandando ver o que cuidaram, se a Ilha de S. Miguel toda se consumira e desfizera, porque como catholicos consideravam para Deos impossivel, que corporalmente, não havia tornar a padecer, não advertindo, no outro mysterioso padecer de que falla S. Paulo, quando nos peccados o tornam a crucificar os homens em si mesmos, *rursum, cruxifigentes sibimetipsis flium Dei.*

Os pobres eremitas, ainda peccadores e fracos qual outra mulher de Loth na sahida de Sodoma, ainda olhavam para traz, sendo o Senhor com elles mais mizericordioso, não convertidos em estatuas de sal: ainda, e sempre tornavam com as considerações ao seu Valle que tanto amavam; e meditando as causa porque Deos Nosso Senhor os queria lançar delle, não se podiam considerar izentos de culpas, que assim o merecessem, porque só culpas podiam ser a causa, e culpas nelles ainda que fossem leves (as quaes elles confessavam sempre a respeito do objecto por mui grandes) podiam ser bastante, porque diziam como o venerável Beda na Homilia da Quaresma, assim como o Senhor por figura, amaldiçoou a figueira, que nos cap. 21 de S. Matheos, 11 do S. Marcos, e 13 de S. Lucas, não peccara em não ter fructo para o Senhor que passara por ella fóra do tempo, querendo significar aos homens que queria delles fructos, de espirito, e não folhas: e porque o não entenderam voltou declarando contra elles o castigo, quando no mesmo Cap, 21 de S. Matheus, e 29 de S. Lucas lançou com açoute aos negociantes do templo que nelle compravam e vendiam as offertas, que para uso do mesmo templo serviam: significando que no lugar destinado á oração e penitencia, qual era o templo, não queria outros tratos, nem outros cuidados, dizendo que com elles o faziam cova de ladrões: e ainda que fossem tratos e cuidados que em outra parte e lugar se podiam obrar licita-mente, os botou d'ali com açoute e castigo, só porque involviam cuidados terrenos n'aquelle grangeo. Assim era forçoso na divina justiça que o Senhor com flagello e castigo de sua ira, destruisse o Valle das Furnas, e nos lançasse d'elle, cuja com major razão, por ver se commettiam n'elle peccados graves, ou pelo menos porque sendo lugar do oração e penitencia se havia feito meramente lugar de negociação e grangeo, sendo os cuidados só da torra, assim nos que a elle iam por seus commodos e grangeos, como em nós que pelos nossos temporaes os esperavamos, hospedavamos e serviamos: cousas que se como licitas se podiam obrar, em outro lugar, n'aquelle parece as não queria Deos, como lugar que só a exercicios de penitencia e occupações de espirito destinára, casa em summa de oração e valle de compunção que achou contaminado senão com peccados, com negociações e grangeos do mundo, feito aos seus olhos divinos, o que nós com os nossos fracos nao enchergavamos, cova de ladrões.

Os moradores da Ilha exhortavam com piedade aos eremitas, a paciencia, dizendo-lhes que qual ao Santo Job, os quizera provar Nosso Senhor, e que acceitassem aquella afflicção e trabalho como de sua mão para maior merecimento seu, e maior gloria do Senhor, que assim mostrava sua omnipotencia. E elles respondendo com humildade, não admittiam a equiparação, porque não podiam persuadir-se, a que Nosso Senhor os tivesse por tão justos que quizesse mostrar e ostentar n'elles sua gloria, e summo poder, nem geralmente em todos os moradores da Ilha, porque uns e outros como catholicos e filhos da fé, criados no leito da Santa Madre Igreja, para crerem em sua omnipotencia não era necessario como os da Gentilidade, moradores de Hús, patria de Job, verem com os olhos suas maravilhas, nem outros signaes horrendos, que para o crerem lhe pediam os phariseus, e assim fallando com o Senhor, lhe diziam aquellas palavras do primeiro Rei portuguez, que Camões refere: aos infiéis, Senhor, aos infieis, não a nós que cremos o que podeis; e vinham sempre a concluir, **que nelles e no seu Valle, não fazia Nosso Senhor provas nem manifestação** de sua gloria e poder, senão castigo de peccados que não estavam satisfeitos, e porventura, ou por maior desgraça não estariam conhecidos, nem confessados; porque isso só podia significar a cinza e o fogo conforme aquelle ameaço que contra os peccados fizera o Senhor pela bocca de Moyses... e pela de Isaias... peccados foram do Valle, os que o converteram, como o de que falla Jeremias... Achavam que neste castigo, obscurado o sol que com o cinzeiro se tornou noite, se verificava o que David prognosticara n'aquellas palavras do Psal. 57... e as outras do Psal. 78... ainda os pobres eremitas tinham tremor e pavor, d'aquelle monte, que na noite do Valle haviam visto pelos ares ir voando para o mar com o fogo que se levantára das duas alagoas; sempre lhes parecia que viam cahir sobre si aquelle monte, que lhes parecera ser o de que falla S. João no 8.º do *Apocalipse*.[79]

---

[79] Apesar do **estillo emphatico e enfadonho**, não póde esta narrativa deixar de ter a primasia, sendo escripta originalmente por uma testemunha presencial dos factos referidos, e tão proxima do foco eruptivo, que a distancia entre o **antigo eremiterio e o vulcão talvez não seja superior a um kilometro**.

Do eremiterio subterrado tem-se, por mais d'uma vez, encontrado vestígios. Era situado nos quintaes das casas que hoje ficam a leste da Egreja parochial do logar das Furnas; d'ali se tiraram alguns objectos em **1845 ou 46**, taes como, um martello, alguns potes de barro de vidrado verde, &. Em **1875**, durante o verão, fizeram-se escavações mais extensas que puzeram a descoberto uma casa de uns dez a doze metros de comprimento por dois e meio de largo e dois d'alto, com o telhado de uma só agoa, todo de telhas fabricadas em Portugal.

Este edifício isolado era internamente dividido em quatro compartimentos, ou cellas, todas com uma pequena porta para o exterior, e insignificantes janellas. A parede da frente não media mais de dois metros d'altura. Dentro, todo o vão estava cheio de lodo e pedra pomes, que pelo seu pezo fizera abater o tecto, parte de cujas madeiras se conservaram ali por espaço de 245 annos. Encontraram-se tambem muitos objectos de barro cosido, para uso commum, umas sollas de sapatos, uma candeia de ferro com tres bicos, &. Apesar da subscripção então feita para indemnisar o dono d'aquelle terreno, este, logo que os banhistas se retiraram, tirou toda a pedra e telhas do edifício, para arrazar a escavação totalmentte, vendendo aos curiosos os diversos objectos ali encontrados, que assim dispersos, podem julgar-se perdidos. Por cima da parte mais elevada da construcção havia aproximadamente um metro de terreno.

Como o eremiterio tinha muitas casas e officinas mandadas construir pelo Conde de Villa Franca, n'aquellas **proximidades devem ainda existir algumas outras construcções**, alem da pequena casa, que os operarios das obras publicas desaterraram em **1878**, quando construiam a estrada para Villa Franca. **A casa encontrou-se entre a Egreja** e a estrada nova, a pequena distancia d'esta; e compunha-se unicamente de quatro paredes sem divisão interna.

Nota de Ernesto do Canto "De como se destruiu a abrazou o Valle das Furnas em uma noite e das mas cauzas que a isso se seguiram (Inédito)". [Transcrição do Dr. Ernesto do Canto] **Archivo dos Açores**, Ponta Delgada, nº 2 (1880), p. 527-535.

Fr. DIOGO DAS CHAGAS, [1584?]-[1661?]

CHAGAS, Diogo das – *Espelho Cristalino em jardins de várias Flores...* Dir. e pref. Artur Teodoro de Matos, colab. Avelino de Freitas de Meneses, Vítor Luís Gaspar Rodrigues. [Angra do Heroísmo] [Ponta Delgada]: Direcção Regional dos Assuntos Culturais: Centro de Estudos Doutor Gaspar Frutuoso da Universidade dos Açores, 1989. (Fontes para a história dos Açores), p. 58, 59, 142, 173, 194, 195, 197.

[...] Espelho Cristalino foi escrito nos anos subsequentes à Restauração. É possível que só tivesse iniciado a sua redacção em 1646, terminando-a depois de 1654. [...]

[...] Em Espelho Cristalino também se detectam marcas das Saudades da Terra de Gaspar Frutuoso, como já observou Baptista de Lima. Além das informações que colhe e algumas vezes critica, Diogo das Chagas, na descrição das ilhas, segue uma orientação próxima de Frutuoso. Mas não sobrepõe em absoluto épocas ou temas. Bem pelo contrário desenvolve, sobretudo, períodos mais recentes ou desconhecidos cujos assuntos explana com objectividade.

«Não he meu intento fazer chronica» – declara repetidamente o autor. Para ele a história terá de cumprir urna finalidade pragmática: perpetuar «as memorias de aquelles que [...] nos derão o primeiro ser». A noção de história mestra da vida – tão característica da historiografia seiscentista – é bastas vezes evocada: «aprendão os Pays daqui, e tomem exemplo deste nobre casal, e saibam igualara os seus filhos» recomenda, por exemplo, o autor a propósito do testamento de Sebastião Álvares. [...]

MATOS, Artur Teodoro de – *Prefácio* in: CHAGAS, Diogo das – *Espelho Cristalino em jardins de várias flores*. – [Angra do Heroísmo] [Ponta Delgada]: Direcção Regional dos Assuntos Culturais: Centro de Estudos Doutor Gaspar Frutuoso da Universidade dos Açores, 1989, p. XVI, XVII.

[1646]-[1654]

[...]

Cap. 6.° De algũas grandesas de Portugal de seus montes e rios, de que os antigos fizerão menção [...]

[...]

Nada menos foi em Santidade e retiro o Hermitão que no Campo de Ourique a El Rey Dom Affonço primeiro do nome, da parte de Deus fallou;

e ainda oje em dia este santo // modo de uiuer se conserua neste Reino nos Hermitães de **Val de Cabaços** em a Ilha de Sam Miguel, dos quais forão sua primeira origem dous frades de nossa Seraphica Religião, que por algũs respeitos della **sahirão, e guiados por hum natural desta Ilha em habitos de Hermitães se uierão a ella, e tomarão sua morada, e assento em hũas brenhas e deserto**, que fica entre a Pouoação, e Villa Franca que se dizem, **as Furnas, que são hũas bocas como do Inferno**, e assim dizem, que **das bocas que elle tem, esta he hũa, parte mui accomodada pera uida solitaria, e contemplação**; fizerão os dous Hermitães tam boa uida que se lhe ajuntarão outros, e todos fizerão e fazem mui santa uida, e são de todos muito respeitados e estimados.

Eremitas franciscanos 1614

Aly uiuerão todos juntos, como em congregação, (no mesmo modo e uida, que os da Serra d Ossa depois de se ajuntarem) ate o anno de 1630, em que arrebentou o fogo a 2 de Setembro do ditto anno, na parte aonde se dizem os **Forninhos**, perto de sua casa, cerca e Igreja, que o fogo cobrio e abrazou, matando o mais Velho dos dous hermitães frades, ditto Frei Diogo que era, como cabeça delles: e o outro que se diz frei Manoel da fogio com os demais, e forão tomar morada em hũa Hermida de Nossa Senhora da Conceição, abaixo da uilla de Agoa do Pao, junto do mar, aonde oje uiuem 7 ou 8 irmãos, tendo por sua cabeça o ditto Irmão frade, que ja he muito uelho e de bons dias, e de milhor uida, e singular exemplo, que parece que como esta uida Heremitica começou neste Reino não quer se acabe nelle.

Erupção de 1630

[…]

[…] Segunda Parte […]

[…] Cap. 3º Da Ilha de Sam Miguel que em ordem ao descobrimento foi a segunda […]

[…]

Artigo 1.º
Da descripção da Ilha de Sam Miguel

[…]

Auante da Pouoação hũa legoa pera Villa franca esta hũa ribeira que se diz a Ribeira quente, não porque ao mar chegue quente, que em sua nacença nace fria, e mui grande em hum serro que fica acima **das Furnas**, mas **porque passando ao longo dellas recebe em si todos os olhos e ribeiras de agoa quente**, que dellas sahem, e porque antes de arrebentar o

Ribeira Quente

fogo nos Forninhos recebia em si hũa ribeira que se dizia a **Ribeira quente**, aonde com outra fria que se lhe ajuntaua ficaua temperada, de modo que **tomauão nella banhos e se hia nesta**, e por sua boca entraua no mar, e a este respeito se diz a **Ribeira quente**.

[…]

Artigo 9.º
*Dos clérigos, que em toda esta
Ilha comem pão del Rey em cada hũa das
freguesias assinados por seus nomes e dos
extrauagantes, que na Ilha há.*

[…]

Ermida de Nossa Senhora da Alegria

Nª Senhora de Alegria — Que fica nas furnas na quinta que os Padres da Companhia ahi tem, aonde uiue seu quinteiro e elles se uão pollos tempos que lhe parece a recrear e por terem aonde dizer missa, fizerão esta Ermida. //

[…]

Artigo 10.º
*Dos extraordinarios casos com
que Deus tem uisitado a Ilha de São Miguel
que de todos são tidos por castigos de peccados.*

[…]

Erupção de 1630

220 Forão os tremores // da uespora de Sam Miguel, que tambem muito atemorizarão a Ilha, por serem mui grandes, e a miudo o anno de 1602. Foi o fogo que **arrebentou da banda das Furnas**, aonde chamão os Forninhos, **a 2 de Setembro do anno de 1630. O coal foi tanto em tam grande maneira que não só abrasou as partes uizinhas, assim uinhas, como mattos, queimando, e soterrando tudo debaixo de suas cinzas, e toda a Ilha cobrindo campos, terras e cazas de cinza**, mas a todas Ilhas alcansou e abrangeo de modo, que com hũas brancas cinzas, a modo de farinha peneirada lhes branqueo[u] os telhados, e cobrio os pastos de maneira que não tinhão os gados aonde paçer *(sic)*, como eu ui em a Cidade de Angra Ilha Terceira, aonde por este tempo estaua, e se uiam da noite as fuziladas do fogo, e se ouuiam os estouros, como grandes tiros de bombarda e ate as Ilhas das Flores e Coruo chegarão, os uestigios, e sinaes deste castigo. Da gente que estauam pollas uinhas e outros que andauam por aquelles mattos a baga do louro fazendo azeite, e la dormiam, se achou morrerem, perto de 300 pessoas de que não ouue nouas, porque tudo

ficou por aquelle contorno coberto de cinzeiro, de modo que as uargias e ualles ficaram em altos outeiros, e picos, e assim se perderão, alem das uinhas, que por toda aquella costa do mar estauam muito pastos e terras lauradias que ainda hoje estão steriles, e muitas dellas estarão pera sempre; outras mais ao longe, aonde não foi tanta altura da cinza se uão aproueitando. […]

Baga do louro

Fr. AGOSTINHO DE MONTE ALVERNE, 1630-1726

MONTE ALVERNE, Agostinho de – *Crónicas da Província de S. João Evangelista das ilhas dos Açores.* Ponta Delgada: Instituto Cultural, 1961, vol. 2, p. 237, 291, 292, 327, 335, 356, 357-382.

[...] Sob o aspecto histórico, enferma dos males de que se ressente quase toda a historiografia do século XVII, a que já aludimos, mas que hoje não se consideram impeditivos de se lhe dar o apreço que merece como documento e retrato de uma época, que em Portugal e em Espanha teve características *sui generis*, consequência da profunda acção modeladora exercida na sociedade peninsular pelo Santo Ofício e do espírito militante e reaccionário da Companhia de Jesus e de todas aquelas ordens, que mais denodadamente se bateram pelo triunfo do Catolicismo e na Península desfrutaram de enorme preponderância

[...]

Como peça literária a obra pouco vale. Escrita despreocupadamente e sem qualquer pretensão a fazer estilo, nela nem sequer deparamos com aqueles artifícios e rebuscos de linguagem, tão correntes na época seiscentista, com que blasonavam de escritores aqueles, que no jogo das palavras e no floreado das expressões escondiam a pobreza das ideias ou a escassez de conteúdo intelectual. Mas nisto talvez resida um dos maiores merecimentos de Fr. Agostinho de Monte Alverne: o de deixar transparecer, na sua linguagem singela e muitas vezes descuidada, a simplicidade do ambiente ilhéu do século XVII, repassado de emoção mística e sincero recolhimento religioso, que os cataclismos sísmicos e vulcânicos concorriam para exacerbar. Através da sua prosa desataviada e modesta, pressentimos o viver calmo e bondoso do nosso povo, avesso a paixões violentas ou incontidas, e feito mais de solidariedade e convivências afectuosas, que o isolamento marítimo acrisolava e que nem as parcialidades em que, por vezes, se dividia, nem outros diferendos, inerentes aqui, como em toda a parte, às contingências da espécie humana, conseguiam por muito tempo quebrar ou diminuir. [...]

RODRIGUES, João Bernardo de Oliveira – *Breve notícia sobre Fr. Agostinho de Monte Alverne e o seu manuscrito.* In: MONTE ALVERNE, Agostinho de – *Crónicas da Província de S. João Evangelista das Ilhas dos Açores.* Ponta Delgada: Instituto Cultural de Ponta Delgada, 1961, vol. 1, p. XLV.

ESPÉCIE SEGUNDA

SOBRE VILA FRANCA DO CAMPO

[Erupção de Vila Franca, 1522]
26. [...]
Nas Furnas, estando 17 pessoas na cafua de João Delgado, preto, e, de todos, só ele escapou bem escalavrado; outros escaparam, como refere no lib. 4, cap.70. o Dr. Frutuoso. Agostinho Imperial, genovês, e sua mulher, Aldonça Jácome, escapou (sic) saindo da câmara para a sala, e os que ficaram nas outras casas todos morreram.

[...]

Erupção de 1522

CAPITULO DÉCIMO SEXTO

DO CINZEIRO QUE NO ANO DE 1630 HOUVE NA ILHA

Erupção de 1630

1.º – Em 2 de Setembro de 1630, em 25 de lua, da segunda para a terça, das nove para as dez horas da noite, começou esta ilha a tremer com muitos amiudados tremores, ainda que numas partes mais que em outras foram sentidos. Nos lugares da Povoação e Ponta Garça não ficou casa em pé, e ainda em Vila Franca muitas cairam, muitos montes correram ao mar, e na Povoação a terra noventa braças entrou pelo mar, ficando vales altíssimos montes. Às duas horas depois da meia noite, **rebentou grande quantidade de fogo, ao pé de um pico, que se chama a Lagoa Seca, junto às Furnas. Apareceu logo uma nuvem espantosa e negra, despedindo, afogueada, de si uns como raios, relâmpagos e foguetes; outra grande ribeira de fogo correu do mesmo lugar, assolando vales e montes, queimando quanto achava diante de si, como estopa, havendo naquelas partes matos tão altos, que pareciam chegarem às nuvens; a gente não saía das casas.** O relógio da cidade começou a dar tantas badaladas, que parecia rebate de guerra.

Lagoa Seca

2.º – Secou mais uma grande lagoa, que tinha mais de roda uma légua e vinte e cinco braças de alto, levantando-se daqui pedras afogueadas, com estrondo tão grande, que pareciam de grandes bombardas de toda a sorte. Ardeu gado sem número, e, o que causou maior sentimento, morreram noventa homens afogueados, que andavam à baga, excepto mulheres e meninos. No dia seguinte, três de Setembro, apareceu uma nuvem, a mais feia que nunca se viu, e ao quarto dia cercou a ilha com trevas tão densas, que duraram três dias, em um dos quais, ao meio dia, foi tal a obscuridade que, para na praça se conhecerem os homens, traziam lumes e tochas acesas. Três dias inteiros choveu cinza em tanta quantidade, que em muitas partes de trinta palmos ficou de altura, chegando ainda às Flores e Corvo, que noventa léguas fica desta ilha; pedra pomes foi tanta ao mar, que, vindo um barco da ilha de Santa Maria, embaraçado nela, não pôde passar, por onde foi necessário os passageiros deixarem o barco a mais de meia légua de mar, e vieram para a terra por cima da pedra. Da Terceira mandaram saber se era esta ilha subvertida.

Efeitos nas outras ilhas

3.º – **No lugar das Furnas, donde rebentou o fogo e cinzeiro, há várias bocas que parecem do Inferno; ordináriamente lhes chamam furnas**, entre as quais a uma lhe chamam a dos **Tambores**, pela matinada que fazem de dentro, que parecem tambores; a outra lhe chamam dos **Ferreiros**, que parecem ferreiros quando na bigorna estão martelando; a outra chamam dos Fedores, por serem tão grandes, que os que chegaram a ela, fronteiros ao vento, logo morreram; outra lhe chamam do **Polme**, que, de ordinário, faz várias figuras; outra lhe chamam a Ribeira Quente, que desta e da outra que corre das mais, temperada com fria, é **medicinal** para os enfermos, banhando-se nela, e correndo ao mar, com vir misturada com duas ribeiras, ainda entra nele com muito calor, e a este respeito por Ribeira Quente é chamada de todos.

Caldeiras

ESPÉCIE TERCEIRA

CAPÍTULO SÉTIMO

DOS MOTIVOS QUE TIVERAM AS RELIGIOSAS
PARA SAIREM ALGUMAS VEZES DESTE MOSTEIRO

1.º – Em 2 de Setembro de 1630, em 25 de lua, da segunda para a terça-feira, às dez horas da noite, começou esta ilha a tremer com tão repetidos tremores, que a gente se saía das casas e o relógio da cidade começou a dar tantas badaladas por si, que parecia rebate de gente. Às duas horas depois da meia-noite rebentando na **Alagoa Seca das Furnas**, ao pé de um pico, quantidade de fogo, aparecendo logo uma nuvem espantosa e negra, afogueada, despedindo de si como relâmpagos, foguetes e raios, atemorizadas as religiosas com estes estrondos, em quatro do mês, em quarta-feira, à meia noite que foi para a quinta, sairam do mosteiro em comunidade, com velas acesas, acompanhadas do padre custódio Fr. Pedro dos Santos e do seu confessor, Fr. Rafael, e capelão, Fr. Domingos de Santiago, para o convento dos frades, onde estiveram na igreja até sexta-feira, seis do corrente, na qual comungaram de manhã, e de tarde se recolheram em carros para o mosteiro.

Lagoa Seca

[...]

CAPÍTULO DÉCIMO QUARTO

DE COMO SE DESCOBRIU E FEZ PEDRA HUME[80]

1.º – Diz o doutor Gaspar Frutuoso, no livro 4.º, cap.º XCII, que em 22 de Maio, primeira oitava do Espírito Santo do ano de 1553, indo o doutor Gaspar Gonçalves, morador nesta vila, às Furnas, **achou nelas umas veias de pederneira**, e foi o primeiro que as descobriu. Imaginando que era salitre, fez experiência em sua casa, por um mestre flamengo chamado Jaques, bombardeiro ou condestável dos bombardeiros, que tinha vindo com o donatário Manuel da Câmara, primeiro no nome. E achando que não era salitre, a deu a um surrador, chamado Heitor Fernandes L.xa, que, na experiência que fez, achou ser **pedra hume**. Neste ano, voltando para Salamanca o dito doutor, para acabar seus estudos, daí a quatro anos, quando tornou para a ilha, achou nela a um João de Torres, aragonês, que andava ocupado na **marquezita**, que **há muita na ilha, dizendo ser prata**, e como tinha provisões de El-Rei para a obrar, fazendo três ou quatro vezes experiência, o dito doutor o desenganou que não havia, e assim levou às Furnas o dito aragonês, onde tiraram caixões de pedra hume que levou a El-Rei, a requerer para ambos a dita obra. Mas só a requereu para si, porque,

Pedra hume

---

[80] Este capítulo é quase *ipsis verbis* a cópia do capítulo XCII do Livro IV das Saudades da Terra. A numeração e o título são da letra do autor (nota de R.R.).

chegando ao Reino em 7 de Julho de 1561, deu conta à Rainha como nesta ilha e na ilha Terceira, nas terras da Valadoa Velha e de Gomes Pamplona, havia pedra hume, pelo que mandaram a um Vicente Queimado, que era feitor em Málaga, por mestre de pedra hume a Cartagena.

[...]

2.º – Por esta razão determinou João de Torres fazer umas casas nas Caldeiras, **perto desta Vila da Ribeira Grande, e nelas fez três ou quatro quintais de pedra hume, em uma caldeira de chumbo**.

[...]

Fábrica de pedra hume

19.º – Vendo João de Torres que esta obra se consumia, determinou fazer **outra fábrica nas Furnas**, na qual gastou setecentos mil reis, e quando a teve acabada, ficou com dívida de duzentos e trinta mil reis, em que devia vinte moios de trigo ao feitor Jorge Dias e quarenta mil reis a Diogo Lopes Espinhosa e a outras pessoas. Fez primeiro sessenta quintais de **pedra hume**, de que levou certidão para o feitor lhe pagar, mas pagou-se dos quarenta mil reis do feitor passado, e deu-lhe 9.700 reis, com que começou a fazer outro peso, que fez de cinquenta quintais; o feitor, vendo que lhe ia pagando, por rogo lhe deu quinze mil reis, pagando-se da demasia. Por onde, daí adeante, fez João de Torres pedra a medo, por não ter dinheiro e a gente andar muito cara, de modo que foi necessário vender as peças de ouro e prata que tinha e toda a **pedra hume** que fez; seriam quinhentos e oitenta quintais, e não fez mais por não ter poder para isso.

[...]

ESPÉCIE QUINTA

CAPITULO SEGUNDO

DA CONGREGAÇÃO DOS EREMITAS DE VALE DE CABAÇOS, QUE TEM ESTA VILA, E DE SUA ORIGEM

Profissão dos Padres Eremitas

1.º – Diogo de Bairos, natural da cidade de Faro do reino do Algarve, e Manuel Fernandes, natural de Elvas cidade, ambos grandes amigos, considerando a fatal ruina do Reino em África, no campo de Alcácer, em 4 de Agosto de 1578, com perda do Rei e da melhor fidalguia e soldadesca do Reino, atribuindo isto a seus grandes pecados, tendo até ali seguido o estudo das letras, se deliberaram a buscar um porto seguro, onde com facilidade se pudessem salvar, e, feita eleição, escolheram a Ordem Seráfica, por onde fazendo petição ao provinvial dos Algarves, que, considerando serem chamados por Deus, os recebeu a Ordem no ano de 1590, onde foram noviços. Professaram, ordenando-se de sacerdotes, e serviram alguns ofícios nela, chamando-se um Fr. Diogo da Madre de Deus e o outro Fr. Manuel da Anunciação.

Razões

2.º – Mas como se publicasse o *motu proprio* do Senhor Papa Xisto quinto, em que ordenava que na aceitação dos noviços fizessem os religiosos umas certas diligências solenes e formais antes de os professarem, com decreto incitante que se houvessem por nulas todas as profissões que depois do dito decreto foram feitas sem as ditas diligências, por onde se acharam muitas profissões nulas, por onde puseram os sujeitos em sua liberdade: ou professarem de novo, ratificando os votos, ou sairem-se para o mundo a escolherem outra vida e estado. Alguns houve que de novo professaram, feitas as diligências do breve; outros se sairam, ficando em hábito clerical. Entre eles foram estes dois amigos que, com patente do padre mestre Portel, Fr. Lourenço, provincial que, então, era, passada em 15 de Janeiro de 1604, se sairam, tendo de religião 14 anos.

3.º – Postos em hábito clerical, só no exterior o mostravam, que no mais nunca degeneraram dos exercícios que na Religião faziam, pedindo sempre a Deus lhes mostrasse o caminho por onde o seguiriam; e flutuando-lhes o juizo nesta consideração, vieram para Lisboa, centro de pessoas doutas e virtuosas, para com o seu parecer escolherem o melhor estado; e sendo nela bem vistos por sua grande modéstia, os fizeram capelães do Hospital de El-Rei, que governam os fidalgos da Santa Misericórdia. Estiveram dez anos neste ofício, sem se apartar um do outro, procedendo de tal modo, que todos os respeitavam, mas como na religião criados foram, vendo-se no reboliço de Lisboa, sempre andavam suspirando por um retiro e solidão, considerando que só nela pusera Deus uma escada a Jacob para subir da Terra ao Céu. (Génesis, 28).

4.º – Como, para alcançarem de Deus despacho do que sempre em seu coração lhe andavam pedindo, tomassem por valia quem tudo pode com Ele, que é Maria Santíssima, Mãe Sua e Senhora nossa, lhes apontaram que para o retiro que eles queriam lhes servia bem uma ermida da invocação de Nossa Senhora de Mil Fontes, situada em uma serra do Algarve, com larga cerca, casas de agasalho, frescuras e frutos e um bom e espacioso pomar, circunstâncias para quem solitáriamente queria viver. Aceitando estes padres esta notícia por vinda do Céu, fazendo diligências de a pôrem por obra, com licenças do Senhor arcebispo de Lisboa, do prior do lugar e administrador da dita ermida, preparando-se para largarem o hospital em que viviam, retirando-se à ermida de Mil Fontes, onde melhor pudessem viver, como Deus os tinha destinados para fundadores da congregação do Vale das Furnas, lhes pôs diante dos olhos que a ermida de Mil Fontes estava junto da pátria de um deles, donde os parentes e naturais os perturbariam e divertiriam do retiro em que estariam vivendo.

5.º – Neste tempo, inspirou Deus em uns naturais desta ilha, que no tal tempo estavam em Lisboa e sabiam da partida que queriam fazer para a ermida de Mil Fontes, em particular o padre Luís Ferreira, que, de propósito buscando os dois servos de Deus, **lhes deu notícia de um lugar solitário que havia nesta ilha, chamado o Vale das Furnas, retirado dos povos e comércio da gente, cercado de ásperas serras e altas montanhas, regado de formosas ribeiras e salutíferas águas, uma delas de água quente, que servia de banhos a muitos doentes, habitado só de pastores, que nos largos pastos que no vale havia apascentavam seus gados, sendo o mais matos e alegres verduras, com uma ermida de Nossa Senhora da Consolação, lugar acomodado para a vida eremítica em terra sadia, os ares bons, livre de feras e bichos peçonhentos, e, para os persuadir a que viessem com mais liberdade, se ofereceu por seu companheiro a fazerem neste lugar, todos unânimes, a vida eremítica**.

6.º – Ouvidas as razões do padre Luís Ferreira, ficaram perplexos, e para escolherem um destes lugares, recorreram a Deus e a sua Santíssima Mãe, e a seus confessores, que, como loco-tenentes de Deus, os aconselharam viessem para o Vale chamado das Furnas. Aceitando o conselho como preceito dado por Deus, muito consolados, com grande alegria, dando conta ao padre Luís Ferreira, que, como natural da ilha, se tinha oferecido por companheiro na vida eremítica, todos três se aviaram com brevidade do necessário para a viagem. Deu-lhes Deus logo uma caravela, tratando com o mestre do frete e sua passagem. Chegada a hora para partirem, acompanhados de devotos e pios amigos, entraram no Convento de Belém, que os padres hierónimos ali têm junto da barra, e oferecendo-se a Deus e a sua Santíssima Mãe, com oração devota, banhados em lágrimas, depondo os honestos hábitos clericais que na corte autorizados traziam, se vestiram de roupetas e vestes de pano baixo, como andam os padres da Companhia dentro em casa, com barretes do mesmo pano, cingidos com o cordão do nosso Seráfico Padre. Largando de todo as esperanças ao mundo fingido, se embarcaram e deram à vela para esta ilha em o primeiro de Maio de 1614, dia dos apóstolos São Filipe e São Tiago, tendo deste um deles o nome, os quais tomaram em sua viagem e progresso da vida por seus advogados, passados dez anos em o hospital onde foram capelães seus.

Chegada a S. Miguel

7.º – Foi Deus servido que fosse tão próspera sua viagem, que em 8 de Maio do mesmo ano acima chegaram a salvo ao ilhéu de Vila Franca do Campo, e como neste dia festejavam o aparecimento do Arcanjo São Miguel, patrão da vila, e da ilha também, desembarcaram e na sua igreja lhe renderam graças, com os hinos que na sua festa lhe canta a Igreja e com muitos salmos que à memória vieram, e levados da igreja nos braços dos moradores da vila, os hospedaram com grande amor oito dias que nela estiveram.

8.º – Estes completos, havida licença do ouvidor eclesiástico para viverem vida eremítica na ermida do Vale das Furnas, favorecidos do Conde Governador D. Manuel da Câmara, segundo no nome, caminharam três léguas a pé para chegarem às Furnas, e por caminhos não muito trilhados, escabrosos e ásperos, de altas serras, com matos medonhos, para gente que vinha da brandura da corte de Lisboa, real cidade entre todas do Mundo, onde o seu maior caminho era de casa para o hospital de Todos os Santos, logrando ainda todos os dias na sua entrada e saída não horrores, nem asperezas, mas umas grandes delícias de vista, de variedades de flores e frutas, que cada dia lhes punha diante dos olhos aquele aprazível painel do Rocio, em que o dito hospital está situado. Mas como estas coisas deixaram por amantes de Deus, todas as asperezas lhes pareciam suaves.

9.º – Tendo os três peregrinos de todo na terra já quase vencido as três léguas de jornada tão áspera, descobrindo no alto de um cabeço o lugar que por seu corpo da guarda lhes estava destinado por Deus, **admirados na primeira vista do espantoso e alegre quadro do Vale, e como os antigos da ilha, paraíso terreal lhe puseram o nome, e com propriedade lhe competia o nome**. Banhados em lágrimas, prostrados beijando a terra, com as mãos levantadas, com os salmos 39 e 65, a Deus renderam as graças pelos ter conduzido à solidão daquele deserto, onde às almas de bom coração costuma falar, e bem pagos do quadro que viram, disseram o que no monte Tabor disse São Pedro: – *bonum est nos hic esse* (Math. 17).

Chegada às Furnas

Paraíso terrial

10.º – Pondos os olhos na planície do vale, vendo nele a ermida de Nossa Senhora e junto dela umas casas de altura que pedia o sítio, as quais lhes disse o padre Luís Ferreira que, feitas de pouco, o dito Conde D. Manuel, como amante da solidão, se retirava em o verão, para se aliviar

Casas de veranear

dos cuidados do governo qne tinha, onde, imaginando os moradores da ilha se retirava a buscar refrigério, seria capa de fazer penitência, animando-os com eloquência muda que à sombra daquele bosque tão fresco e frondoso disfarçariam a penitência que iam fazer (sic).

Ribeiras

11.º – Descendo já do monte empinado para o inferior do vale descoberto, vendo sair do pé da rocha em que estavam cinco fontes de águas doces e claras, tão abundantes, que cada uma formava uma ribeira,

Flora

todas cobertas de **agriões, selgas, rabaças, valados de arvoredos silvestres**, qne no fim do vale, para desaguarem no mar, se ajuntavam em uma

Arvoredo

tão caudalosa, que, passada a vau, chegava ao meio do corpo, ou quando não, para a passarem, necessitavam de madres para fazerem uma ponte, louvavam a Deus com o salmista – *qui emittis fontes in convallibus intermedium fac montium per transibuent aquae* (Salmos…) – e levantando o sentido ao místico, consideraram que, se as águas daquelas cinco fontes lavavam as imundícies dos corpos, muito melhor o sangue das Cinco Chagas de Cristo lavava as chagas das almas, como o tinha dito o santo profeta Isaias – *haurietis aquas de fontibus salvatoris*.

Ribeira Quente e Ribeira Fria

12.º – Descendo do alto da rocha, lhes mostraram o padre Luís Ferreira e outro homem. que levavam por guia, uma ribeira tão quente por seu nascimento, que ninguém se atrevia meter-lhe a mão, e logo em breve espaço se misturava com outra fria, que de tal modo lhe temperava a

Banhos Termais

quentura, que ficava tão boa que nela se banhavam os enfermos para terem saúde. Temendo o demónio já a guerra que naquele lugar lhe haviam fazer, para que dele os pudesse excluir, lhes fez bateria que, como aquele lugar era mui frequentado de vários e muitos enfermos e enfermeiros, que iam com eles, por isso era incapaz de ser habitado de quem só buscava o viver solitário, mas tudo venceram, considerando que, se acaso por caridade assistissem aos enfermos, nem por isso faltariam a Deus.

Lagoa

13.º – Mais adiante lhes mostraram detrás da ermida, onde estava um pico de grande altura e, detrás deste, uma lagoa formosa e funda, de água clara e larga, que tinha em circuito mais de uma légua, na qual nadavam

Caldeiras

patos, adens e galeirões, deixando seus ovos na praia, onde estavam duas caldeiras redondas de água fervente, que não fervia com fúria, mas sòmente com muita quentura, tão fundas que não se via seu nascimento. No fim do Vale, junto à serra, lhe foram mostradas outras caldeiras ou furnas, de várias sortes, cintilando de si fumaças com estrondo ouvido em todo o vale. Largada a vista que os naturais lhes mostravam no Vale, mais abaixo

Caldeiras

viram outra **furna ou caldeira seca, que chamam os Fedores**, a qual, sem água, furiosamente fervendo, sem mostras de fogo, lançava de si tais fedores de enxofre infernal, que caem mortas as aves que pelo ar voam sobre ela; a mesma pena pagavam os animais que passavam por ela e para evitarem este dano os pastores ao longe a cercavam com bardos.

14.º – Mais adiante lhes mostraram outra furna, que estava debaixo de umas pedras e se não via, mas do furioso fervor da água resultava um grande estrondo que em todo o Vale se ouvia e parecia moinhos, e por isso a esta **furna chamaram Moinhos**, e junto dela divisaram outra, com boca larga, que sem fúria fervia com um polme grosso e barrento, que com o fervor formava de si umas rodas, circulos ou coroas e por isso lhe chamavam **Coroas de Frades**; junto desta estava outra caldeira do mesmo tamanho, cheia de água clara e limpa, que, sem furor, moderadamente fervia, mas era o seu calor tão intenso, que os romeiros que por ela passavam, metendo ovos nela, atados em um pano, sem demora considerável saiam cozidos.

15.º – Adiante desta viram outra caldeira funda e obscura, fervendo com tanto furor, que subia ao céu, quase de altura de uma lança, com seu borbulhão, e no ar se desfazia, e caindo em chuveiro ao redor da caldeira, fazia seu lodo. Junto a esta estava um **regato** de pouca água, fervendo com moderada brandura e parecia frigideira no som que fazia, e por esta razão **Frigideiras** chamavam a este lugar. No circuito destas caldeiras ia correndo aquela ribeira, que as cinco fontes tinham formado, e, passando por estas caldeiras, se mudava em quente e fervia pelas ilhargas, mas não com fúria, nem com excesso.

Ribeira Quente

16.º – No fim destas furnas, que de um tiro de mosquete fazia distância delas, viram ou ouviram outra que se deixava ver debaixo de um pinasco (sic), fervendo a água com tão demasiado estrondo e furioso fervor, que em todo o vale era ouvido, como som de muitos tambores, e assim lhe **chamavam Tambores**. Finalmente, além desta furna, passando com trabalho a ribeira que levava as cinco consigo, debaixo dela estava um buraco ou furna, da circunferência de uma peneira, a qual com tão grande estrondo fervia dentro em si, que das muitas águas que lhe caiam da ribeira, que lhe passavam por cima, levantava ao céu, de altura de lanças, esguichos mui grossos, que tornavam a cair como chuveiro e por esta razão lhe chamavam **Esguichos**. E esta ribeira, formada das cinco, distando uma légua do mar, ainda entrando em ele, leva quentura. Vistas estas caldeiras ou furnas, então alcançaram que justamente chamavam àquele sítio Vale das Furnas.

Caldeiras

17.º – Considerando no que viram nas **caldeiras ou furnas** que estavam no sítio, ficaram bem vistos que nos estrondos de umas, **fedores** de outras, soberbas em umas, profundidades e polme em outras, indicavam boca de Inferno e tiveram por grande favor serem transpassados deste temor quem na solidão vinha fazer penitência para ganhar o Reino do Céu. Descendo de todo o cabeço do monte, chegando à planície do vale, vendo a formosura que tinha em circuito, e como as aves, pousando em ele, voltavam aos seus agulheiros, que tinham na rocha, consideraram que as Chagas de Cristo foram figuradas em tais agulheiros, como diz São Bernardo – *foramina petrae vulnera Christi sunt*, onde, eles habitando no vale, meditando, voariam a elas, onde na tribulação achariam alívio em seus trabalhos.

Ermida de Nª Srª da Consolação

18.º – Chegando à ermida da Senhora, disseram o que David tinha dito – *unam petii à domino et hanc requiram ut inhabitem in domo domini omnibus diebus vitae meae* (Salmo 26). Entrando com humildade profunda, beijaram o portal e prosseguindo seus passos, todos banhados em lágrimas, com três interpostas adorações ao pé do altar se ajoelharam, e pela alegria e formosura de imagem tão devota, movidos de devoção, com impeto que não puderam refrear, com o hino com que São Boaventura a saudou, a saudaram eles também:

[...]

21.º – Passada a noite, de manhã celebraram todos três; e o ermitão, ainda que saudoso do sítio, tratou logo de o deixar e, de facto, se foi e sua mulher, e na casa em que mal cabiam duas pessoas, nela se recolheram os três novos eremitas, tomando forma de vida, domando as paixões do corpo, jejuando na semana, segunda, quarta e sábado, e à sexta-feira a pão e água, vestido de saragoça grosseira o carão da carne, sem usarem por modo algum de linho, como usaram sendo frades, as camas a terra fria e muitos mais umas tábuas com umas pobres mantas velhas, com seu cabeçal de palha, em que, de noite, poucas horas repousavam, que o mais tempo, de dia ou de noite, meditavam e oravam – *ecce elongavi fugiens et mansi in solitudine*. De tarde, de manhã e ao meio-dia *vespere et mane et meridie narrabo et annuntiabo et exaudiet vocem meam* (Salm ...), com três disciplinas na semana, segundas, quartas e sextas.

Eremitério

Vida espiritual

22.º – Como esta nova tebaida estava longe dos povos e eles não conhecidos, por serem vindo de pouco, faltava-lhes o necessário para o sustento da vida, mas conformando-se com as palavras de Cristo, que o pão não sustenta só o homem, mas *in omni verbo quod procedit de ore Dei*. (Math ...), recorriam à oração, na qual foram ouvidos, porque os não proviu Deus por um corvo, como fez a São Paulo, que foi o primeiro ermitão que se retirou ao deserto, mas inspirou no padre António Moreno, vigário da Ponta Garça, que está distante duas léguas, lhes desse o provimento de pão e de algumas coisas mais, e como era pessoa de espírito e virtude, os imitava nos exercícios, vestido da mesma roupeta, barrete do mesmo pano, sendo os eremitas seus fregueses.

23.º – Passados pouco mais de dois meses, vendo o demónio a guerra que lhe faziam os eremitas, para os botar dali fora, não se atrevendo a tentá-los todos juntos, por viverem mui unidos, principiou a batalha pelo natural da ilha, o padre Luis Ferreira, propondo-lhe como divertira os companheiros do retiro da Senhora de Mil Fontes do Algarve, onde tinham todo necessário e os trouxera àquele Vale tão áspero, falto do sustento natural, o que as forças humanas não podiam já sofrer. Vencido o padre na tentação, não estudava já senão de que modo o diria aos companheiros para largarem o campo, mas como o demónio não dorme, lhe engrossou de tal modo a tentação, que lho veio a dizer, os quais, conhecendo o engano do demónio, o divertiram com saudáveis conselhos, orando a Deus por ele, o livrasse de tão infernal tentação; mas como ele fez pouco de sua parte, por vencido se foi, ficando os dois companheiros; e embarcado na primeira embarcação que houve, se foi e nunca mais apareceu, nem se soube parte dele; nem os dois companheiros souberam que faltava, senão às horas de terça do dia seguinte, onde era costume ajuntarem-se todos.

24.º – Vendo o demónio que tinha vencido o que, por natural da ilha, havia assistir, tratou tentar um dos outros por onde tinha tentado o primeiro; porque, como um deles, que era o segundo, ia a Ponta Garça buscar o viático que lhe administrava o vigário, como a jornada era comprida e os caminhos passavam de ásperos, pela tardança que nisto fazia e da fome que padecia, ao que ficava, que era o mais velho, Diogo da Madre de Deus, tomou o demónio motivo para o persuadir que, enquanto o companheiro não vinha, poderia a fome tirar-lhes a vida e acabar miseràvelmente, sem sacramentos, e se esperava que o demónio o aconselharse (sic) que convertesse pedras em pão, ou se esperava que os anjos lhe administrassem a vianda, como no deserto fizeram a Cristo, e se os egipcios, a fome que padeceram fora por justamente (sic) perseguirem o casto José, soubessem de certo que a fome que padecendo estavam era pela injusta razão que tinham usado com o companheiro ausente e que melhor fora tê-lo seguido, do que de si próprio ser homicida.

25.º – Não ignorava o solitário eremita, o padre Diogo da Madre de Deus, que estes pensamentos eram urdidos pelo demónio, fundados na humana fraqueza, mas a tudo fazia fronteira com as palavras de Cristo, *Beati qui esuriunt*, (Math. 5) e com as que disse a bendita Senhora, *esurientes implevit honis*. Chegou o companheiro com a esmola da Ponta Garça que lhe dava o dito vigário e tomando o viático, alento da vida, comunicou ao companheiro a bateria dos pensamentos que tinha padecido em sua ausência, o qual, ainda que o confortou no exterior com exemplos e boas palavras, como costumavam animar-se um ao outro, contudo ficou com os mesmos pensamentos em casa, batalhando com eles, sobre quem o demónio dobrou suas armas contra a perseverança do Vale. Acresceram logo os tremores de terra continuados, causados do fogo que havia nas entranhas do Vale, fomes que padeciam, sem terem um irmão leigo ou servente que os pudesse ajudar em o ministério da casa, a qual viam arruinada e a ermida também, com os tremores da terra. Estas eram as armas com que o demónio os combateu por espaço de um ano.

Os Padres Eremitas pensam abandonar o Vale das Furnas

26.º – Vendo o demónio que quase os tinha rendidos, para que os vencesse de todo, lhes trouxe a notícia como na cidade de Ponta Delgada, cabeça da ilha, estava uma caravela fretada para o Reino por um fidalgo, morgado e rico, tão provida de bastimentos que, de graça e sem frete, levava todo o pobre que embarcasse com ele para Lisboa. Determinados a largarem o posto e irem com ele para o Reino, mandaram tratar com ele os quisesse levar, relatando-lhes as razões porque se iam; ao que ele lhes respondeu que os pobres que levava consigo iam conformes com a vontade de Deus, mas que eles por se não conformarem com ela, como outros Jonas, iam fugidos, e se os da nau de Tharsis, com um Jonas, se viram atribulados no mar, muito mais se veriam todos os que iam na caravela, quando dois Jonas levasse em si, e o que lhes faria era suprir-lhes a necessidade pela qual diziam se embarcavam; e, assim, lhes mandou dar dinheiro e outras coisas com que passavam a maior parte do ano.

27.º – Ficaram confusos com a resposta que lhes mandou o fidalgo, mandando-lhes provimento para a maior parte do ano, mas, ainda asim, não desistia da batalha o demónio, continuada já de um ano, suadindo-os que o fidalgo sòmente lhes remediava a fome; mas quem os livrava dos tremores de terra, riscos do fogo, ruinas da ermida e juntamente da casa, sem companheiros que os ajudassem naquele trabalho, acrescentando outras quimeras? Ainda assim, os dois eremitas tomaram as palavras que lhes escreveu o fidalgo, como as do Anjo que disse a Agar: *unde venis, aut quo vadis? Revertere ad dominam tuam et humiliare sub manu illius* (Genes ...); e, indeliberados do que haviam fazer, diziam o que disse

São Paulo: *infelix ego homo, quis me liberabit de corpore mortis hujus ? Nam velle adjacet mihi, perficere autem bonum, non invenio tandem* (Ad Rom.). Vencidos, chorando sua miséria, largaram o campo e para se embarcarem para Lisboa na primeira que houvesse, a foram esperar a Ponta Garça, em casa do padre vigário, que, ainda que os hospedou, como sempre fazia, triste e melancólico como amigo, sentiu seu retiro mal fundado.

28.º – De noite, se levantou o padre vigário, orando a Deus pelos dois eremitas que tinha em casa, e pela manhã achou que eles, de noite, tinham feito o mesmo, não afrouxando dos exercícios que faziam no Vale, e com boas palavras os começou a induzir que tornassem para onde vieram, e como os não dobrasse com sua brandura, claramente lhes disse, como amigo, que muito podia o demónio com eles, pois os arrancava do paraíso terreal, que este nome tinha o Vale para onde Deus os tinha trazido; se arrazoavam que era por fome, advertissem que havia um ano que nele estavam e nunca haviam perecido à fome. E como não dessem pelo que o vigário lhes disse, sabendo que estava em Vila Franca arribada a caravela em que ia **Fernão Correia de Sousa**, foram ter com ele, os levasse consigo a Lisboa; o que ouvindo o fidalgo, lhes disse asperamente o que era bem lhes dissesse e, se receavam de os não suprir de Lisboa, que ali lhes dava novo escrito, para de sua fazenda lhes darem todo sustento para ambos de dois, e considerassem que largando livremente a Corte, não era crédito seu tornarem para ela; que se tornassem ao Vale e o encomendassem a Deus, que os livraria das tentações do demónio e lhe fariam muitos serviços. No fim desta prática, o bom do fidalgo, que a fazia como um anjo do Céu, banhado em lágrimas os abraçou e eles, prostrados por terra, o veneraram como inspirado do Céu, e que debalde se cansava o demónio contra os poderes de Deus e, assim, levantando as mãos ao Céu, disseram o que disse David: *nisi quia dominus adjuvit me, paulo minus in inferno habitasset anima mea* (Salm. 93). E beijando a mão ao fidalgo ou anjo do Céu, tornaram a Ponta Garça para casa do amigo vigário.

Fidalgo e Armador

29.º – O qual, em os vendo, de triste que estava ficou mui alegre, vendo que eles voltavam com muita alegria, sendo que, quando foram, foram bem tristes, especialmente quando contaram que o fidalgo lhes dera escrito para de suas rendas lhes darem o sustento para ambos, e que depondo as tentações que lhes fazia o demónio, tornavam ao Vale das Furnas, à vida eremitica, e que duas coisas lhe pediam, como a tão grande amigo: a primeira, que lhes perdoasse o escândalo que lhe deram por sua fraqueza,

Regresso dos P. E. ao Vale

a segunda, que os acompanhasse ao Vale, porque se corriam aparecer ante a imagem da Senhora que na ermida estava, se ele, como seu pároco, não fosse o padrinho. O bom vigário, banhado de goso e prazer do que eles contavam, prostrado por terra, começou a entoar o que entoou Santo Ambrósio quando viu Santo Agostinho metido na Igreja de Deus: *Te Deum laudamus*. Ele dizia o que dizia Santo Ambrósio, eles respondiam o que Santo Agostinho também respondia: *Te dominum confitemur*. E como às Avé Marias chegaram a casa, os hospedou como o pai hospedou ao pródigo, e que de manhã, dizendo missa, iria com eles ambos.

30.º – Todos de manhã disseram missa em Nossa Senhora da Piedade, que é orago daquele lugar, do qual se partiram, levando os dois eremitas o pobre enxoval que tinham trazido, passando as duas léguas de caminhos tão ásperos alternativamente em solilóquios divinos. De repente, chegaram ao Vale, que antes de pensado haviam buscado; entrando na ermida, como corridos e envergonhados, se prostraram aos pés da Senhora que, vencidos da tentação, haviam deixado, pedindo-lhe lhes pusesse os olhos e, se como pródigos lhe viraram as costas, como tais, agora, já com os olhos abertos, lhe tornavam a casa, e se antes não souberam estimar o trato de filhos, agora, com o partido de jornaleiros, queriam entrar, e para que o demónio os não tomasse a tentar, nas mãos do dito vigário, estando revestido, fizeram voto solene de nunca se apartarem daquele lugar, salvo Deus, por seus ocultos juizos, em algum tempo permitisse o contrário. Feita a função, eles ficaram melhor do que antes estavam e o vigário voltou muito alegre à sua paróquia e casa.

31.º – Sabido em Ponta Delgada o que estes eremitas tinham passado e como já de assento, com voto solene, ficavam nas Furnas, o conde D. Manuel da Câmara, segundo no nome, tirou uma esmola no povo e lha mandou com a sua, para que reparassem a ermida, e lhes mandou dar um quarto das casas que tinha lá, junto da dita ermida, para seu agasalho, o que eles logo fizeram. E o dito conde, quando lá ia, como tão inclinado à virtude, pousava com eles, comendo no seu refeitório as iguarias que administrava sua grande pobreza, ouvindo a lição, excluindo àparte os criados que levava consigo, para em todos os exercícios ser bom companheiro, e, quando voltava, lhes deixava os despojos, com que muitos tempos passavam, e pelos experimentar tão penitentes, se o governo da ilha não puxara por ele, solitàriamente sempre com eles vivera.

32.º – Só para o que desejavam lhes faltavam companheiros, quando um lavrador da Ribeirinha da vila da Ribeira Grande, largando aos parentes o que tinha, com 45 anos de idade, lhes pediu o admitissem por seu companheiro leigo, o qual aceitaram com licença do ordinário, no ano de 1616. Chamando-se Manuel Alvares, por devoção do rosário da Senhora, Manuel do Rosário se chamou, e de tal modo se acomodou com a vida eremitica, que até os naturais tiveram por grande glória ser ele o primeiro desta ilha que se fizera ermitão. Logo, neste ano, veio um moço da Ponta Garça, filho de honrados pais, pedir queria servir até merecer a roupeta, chamado Manuel de São José, e por servir sete anos, sem faltar a todos os actos de penitência que faziam os eremitas, em dia de Santo António de 1622 lhe botaram a roupeta e receberam por irmão, o qual com boa opinião morreu em sexta-feira, 21 de Agosto de 1654.

33.º – No ano de 1617, um estudante chamado Sebastião dos Reis, filho de gente nobre do lugar dos Fenais, distante duas léguas do Vale, caindo em uma grave doença, como lhe não valessem remédios humanos, como em saúde visitasse o Vale e fosse devoto da sua Senhora da Consolação, lhe prometeu que, se lhe desse saúde, seria seu eremita e viveria em companhia dos outros; e como a Senhora logo lhe desse saúde, também ele logo cumpriu a promessa. E, assim, eram já cinco, tendo a ermida já reparada, um quarto das casas do conde para seu agasalho e em cada mês o sustento da vida, que de sua fazenda lhes administrava o fidalgo.

34.º – Por mais que se considerassem com as portas fechadas às tentações do demónio, como ainda lhes ficasse um postigo aberto, os tremores da terra, ele os acrescentava tão espantosos, para os excluir dali pela porta do medo, que os pobres eremitas, por mais que se animavam uns aos outros, ficavam confusos. Em uma noite, estando recolhidos no quarto das casas do conde e gabanas (sic), que tinham feito de taipa, lhe derrubou muitas paredes e lhes quebrou a louça da sacristia e cozinha e tudo o mais que se podia quebrar; e foi aquela noite o terramoto tão estrondoso, que, visivelmente, vieram alcançar que por milagre de Deus e de sua Santíssima Mãe, escaparam com vida; porque dormindo o padre Diogo da Madre de Deus ao pé de uma empena, caindo as outras paredes, só esta empena ficou arqueada sobre ele, com tal inclinação, que só por milagre se tinha em pé, e acordando pela manhã, se saiu por um buraco, tão transpassado, que parecia defunto, rendendo graças a Deus com o santo profeta Isaias: *Domine Deus meus, confitebor nomini tuo quoniam fecisti mirabilia, quia factus es fortitudo pauperi, fortitudo egeno in tribulatione sua, spiritus enim robustorum quasi turbo impellens parietem.*

35.º – Raivoso o demónio de os não vencer com armas invisíveis, para o não conhecerem se transformou em forma humana, em um velho ancião, que passando pelo padre Manuel da Anunciação, que estava sentado à porta, louvando a Deus pelos tremores da terra, com um bordão lhe falou, com uma pergunta que não tinha resposta: – Padres, que fazem aqui neste deserto? – Calou-se o padre e chamou pelo companheiro mais velho, o padre Diogo da Madre de Deus, e fazendo-lhe o demónio a mesma pergunta, lhe respondeu: – Estamos guardando e acompanhando estas paredes da casa da Mãe de Deus e até à morte o havemos fazer. Ouvida a resposta, virou-lhe as costas e metendo-se pelo mato, para o qual não havia caminho, desapareceu; o que considerando os dois eremitas, que já o demónio lhes dava as costas como corrido, sinal evidente de ficarem em paz, e com Salamam (sic) por ela lhe rendiam as graças: *Nunc autem requiem dedit dominus meus mihi percircuitum et non est Satan nec Occursus malus.*

36.º – Como o demónio não descansa por nunca cansar, estimulou ou aviventou de tal modo os tremores de terra, que lhes arruinou novamente a ermida e casas do Conde, que, compadecido ele de tão grande ruina, tendo--lhe junto todos os materiais para a nova reforma, enfermou, que da enfermidade morreu, chamando os dois eremitas para que entre os mais religiosos lhe viessem assistir, deixando-lhes em seu testamento que todo massame, que tinha junto para o Vale das Furnas, o dessem aos eus eremitas, e dinheiro bastante para pagarem aos oficiais e comprarem o que vissem faltava. E cumprido tudo, como ficou, ajudado ainda com a piedade dos povos, **ficou a ermida com sua sacristia muito vistosa e alegre, com ornamentos necessários, com uma pobreza honesta e limpa, com cinco celas novas, ficando um dormitório com nove, com quatro antigas, refeitório, cozinha e outras oficinas, com hospedarias de dentro e fora para religiosos e devotos romeiros, que estes hospedavam, de fora; 32 casas, faziam por todo, rijas e fortes, ainda que baixas, a respeito dos ventos, com larga cerca e famoso pomar de várias frutas e espinho, com um grandíssimo castanheiro à vista das casas, a cuja sombra descansavam os hóspedes, com um jardim de todas as flores, que rescendia a igreja juncada com elas; enfim, tudo instrumento de louvarem** a Deus sempre.

1º Bispo dos Açores

37.º – O Bispo D. Agostinho Ribeiro os visitou e dois meses esteve com eles, louvando-lhes o modo da vida, os fez seus penitenciários na ilha, sendo nos exercícios de dia e de noite seu companheiro, dando-lhes licença para exporem na Semana Santa o Santíssimo Sacramento, terem os santos óleos, e para desobrigarem todas as pessoas que andavam nos matos, que aos domingos e santos os obrigassem à missa o melhor que pudessem. Recolhido a Angra, como com ele se fosse ordenar o irmão Sebastião dos

Reis, logo o ordenou e, voltando, lhe deu um ornamento e casula do seu oratório, de catalufa, guarnecido de veludo preto, para a Senhora, com estes estatutos para os guardarem sempre:

[...]

41.º – Com alguma desconsolação viviam no Vale por não terem sacrário; fazendo petição ao senhor Bispo D. João Pimenta, lha despachou em 4 de Maio de 1629, e mandando visitar primeiro o lugar pelo ouvidor vigário da Relva, o licenciado João Lopes Cardoso, achando-o preparado com todo ornato, com procissão solene pôs nele o Senhor em 18 de Junho do ano acima, cantando ele a primeira missa, pregando nos três dias o licenciado Manuel de Medina, em que sempre houve festa solene, e tão afeiçoado ficou o pregador à vida solitária que via no Vale, que deu logo repúdio ao mundo e tomou nele a roupeta, no mês de Agosto do ano acima. Porém, resfriando depois do incêndio que viu em o Vale, em hábito clerical se foi a Lisboa, onde brevemente morreu, e chamando-se Manuel da Graça, vivendo no Vale, pouco tempo logrou esta graça. Em tudo o seguiu um estudante, Manuel Pacheco de Brum, natural de Porto Formoso, que, falto de pais, largou as pretensões que tinha no mundo e tomou a roupeta em 21 de Outubro do ano acima e se chamou Manuel do Espírito Santo, o qual, vindo de Angra ordenado de missa, largou a roupeta e entre os parentes foi dizer missa nova, e embarcado para Lisboa, de lá veio vigário do lugar da Bretanha, onde morreu.

2º Bispo dos Açores

42.º – **Paraíso terreal chamavam a este Vale**, e como em tal vivendo os eremitas: se um querubim com uma espada de fogo excluiu dele os primeiros pais, como tais se consideraram os eremitas. Porque em **dois de Setembro de 1630**, tendo rezado nas primeiras lições do livro do santo Job, sendo esta segunda-feira dia claro e sereno, passado com seu jejum e disciplina pelas almas do Purgatório, estando já recolhidos nas celas, sendo oito horas da noite, **sentiram uns cruéis tremores de terra**, que os fizeram sair delas; temerosos fugiram para a igreja, a buscar na Senhora o refúgio – *sub tuum praesidium confugimus*, etc. –, com outras preces da Igreja; afligidos com estas lacrimosas preces, lhes acresceu aflição, com um horrendo tremor que lhes arruinou grande parte da igreja, ficando eles a salvo da outra banda do altar, por verem o seu castelo arruinado e, quando não foi respeitado, menos o seriam eles. Ainda assim, tremendo de pés e mãos, acudiram ao altar, tiraram dele o cofre do Santíssimo Sacramento e a imagem da Senhora da Consolação e outras de alguns santos e relíquias, e não dando o tempo lugar a maior decência, puseram cofre, imagens e relíquias no pátio dentro da cerca, com o círio pascoal aceso.

Erupção de 1630

43.º – Prostrados todos em roda dele por terra, sem mais lugar que de um *miserere*, entre lagrimosos suspiros, como se consideravam na última hora, por os tremores serem tão furiosos, que lançavam uns sobre so outros, diziam: *in manus tuas, Domine, comendo spiritum meum*. Os pastores e muita gente, que naqueles dias andavam à baga de louro, se recolheram à igreja, mas, caindo, faltou-lhes o amparo; se o buscavam nos matos, com os tremores todos quebravam e caiam rotos nas praias das alagoas, onde tinham a baga, e todos passaram assim das oito até às onze da noite, a qual, estando clara e serena e o céu estrelado, se cobriu de uma nuvem negra e muito medonha, de que caiu um pouco de orvalho, a respeito do qual à meia noite recolheram o sacrário, imagens e relíquias a uma cela baixa, que, por forte, tinha escapado, que as outras com a igreja, com os tremores, estavam por terra todas.

Baga do louro (azeite)

44.º – Na qual, havendo passado um pouco espaço, os pobres eremitas, sem lugar de tomarem conselho, sentiram logo um horrível estrondo que parecia acabar-se o mundo, pelo qual, saindo da cela, viram ir pelos ares um grande monte daquela serra, que estava entre as duas alagoas, das quais sairam duas nuvens de fogo, e foi Deus servido que aquele monte, assim arrancado, para que os não sepultasse debaixo de si, caisse para a parte do mar, onde sepultou quantos achou. Vendo-se em tão grande aperto, com o medo das nuvens de fogo que das alagoas tinham saido, todos e cada um trataram de salvarem as vidas e abaçando-se um com o sacrário e cofre dentro, que era portátil, e outro com a imagem de Nossa Senhora, e outros com as relíquias e outras imagens, levando cada um a sua por bordão e alívio da morte, à meia noite, com todo risco, largaram o Vale e se meteram por veredas e matos, sem reparo no passar das ribeiras, cegos do fogo. Passaram o resto da noite como quem escapou do naufrágio pegado à sua tábua, que era o sacrário, relíquia ou imagem que cada um levava nos braços, temendo ainda a cada instante ficarem sepultados debaixo dos montes.

45.º – À terça-feira, três de Setembro, em amanhecendo, uns se acharam no lugar da Maia, que logo colocaram em lugar competente, outros em Porto Formoso com as imagens e com as relíquias, outros, não saindo dos matos por não atinarem com suas veredas, passaram o dia sobre as serras, vendo a fúria do fogo; e por noite se ajuntaram todos no Porto Formoso, onde com lágrimas e pranto foram recebidos com caridade no povo, atribuindo a pecados passados o castigo de Deus que a seus olhos estava presente. No dia seguinte da quarta-feira acordaram vir-se para a Ribeira Grande, com as suas imagens, sacrário e relíquias, e na Ribeirinha, na ermida do Salvador, foram agasalhados, até verem o fim que tomavam as coisas, porque estavam firmes na fé que, pela imagem da Senhora que traziam consigo, aplacaria Deus sua ira divina.

46.º – Os povos vizinhos, à terça-feira, começaram a sentir pelas nuvens de fogo o que na noite antecedente tinham causado os tremores de terra, e sabendo saía o fogo do Vale das Furnas, tinham por certo que os eremitas eram abrasados; os do govêrno os mandavam socorrer por mar, e não foram achados. A gente dos povos despejava os lugares e só procurava salvar-se nos mais apartados, deixando nas casas sua pobreza a olhos cerrados, procurando só salvarem as vidas. O lugar da Ponta Garça, por ser mais vizinho, ficou quase abrasado de todo, com muita perda de seus moradores; mais de 80 pessoas, e algumas andando colhendo o fruto das vinhas, ficaram sepultadas em elas, que nem lugar onde elas estavam apareceu. Tudo era confusão nos povos da ilha; só nas igrejas achavam refúgio, esperando nelas a última hora, que, a instantes, lhes ameaçava o fogo, que foi visto das ilhas de Baixo, e da Terceira mandaram barcos a saber se esta ilha era assolada, porque de lá assim o julgavam.

Ponta Garça

Vinhedos

Avistado nas outras ilhas

47.º – Os penedos que o fogo levava consigo eram muitos e grandes, tirados das profundas entranhas da Terra, com tal fúria, que, abrasando os matos, iam cair com dano nos povos, e os que, por grandes, subiam ao ar tornavam a cair na cova donde sairam, e eram tão grandes, que, além de a entupirem, formavam nela um pico tão alto para o céu, como os outros que há em a ilha. Logo em toda ilha se sentiu um medonho cinzeiro, que, saindo do ar, caia na terra com tanta grossura, que cobria os campos, cidade e povos, eclipsando de tal modo o dia, que os homens não se conheciam uns aos outros, como em noite obscura, não atinando com os caminhos ou ruas; e para atinarem com as igrejas era necessário levarem lanternas ao meio dia, porque parecia ser meia noite, com tal confusão, que a mãe não dava conta dos filhos, nem os filhos dos pais, porque cada um tratava de si e como escaparia com vida; e só nas igrejas se conheciam uns aos outros, nos adros das quais acendiam fogueiras para os fregueses atinarem com elas. No dia seguinte amanheceram os telhados cobertos de cinza tão grossa, que foi necessário acudir-lhes, para que o peso os não abatesse.

Cinzeiro

48.º – Os eremitas, postos na ermida do Salvador, feitos uns cadáveres vivos, lhe rendiam as graças, que, para os salvar, à sua ermida os havia trazido, confessando que aquele incêndio fora causado por seus grandes pecados, como o santo Moisés assim o disse ao povo hebreu: – *det dominus imbrem terrae tuae pulverem et de coelo descendat super te cinis donec conteraris* (Deuter.). Para tomarem conselho do que haviam fazer, mandavam ver o Vale por dois homens robustos, bem vistos naqueles caminhos, no meio dos quais se viram perdidos e com grande risco livraram as vidas, por estarem os matos tão cobertos de cinza, que se não divisava nada para saberem onde estavam. No fim do dia, vencendo o trabalho com risco, chegando ás serras do Vale, viram sòmente cinzeiro em ele, sem aparecer igreja, casas ou arvoredo, e logo voltaram a dar estas novas a quem os mandou, que com novas lágrimas o tornaram a sentir, com novas graças que deram a Deus, que, como aos hebreus, pusera em luz, ficando tantos, como egípcios, sepultados nas trevas densas (Exodi).

49.º – Como não desfaleceram de guardar seu instituto em qualquer parte que Deus fosse servido, quatro ou cinco dias passados mandaram ao mesmo Vale o padre Manuel da Purificação, e Manuel do Rosário e Manuel de S. José por seus companheiros, com oito trabalhadores, homens robustos, para com todo trabalho romperem o caminho pelo cinzeiro, para que por algum modo pudessem entrar, ainda que fosse pelos telhados, a tirarem o retábulo do altar, ornamentos e tudo o que pudessem tirar da sacristia e celas para o culto divino e cómodo de suas pessoas, o que eles fizeram com perigo das vidas e, se não acudiram uns aos outros, ficariam subterrados em os caminhos, como outros ficaram com o lodo da cinza, por não levarem companhia consigo. Como todo Vale estava cheio de cinza, mandando cavar onde lhes parecia achariam alguma parte do edifício, cavando desasseis palmos de cinza, descobriram o espigão de um dormitório; entrando por ele com incrível trabalho, o que se atribui a um grande milagre, tiraram da igreja o retábulo todo; da sacristia tiraram os ornamentos e todas as coisas que nela usavam; e, assim, das mais oficinas e celas o que nelas estava. Tudo trouxeram e ofereceram ao padre ministro Manuel da Anunciação, que, vendo os despojos que da ruina ficaram, louvarem (sic) a Deus de lhes salvar as vidas de tão grande perigo. Parte recolheram na ermida onde celebravam e continuavam com seus exercícios, e parte nas casas de D. Francisco Manuel, que para seu agasalho lhes foram emprestadas.

50.º – Passados vinte e um mês do fogo das Furnas, sem esperança dos eremitas tornarem a seu domicilio, indo-se alguns, ficando só dois padres e quatro irmãos nas casas de D. Francisco Manuel, onde se hospedavam, além de pagarem seu aluguel, padeciam nelas grandes trabalhos. Temendo que a sua congregação acabasse de todo, enviaram a Angra o padre Manuel da Purificação a pedir licença ao sr. bispo D. João Pimenta para em outra parte viverem em seu instituto, e dando à vela no primeiro de Maio de 1632, até aos três e quatro do mês, os que governavam não descobriram a ilha, e por a matalotagem ser de um dia, se valeram de umas canas de açúcar que um mercador levava no barco. Foi necessário voltarem a proa para Lisboa para salvarem as vidas, padecendo o barco com a tormenta um grande naufrágio nos baixos da barra de Viana, onde morreram sete pessoas, as mais por fraqueza das forças, por treze dias lhes faltar o sustento; não podiam nadar. O pobre eremita, com treze feridas que tinha no corpo, o não podia fazer, não se fiando do leito despedaçado, no qual, afundado, andavam sete ou oito pessoas; em cima de um penedo escapou, pegando-se a ele com todas as forças, para que das ondas não fosse levado, chamando por Nossa Senhora, prometendo romaria a São Tiago; foi salvo em uma bateira, que, trazida às costas dos moradores da vila, a botaram ao mar e o salvou para terra, no que se viu ser um grande milagre.

51.º – Os padres de São Domingos, com caridade, o recolheram no seu convento e, vestido em hábito de peregrino, se foi a Galiza cumprir em Santiago a sua romaria, em cuja igreja celebrou alguns dias, dando graças a Deus de o livrar com vida por intercessão da Senhora e de seu apóstolo, e, voltando-se com grandes trabalhos e maiores misérias, se achou em Lisboa no princípio de Agosto de 1632, onde representando ao coleitor o que tinha acontecido no Vale das Furnas e todos os trabalhos que tinha padecido, disse como os poucos eremitas que tinham ficado na ermida do Salvador queriam perseverar em seu instituto, para o que lhe pediu breve, e ele lho concedeu, que pudessem reedificar sua ermida e continuar nela seus exercícios, debaixo da obediência do senhor Bispo, e não estando capaz o Vale das Furnas, se recolhessem em outra ermida ou a fizessem de novo, onde ao senhor Bispo melhor lhe parecesse. E embarcando-se em um navio, chegou a esta ilha em 10 de Agosto do ano sobredito acima.

Santiago de Compostela

52.º – Desembarcado em Ponta Delgada, além de ser patrício dela, como tinha faltado há quatro meses, sem nova alguma, o tinham por morto. Foi dobrado o prazer de sua chegada, o que tudo moveu quando o viram beijar a terra, prostrado por ela, rendendo graças a Deus e a sua Santíssima Mãe, com as palavras de Job: – *qui ponit humiles in sublime et maerentes erigit sospitate* (Job 5). Tratou logo, com o breve que trazia consigo, buscar os companheiros à Ribeira Grande, que, como lá não os achasse por estarem por ordem do Bispo D. João Pimenta já em Água do Pau, na ermida da Conceição de Val de Cabaços, que as freiras claristas tinham deixado,

Vale de Cabaços

como fica dito no n.º 4 do cap.º 7 da 2.ª Espécie, fol. 321, e no n.º 19, cap.º 10, Espécie 1.ª fol. 147, foi buscá-los onde eles estavam. O padre ministro Manuel da Anunciação, quando o viu diante dos olhos, a quem tinha lamentado por morto, ressuscitou como outro Jacob vendo a José diante de si: *revixit spiritus ejus* (Genes...).

53.º – Na Conceição de Val de Cabaços estava um ermitão, casado com sua mulher, que lhes largou o lugar constrangido; não imitou o outro das Furnas, que de boa vontade ofereceu o Vale. Pobremente se agasalharam nele, com muito aperto, dormindo na sacristia, que era aberta, por onde passavam, e em uma loja bem limitada, em que morava o pobre ermitão, ficando ainda tão desmantelada, que penitência faziam os eremitas quando nela tomavam descanso, na qual o padre Purificação lhes fez companhia o restante do ano de 32 até entrada de 33, continuando sempre nos seus exercícios, como o faziam no Vale das Furnas.

54.º – Neste tempo chegou a esta ilha o Bispo D. João Pimenta, ao qual apresentando o padre Purificação o breve que de Lisboa tinha trazido, os trabalhos que lhe tinha custado e a miséria em que eles estavam, ainda que por falta da experiência da virtude em que eles viviam lhe dilatasse o despacho, contudo, lhes mandou passar provisão em dez de Novembro de 1633, em que lhes consignou a Conceição de Vale de Cabaços, visto não estar capaz o Vale das Furnas, para nela viverem, guardando a forma de seus estatutos. E tiveram ventura com este despacho, porque o Bispo faleceu logo, em 28 de Dezembro do ano acima, em Ponta Delgada, e ao pé do altar maior de São Sebastião está sepultado.

Sepultado na Matriz de Pª Delgada

[...]

55.º – [...] Ainda assim, desconsolados passavam por não terem o Santíssimo na sua igreja, como nas Furnas, e com licença do reverendo Cabido, com os sacerdotes de Agua do Pau, nela o puseram em 17 de Novembro de 1634. Junto do sacrário puseram a imagem da Conceição, que tinha a ermida, e do outro lado a imagem de Nossa Senhora da Consolação, que das Furnas tinham trazido; nas credências fizeram dois nichos, (em um puseram a S. Pedro chorando amargamente por negar três vezes o Mestre Divino, e em o outro a Madalena penitente em o deserto) com outros nichos pequenos que por cima fizeram, nos quais puseram relíquias e outras imagens, com um crucifixo; com que ficou a ermida vistosa, posto que em limitada pobreza, dando por tudo, de dia e noite, graças a Deus, Nosso Senhor.

Trasladação da Imagem de N.ª Sr.ª da Consolação

56.º – Vivendo já quietos em Val de Cabaços, entrado o ano de 1635, não se esqueciam do incêndio das Furnas e como Deus castigara a ilha, por grandes pecados, querendo penitência de seus moradores, que, reformando as vidas, de dia e noite a faziam, correndo as casas de Nossa Senhora, da ilha, a pé e descalços, que naquele tempo eram 60 e hoje já chegam, parando em Val de Cabaços, onde está um devoto painel de Nossa Senhora das Dores recebendo o Filho nos braços, descido da Cruz pelo santo José, onde todos em suas necessidades vêm buscar o remédio, e são tantos os romeiros de dia e de noite, que, quando de manhã lhes abrem a porta, os acham de fora, de joelhos orando. E ainda que por morte do fidalgo lhes faltaram os 80 mil reis que de esmola lhes fazia em vida, pelo bom agasalho que faziam e fazem aos romeiros todos os povos lhe fazem esmolas; e aonde os irmãos eremitas não podem chegar, os moradores daqueles lugares, entre si, lha ajuntam e com mulheres e filhos, feitos romeiros, lha vêm trazer em seus jumentinhos.

57.º – Como no fim do ano de 1634 lhes tinha custado muito trabalho abrir na ermida sepultura para o corpo do padre Diogo da Madre de Deus, que trasladaram das Furnas, por ser rocha viva, no mês de Agosto de 1650, como os cinco eremitas se viram carregados de anos, como em vida pareciam já mortos, o padre Anunciação mandou chamar cabouqueiros para lhes abrirem tantas sepulturas quantos eremitas havia na casa, ficando a sua no meio, entre os dois altares colaterais, das grades a dentro, que tem o cruzeiro, e cheias de terra as cobriram com lagens, dando todos os cinco graças a Deus, por verem sempre em vida a cela em que até ao juízo final estariam por mortos.

[...]

CAPÍTULO TERCEIRO

DA VIDA E MORTE DO PADRE DIOGO DA MADRE DE DEUS

[...]

8.º – Consolados viviam os cinco eremitas em Val de Cabaços, por estarem sobre as rochas do mar, em que a ermida está situada, alegre na vista; mas, como os filhos de Israel em Babilónia, junto aos rios, com saudades da sua Sion, que era o seu antigo Vale das Furnas, desenganados que não o haviam tornar habitar, determinaram buscar o tesouro que nele deixaram, que era o corpo do seu fundador, o padre Diogo da Madre de Deus, e alcançada a licença para o trazerem, se prepararam os cinco

Trasladação do corpo do P. Diogo da Madre de Deus para Vale de Cabaços

eremitas com homens e um cofre pequeno, e cavando oito ou dez palmos, como o cinzeiro a respeito das águas estivesse já duro, custou-lhes trabalho acharem o caixão em que estava o corpo, no qual acharam o corpo inteiro, coberto de carne branca e alva e só tinha desapegado os pés dos seus tornozelos, mas cobertos de couro. Os que estavam presentes espiritualmente ficaram alegres, considerando que quase cinco anos ainda a terra o não tinha comido, achando-o com as mãos levantadas ao Céu.

9.º – Alguma inquietação lhes deu esta novidade não esperada, por ser forçado vir o corpo no mesmo caixão, mas consideravam que a cavalgadura, por fraca, não poderia, por os caminhos serem fragosos e cinco léguas até Val de Cabaços; porém, animados com o favor de Nossa Senhora, trouxeram o caixão, e o corpo nele metido, e chegados com ele a Val de Cabaços, se admiravam de como e de que modo o haviam trazido, e não o criam, estando-o vendo, nem sabiam dizer de que modo o fizeram. Celebraram-lhe exéquias de corpo presente e com lágrimas o meteram na sepultura, ao pé do altar maior, que, por ser rocha, lhes custou a abrir muito trabalho, no mês de Dezembro de 1634, com repiques de sinos, sendo aclamado por santo, até dos meninos.

[...]

CAPÍTULO QUARTO

DA VIDA E MORTE DO PADRE MANUEL DA ANUNCIAÇAO

1.º – O padre Manuel da Anunciação, natural da cidade de Elvas, que no século se chamava Manuel Fernandes, tomou o hábito de São Francisco na província dos Algarves, no ano de 1590, com o padre seu companheiro, o padre Diogo da Madre de Deus. Chamou-se Manuel da Anunciação, quando professou na Ordem Seráfica e, ainda que largou o hábito, pelas razões que temos já dito, sempre este sobrenome Anunciação lhe ficou. Do padre Diogo da Madre de Deus foi bom companheiro, porque até à morte lhe fez companhia.

2.º – Como das virtudes, seja a humildade o fundamento, foi tão humilde em sua vida, que, enquanto viveu o padre Diogo da Madre de Deus, seu companheiro, como o venerava por mais velho, não falava ou respondia, no que a ele por mais velho competia, que até o demónio, quando em forma de velho o tentou, sentado à porta da ermida, dizendo-

-lhe: – Padres, que fazem aqui neste deserto? – podendo-lhe responder, o não fez e chamou o companheiro, respondesse àquele homem, de que, confuso, o demónio fugiu logo, não tendo contra ele ousadia alguma.
[…]

5.º – […] Em uma quarta-feira, 15 de Fevereiro de 1651, estando de madrugada na igreja, na costumada oração, recolhendo-se com saúde à sua cela, indo falar-lhe os companheiros depois, o acharam com um acidente de ar e privação dos sentidos, e não lhe aproveitando os remédios, viveu até à noite da sexta-feira seguinte, em que dormiu em o Senhor, e no sábado, 18 do dito mês, descansou na sua cela nova, que em Agosto de 1650 tinha feito, com mais de 80 anos de idade, dos quais viveu 14 na seráfica família, 10 no hospital de El-Rei, 16 no Vale das Furnas, quase dois no Salvador da Ribeirinha, 19 em Val de Cabaços, Conceição de Água do Pau, e os mais na mocidade do século.

6.º – Sabida a sua morte, concorreram muitos devotos dos povos, pela devoção que lhe tinham, a pedirem alguma coisa de seu uso, estimando-a por relíquia, e cada qual levou o que pôde alcançar de suas vestiduras e coisas de sua cela, com muita veneração; e foi necessário que os outros eremitas as repartissem por eles, satisfazendo a devoção de seus desejos, sendo Deus sempre louvado com consolação de todos. Seus ossos estão depositados hoje na credência do altar maior, ao lado da Epístola. Já deste servo de Deus faz menção Cardoso, no seu Agiológio Lusitano, tomo 2.º, fol. 514.

CAPÍTULO QUINTO

DA VIDA E MORTE DO EREMITA IRMÃO MANUEL DO ROSÁRIO

1.º – Foi o irmão Manuel do Rosário natural da Ribeirinha, da vila da Ribeira Grande, onde se chamava Manuel Alvares. No ano de 1616, tendo 45 anos de idade, largando lavoura e o mais que tinha, veio ao Vale das Furnas pedir aos dois eremitas que tinham vindo do Reino, Diogo da Madre de Deus e Manuel da Anunciação, o aceitassem por companheiro e lhe botassem a roupeta. Conhecendo os ditos padres ser vocação do Céu e ser este o primeiro que os vinha acompanhar, com licença do ordinário lhe botaram a roupeta de ermitão, encomendando-lhe o ministério de Marta, ficando com melhor sorte acompanhando a Maria.
[…]

5.º – Encomendou sua alma nas mãos de Deus, expirou em quarta--feira, 26 de Outubro do ano acima dito, com 80 anos de idade, dos quais 45 gastou no mundo, 14 no Vale das Furnas, quase dois no Salvador da Ribeirinha e 19 em Val de Cabaços. Vestido no hábito de São Francisco, nosso seráfico padre, de quem na vida foi muito devoto, foi sepultado na sepultura que para ele fora feita em vida, onde espera ressuscitar no juízo final, e será para maior glória de quem o criou. Amen.

[...]

P.e JORGE CARDOSO, 1606-1669

CARDOSO, George – *Agiologio Lvsitano dos sanctos, e varoens illvstres em virtvde do Reino de Portvgal, e svas conqvistas...* Lisboa: Na Officina de Henrique Valente d'Oliveira, 1657, t. 2 que comprehende os dous meses de Março, & Abril, com seus commentarios, p. 520, 521.

Licenciado em Teologia pela Universidade de Coimbra
Jorge Cardoso, dedicando toda a sua vida adulta à recolha de "vidas" e de informações do mais variado tipo para as fundamentar, tirar do esquecimento e perpetuar pelo registo escrito e impresso… desejava … mostrar aos "estrangeiros" que Portugal era uma "pátria de santos", considerando-a, portanto "útil e necessária" ao Reino […]
In: História religiosa de Portugal [ed. lit.] Centro de Estudos de História Religiosa da Universidade Católica Portuguesa, dir. Carlos Moreira Azevedo. Lisboa: Círculo de Leitores, 2000. vol. 2, Humanismos e Reformas, p. 37.

[1644]

[…]

A ilha de S. Miguel he hũa das fette dos Açores, ou Terceiras por outro nome, a qual foi defcuberta an.1444. dia em que a Igreja S. celebra o Apparecimẽto do celefte Archanjo, & por iffo tomou delle o nome, confituindoo feu auogado, & patrono. Eftà no mar Occeano, em altura de 39. graos, como Lisboa. He de todas a mais próxima a ella, da qual difta 280. legoas. Tem de longitude 18. & 7. de latitude. Corre de Lefte a Oefte. He frefca, de bõs ares, & cryftalinas agoas. Não he falta de gado, antes abundante, & affi mefmo de **pão, vinho, linho, & paftel**, que a faz mui conhecida no mundo, & comerceada das eftrangeiras nações, de que carrega todos os annos (auendo pazes com Inglaterra, & Olanda) mais de cem mil quintaes. Contèm em fi cinvo villas de numerofo pouo, das quaes he cabeça a cidade de Ponte-delgada, em que affifte o Gouernador, & há forte caftello, com mui groffa artilharia. **Tem dez conuentos, a faber três de frades, & cinco de freiras, todos Francifcanos**, hum de Eremitas Agoftinhos, & outro de Jefuitas, com 32. Parochias em circuito da beiramar. Tem dous montes altiffimos, hú em cada ponta, & no meio he tam baixa, & rafteira, que os nauegantes a vem fempre quafi fumergida. No mais fublime,

Exportações

Conventos em S. Miguel

Vale das Furnas

Padres Eremitas

Estatutos

que lhe fica ao Lefte, formou a natureza hũ valle, & nelle hũa dilatada campina, retalhada de ribeiras, & frefcos aruoredos, hũa dellas de agoa quente, que tẽperada co a da fria, mais proxima, he medicinal para muitas, & graues enfermidades.

Nefte valle fica o nomeado fitio das Furnas, hũas maiores, outras menores, onde fe tem ouuido por vezes grandes eftrõdos, & rocos alaridos, caufados do ígneo lago, & cinzento polme, que a terra alli brota, com infernal cheiro de enxofre, & falitre. Aqui tinhão o feu primeiro Oratório (intitulado de noffa Senhora da Confolação) aquelles dous Anacoretas, & íntimos amigos, Diogo da Madre de Deos, & Manoel d'Anunciação, que efcolherão efte folitario retiro com outros varoẽs Apoftolicos, para paffarem nelle o reftante da vida, efquecidos totalmente do tráfego mundano. **D'onde no anno 1630. fe mudarão (por caufa dos cinzeiros) para a Ermida da Cõcepção de Val-decabaços**, que auião rejeitado as Clariftas. Nella viuem de prefente feus fucceffores com admirauel **exẽplo, obferuando os pijffimos eftatutos**, que o Bifpo D. Agoftinho lhes deu na. 1617. onde fe deteue com elles mais de hũ mês, gozando de fua fancta conuerfação. A faber duas horas de oração mental todos dias, hũa de madrugada, outra à noite, quatro dias na femana de jejum, entrando as feftas de pão, & agoa, com duas difciplinas em quanto fe rezão dous Miferes, & hũ de Profundis, as camas fe compõem deXErgão, & cabeçal de palha, & veftem pano de cor de çaragoça, cingidos com ourelos à maneira de Padres da Companhia, os barretos são redondos do mefmo pano, & os chapeos negros com fitas, & paffadores, que apertão debaixo da barba. Efta meuda relação deuemos ao Licenciado António Furtado da Rocha, Vigário de S. Pedro de Villa-franca, que procurou à noffa inftancia anno 1644.

[...]

Ouçamos o que deftes dous feruos de Deos efcreue o **P. F. João de S. Bento, Eremita da Serra d'Offa, no Trattado que fez do vltimo vulcão de fogo, que rebentou na ditta ilha anno 1652**. fallando do feu Oratório:

Terramoto de 12 de Out.º 1652. Cairam muitas casas na V.ª da Lagoa

Os fundadores defta Sancta Congregação, forão dous varoẽs mui exemplares, que fe retirarão do noffo reino, bufcando parte, onde viueffem em maior folidão. Hum foi o P. Diogo da Madre de Deos, natural de Faro, que falleceo nas Furnas fanctamente, cujos offos, trafladarão feus filhos para a Igreja que agora tem, pela outra primeira fe deftruir, o mais conuento por caufa do incêndio, que là rebentou antigamente. Outro foi o P. Manoel d'Anunciação, natural d'Elvas, da família dos Sotiz, que falleceo o anno paffado com grande opinião de fanctidade.

Por remate, he para faber que são eftas ilhas prenhes de fogo, como a de Secilia, & Vifuuio de Napoles, por cuja caufa, fendo o clima tam excellente, não forão habitadas dos Romanos, que tiuerão dellas grande noticia. Principalmente efta de S. Miguel, onde por muitas vezes em diuerfas partes ha vomitado vulcões de fogo com tanta fúria, que cuidauão feus moradores fer já chegado o dia do juízo, fouertendofe grande parte, lançando de fi as nouas cauernas, & boccas, que abrio a terra, tanta copia de cinza, enxofre, & pedra pomes pelos ares, que não podião os homẽs decernir, fe ... o diluuio de fogo da terra, fe defcia do ceo, negando o Sol fua luz por muitos dias, tornandofe em tam horridas treuas, que todos andauão pafmados, topando hũs com outros, fem fe conhecerem, nem diuizarem, não auendo, marido que foubeffe da mulher, nem mulher do marido, o pai do filho, nẽ o filho do pai, tudo erão confusões, tudo alaridos, & clamores ao ceo, pedindo mifericordia hũs, & perdão de fuas culpas outros, affiftindo nas Igrejas com muitas difciplinas, & inuenções de penitencias, compondofe antigos odios, que auia, alcançando os criminofos perdão das partes, & finalmente pagando co as vidas somente de pafmo muita quantidade de gente. **A primeira vez q̃ efte caftigo do ceo fuccedeo, foi pronofticado algũs dias antes pelo fancto varão F. Afõfo de Toledo da Ordẽ dos Pregadores.**

[...]

Prognóstico do terramoto de Vila Franca 1522

P.e ANTONIO CORDEIRO, 1641-1722

CORDEIRO, António – *Historia Insulana das ilhas a Portugal sujeitas no Oceano Occidental.* [Angra do Heroísmo]: Secretaria Regional da Educação e Cultura, 1981. Ed. Facsim., Livro V da fatal ilha de S. Miguel, p. 132, 146-151, 157, 165, 234.

[…] A Historia Insulana do Pe. Cordeiro não se póde consultar sem as devidas precauções. O seu autor [padre jesuíta] infiel compilador dos escritos do Dr. Gaspar Frutuoso, pretendeu frequentes vezes, adornar com fábulas da sua invenção as singelas frases deste. […]

>CANTO, Ernesto do – *Os Corte-Reaes. Memoria Histórica.* **Archivo dos Açores.** Ponta Delgada, vol. 4, (1981), p. 410.

[1664-1665]

Livro V. da fatal Ilha de S. Miguel

Cap. VIII

Do interior da Ilha, seus fogos & tremores […]

[…]

Outros autores

50 Das celebres Furnas da Ilha de Saõ Miguel deraõ já noticia alguns Authores: Agiologio Lufitano *tom.* 2 a II. de *Abril,* & dos Eremitas das ditas Furnas fallou Frey Diogo da Madre de Deos, & o Padre Manoel da Confolaçaõ; item o Padre Frey Joaõ de Saõ Bento, Eremita da Serra d'Offa *trat. Do ultimo Vulcaõ de fogo, que rebentou na Ilha de Saõ Miguel anno*

A. Cordeiro nas Furnas Residiu no Colégio de P.ª Delgada

1652. & o noffo Doutor Fructuofo *liv.* 4. *cap.* 49. **Mas porque no anno de 1664 para 65 vi, & obfervey com meus olhos na mefma Ilha as ditas Furnas**, Há cincoenta annos, por iffo não fó do que dizem os cotados Authores, nem fó do que lá ouvi, mas **do que com os olhos vi, & examiney, recopilarey o principal que puder**.

51 **Furnas chamão nefta Ilha a huma vafta, & profunda concavidade, que no meyo de feu comprimento faz a terra em figura ovada, com circuito de mais de duas legoas, & huma de comprimento; & meya legoa de largo vaõ, em cima entre as rochas, & outra quafi meya legoa**

de largura em o profundo valle, mas tam profundo, que a quem a ella chega, & quer olhar para o Ceo, defte lhe parece naõ vè já fenaõ huma carreyra de cavallo muy comprida, por terem de alturas rochas de huma, & outra banda, mais de meya legoa a prumo; & o peyor he, que por mais que a arte abrio caminho pela parte do Oriente da banda do Sul, ainda he tal, que defcer por elle a cavallo, fera peccado mortal pelos mortaes precipicios a que evidentemente fe exporá, como dictaraõ jà lentes de Moral; & ainda as beftas de carga não vão com ella abayxo, mas fe lhes tira logo ao principio da defcida, & as cargas fe fobrepoem em taboas, & eftas a cordas, per que os vaõ enviando atè bayxo mas gente toda a pè, & atraz de beftas, & cargas, como vi defcer a cavalleyros famofos; & ainda que tem aberto outro caminho da banda do Norte, a que chamaõ Pè de Porco, ainda efte fegundo he mais ingreme, & peyor que o primeyro, & fó para rufticos fragueyros. *Acessos*

52 Saõ comtudo eftes dous caminhos tam aprazíveis, deliciofos, & gratos em tudo o mais, que **a vifta he dos melhores, & mais altos arvoredos, & cedros altiffimos, habitado tudo de tam innumeraveis, & novas caftas de aves, que nunca os olhos ficão fatisfeytos de tal ve**r; & menos os ouvidos da celefte confonancia, & harmonia de humas fuaviffimas, & novas muficas, & atè o mefmo olfacto fe fente arrebatado dos odoríferos hálitos que fobem de hervas preciofiffimas, & viftofiffimas flores, que povoaõ efte tracto onde eftaõ taes caminhos: mas outros que fe quizeraõ bufcar por outras partes, fe achou ferem, & pararem na verdadeyra reprefentação das furnas, & cavernas do profundo inferno, porque logo no **defcubrimento da Ilha, & na primeyra povoação velha, reparando hum devoto Clérigo em humas linguas de fogo, & fumaças que fobre a terra via ao longe, animofo fe atreveo a ir com hum companheyro examinar o que via; vio como meya legoa de rocha precipitada ao fundo, & tam medonha, & de mato tam envolto em fogo, & fumo, que não defcubrio por onde poder paffar avante, & fe voltou para a fua antiga povoaçaõ; & contando a muytos o que chagara a ver, outros fe refolveraõ com elle tomarem a examinar aquelle abifmo, de que o dito Clérigo tinha fido o defcubridor primeyro, & com effeyto, indo, & andando duas legoas pela parte do Oriente, derão em huma Encumeada de Garaminhàes, pela muyta que em toda ella havia, & rompendo algum caminho com grande trabalho, & perigo, defcèraõ meya legoa de rocha íngreme a bayxo, & examinando o que podèraõ, fe voltáraõ por balizas, ou por marcos, que tinhaõ deyxado para iffo, & contàraõ o que fe fegue, & que viraõ.** *Acessos*

Matas

Gramilhais

Ribeira Fria

Ribeira Quente

Caldeiras

53 Viraõ pois, & achàraõ em bayxo hum valle de mais de meya legoa de comprido, de largo quaſi outra meya, & ao pè da deſcida huma ribeyra de claras, & freſcas aguas, & em pouca diſtancia hum ribeyro de agua que ſendo fria, parecia verde, vermelha, dourada, & ferrugenta, ſegundo os doverſos fundos, ou laſtros que embayxo tinha; & logo mais adiante para o Sul viraõ duas abertas furnas grandes, com eſtreyta, mas andavel, pedreyra viva entre ſi, das quaes furnas a primeyrra, que fica da parte do Occidente, he a mais alta, de agua clara, mas tam quente, que nella mettendo dentro leytões, cabras, & porcos grandes, & tirando-os logo, ſahem jà pellados todos, & em mais tempo, vem cozidos,; & de peyxe ſe tira ſó a eſpinha; & ſe eſtaõ ouvindo ſempre hũs eſtrondos muy tremendos; no meyo deyta a agua fervendo acima, dous côvados de altura, de groſſura duas pipas furioſas; a ſegunda furna he como a dita primeyra, & não menos eſtrondoſa, & medonha. Da agua, ou polme de ambas corre hum canal atè outras duas furnas para a parte do Norte, que faõ muyto mais largas, & de agua mais medonha, & fervendo ſempre, & mais turva. Mais adiante eſtava logo hum horrendo, & grande olho aberto na terra, que eſtava ſempre fumegando fumo eſpeſſo; & a elle vizinha huma caldeyra fervendo, por tantos olhos, tanto, & tam cinzento polme, & figurando em cima tantos círculos, coroas, & cabeças calvas, que lhes chamão as **Coroas dos Frades**.

54 Logo mais adiante eſtava huma tam funda cova, ou furna, que ſe julga ſer a mais tremenda de todas, porque ainda acima de ſi lançava hum tam furioſo borbulhaõ, & de polme cinzento, & eſcuro, que ſobre a cova ſubia quatro covados, & em groſſura de tres pipas, & pelo eſtrondo ſe chama a **Furna dos Ferreyros**, & parece ſer a cova, ou a forja do fabuloſo Vulcano. Junto della, ha couſa de ſeſſenta annos, ſe abrio outra cova menor com tres olhos do meſmo polme, cor, & fervura. E logo em huma gruta da parte do Oriente ſe vè hũ grande olho de agua, que ferve, & ſobe ao ar hũ covado, com ſer da groſſura de hum quarto de tonel; & aqui ſe ajuntão as aguas das furnas antecedentes, & formão hũa **ribeyra quente**, que para o Sul ſe vay juntar com outra quente, & outra fria, & encontrando-ſe mais com outras ribeyras frias, vaõ todas, juntas em huma, ſahir ao mar do Sul, com realidade, & nome ainda de Ribeyra quente, & cada vez mais quente.

55 Entre as ditas furnas, & a dita gruta eſtá hum outeyro de terra, que ſe pòde chamar de furtacores, porque todas, & muyto vivas, as repreſenta em diverſas partes; & ſe diz ſer todo de enxofre miſturado com branda, & molle pedra branca; & dalli huns levão muyto enxofre, & ſe fervem delle affim como o achão; outros o apurão fervendo-o ao fogo, & deytando-o

derretido em feus canudos de cana, com que fica tam perfeyto, & fermofo como o mais fino que de fóra vem; & por mais que fe tire da terrena fuperficie daquelle outeyro quente, logo no mefmo lugar fe torna a achar exhalada da terra, & vaporada. Junto da fobredita **ribeyra quente**, da banda do Sul para a parte do Poente, eftà huma pequena caldeyra, & fervendo de tal forte, que paffando por ella huma fempre corrente ribeyra fria, fica fempre ainda fervendo, & tam quente como de antes; & daqui fe tira muyta pedra hume, & de bom rendimento. Das fobreditas furnas para Lefte, com inclinação para o Sul, eftà **furna** fervendo polme cinzento, & aqui chamão o **Tambor**, porque propriamente o arremeda em feu eftrondo, como outras que parecem difparar artelharia, arcabuzaria outras, & outras tocão trombetas; tal he em bayxo a batalha de hũs com outros metaes, & elementos oppoftos.

Pedra hume

56   Hum tiro de arcabuz das furnas para o Occidente eftà a terra aberta em varias bocas, & ao redor algumas covas, donde fahem tantos fumos, & de taes fedores, que brutos que alli cheguem, & fe detenhaõ, aves que por cima pouzem em alguma arvore, em breve efpaço cahem, & morrem; & fó os caens, fe lhes cortaõ as orelhas, por ellas lanção a peçonha, que pelos narizes receberaõ; & defta qualidade ha algũs pequenos campos pela ribeyra quente abayxo, & a tudo ifto chamão os fumos, & fedores; porèm tem-fe obfervado, que peffoa humana não recebe mal algum de taes fedores, fe em nenhum deftes fe detem mais de huma hora; & fe por mais fe detem, daõ-lhe vomitos, defmayos, & accidentes; & tirando-a logo para fóra, torna em fi, & pára tudo. Pouco efpaço adiante fahe no bayxo da rocha chamada (**Pè de Porco**) huma grande ribeyra de tão clara, fádia, & frefca agua, que dizem fer a melhor que ha em toda a Ilha, & comtudo vay fervendo pelos fundos mineraes fobre que corre, & affim lhe chamão, Ribeyra que ferve: mas nefta, hum pouco mais abayxo, fe mette outra água que fabe a ferro; & por iffo quem quer a perfeyta agua daquella ribeyra, deve-a tomar mais acima, junto à rocha donde fahe, & aonde eftà feyta a fabrica da pedra hume, que fez hum João de Torres, Meftre della.

Pé de Porco (Rocha)

57   Da **Ribeyra que ferve**, pouco efpaço para o Poente, eftà jà huma Ermida de N. Senhora da Confolação, & jà de muyta romagem, feyta., & fabricada por hum nobre varão Balthezar de Brum da Silveyra, que depois foy para Caftella, & lá morreo, & era tio do Capitaõ mòr Manoel de Brum & Frias, da Ribeyra Grande, Padroeyro de dous Conventos de Freyras de Ponte Delgada, nobiliffima peffoa de quem a feu tempo fallaremos; & perto defta Ermida nafce a Ribeyra quente, & turva, a quem tempèra logo

Ermida de N.ª Sr.ª da Consolação

Fabrica de pedra hume

outra muy fria, ficando a Ermida no meyo; & na ribeyra compofta de ambas, fe curão muytas peffoas de varias enfermidades, & muyto mais de farna, tomando banhos alli; & fó lhe faltaõ officinas, & edificios, para poderem igualarfe às celebres Caldas da Rainha junto a Obidos, & vencerem as outras junto de Bouzella em Portugal.

Lagoa

Furnas

Caparrosa

58   Eftá mais tres tiros de bèfta da fobredita Ermida, hũa alagoa, cujo circuito chega a huma legoa, & toda de agua doce, & comtudo por vezes fe vè vazar, & encher como o mar, & no verão feccarfe parte da dita alagoa: & para a parte das furnas, por bayxo da rocha, & encumeàda grande, & por cima de hum terço eftão ainda quatro, ou cinco furnas fervendo, & fumegando, como as fobreditas. Dizem que de toda a terra ao redor da alagoa, fe pòde fazer **caparrofa**, fe houver Meftre que a fayba fazer, como já fe fez de alguma terra da que eftá entre as furnas. Finalmente dizem que efte fatal valle, & tam profundo, & efpecialmente a parte aonde ficàrão tantas furnas, devia fer de antes alguma grande montanha, a quem a furia do fogo, & mineraes fubterraneos, rebentando levantàrão aos ares, & parte foy dar no mar, aonde fe fubmergio, & parte formou outros dos que fe vem nefta Ilha. E conformando-me eu com efte parecer, fó accrefcento, que ha quafi cincoenta annos, que tudo o que dellas eftà dito, vi, obfervey, & apontey, como em a idade então mancebo, curiofo, & defejofo de faber, & já então com nove annos de Religiofo, & Meftre jà de Rhetorica; & confeffo que tudo o fobredito he pura verdade, de que fou teftimunha ocular, & tudo concorda com o que o douto, & fideliffimo **Fructuofo** diz. Mas deve-fe muyto advertir, que, como o tempo tudo muda, muytas coufas poderão eftar jà hoje mudadas como eu jà então achey mudadas muytas; & com ifto vamos à fegunda, & frefca parte defte fatal valle.

Gaspar Frutuoso

Descrição do Vale das Furnas

Acessos

59   **Da grande legoa que vimos, & que occupa o fatal valle, em que eftaõ as referidas furnas, nem todo elle he dellas; mas quafi meya legoa, começando o dito valle do Norte delle para o Sul, & mar, tanto tem de hum paraifo, quanto a outra mayor parte tem de medonho inferno**; & as duas difficillimas defcidas que apontámos, de cima para tal valle, com razão as defcrevemos a todo o fentido deliciofas, porque ambas vem a dar em a primeyra quafi meya legoa, que fe pòde chamar valle de deleytes. Pareceme pois efte valle todo, & tam profundo, hum muyto alto, & grande Galeão, lançado de Norte ao Sul, que com fua alta popa para a terra em o Norte, de ingreme rocha altiffima, & com iguaes coftados de femelhantes rochedos, defce algum tanto ao convex dilatado pelo Oriente, & Poente, atè ir dar com a proa em o Sul, & vafto mar; mas com tal deffeme-

lhança, que nem maftros, nem já fobrado algum tem de hum a outro coftado, porque como fe lhe pegou o fogo no payol da pólvora que tinha defde o convez para a proa, voou todo o alto interior, ficando fó a forte, comprida, & groffa quilha com as fuas fortiffimas paredes dos coftados: porèm como o incendio defte fatal Galeaõ fe levantou da polvora, & mineraes que eftavaõ no payol debayxo da fua proa, & convez, por iffo aqui ficou ainda a horrenda fonte do fogo com tantos regatos delle, quantas furnas vimos já; & o lugar onde a cafa do leme, & a Camera Real, & o Caftello de popa tinhaõ eftado, ficou tanto fem fogo finalmente, que com o tempo fe fez hum paraifo, (como agora veremos) mas paraifo da terra, & defte mundo, donde fem jà fubida, mas com defcida fempre, fe vay facillimamente áquellas furnas do inferno.

60 **He pois efta primeyra parte de tam profundo valle, he hũa quafi meya |egoa de terra, & como pòfta em quadro, com quafi a mefma legoa de diftancia entre os lados, & perto de duas legoas em roda; corta efte quadro hum ameniffimo rio de frefquiffima agua doce, & falurifera, fóra outras muytas fontes, & regatos, que fazem o ar muy fádio,** & de **bella viraçaõ**; tem muytas **arvores fructiferas**, muytos prados deleytofos, muyta variedade de hervas, fem alguma fer nociva, & **tantas, & taõ diverfas flores**, que faõ a continua recreaçaõ da vifta: as aves faõ innumeraveis, & muytas não conhecidas, & outras de inaudita, & grata mufica; & animal nenhum que poffa fàzer mal: **fearas,** & **hortas commummente as naõ tem**, por naõ ter quem as cultive, pois nem moradores continuos, nem Freguezia alguma ha là em bayxo, pelas defcidas difficeis, & fubidas mais difficultofas; & comtudo ainda algũa gente nobre tem là feus paftores, ou quinteyros, & alguma habitaçaõ, aonde poffaõ eftar quando là vaõ.

Jesuítas

61 **O principal que rende efta bella parte de tal valle, he mel, & cera, de forte que atè os Padres da Companhia de JESUS tem alli colmeal taõ grande, que cada anno lhes dá hum quarto, ou meya pipa de mel, & algũs annos pipa inteyra, & mais de pipa, & a cera correfpondente**; & affim cera, como o mel, excede na perfeyçaõ ao de qualquer outra parte, por tambem as **hervas**, as **flores**, & as aguas excederem muyto a todas as defta Ilha; & fó á fabrica defte **mel**, & **cera**, he que vay abayxo gente de trabalho; & em arcas, & quartôlas, poftas fobre grandes, & fortes taboẽs, que por cordas vão arraftando homẽs adiante, he que tudo o fobredito fobe acima do rochedo do Oriente, pelo caminho que acima defcrevemos; **que fe houvera bom caminho de fahir de tal profundi-**

Produção agrícola (Mel)

Caminhos

Madeiras

dade a tam elevada alrura, cultivarfehia o fertiliffimo valle; & feus frutos, & atè as excellentes, & preciofas madeyras que ha nelle, fe aproveytariaõ; & concorreriaõ moradores, & feria habitação muyto appetecida; & là tem os Padres não fò cafa fufficiente, mas **Ermida para fe dizer Miffa naquelles dias**, em que là vaõ, & mandão fabricar, & recolher o fobredito.

Ermida de N. S. da Alegria

62 **Veja-fe agora lá, fe com razão chamamos Paraifo a efta primeyra parte defte valle, & Inferno à fegunda**; & quam facilmente, do que efte mundo chama Paraifo, fe vay fem fubida, mas com defcida fempre ao Inferno; & quanto he difficultofo dos mais altos poftos defte mundo chegar ao Paraifo, ainda da terra, quanto mais ao do Ceo. Confidere-fe bem efte confiado de Inferno, & Paraifo; efta recopilaçaõ dos quatro Noviffimos do homem, juntos todos; pois fó meditando nefta vida os tres primeyros de Morte, Juizo, & Inferno, chegaremos ao quarto do Celefte Paraifo. E affim apontada taõ grande meditaçaõ, vamos continuando a Hiftoria.

[...]

Erupção de 1630

97 Os que porèm mais ao longe (como em a Cidade) lhe ficavaõ, tornando jà mais em fi, advertiraõ, & viraõ ultimamente, que o furiofo incendio no mais alto ar continha muytas, & muyto **grandes arvores**, & involvia em fi a muytos **gados** de toda a forte, & grandeza, & que fahia de hum valle, ou **alagoa fecca**, não muyto longe das mais antigas furnas, & duas legoas de Villa Franca; item que na manhã de quarta feyra, quatro de Septembro, começou hum tal diluvio de cinza em toda a Ilha, que nas mais partes chegava a dez, & doze palmos de altura, & em outras a vinte, & a trinta, fubterrando cafas atè os telhados; & depois fe foube que chegou a cinza não fó á Ilha de Santa Maria, mais de doze legoas diftante, mas tambem à Ilha Terceyra, diftante trinta legoas, & com tal pafmo de todos, que na Terceyra ficou aquelle anno por antonomafia chamado, o Anno da cinza; & ainda hoje ha gente na Terceyra que fe lembra defta cinza, com ter fuccedido ha oytenta & quatro annos. E o que mais he, que atè na Ilha das Flores, & na do Corvo, que diftaõ de Saõ Miguel mais de feffenta legoas, atè lá chegou a cinza, & lá choveo com affombro dos feus moradores.

Lagoa Seca

Baga do louro (azeite)

98 Sahio em outros fataliffimos effeytos efte tal terremoto, & incendio, porque naquelle valle, ou alagoa fcca, aonde arrebentou, apanhou varia gente, que andava parte guardando gado, parte recolhendo baga de louro, (de que naquella Ilha fazem azeyte para as candeas do ferviço ordinario, & para ifto he baftante azeyte) & defta gente fe achou faltarem cento & noventa & hum fugeytos, que do incendio, & terremoto ficàraõ

queymados, & fubterrados. De dous Lugares inteyros (a faber, Ponta da Garça, hũa legoa das Furnas, & a Povoaçaõ, duas legoas diftante) as cafas, & as Igrejas arrazou; & abrindo-fe depois, quando fe pode fazer, caminho para acudirfe a hum Sacrario, cavando, fe achou hum pedaço do tecto da Igreja ainda em pè, & debayxo o Sacrario do Santiffimo; & reparoufe, que huma Imagem de vulto do Menino JESUS, que de antes eftava no retabolo, a achàraõ fora delle, & em pè fobre o Sacrario, com tal fito, & apparencia, que fe via eftar defendendo-o; & abrindo o Sacrario, & cuftodia de dentro, achàraõ o Sacramento intacto. Oh teftimunho infallivel defte myfterio da Fé! Oh convençaõ-fe evidentemente os ainda cegos hereges que o negaõ! Em certa parte das furnas mais antigas viviaõ em communidade huns Ermitães penitentes, & devotos, que fentindo os tremores, & temendo os incendios, todos logo acudiraõ ao Santiffimo, que em Sacrario tmhaõ, & fahindo-fe com elle já por bayxo de incendio altiffimo livràraõ ao Senhor, & pelo mefmo Senhor foraõ fem perigo livres: & por outra parte indo fugindo outra gente, clamou huma fó peffoa pela Virgem do Rofario, & fó efta efcapou, perecendo as mais todas, que nem ao Santiffimo, nem à Santiffima Virgem acudiraõ.

[...]

Ponta Garça (Recolha de objectos litúrgicos)

Ermida de N.ª Sr.ª da Conceição

Cap. XII.
Dos Terremotos, & Incêndios mais modernos

95 [...] Quafi quarenta annos depois da fanta morte do Doutor Gafpar Fructuofo, refidia em o Collegio da Companhia de JESUS da Cidade de Ponta Delgada o Padre Manoel Gonçalves da mefma Companhia, que era hum dos bons Pregadores do dito Collegio, & morreo depois de Reytor de Braga; a efte Padre ordenou a fanta Obediência, que pois eftava là no tempo do terremoto, & incêndio feguinte, apontaffe em fumma o fucceffo delle; & porque juntamente o Capitaõ Donatario, que entaõ era o ultimo Conde de Villa Franca D. Rodrigo da Câmera, tinha pedido ao mefmo Padre hua plema Relaçaõ do dito fucceffo, & o Padre a compoz, & entregou ao dito Conde em muytas folhas de papel, & della tirou huma fumma, que fe ajuntou ao livro do dito Fructuofo, por iffo fó a fubftancia defta fumma referiremos aqui.

96 Em o anno do Nafcimento de Chrifto noffo de 1630 em o fegundo dia do mez de Septembro, em huma fegunda feyra vinte & cinco da lua, às

nove para as dez da noyte, eftando o tempo fereno, & quieto, de repente começou a terra a tremer taõ forte, & continuamente, que o relógio da Matriz, com fer fino bem grande, per fi mefmo fe tocava como o fubito rebate de inimigos que entravaõ a Cidade; & a gente experimentando ferem fataes terremotos, toda defemparou as próprias cafas, temendo a ruína a todas, & pelo campo andava, & fe não dava ainda por fegura, temendo que atè a terra lhe faltaffe, & fó enchia os ares de clamores, pedindo todos a Deos mifericordia:durou fem parar tal terremoto quatro horas, defde antes das dez da noyte atè às duas horas depois della: eys que nefte ponto, com horrendos eftouros, & eftrondos, & tremoresmais horríveis, arrebentou a terra de improvifo, & lançou de fi, atè o mais alto ar, tam efpantofo incendio, & tam medonho, que todos, & em toda a parte já cuydavaõ o tinhaõ fobre fi, & os lambia a todos abrazando-os.

97 Os que porèm mais ao longe (como em a Cidade) lhe ficavaõ, tornando jà mais em fi, advertiraõ, & viraõ ultimamente, que o furiofo incêndio no mais alto ar continha muytas, & muyto grandes arvores, & involvia em fi a muytos gados de toda a forte, & grandeza, & que fahia de hum valle, ou alagoa fecca, não muyto longe das mais antigas furnas, & duas legoas de Villa Franca, item que na manhã de quarta feyra, quatro de Septembro, começou hum tal dilúvio de cinza em toda a Ilha, que nas mais partes chegava a dez, & doze palmos de altura, & em outras a vinte, & a trinta, fubterrando cafas atè os telhados, & depois fe foube que chegou a cinza não fò á Ilha de Santa Maria, mais de doze legoas diftante, mas também à Ilha Terceyra, diftante trinta legoas, & com tal pafmo de todo, que na Terceyra ficou aquella anno por antonomafia chamado, o Anno da cinza; & ainda hoje há gente na Terceyra que fe lembra defta cinza, com ter fuccedido há oytenta & quatro annos. E o que mais he, que atè na Ilha das Flores, & na do Corvo, que diftaõ de Saõ Miguel mais de feffenta legoas, atè lá chegou a cinza, & lá choveo com affombro dos feus moradores.

98 Sahio em outros fataliffimos effeytos efte tal terremoto, & incêndio, porque naquelle valle, ou alagoa fecca, aonde arrebentou, apanhou varia gente, que andava parte guardando gado, parte recolhendo baga de louro, (de que naquella Ilha fazem azeyte para as candeas do ferviço ordinário, & para ifto he baftante azeyte) & defta gente fe achou faltarem cento & noventa & hum fugeytos, que do incêndio, & terremoto ficarão queymados, & fubterrados. De dous Lugares inteyros (a faber, Ponta da Garça, hua legoa das Furnas, & a Povoaçaõ, duas legoas diftante) as cafas, & as Igrejas arrazou; & abrindo-fe depois, quando fe pode fazer, caminho

para acudirfe a hum Sacrário, cavando, fe achou hum pedaço de tecto da Igreja ainda em pè, & debayxo o Sacrário do Santiffimo, & reparoufe, que huma Imagem de vulto do Menino JESUS, que de antes eftava no retabolo, a achàraõ fora delle, & em pè fobre o Sacrário, com tal fito, & apparencia, que fe via eftar defendendo-o; & abrindo o Sacrário, & cuftodia de dentro, achàraõ o Sacramento intacto. Oh teftimunho infallivel defte myfterio da Fé! Oh convençaõ-fe evidentemente os ainda cegos hereges que o negaõ! Em certa parte das furnas mais antigas viviaõ em communidade huns Ermitães penitentes, & devotos, que fentindo os tremores, & temendo os incêndios, todos logo acudiraõ ao Santiffimo, que em Sacrário tinhaõ, & fahindo-fe com elle já por bayxo de incêndio altiffimo livràraõ ao Senhor, & pelo mefmo Senhor foraõ fem perigo livres: & por outra parte indo fugindo outra gente, clamou huma fó peffoa pela Virgem do Rofario, & fó efta efcapou, parecendo as mais todas, que nem ao Santiffimo, nem à Santiffima Virgem acudiraõ.

Cap. XXII.
Dos Reytores do Collegio de Todos os Santos de Ponta Delgada

[...]
268 [...] Nefte mefmo Reytorado o Reverendo Chantre de Angra Sebaftiaõ Machado deo vinte mil reis de efmola ao Collegio para o Sacrário da Igreja, & de outras efmolas fe fizeraõ nella vários ornamentos, & fe fizeraõ dous finos novos; & o Collegio comprou a vinha nova, que foy de Cofme Sarmento: & fez nas Furnas a Cafa, & Oratório para quando lá vaõ os Padres; [...]

Colégio de Todos os Santos em P.ª Delgada

Fr. AGOSTINHO DE SANTA MARIA, 1642-1728

Santa Maria, Agostinho de – Santuário Mariano e hiftória das imagens milagrofas de Nossa Senhora. E das milagrofamente apparecidas, que fe veneraõ em todo o Bifpado do Rio de Janeyro, & Minas, & em todas as Ilhas do Oceano.... Lisboa: Officina de Antonio Pedrozo Galram, 1723, t. 10, p. 310-312, 336-337.

Professou a Regra dos Agostinhos Descalços. Exerceu na Ordem vários cargos, inclusive os de Cronista e Vigário Geral da sua Congregação

[...]

[1723]

TÍTULO XX.

Da Imagem de noffa Senhora da Conceyçaõ da Ribeyra, que ferve.

No interior da Ilha de S. Miguel, que faz dezoito legoas de comprido (como fica dito) **ha hum fitio a que chamaõ as Furnas, & outros a boca do Inferno, & verdadeyramente algūas daquellas furnas, que faõ muytas hūas mayores, & outras menores, faõ taõ medonhas, que com muyta razaõ lhe chamaõ bocas do inferno**. *Caldeiras* Ficaõ eftas abayxo de hūa ferra de rocha, a que chamão dos Graminhais em hum fundo, & efcuro valle. **Alli fe vem os grandes fumos, & fe ouvem os efpantofos eftrondos, que as Furnas eftaõ fazendo, fobre que dizem algūs, que faõ os alaridos, & as vozes dos condenados, & chegando-fe a eftas furnas, fe vé duas juntas, entre as quaes vay hū caminho muyto eftreyto. A** *Gramilhais* **primeyra furna**, que fica da parte do Occidente eftá mais cheya de agoa clara taõ quente, que pèla leytões, & porcos, & cabras metendo-as dentro, & tirando logo, que tambem fe podiaõ cozer, fe deyxaffem eftar nella mais tempo eftas coufas. Do peyxe que nella fe mete naõ fica mais que a efpinha, he efta agoa em tudo femelhante aos infernais banhos de Arima do Imperio do Japaõ, em que os tyranos martyrazavaõ aos Chriftãos. **Tem efta furna no meyo hum borbolhaõ de agoa fervendo, dous covodos em alto, & de groffura de duas pipas muy furiofa**.

Efta agoa corre, & fe mete em outras furnas, correndo de hūas em outras para a parte do Norte, que tambem eftaõ fervendo com muytos olhos levantados, cuja agoa já naõ he taõ clara.

Logo mais adiante eftá hūa cova para a banda do Lefte, ou **hum olho fundo aberto na terra fumegando, & fazendo muyro terror, & efpefo fumo, que delle eftá fahindo. Junto com efte olho, efta outra furna como caldeyra com muytos olhos fervendo hum cinzento polme, & faz huns circulos medonhos a modo de coroas grandes, ou cabeças calvas.** Logo mais a diante, eftá outra cova mais funda, & efcuro fubindo para o ar tres, ou quatro covados em alto, & de groffura de tres pipas em continuo movimento, hum olho fahindo outro começando, & pela furia com que fahe; & matinada que faz, & a cor do carvaõ, he caufa de lhe chamarem a **furna dos Ferreyros**, ou dos Cyclopas infernaes, porque parece fer aquella a forja de Vulcano. Outras muytas furnas, & olhos de agoa quente nafcem alli, de que fahem ribeyras de agoa quente.

Caldeiras

Taõ feyas, & furiofas faõ eftas furnas, & tanto horror poem a quem as vè, & ouve o feu grande eftrondo, & ruido que fazem, trabalhando fempre, que parece pela fua confuzaõ hūa femelhança do inferno. Dizem os paftores, que apafcentaõ alli perto os feus gados, que no inverno em certos tempos, fervem com mayor furor, & fazem mayor fumaça, parecendo-lhe que andaõ nellas os demonios. Hum tiro de mofquete das furnas para a parte do Occidente, eftaõ em hum campo por algūas bocas abertas, & outras quafi razas com a fuperficie da terra, & ao redor das mefmas furnas, para a banda do mar, & da terra outras covas donde fahem hūs fumos, & fedores taõ perjudiciaes, & infetos, que qualquer animal da terra, ou ave do Ceo, que por alli paffa: alli cahe, & morre logo, fe o naõ tiraõ logo de preffa, & os caẽs, que alli vaõ, fe lhes naõ cortaõ as orelhas cahem logo mortos. Os homẽs naõ recebem dano, fe he que fe naõ demoraõ muyto; porque fe fe detem hūa hora, começaõ a fentir em fi inquietação. **Finalmente todo aquelle largo fitio fe pòde chamar a regiaõ do inferno, porque faõ innumeraveis os olhos, covas, & furnas que nelle ha.**

Pastorícia

Fóra já defte feyo lugar corre hūa Ribeyra. que fendo de boa agoa, com tudo por paffar por aquelles fogos, fe chama a Ribeyra fria, que ferve, porque em muytas partes parece que ferve com o fogo, que nella entra. Pouco efpaço defta Ribeyra, para o Occidente fe vè hūa **Ermida dedicada à Rainha dos Anjos, debayxo do titulo de fua puriffima Cõceyçaõ**, que difpoz a Divina Providencia, que tiveffem aquelles moradores, efte foberano antidoto para com elle fe livrarem de tantos males, quantos com aquella vifinhança do Inferno terrefte podiaõ experimentar.

Ermida de N.ª Sr.ª da Consolação

He efte Santuario de grande veneração, & romagem pelos muytos, & grandes milagres que nelle obra Deos, pelos merecimentos defta Santiffima, & puriffima Rainha. **Efta Ermida mandou concertar, ou reedificar pelos annos de 1600. Balthazar de Brum da Silveyra** chamado o Alexandre, ou o Magnifico, pela fua grande generofidade, & liberalidade, & ainda hoje he aquelle Santuario da puriffima Conceyçaõ de noffa Senhora, muyto frequentado de todos, **porque alli vaõ a bufcar naquella pifcina o remedio de todos os males, & trabalhos**, como o teftemunhão as muytas memorias, & finais de feus beneficios, em quadros, mortalhas, & outros finaes defta qualidade.

Ribeira Quente

Naõ muyto diftante do Santuario da Senhora nafce hũa fonte taõ caudalofa, & abundante de agoas, que logo alli mefmo começa a fazer hũa Ribeyra. Nafce de dous olhos de agoa turva, & taõ quente, que fe fe naõ temperára com outra de outras fontes fenaõ poderia fofrer a fua quentura. **Da Senhora da Conceyçaõ faz menção Gafpar Frutuofo na fua Hiftoria das Ilhas tom. 2. liv. 3. cap. 15**.

[...]

TÍTULO XXXVI.

Da milagrofa Imagem de noffa Senhora da Confolaçaõ.

Caldeiras

Diftante hum tiro de mofquete das furnas da Ilha de Saõ Miguel, fe vè a terra aberta em varias bocas, & ao redor algũas covas, donde fahem tantos fumos, & fedores, que os brutos que alli chegão, & fe detem cahem mortos, como tambem as aves, & fó os cães fe lhes cortão as orelhas, por ellas lanção o veneno, & pouco efpaço adiante fahe debayxo de hũa rocha chamada **pè de porco**, huma grande Ribeyra de agoa tão clara, & fadia, que dizem fer a melhor de toda a Ilha, & com tudo vay fervendo pelos fundos mineraes fobre que corre, & affim lhe **chamão a Ribeyra, que ferve**, & nella hum pouco mais abayxo fe mete outra agoa, que fabe a

Fabrica Pedra hume

ferro, & por iffo **quem quer a boa, & perfeyta agoa, a vay tomar mais acima na fua fonte, aonde eftá feyta a fabrica de pedra hume.**

Ermida de N.ª Sr.ª da Consolação

Diftante pouco da Ribeyra, que ferve para o Occidente eftá o **Santuario de noffa Senhora da Confolação** Cafa de muyta romagem, & concurfo. Edificado por hum nobe Cavalleyro chamado Baltezar de Brum da Silveyra, que depois foy para Caftella, & là morreo. Obra a Senhora da

Confolação muytos milagres, & maravilhas, efta colocada no Altar mòr do feu Santuario, he de efcultura de madeyra. Perto da Cafa da Senhora nafce hũa Ribeyra quente, & turva a quem tempera logo outra muy fria, ficando a Cafa da Senhora no meyo, e nefta Ribeyra compofta de ambas fe curão muytas peffoas de varias enfermidades, & particularmente de farna tomando alli banhos, & fó lhe faltão officinas, para fe poderem igualar, as celebres Caldas da Rainha, & vencerem as que eftão junto a Vouzella em Portugal. Da Senhora da Confolação faz menção o Padre Cordeyro liv. 5. num. 56. & 57.

Ribeira Quente

Banhos Termais

Vouzela (termas)

[...]

FRANCISCO AFONSO CHAVES E MELO, 1685-1741

MELO, Francisco Afonso Chaves e – *A Margarita Animada*. 2ª ed. comentada e anotada por Nuno A. Pereira e Hugo Moreira. Ponta Delgada: Instituto Cultural, 1994, p. 68, 69, 75, 85, 86.

Foi capitão de Ordenança de Rosto de Cão e contador da Fazenda Real em Ponta Delgada.

[…] Para iniciar o trabalho a que se propos, frequentou as livrarias dos conventos da cidade de Ponta Delgada onde existiam as melhores bibliotecas da Ilha, consultando obras manuscritas e impressas. Ao mesmo tempo solicitava informações para outras localidades onde existiam também conventos, mas que nem sempre correspondiam aos seus intentos.

As melhores fontes e as primeiras obras que consultou foram, sem dúvida, a dos cronistas açorianos a partir do Dr. Gaspar Frutuoso, cujo manuscrito das "*Saudades da Terra*" se encontrava na livraria da Companhia de Jesus de Ponta Delgada. E este foi o primeiro biógrafo da Venerável que, como seu confessor, lhe dedicou inteiramente o capítulo XCV da sua crónica. […]

[…] O autor "…*para não enfadar o leitor*…" dividiu o seu trabalho em duas partes. Dedicou a primeira e mais extensa à biografia de Margarida de Chaves, senhora de excelsas virtudes que viveu em meados do sec. XVI. A segunda consta de uma descrição da Ilha de S. Miguel que, embora sucinta tem muito interesse histórico […]

[…] Esta obra aparece destacada na sequência das cronistas açorianos e é dos raros trabalhos sobre historiografia micaelense publicada em vida do autor. […]

PEREIRA, Nuno A.; MOREIRA, Hugo – Nota preliminar. In MELO, Francisco Afonso Chaves e – *A Margarita Animada*. 2ª ed. comentada e anotada por Nuno A. Pereira e Hugo Moreira. Ponta Delgada: Instituto Cultural, 1994, p. XI.

[…]

2.º Descrição da Ilha de S. Miguel

Igreja de N.ª Sr.ª da Alegria

[…]
Depois deste [Porto Formoso] está o lugar da Maia, freguesia de Espírito Santo;… tem esta freguesia dois curatos que lhe são anexos, o da Igreja de Nossa Senhora do Rosário da Lomba e o de Nossa Senhora da

Alegria do lugar das Furnas; constam de trezentos e setenta e dois fogos e mil quatrocentos e oitenta e oito almas de confissão.

    Este curato de Nossa Senhora da Alegria é no Vale das Furnas, fica no meio da Ilha entre a costa do Norte e do Sul; três léguas ao Nor-Nordeste de Vila Franca; é todo cercado de altíssimas rochas, terá uma légua no fundo do Vale. **Para a parte do Poente é verdadeiramente um rascunho do Paraíso terreal, regado com sete ribeiras de salutíferas águas, entre as quais há uma de água quente e muito medicinal; para a parte porém do Nascente é uma verdadeira representação do Inferno, porque tem umas caldeiras de polme, água e enxofre tão horrendas, que não há outra coisa com que se comparem**. O calor é tão activo, que se lhe lançarem dentro qualquer animal, no espaço de meio quarto de hora o consumirá totalmente; não deixando dele outro sinal, mais que os ossos. Nestas caldeiras há muito **enxofre** e **caparrosa**; do enxofre se tira muito, da **caparrosa** não, por se não saber fabricar; há também **salitre**. A parte do Sudoeste dividida do Vale com uma ribanceira está uma grande lagoa, que terá de longitude duas milhas e uma de latitude.

    Neste Vale ao pé da rocha, em que hoje existem umas pequenas casas feitas no tufo ao picão, a que chamam lapas, estava uma ermida de Nossa Senhora da Consolação, para a qual vieram fazer vida eremítica no ano de 1614, os Padres Diogo da Madre de Deus e Manuel da Anunciação, o primeiro natural da cidade de Faro e o segundo de Évora, cidade, guiados pelo Padre Luiz Ferreira, natural desta ilha. Entraram no Vale no mês de Maio daquele ano e como se lhe foram agregando mais companheiros fizeram convento; as celas em que habitavam eras as lapas ou furnas, que existem no tufo da rocha. Aqui viveram dezasseis anos com raro exemplo de virtudes guardando estatutos em forma de religião.

    A dois de Setembro do ano de 1630 rebentou o fogo neste Vale, que todo o destruiu e os eremitas fugindo ao castigo, se recolheram na igreja do Salvador da Ribeirinha, onde habitaram dois anos; passados eles, foram para o Vale de Cabaços de Vila da Água de Pau aonde hoje residem.

    [...]

    Em 2 de Setembro de 1630 na noite de uma terça para quarta-feira às dez horas, começou a tremer a terra com tão grande fúria, que em vários lugares se arruinaram muitos edifícios e no da Povoação entrou no mar a terra noventa braças. Às duas horas depois da meia-noite rebentou o fogo no Vale ao pé de um monte, onde se chama a Lagoa Seca; lançou uma grande ribeira que assolou todos os montes e vales vizinhos queimando quantidade de madeiras, com cujas cinzas se cobriu o ar de uma espessa nuvem, que espalhando-se cobriu toda a Ilha e nas partes mais vizinhas ao fogo da altura de uma lança. Morreram noventa pessoas, que andavam nos matos, por não lhe dar a ligeireza do fogo lugar a saírem deles. As ribeiras levaram ao mar tanta quantidade de pedras pomes, que impediram a passagem a uns barcos que vinham da ilha de Santa Maria.

Cinzeiro

[...] O Padre Diogo da Madre de Deus, que no século se chamou Diogo de Bairos, foi natural da cidade de Faro, do Reino do Algarve; depois da perda de El-Rei D. Sebastião em África, vendo o reino na sujeição de Castela e julgando ser castigo de Deus pelos pecados dos portugueses, se resolveu a entrar religioso de S. Francisco para fazer penitência pelos pecados alheios: comunicou a sua resolução a um estudante seu amigo natural da cidade de Évora chamado Manuel Fernandes, que aprovando-lha tomaram ambos o hábito de São Francisco no ano de 1590. Nesta religião floresceram em grandes virtudes até o ano de 1604, em cujo tempo se fez público um Breve e motu próprio dos Pontífices Xisto V, Gregório XIV e Clemente VIII, em que se ordenava, que na aceitação dos noviços fizessem as religiões certas deligências solenes e formais antes de os professarem com decreto irritante a todas as profissões, que fossem feitas sem precederem as ditas deligências.

Padres Eremitas

Razões da vinda para o V. Furnas

Acharam-se muitas profissões nulas em muitas religiões e entre estas foram as destes dois amigos, por cuja causa tomaram para o século em hábito clerical com honestíssima patente do Padre Provincial Frei Lourenço de Portel, dada em 25 de Janeiro de 1604. A muitos dos religiosos expulsos se fizeram as diligências na forma do Breve e tomaram a professar nas religiões, de que tinham sido expulsados; porém estes dois julgando ser vontade de Deus, que não perseverassam naquela Religião, se deixaram ficar no século. Nele perseveraram com exemplar virtude e por ser notória os aceitaram por capelães do Hospital de Todos os Santos da cidade de Lisboa; neste ofício permaneceram dez anos com muita asperesa de vida, pedindo a Deus lhes inspirasse um lugar, em que mais retirados do comércio do mundo passassem o restante da vida.

Determinaram fazer vida ermítica na ermida de Nossa Senhora de Mil Fontes, que está situada em uma serra do Algarve e depois de terem as licenças necessárias, os divertiu Deus da jornada inspirando ao Padre Luís Ferreira natural desta Ilha que lhes noticiasse a solidão do Vale das Furnas, onde estava uma ermida de Nossa Senhora da Consolação, lugar apto para a vida ermítica. Aceitaram o seu parecer como enviado por Deus e mudando

Ermida de N.ª Sr.ª da Consolação

do que tinham tomado, se embarcaram para esta Ilha os três companheiros no primeiro de Maio de 1614 e com feliz viagem chegaram a Vila Franca a 8, do mês, dia da Aparição do Arcanjo São Miguel e desembarcando de tarde foram à Matriz do mesmo Santo render-lhe as graças de os ter trazido a salvamento à sua Ilha.

Eremitério

A 16 do mês partiram para o Vale das Furnas com licença do Ouvidor do Eclesiástico; nele fundaram recolhimento junto à ermida e tomaram roupetas pardas com licença do Ordinário. Elegeram por Ministro ao Padre Diogo da Madre de Deus, que neste ofício perseverou perto de dezasseis anos, fazendo grandes penitências e dando a todos um vivo exemplar de grandes virtudes. Com sinais de eterno descanço acabou a vida em 11 de Abril de 1630 exortando aos companheiros, que perseverassem no mesmo modo de vida, tendo 63 anos de idade dos quais passou 16, na solidão das Furnas, 10, no Hospital de Todos os Santos, 14 na religião Seráfica e 15, da sua infância no século.

Em 2 de Setembro do mesmo ano rebentou o fogo no Vale, que todo o destruiu, por cuja causa vieram os Ermitas para o Vale de Cabaços, ficando-lhe sepultado nas suas minas o precioso tesouro do corpo deste servo de Deus e anelando terem em sua companhia as suas relíquias foram no mês de Setembro do ano de 1634, ao Vale das Furnas a buscá-las. Cavaram com muito trabalho a cinza, até darem com a sepultura e acharam o corpo incorrupto e da mesma sorte, que o tinham sepultado, tendo só os pés despregados pelos tornozelos, porém cobertos de carne muito alvos. Admirados com a novidade e julgando não o poderem trazer consigo pela aspereza dos caminhos o meteram em um caixão, que levaram para ver se o podiam conduzir, o que fizeram com tal suavidade, que todos se admiravam de o terem trazido. Deram-lhe nova sepultura na credência da parte do Evangelho da capela maior da igreja de Nossa Senhora da Conceição do Vale de Cabaços.

Erupção de 1630

Recuperação das relíquias e do corpo do P.e Diogo da Madre de Deus

O padre Manuel da Anunciação, companheiro deste servo de Deus e verdadeiro imitador de suas virtudes lhe sucedeu no cargo de Ministro e nele continuou até o ano de 1651, em que cheio de merecimentos para a glória passou da vida temporal para a eterna em 18 de Fevereiro, tendo 80 anos de idade; dos quais passou 16 na solidão das Furnas, dois na igreja do Salvador da Ribeirinha e na viagem que fez ao Reino 18 no Vale de Cabaços, 10 no Hospital de Todos os Santos, 14 na Religião Seráfica e 20 no estado secular. Seu corpo foi sepultado na credência da capela maior da sua igreja da parte da epístola em correspondência da de seu companheiro.

[...]

[OFICIAIS DA COMPANHIA DE ORDENANÇA CRIADA NO LUGAR DAS FURNAS]

Livro da Guerra e Ordenança de Vila Franca do Campo (MC.XV, XVI, XVII, XVIII). Leitura diplomática Maria da Natividade Gago da Câmara de Medeiros de Mendonça Dias. Ponta Delgada: Instituto Cultural de Ponta Delgada, 1997, p. 49, 68, 69.

[...]

[1718]

Vila Franca do Campo

//Auto que mandou fazer o Capitão Mór desta Vila, Bento Pacheco da Mota, para se eregir uma Companhia das da ordenança desta Ilha por ser muito precioso ao serviço de sua Majestade que *(recolha de objectos litúrgicos)* Deus guarde, na presença dos oficiais da Câmara abaixo assinados.

Ano do Nascimento de Nosso Senhor Jesus Cristo de **mil setecentos e dezoito anos** aos nove dias do mês de Maio do dito ano nesta Vila Franca do Campo desta Ilha de São Miguel na Casa da Camara dela sendo aí presente o Capitão Mór desta Vila, Bento Pacheco da Mota e juízes, o Capitão Manuel de Medeiros de Macedo e o Capitão Manuel de Sousa da Costa e os Vereadores, o Sargento Mór João Pacheco Rezende e o Capitão Antonio de Medeiros Sousa e o Capitão Filipe do Amaral e Vasconcelos e o Procurador do Concelho, o Alferes Filipe Correia Tinoco, estando todos juntos em Camara pelo dito Capitão Mór desta Vila e seus termos foi posto em pratica que por serviço de sua Majestade que Deus, **em muito precioso acrescentar uma Companhia no lugar das Furnas termo desta Vila para o que requeria aos ditos oficiais da Camara nomeassem três pessoas beneméritas para ocupar o posto** // de Capitão para a dita Companhia e a todos os votos dos oficiais da Camara foi eleito em primeiro lugar a Joseph do Amaral e Vasconcelos, por ser pessoa nobre e das principais famílias desta Ilha, abastado de bens e pessoas que deseja em tudo acertar e em segundo lugar a Filipe de Melo por ser também pessoa benemerita e abastada de bens e em terceiro lugar a Nicolau de Melo Jacomo em quem concorrem as mesmas

[...]

[1720]

// Nomeação que de presente se faz para reger o povo do Lugar das Furnas no Auto militar.

Em os 23 dias do mês de Abril de **1720** anos em esta Vila Franca do Campo desta Ilha de São Miguel na Casa da Camara dela, aí pelo Sargento Mór desta dita Vila, João Pacheco Rezende, foi proposto aos vereadores actuais e procuradores do Concelho a saber os vereadores, o Capitão Silvestre de Freitas da Costa e o Capitão Francisco Barbosa da Silva e o Alferes Manuel do Rego do Amaral e o Procurador do Concelho Manuel da Costa Nunes e pelo dito Sargento Mór foi proposto aos ditos vereadores que **de novo se havia erigido um Lugar no Vale das Furnas de que havia vários fogos os quais não havia neles Regimento algum militar sendo que a folhas 33 que corre folhas 34 do Livro da Guerra esta um acento pelo vereadores seus antesucessores em o qual nomearam para Capitão do dito Lugar ao Joseph do Amaral e Vasconcelos** pela qualidade e procedimento nele conteudas e porque no Conselho da guerra se há tido varias demoras a que não tem chegado a Patente ao dito Capitão esta o **dito povo padecendo a falta do Regimento militar que é muito conveniente ao serviço de Sua Majestade que Deus guarde**. Eles ditos oficiais da Camara e o dito Sargento Mór pela faculdade que o dito Senhor lhe concede por suas reais ordens nomeam ao dito Joseph do Amaral e Vas // concelos por **Regedor e Cabo principal** para que de hoje em diante enquanto não lhe chegar Patente do dito Senhor **para ir tomar conta dos soldados que possa alistar no Vale das Furnas e Ribeira Quente, para a parte do Nascente do Agrião** […]

FRANCIS MASSON, 1741-1808

MASSON, Francis – *An account of the Island of St. Miguel. By… in a letter to Mr. William Aiton, Botanical Gardener to His Magesty. Communicated by Joseph Banks, Esq. F.R.S.* **Philosophical Transactions of the Royal Society of London**. London, vol. 68, part 2, (1778), p. 601, 604, 609.

(Tradução do Dr. Cristóvão Aguiar)

[…] na Primavera de 1776, iniciou uma longa viagem de reconhecimento aos arquipélagos das Antilhas, Canárias, Madeira e Açores que levaria cinco anos a completar. Desta viagem, resultaram as primeiras descrições botânicas detalhadas da flora endémica açoriana, incluídas no Hortus Kewensis de Aiton (1789), e um Account of the Island of St. Miguel publicado, em 1778, no «Philosophical Transactions», da Real Sociedade de Londres. Masson chega a Ponta Delgada no dia 10 de Agosto de 1777 e visita as melhores partes de São Miguel, com destaque especial para as Furnas e as Sete Cidades, que reputa de «lugares maravilhosos», o «mais belo quadro (propect) que se possa imaginar». O seu relato termina com um convite para a visita à ilha, assegurando ao viajante que lá poderia encontrar tudo quanto fosse necessário às comodidades usuais da vida. […]

In ALBERGARIA, Isabel Soares de – *Quintas, jardins e parques da Ilha de S. Miguel (1785-1885)*. Lisboa: Quetzal Editores, 2000, p. 48.

[1777]

XXVI. Uma descrição da Ilha de São Miguel. *Por Francis Masson, em carta enviada* ao senhor William Aiton, Jardineiro Botânico de Sua Majestade. *Comunicada pelo Exmo. Senhor* Joseph Banks, *F.R.S.*

São Miguel, 10 de Agosto de 1777
(lida a 2 de Abril de 1778)

Senhor:

Flora   Visitei as áreas mais importantes desta ilha de São Miguel e verifiquei que as culturas diferem em muito das da Madeira; à excepção da **faia**, nenhuma das árvores desta última se encontra em São Miguel, com mais afinidades com a Europa do que com a África. Os montes são revestidos de ***erica vulgaris*** e de um arbusto elegante, sempre verde, idêntico à ***phillyrea***, o que lhes confere um aspecto muito belo. Não obstante ter esta ilha sido frequentemente visitada por europeus, não posso deixar de o informar de algumas das suas singularidades.

Uma das principais e mais férteis ilhas dos Açores, São Miguel alonga-se de Oriente para Ocidente, medindo cerca de noventa ou cem quilómetros de comprimento, sendo a largura irregular, mas não excede vinte e cinco quilómetros e nalgumas zonas não mais do que dez. A população anda à volta de oitenta mil almas.

[...]

A cerca de vinte quilómetros a nordeste de Vila Franca situa-se um lugar denominado Furnas. Vale profundo e circular, situa-se na zona central, a leste, cercam-no montes altos e íngremes, mas que se sobem facilmente, a cavalo, por duas estradas. **Com cerca de vinte e cinco ou trinta quilómetros de perímetro, o vale está emoldurado pelas vertentes alcantiladas dos montes, revestidas de belos e sempre verdes mirtos, loureiros e de uma casta de arando, chamada *uva da serra*; apressadas, descem pelas encostas inúmeras torrentes de água cristalina.** O vale, no fundo, encontra-se bem cultivado, produzindo **trigo**, **milho**, **linho**, os campos plantados de uma bela estirpe de **álamos** que crescem em forma de pirâmide. **A disposição do vale é irregular, por isso um sem número de ribeiras correm em todas as direcções; há caldeiras que expelem para o alto nuvens de vapor e, a sudoeste, uma magnífica lagoa, com cerca de dez quilómetros de perímetro, o que constitui uma das mais belas paisagens que se possam imaginar.** No fundo do vale, as estradas, suaves e planas, não têm pedregulhos – apenas pedra-pomes já pulverizada, que faz parte integrante da composição da terra.

Agricultura

Lagoa

Em diversos pontos do vale, e também nas vertentes dos montes, existe um grande número de nascentes de água quente, sendo a mais célebre a chamada Caldeira, a leste, sobre uma pequena elevação à ilharga de uma ribeira, com uma concavidade de cerca de dez metros de diâmetro, dentro da qual a água ferve, continuamente, com uma fúria prodigiosa. A alguns metros de distância, junto à margem da ribeira, encontra-se uma gruta onde a água cachoa de forma medonha, cuspindo para longe, com ruído aterrador, uma espessa e gordurenta lama. No meio da ribeira existem vários locais onde a água ferve de tal modo que se não consegue tocar com o dedo sem se apanhar

Caldeira dos Ferreiros

Ribeiras

um escaldadela. Igualmente, ao longo das margens, há diversos orifícios dos quais é expelido vapor até uma altura considerável, e tão quente que se não consegue aproximar a mão. Em outros locais, dá a impressão de que cem **foles de ferreiro** sopram à uma, expelindo vapores sulfurosos de milhares de locais, tal o enxofre que se deposita em cada fissura, o chão todo coberto, como se de geada se tratasse. Mesmo os arbustos que se encontram por perto ficam revestidos de puro **enxofre**, que se condensa do vapor proveniente da terra completamente atapetada, em muitos pontos, por uma substância semelhante ao **alúmen queimado**. As pessoas muitas vezes cozem **inhames** nestas pequenas cavidades de onde irrompem fumarolas.

Agricultura

Águas minerais e termais

Perto destas nascentes de água quente, há várias outras de água mineral, em especial duas, cujas águas possuem uma qualidade mineral muito forte: sabor ácido e amargo.

A cerca de um quilómetro a oeste, mesmo junto à margem da ribeira, há várias nascentes de água quente utilizada com muito êxito por pessoas doentes. No flanco de uma colina, a oeste da Igreja de Santana, existem outras também muito aproveitadas, com três casas destinadas a banhos. Águas muito quentes, embora não entrem em ebulição, mas, no mesmo local nascem vários riachos de água mineral fria que serve para temperar a outra, consoante o gosto de cada um.

Casas de banho

A cerca de dois quilómetros a sul, atrás de uma cumeada de montes baixos, **fica a lagoa**, muito funda, cerca de dez quilómetros de perímetro, água espessa, de cor esverdeada. Na extremidade norte, fica um pedaço de chão plano, irrompendo de muitos pontos vapores acompanhados por um ruído surpreendente. Na lagoa pude observar nascentes fortes, mas não consegui determinar se eram quentes ou frias: a lagoa não parece ter escoamento visível. As outras nascentes a seguir formam uma ribeira **considerável, a chamada Ribeira Quente**, que tem o seu curso ao longo de cerca dez, quinze quilómetros, através de uma profunda falha entre os montes e em cujos flancos existem diversos pontos de onde surgem fumarolas. Vai desaguar no mar, ao sul, onde, a certa distância, há locais onde se vê a água em ebulição.

Lagoa

Nascentes Ribeira Quente

Só há muito pouco tempo foi dada a devida atenção a este maravilhoso lugar. Tão pouca curiosidade havia por parte dos cavalheiros da ilha que muito raramente algum deles o visitou. **Ultimamente, porém, pessoas afectadas por desordens virulentas foram persuadidas a experimentar as suas águas e encontraram alívio imediato**. Desde essa altura, tem vindo a ser cada vez mais frequentado. Várias pessoas que

Termalismo

haviam ficado paralisadas dos membros inferiores curaram-se, e também outras com erupções cutâneas.

Um clérigo afectado pela gota experimentou as ditas águas e em pouco tempo ficou totalmente curado e desde então nunca teve qualquer recaída. Quando lá estive, vários cavalheiros idosos, atormentados com a dita doença, utilizavam as águas e experimentavam melhoras inacreditáveis. Em particular um sexagenário que contraíra a doença havia mais de vinte anos, muitas vezes confinado ao leito durante períodos de seis meses: usou as águas durante três semanas, recuperou quase completamente a força das pernas, e agora anda passeando bem disposto, o mais bem disposto que se pode imaginar. Também um monge atingido pela dita doença havia cerca de doze anos, reduzido a coxear, usou as águas durante pouco tempo, o bastante para ficar completamente curado, e todos os dias vai à caça. Há muitos outros exemplos da eficácia destas águas, que, por razões de síntese, devo aqui omiti-los.

[...]

Tratamentos

Se o Senhor acha que a descrição das águas minerais pode ser útil ao público em geral, estarão à sua inteira disposição. E se qualquer pessoa se aventurar a vir até aqui por causa da saúde, apenas uma pequena reserva de superfluidos de vida precisa ser aprovisionada, uma vez que a ilha produz todo necessário. O clima é muito temperado: desde que aqui me encontro o termómetro não tem subido além dos 77° (F.), normalmente de 70° a 75°.

Enviei-lhe doze ou treze garrafas com amostras do que se segue:

1 – De uma nascente fria situada a sudeste da Caldeira da qual brota uma água intensa e ácida.

Caldeira Grande

2 – De uma nascente muito fria, a vinte metros da Caldeira.

3 – De uma nascente mineral fria no vale de Foz de Ponte

4 – Uma água mineral quente do local de banhos junto da ribeira.

Banhos da Ribeira

5 – Uma água mineral quente da parte superior do local de banhos.

6 – Da Caldeira grande.

7 – De uma nascente em ebulição perto da Caldeira.

Caldeira Grande

Também lhe enviei **terra de todas estas nascentes** com os números correspondentes.

Tradução do Dr. Cristóvão de Aguiar

CATHERINE GREEN HICKLING, 1768-1853...

HICKLING, Catherine Green – *Diário*... 1786-1789. Trad. e notas de Henrique de Aguiar Oliveira Rodrigues. **Insvlana**. Ponta Delgada, vol. 49, (1993), p. 63-86.

[...] Catherine, com 18 anos, partiu para S. Miguel para conhecer o pai e ficou na ilha residindo cerca de dois anos, integrada na vida social do meio em que o pai vivia desde 1769 e onde escreveu esta parte do diário.
[...]
Na verdade, todo o diário tem um cunho intimista sem veleidades literárias ou científicas, mas é riquissimo como depositário dos sentimentos e da observação atenta de uma rapariga sensivel, inteligente e voluntariosa, que procura compeender, amar e conviver, adaptando-se a costumes e hábitos completamente diferentes e tirando um extraordinario partido das situações mais variadas em que se vai enredando. [...]

RODRIGUES, Henrique de Aguiar Oliveira – *Diário de Catherine Green Hickling. 1786-1789*. **Insvlana**. Ponta Delgada, vol. 49, (1993), p. 48.

[1786]

[...]

Acessos ao Vale   Declinámos os convites e na manhã seguinte partimos cedo para as Furnas.

Se no primeiro dia os caminhos eram maus, agora ainda são piores, se é que é possível.

Cavalgámos por altos e assustadores montes através de um trilho muito estreito, mas fui amplamente recompensada ao chegar ao cimo da última montanha, pois deparei com a mais pitoresca paisagem que jamais vira. **Lá no fundo uma pequena aldeia e no lugar mais proeminente a casa do meu Pai*/** que à maneira que me fui aproximando, parecia cada vez mais encantadora.**

---

* Thomas Hikling foi um dos mais importantes cultivadores e exportadores de laranja de S. Miguel para Londres e S. Petersburg. ANGLIN, João H.. – *Tomás Hickling*. **Insulana**, Ponta Delgada, n.º 1/2 (1949).

"A primeira indicação que nos chega da presença de Thomas Hickling no vale das Furnas data de 1770, e aperece no registo epigráfico que o próprio deixou inscrito num

Chegámos à casa, subindo uma escadaria de muitos degraus, entrámos num grande "hall" que conduz a quatro quartos de cama, situados nos quatro cantos. A cozinha e os alojamentos para os criados ficam fora da casa.

Na frente tem um grande tanque ... com uma pequena ilha ao centro, ligada por uma ponte à terra. No meio da ilha, existe um "chorão". O tanque é rodeado por uma corrente branca. Tudo isto forma um dos mais belos conjuntos que já vi.

No tanque, onde abundam os peixes, temos um barco, que durante o verão é usado constantemente.

[...]

As Furnas são frequentadas por **muita gente que vem aproveitar as águas quentes e frias das suas nascentes**.

[...]

Tenho passeado a cavalo com o meu pai e visitado algumas das famosas nascentes **quentes e frias**. Em alguns lugares a água ferve com grande violência e toda a terra está impregnada de matérias sulfurosas e

*Yankee House
Casa do Tanque*

Termalismo

Aguas Termais

---

marco de pedra junto da caldeira grande. Não há, porém, qualquer indício que nos leve a pensar na construção da casa antes da década de 80. Em 1778, o eminente naturalista Francis Masson visita e descreve o vale sem fazer uma única referência à casa do americano. Por uma carta inédita, escrita anos mais tarde por Thomas Hickling Jr., ficamos a saber que a compra do terreno das Furnas se fez por volta de 1782". ALBERGARIA, Isabel Soares de – *Quintas, jardins e parques da Ilha de S. Miguel (1785-1885)*. Lisboa: Quetzal Editores, 2000, p. 41.

A A. Refere também a construção do "Tanque" e a vida social de que a casa de T. H. era o centro.

** [...] Tendo chegado à **Ilha de S. Miguel, no anno de 1769**, *Thomás Hikling* Sénior, vindo d'América Ingleza. e ouvindo fallar do Valle das Furnas, e da sua celebridade, não tardou que o fosse ver; e arrebatado com a belleza original dos campos, matos, e aguas diversissimas, e ao mesmo passo admirado de não ver n'aquelle sitio encantador senão algumas *cabana*; parecendo-lhe um lugar adequado para o homem pensador, se apressou em comprar uma pequena porção de terreno (onerado com o foro de 1$500 réis), e fez alli construir uma casa, a qual habitava nos calmosos mezes de verão: este exemplo animou outros a imital-o, dando desde então maior apreço a este Valle. A casa do Sr. *T. Hikling* é um monumento, que marca, para assim dizer, **a Idade Media do Valle das Furnas**. Ao pé d'uma caldeira, que nos dizem ser n'esse tempo maior, mandou collocar um marco de pedra, no qual fez gravar o seguinte: = Hikling – 1770. = Este singelo monumento foi uma homenagem, que o Sr. *T. Hikling* tributou a um tal *prodígio da natureza;* e assim perpetuará, através dos seculos, este rasgo do seu génio sensivel, e das suas illustradas idèas. [...]

FREITAS, Bernardino José de Sena – *Uma viagem ao Valle das Furnas da Ilha de S. Miguel em Junho de 1840*. Lisboa: Imprensa Nacional, 1845, p. 65.

PHILOSOPHICAL TRANSACTIONS.

XXVI. *An Account of the Island of* St. Miguel. *By Mr.* Francis Masson, *in a Letter to Mr.* William Aiton, *Botanical Gardener to His Majesty. Communicated by* Joseph Banks, *Esq. F. R. S.*

SIR, St. Miguel, August 10, 1777.

Read April 2, 1778. I HAVE visited the greatest parts of this island, and find that its productions differ greatly from those of Madeira, insomuch that none of the trees of the latter are found here, except the *faya:* it has

33 – Francis Masson. (Ver Bibliografia e Índice Geral)

---

aquecida num quarto de milha à volta. Foi difícil levar o meu cavalo até perto. Em certos locais e à nossa beira a lama fervendo é atirada para o alto com violência.

Agua azeda   Encontramos um pouco mais longe outras nascentes e algumas são **azedas** como o vinagre. A meia milha de distância ainda víamos o fumo e o vapor que saía das caldeiras e a atmosfera estava impregnada de gases sulfurosos.

Com frequência aparecem novas pequenas erupções que me parecem prevenirem os tremores de terra.

Casas de banhos   As águas são conduzidas para os edifícios dos **banhos**, onde podemos regular a temperatura que desejamos.

Vou frequentemente ao banho de manhã, pois temos um muito bom a meia milha de distância. Monto num burro e levo a Teixeira como guarda

OBSERVATIONS

ON THE

NATURAL HISTORY,

CLIMATE, AND DISEASES

OF

MADEIRA,

DURING A PERIOD OF

EIGHTEEN YEARS.

By WILLIAM GOURLAY, M.D.
FELLOW OF THE ROYAL COLLEGE OF PHYSICIANS, EDINBURGH;
AND PHYSICIAN TO THE BRITISH FACTORY AT MADEIRA.

London
PRINTED FOR J. CALLOW, MEDICAL BOOKSELLER,
CROWN COURT, PRINCES STREET, SOHO.
By J. Smith, Queen Street, Seven Dials.
1811.

34 – I William Gourlay.
(Ver Bibliografia e Índice Geral)

APPENDIX,

CONTAINING

A short Account of the MINERAL WATERS in the Portuguese Island of St. Miguel.

THIS short account of the Mineral Waters in the Island of St. Miguel, being formerly communicated to Dr. Duncan, of Edinburgh, was inserted by him in the Medical Commentaries for the year 1791; I now republish it as an Appendix to the present work, with some alterations suggested since that time.

Nearly ten leagues north-east from Ponta Delgada, the principal town in the Island of St. Miguel, is situated a small village, called the Furnace or Carcius, in a spacious valley, which is surrounded by high mountains: towards the south-east end of this valley there is a small elevation, called the Caldieras or Boilers; this elevation, which may be nearly a quarter of a mile square, consists of a number of hillocks, around which the action of fire is every where evident; in confirmation of which, is discovered

34 – II William Gourlay.
(Ver Bibliografia e Índice Geral)

e a Delfina como assistente. Por vezes vamos em grupo, o que é agradável, e cada um tem um quarto de banho para si.

Depois do banho reunimo-nos numa colina e cada um se diverte como quer. Estas pequenas excursões são muito agradáveis e eu geralmente faço o que a maioria quer.

[…]

O nosso tanque atrai tanta gente que estou sempre rodeada de portugueses e o pior é que se falo tão mal a língua ainda menos a entendo, e ao cometer erros recebo em troca grandes gargalhadas.

[…]

Esta tarde o Corregedor e o seu capelão, a família Estanqueiro e outros, acompanharam-nos à **ribeira das Murtas** que é um dos mais românticos lugares que a natureza criou. Uma sebe de murtas não deixa

Vida social

Jardim do Tanque

Ribeira das Murtas

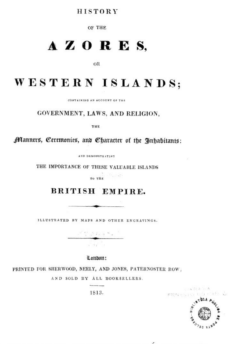

35 – Thomas Ashe. (Ver Bibliografia e Índice Geral).
Reprodução autorizada pela Bibl. Publ. Arq. Reg. de Ponta Delgada

inundar as margens e a àgua é tão transparente que se podem ver os calhaus e as conchas lá no fundo.

[...]

Vida social   Esta manhã montei um burro e passei pela casa dos Estanqueiros a chamar as raparigas e fomos todas ao **banho, que fica numa colina**. A casa é grande, tem uma linda vista e os banhos são muito bem temperados. Eles são o grande luxo desta terra, embora ela não prime pela limpeza.

Vida Social   A tarde tivémos uma grande festa no tanque que se prolongou em casa pela noite e onde se cantou e dançou.

[...]

A tarde toda a aldeia se reúne à volta do tanque e passo os serões em casa com alguns do grupo que não me deixam ficar sózinha.

[...]

O Vale das Furnas

A aldeia continua cheia de gente. Tenho ido com um grupo ao banho depois de passear a cavalo logo pela manhã, visitando as nascentes ou subindo os montes. A tarde encontramo-nos aqui em casa onde nos divertimos pesc**ando, bordejando, passeando e dançando**.

Alguns cavalheiros, desportivamente **entretêm-se virando o barco** no tanque e **dando banho às freiras**, o que não tem graça nenhuma, pois ficam muito zangadas. Com medo delas tenho tentado evitar essa cenas tanto quanto me tem sido possível.

Os serões têm sido passados em casa de amigos. Nunca houve um grupo mais sociável do que este que agora se reuniu nas Furnas e eu sinto-me muito feliz no meio dele.

[...]

É uma pena que esta **pequena ilha não pertença a um país civilizado, ou pelo menos, a algum que nela faça melhoramentos. O capitão concordou connosco**!

[...]

Jardim do Tanque

FELIX VALOIS DA SILVA [a]

Silva, Félix Valois da – *Descripção das aguas mineraes das Furnas na Ilha de S. Miguel offerecida ao Illustrissimo e Excellentíssimo Senhor Martinho de Mello e Castro, Ministro, e Secretario do Estado dos Negocios da Marinha, e Dominios Ultramarinos ... Ano de 1791.* **Archivo dos Açores**. Ponta Delgada, vol. 8, (1982), p. 437-446.

[...] F. Valois da Silva, Meirinho de juízo dos degredados em Lisboa; escrofuloso, desenganado dos médicos, esteve na Ilha da Madeira, em busca de melhoras, pela benignidade do clima, veio em 1790 ao Vale das Furnas atraído pelo renome das suas águas das Furnas e cura-se com noventa banhos [...]

Dias, Urbano de Mendonça – *História do Vale das Furnas*. Vila Franca do Campo: Emp. Tip. Ltd. de Vila Franca do Campo, 1936, p. 106.

[1790]

Termalismo

Felix de Valois e Silva, morador ás pedras negras junto ao Paquete, padecêo no espaço de oito annos a tiranna molestia escrofulosa, vulgarmente chamada *alporcas*. No quinto anno chegou a dita molestia ao seu maior auge, vendo-se o doente com 14 fistulas no peito e sovaco do lado direito, as quaes se communicavão de humas ás outras, o que se conhecêo por meio da injecção. Sendo por fim desenganado pelos Cirurgiões mais peritos desta Corte em Agosto de 1788, e por elles abandonado, intentou deixar a Patria, e embarcar-se para a Ilha da Madeira afim de ver, se achava alivio na mudança do clima, e ao mesmo tempo experimentar o remedio das lagartixas, então indicado á sua queixa. Com effeito no dia 4 de Maio de 1789, embarcou para a sobredita Ilha, aonde rezidio 13 mezes sem

---

[a] Sendo rarissimo o opusculo de Felix Valois da Silva, torna-se conveniente reproduzil-o para servir de termo de comparação entre o estado do Valle das Furnas em 1791 e a actualidade.

Esta reimpressão é extrahida do **Jornal Enciclopedico**, Lisboa, Maio de 1793; pag. 392 a 412. A estampa que a acompanha foi reproduzida por Bernardino José de Senna Freitas na sua V*iagem ao Valle das Furnas*, Lisboa, Imprensa Nacional, 1845.

melhora alguma, antes pelo contrario se augmenton a molestia passando-se para as costas da parte direita, até se contarem 25 fistulas. Todos alli geralmente lhe lembrárão as famosas *Caldas da Ilha de* S. *Miguel,* aonde innumeraveis doentes de differentes lugares, principalmente da Ilha da Madeira, se tinhão achado bem. Resolveo-se á instancia de algumas pessoas fidedignas, que tinhão estido nas ditas Caldas, a tentar a sua sorte nesta segunda digressão, já que de nenhum effeito lhe fora o extracto das lagartixas. Em 15 de Junho de 1790, partio para a sobredita Ilha de S. Miguel, e chegando alli dirigio-se para o lugar dos *banhos,* que distão da Cidade de *Ponta Delgada* nove legoas, e tal foi a sua felicidade, que no fim de 20 banhos experimentou tanta melhora, que se animou a continual-os com toda a exactidão; vizivelmente nelle se formava huma nova natureza! Já não precizava purgar-se todas as semanas, como até então lhe era indispensável. No fim de 60 banhos, (cura inteira) das caldeiras, números 15, e 20.[b] somente lhe restavam 7 fistulas, e já estava livre de perigo de que fora ameaçado, achando se com grande vigor, e os mais alívios, que podião esperar-se de huma moléstia de tantos annos. Nesse Inverno passou livre das crizes que o acometião todas as Luas, e na seguinte Primavera repetio os sobreditos banhos, por meio dos quaes inteiramente se restabelecêo, e hoje se acha restituído á sua antiga saúde, com muito mais vigor do que antes gozava, e para bem da humanidade, e gratidão das mesmas aguas mineraes dezeja fazer notórias as suas virtudes **por meio desta resumida descripção das suas observações**, delineada sem aquelles conhecimentos que requeria a sua analize, narrando unicamente a experiência que dellas colhêo á sua própria custa, e os effeitos que vio fazer a differentes doentes, que com elle se acharão nos dois annos que ali se demorou.

Na *Ilha de S. Miguel*, huma dos Açores, quee está na latitude de 38 gr. o 6. m., e na longitude de 23 gr. 36. m. do Meridiano de Londres . . . . . Nove legoas ao N. E. da Cidade de *Ponta Delgada,* está situado o *Valle das Furnas,* rodeado de grandes montanhas, offerecendo do cimo de qualquer

Vale das Furnas

---

[b] Há annos que o Ministerio mandou a Ilha de de S. Miguel hum Engenheiro para reparar as obras publicas: o mesmo levantou o plano das caldeiras, e numerou as mais notaveis, c como nenhmas estão analizadas, só me contento de citar as do n° 15, e 20, por se conhecerem os seus prestimos.

(O Engenheiro a que o autor se refere era João Antonio Júdice; a caldeira 15 é a caldeira grande, fechada ha poucos annos por uma parede circular.)

(Notas do Dr. Ernesto do Canto)

dellas o aspecto mais encantador que a nossa vista póde gozar. Varias terras lavradias divididas por infinitos alemos [sic], e numerozas ribeiras de aguas cristallinas, que de alguns montes alli vizinhos se precipitão em maravilhozas cascatas, e vem atravessar àquelle deliciozo lugar, parecem ser produzidas pela provida natureza para alivio, e consolação dos doentes, que alli vão buscar o seu remedio. Ao lado do Norte *(aliás, leste)* fica a *Povoação* que toma o nome do mesmo sitio, e que aformozea este valle com algumas **cazas de telha, muitas choupanas**, e huma Igreja nova de *Santa Anna*, que tomou o nome de Freguezia a 31 de Julho de 1791, e deve ficar finalizada no corrente anno de 1792; vários passeios de arvoredos, tornão ainda os differentes caminhos daquele valle, principalmente o dos banhos que agora vou descrever.

Ribeiras

Ao S.E. deste lugar em distancia de hum tiro de peça se vê hum sitio dezerto e inculto, por causa dos muitos e differentes **mineraes** e aguas thermaes, que continuamente borbotando formão caldeiras em pequenas distancias humas das outras, como se póde ver do Mapa que se offerece: algumas dellas são inteiramente frias e muito cristallinas, outras com hum gráo de calor insoportavel.

Caldeiras

A maior parte das caldeiras estão numeradas por ordem da nossa Soberana Fidelissima com marcos de pedra. Entre estas a mais notavel he a chamada **Caldeira grande**, que terá de circunferencia 50 pés; levanta no seu centro hum grande *coxão d'agua fervente* de elevação consideravel. de hum calor intolerável, que segundo as observações, que alli fizerão pessoas de profissão, chega a 105 gr. de calor (do termometro de Farenheit) mais do que o sangue humano. O Medico Gurley foi o primeiro que neste sitio fez uso dos suadouros de fumo: mandava pôr os doentes a sotavento da **caldeira grande** em huma especie de cadeirinha; alli recebião o copiozo fumo que ella lançava, e em poucos instantes se achavão transpirando, e por esle modo expellião o humor insensivelmente pelos poros do corpo. Esta maravilhoza caldeira he talvez huma das mais celebres do mundo, tanto pela sua grandeza, e gráo de calor, como pelo beneficio, que segundo o que se observou, fez a innumeraveis pessoas que se acharão alli ao mesmo tempo que o author desta. O **enxofre** faz a base das partes constinentes da sua agua, ella he diurética, desobstruente, corroborante, e saponacea;[81] o seu sabor he toleravel, o seu

W. Gourlay

Banhos de vapor

---

[81] Veja-se o «Dictionaire Univ. et raison. de Medic. de Chirurg. et de l'art Vétérenaire» tom. 2º anno 1772, e aux sulphur. pag. 482, suas qualidades, sítios e virtudes.

sedimento junto á margem he de hum cinzento achumbado; e em distancia de tiro de espingarda depõe hum musgo verde, aveludado com laivos amarélos: seus maravilhozos benefícios se experimentão contra o rhenmatismo, esquecimento de membros, toda a qualidade de molestia nervoza, principalmente molestia de pélle; são insignes nos ramos de estupôr, paralizia, sarnas &c. promovem a circulação do sangue, e facilitão a transpiração. Junto a ella tomou o autor desta 25 banhos a fim de lhe laxar as fibras, e pôr o sangue em maior movimento, e com effeito della alcançou as suas primeiras melhoras.

Termalismo (doenças e virtufes das

Na proximidade desta *Caldeira grande,* está outra mais *pequena com* pouca differença de calôr, e qualidade de agua, cuja corrente se encorpora mais abaixo do nascimento com a agua da caldeira grande, e vão entrar na caza do banho allii proxima, que he huma choupana, que mandou fazer D. Maria Magdalena da Camera, natural da mesma Ilha, que por differentes moléstias que padece dá por bem empregada a jornada, que alli faz todos os annos.

Casas de banhos

Em distancia de 30 passos da caldeira grande está a **caldeira de** *polme*. E huma medonha *Furna,* a maneira de huma caverna subterrânea, que para se chegar ao seu nascimento, he precizo descer coiza de 20 pés: quasi sempre está chêa de hum fumo espesso, que impede aos viajantes o verem a sua horrível bocca; porém nos dias de verão estando o sol intenso se póde bem ver das dez horas por diante. Nella se acha huma brenha de mais de 4 pes de comprimento, e 2 de largo, na qual se observa continuamente huma agitação, lançando de si huma especie de lava muito quente (dizem alguns viajantes, que bem se assemelha á do monte Vesuvio) com tal estrondo, que atemoriza os espectadores. Muitos doentes alli mandão buscar o lodo junto á brecha para usarem delle sobre os membros esquecidos, de que lhe resulta beneficio. He este lodo muito macio, e de côr de chumbo: o fumo que continuamente sahe da *Furna,* e rodêa aquelle lugar prepara a este remedio toda a sua virturde, seja pelas partes volatilizadas do mineral que alli depoem, ou qualquer outro motivo que o torna tão singular: o autor desta mandando infinitas vezes buscar deste lodo para o applicar no hombro do braço direito, e repetindo esta operação, experimentou tanto beneficio, que em algumas occasiões, em que a *Furna,* estava mais agitada, e não tendo quem descesse abaixo por falta de valor, se animava a hir pessoalmente buscal-o.

Caldeira de Polme

No mesmo sitio se achão *innumeraveis Caldeiras de aguas quentes,* com differentes graos de callór; humas com os fundos cinzentos deixando depositos verdes, outras de agua e lodo côr de leite; outras vermelhas, infinitas de hum deposito amarélo claro. *Muitas mais* estão confundidas ao longo da Ribeira que passa por baixo deste monte; de todas estas ninguem se utiliza, por não estarem igualmente analizadas, e por se ignorarem seus prestimos.

Ha tambem innumeraveis *nascimentos de aguas ferreas* junto às quentes, as quaes são *frias,* e muito cristallinas; seus depósitos em geral são vermelhos, seus *sabores acres* humas mais do que outras, desde hum grao moderado até o mais forte, e intoleravel; segundo as narrações de alguns viajantes, se assemelhão ás aguas de *Spaa* na Alemanha, em sabor, e beneficio.[82]* Destas caldeiras, ou nascimentos só se póde dizer, que as suas aguas são muito adstringentes. Alguns doentes fazem uso dellas na relaxação de nervos misturando-as com as quentes. Tambem são maravilhozas contra as diarrhéas.

Nos lugares que não tem agua junto ás caldeiras se acha com abundância a flor de enxofre, pedra hume, o vermelhão, a capa rosa, e miuta pedra calcinada.

Casas de banho

A N.O. da caldeira grande em distancia pouco mais, ou menos 1400 passos, estão os *Banhos da* Ribeira, para onde a maior parte dos doentes concorrem por serem mais temperados, e haver mais pratica dos seus benefícios. São muitos *Nascimentos de olhos* d'agua, que sahem de um rochedo com um marco de pedra Nº 20. Estas aguas tem parte de **enxofre e ferro**, tambem se julga que ellas contém alguma caparoza; seu deposito he côr de fogo, o calor mais que natural, e o sabor adstringentce, ou de **caparoza**. *Foi nestes admiráveis nascimentos que o autor obteve o seu total restabelecimento*, onde tomou 90 banhos nos dois verões, que alli esteve, bebendo igualmente da mesma agua. Estes, e outros nascimentos d'agua alli proximos, são approvados para os escrofulosos, e mais molestias de pelle, como tambem na relaxação do estomago bebendo-as; dão alivio aos gotozos; são excellentes para as obstruções, ictericías, molestias

Doenças

uterinas, experimentadas para as dôres no abdomen, dôr de pedra; finalmente fortificão os nervos e dão tom á fibra.

Qualidade das águas

Ha *outros nascimentos d'aguas em hum sitio mais elevado* da banda do N.O. da Aldêa, chamado de *Santa Anna* dentro do mesmo valle, aonde muitas pessoas tomão banhos de recreio. Dizem que fortificão os nervos, e

---

[82] Veja-se o tom. 2. do «Dictionnaire Universel,» e aux martiales, pag. 485 suas differentes qualidades, sítios, e virtudes.

* Consultámos este dicionário não encontrando referência concreta às águas termais do Vale das Furnas.

abrem a vontade de comer. As aguas destes nascimentos são mais cristallinas do que quaesquer das outras de que se tratou.

Muitos enfermos vem a estes banhos acabar o seu restabelecimento depois de se terem preparado com alguns banhos na caldeira grande, mas para isso he necessário a maior cautela, e observação da parte dos doentes na segunda escolha que fazem, porque della dependem as úteis, ou nocivas consequências.

A curiosidade do autor o movéo hum dia depois de estar inteiramente restabelecido a montar a cavallo para hir provar as aguas de todos os nascimentos das *Furnas,* e juntamente contal-os se lhe fosse possível, para o que levou hum copo, e hum criado para segurar o cavallo nas paragens aonde o lodo mais enterrava &c., não foi possivel no mesmo dia executar esta empreza com aquella perfeição que se dezejava, pela má situação de algumas caldeiras que estão junto á caudeloza *Ribeira quente*, assim chamada em razão do calor procedido dos mesmos nascimentos, e pela difficuldade que ha para chegar a algumas, tanto pelo lodo solto, como pela respingação quente de outras: com tudo, não obstante a confuza ordem em que a natureza as creou, e em razão da qual chamar-se podião *Labyrinto,* no fim de dons trabalhozos dias de investigações em que sem duvida escapárão muitas, achou haver para sima de 200 nascimentos d'aguas ferreas, defferindo quasi todas nos sabores, e depositos com a notavel galantaria, que alguns nascimentos frios, distavão dos quentes hum palmo. (^N.B.)

Quantidade de Nascentes

O *Ar* que se respira em todo o valle he o *melhor de toda a Ilha*, purificado pelos muitos mineraes, que junto com as excellentes aguas naturaes concorrem para o prompto restabelecimento dos doentes, sendo este o primeiro beneficio que encontrão na chegada áquelle sitio, que ordinariamente succede no fim de Maio, até o meado de Setembro; porém nas outras

Clima

(^N.B.) A conta que assima se dá destes nascimentos comprehende somente o *sitio das Furnas* não fallando nos que há juntos á famosa *alagôa*, nem dos banhos da *Ribeira grande* (villa distante de Ponta Delgada 3 légoas), aonde me dizem haver muita abundancia de enxofre, que existe propriamente em secco, e passando-lhe as aguas naturaes de huma Ribeira por cima faz fermentar huma agua quente muito propria para curar sarna, e moléstias de pelle, e como estejão mais perto da Cidade, achão os habitantes mais comodo hirem alli, para o que a Camara da dita villa tem mandado fazer cazas de banho com alguma regularidade. Eu pertendi hir examinal-as, mas a minha repentina viagem para esta Corte me privou da satisfação da minha curiozidade, e por cujo motivo delles não posso fazer melhor menção.

Alimentação

estações do anno he frigidissimo e humido, o que se attribue ás montanhas circunvizinhas, e muitas aguas que em si encerra.

Agricultura

Os *mantimentos são baratos,* e se fazem conduzir de Ponta Delgada, ou da Ribeira grande, porque no sitio só ha com abundancia agriões, morangos da serra, manteiga fresca, ovos &c. As galinhas que apparecem nunca passão de 140 reis, ainda que são raras por indolencia dos habitantes.

«Concluo dizendo aos meus Leitores, e amigos, que conservo hum amor, e lembrança ás ditas aguas pelo *rapido beneficio que dellas colhi, livrando-me talvez da molestia mais pertinaz, que he o objecto da Cirurgia,* e que padeci oito annos sem esperança de jamais me achar bom, havendo exhaurido até áquelle tempo os remedios que a Medicina offerece a este respeito, e tambem soffrido o desengano dos melhores Professores desta Corte, sem que nenhum delles tivesse a noticia de similhantes banhos, ou pelo menos a lembrança de mos applicar! por cujo motivo dezejava que fossem notorios a todos, e com especialidade ás pobres, e innumeraveis victimas que nesta Corte padecem o tiranno mal escrofuloso; pois discorrendo, que a Omnipotencia sem duvida não creou aquelles laboratorios de aguas de tão differentes, e singulares qualidades, para estarem no esquecimento do mundo, mas antes para remediarem as queixas mais chronicas.

Tesouro da terra

«Sim Senhores! aquella maquina que alguns sabios viandantes chamão hum *Thezoiro na Terra,* (e as minhas cicatrizes o confirmão!) *está clamando por huma analize exacta,* feita ao menos por dois Quimicos experientes, porque seria imprudencia deixar a descripção e juizo de hum só, o que merece a attenção de muitos; pois que os melhores autores que tratão desta materia requerem que haja huma vigilante observação, repetindo as analizes nas differentes estações do anno, em que as aguas fermentão, mais, ou menos; e por este meio se patentearem suas virtudes, como tambem, edificarem-se junto ás caldeiras, aonde se reconhecerem

Análises das águas termais

mais prestimos; *pequenas cazas de abobada,* para se tomarem os banhos, e melhor comodidade dos doentes, já que até agora cada qual mandava fazer huma choupana e lhe metia hum, ou dois caixões de páo, que apenas dura hum anno por causa da grande humidade, e vapor das mesmas aguas, que tudo apodrece. Merece emfim ser corôada esta obra com hum *pequeno Hospital* dirigido pela forma, e maneira do das Caldas da Rainha, com assistencia de Medico, Cirurgião, e Boticario, nomeados pela Camara, e santa Caza da Mizericordia da dita Cidade de Ponta Delgada, para alli rezidirem os cinco mezes contados de Maio até Setembro debaixo da direcção de hum Provedor, a cujas despezas bem podia prestar-se a mesma

Caza de Misericordia com o beneplacito Regio, cujos fins tenderião ao bem espiritual, e corporal; porque ha immensos doentes pobres de ambos os sexos, que della se não podem utilizar pela sua indigencia, como tambem concorrerião sem duvida de todas as partes innumeraveis pessoas que darião por bem empregada a despeza, que fizessem pelo bem de sua saude, resultando daqui a justa apreciação dos ditos banhos, a utilidade da Ilha principalmente dos habitantes das *Furnas*, e a satisfaçao de todos.

Proposta de um Hospital

«Estamos vendo, que a Providencia Divina em quasi todos os cantões do Mundo favorece a humanidade com varias especies de Caldas[a], que nos nossos dias vemos serem applicadas como os últimos recursos da Medicina, e principalmente nesta Corte de Lisboa, n'hum sitio de que todos temos noticia pela sua extensa fama,[b] e aonde não ha mais que huma qualidade d'agua. Que diremos d'aquelle aonde mais de 200 differentes nascimentos brotão continuadamente? O Ceo permitta que em meus dias veja effectuar esta desejada analize com aquella exactidão que merece aquelle singularissimo sitio, afim que delle se possão claramente colher seus beneficios sem a maior confusão!

Análises das águas termais

Observações do Autor

As *primeiras vistas* do valle das *Furnas*, o ameno do seu sitio, e aguas satisfazem muito a imaginação dos doentes, que alli vão; o que a experiencia, e os melhores autores nos mostrão ser hum dos principaes remedios em todas as mulestias, principalmente nas chronicas, em que ordinariamente reina a melancolia.

A *transpiração* no uso dos banhos quer-se *moderada*, e não como muitos usão e eu observei que estavão horas esquecidas no abafo, e até nelle adormecião, pensando talvez que a copioza traspiração os aliviava mais depressa; por este modo irritavão demaziadamente as funções principaes do corpo, debilitando-se depois até desfalecer, de modo que, em lugar lhe acharem o proveito, sentem maior damno; pelo contrario a transpiração moderada no espaço de muitos dias, serve de hum saudavel beneficio.

Tratamentos pelo uso das águas

---

[a] Refiro-me ao 1°, e 2° Tom. Dos «Diccionarios Químicos», das differentes aguas Thermaes na Europa; em quasi todas as Províncias do nosso Portugal as temos, quaes são as de Alcafache, de Azurrara, Anciaens, Aregos, Canavezes, S. Gemil, Granjão, Esturil, Gerez, Monchique, Monsanto, S. Pedro do Sul, Fonte Santa &c

[b] As Caldas da Rainha.

Nas Caldas da Rainha, e outras se costumão interpolar os banhos aos doentes, porque os debilitão sendo continuadas, prohibem-se algumas frutas, leites &c., *nas Furnas pelo contrario, todos os dias se tomão banhos,* e regularmente tomados fortificão os nervos, pela diversidade de mineraes: as *frutas são recommendaveis* sendo maduras, o uso de *leite* misturado com as aguas ferventes de enxofre *tem excellente préstimo,* excepto nas obstruções. Eu o tomei não obstante a opinião geral de ser hum veneno para o Escrofulozos.

As aguas das caldeiras, que a humas naturezas facilitão as evacuações, a outras as fazem renitentes, como a mim me acontecêo, requerem as *vigilantes observações* da parte dos doentes, que alli vão, *n'huma boa escolha,* já que a natureza superabunda naquelle sitio com infinitas qualidades de aguas differindo humas das outras para remediarem diversas queixas; este recurso não ha nas Caldas da Rainha, aonde acontece ordinariamente aos doentes voltarem para cazas com gravissimo prejuizo das jornadas, de que muitas vezes lhes resulta a morte, como eu poderia citar infinitos exemplos.

Hum *incommodo* tem as Caldas de S. Miguel para muitos, que he a passagem do mar, porém quando ha urgente necessidade, que remédio? Muitas vezes a mudança de elemento, e clima concorrem para o bem das moléstias chronicas, e neste caso devemo-nos sugeitar na esperança de recuperar o bem de nossos dias, arriscando-nos a hum perigo para remediar outro.

Cura de doentes

Não posso deixar de relatar *alguns beneficios repentinos,* que estas maravilhozas aguas fizerão nos annos de 1790, e 1791, em tempo que alli estive.

Huma *Donzella de 22 annos,* que havia tempos era acomettida de huma *dor no Abdomen* tão violenta, que a provocava a vomitos, ancias e gritos, nos quaes perdia o uso dos sentidos e mais funções vitaes, foi áquelle lugar em setembro de 1791, principiando o uso dos banhos de *Santa Anna*[83], ao quarto repetio-lhe bum fortissimo ataque, das 9 para ás 10 horas da noite, a tempo que me achava presente, pedi com instancia á familia da caza a deixassem hir immediatamente aos Banhos da Ribeira, e consentindo nisto a muito custo, a puzemos em sima de hum jumento, e a encaminhamos para o dito lugar, aonde se lhe apromptou hum banho Nº

---

[83] Nascimento n.° 23.

20: não haveria 3 minutos que estava dentro quando dêo graças ao Ceo, de se ver consolada, e a dôr mitigada. Esteve 15 minutos no banho, e 5 no abafo, donde sahio pelo seu pé mui alegre, repetindo no dia seguinte o mesmo, e assim continuou por espaço de 15 dias, retirando-se depois para a Cidade inteiramente restabelecida.

Luiza Joaquina de idade de 20 annos filha de Francisco Antonio da Silva, negociante da Ilha da Madeira havia 5 annos que *não era assistida,* e por este motivo estava obstruida, e desenganada dos Medicos daquella Ilha. Foi áquelle sitio em Julho de 1794, onde tomou 20 banhos da caldeira Nº 20, bebendo da **mesma agua misturada com vinho tinto, e tomando ao mesmo tempo huma doze de gottas de azeite da baga de louro,** *Receita particular de Thomaz Hickling, Consul dos Estados Unidos da dita Ilha.* *Receita de T. Hickling*

A' minha partida para esta Cidade a fui visitar, e a achei já restabelecida, e querendo tornar naquelle mesmo anno para a sua Patria, lhe foi aconselhado o segundar os ditos banhos, no presente verão de 1792.

O Morgado *Francisco Agostinho,* tambem da Ilha da Madeira de idade de 48 annos com huma *ictericia* formal, foi alli mandado no mesmo tempo, tomou parte dos banhos na cadeira Nº 15 e perto de 50 no de Nº 20 bebendo a mesma agua, e fazendo uso do cozimento das alcachofras mansas tres vezes ao dia; voltou à sua Patria restabelecido no fim de tres mezes, que della se tinha auzentado.

D. Maria Magdalena da Camara, todos os annos alli vai buscar alivio ás *muitas molestias* que padece, foi o anno passado *entrevada* para as *Furnas*, ao 5º banho da caldeira Nº 20 andava por seu pé; ouvi-lhe dizer, que se algum dia tivesse qualquer ataque em que perdesse o uso dos sentidos, dezejaria a levassem áquelles banhos, aos quaes tem devido a conservação da sua vida ha annos. *Doenças*

Á proporção destes prodigios vi muitos exemplos de *rheumatismos,* e differentes qualidades de *molestias,* entre as quaes a *minha entra* no numero das *mais pertinazes.*

Outra maravilha da natureza observei mais, e vem a ser: que ao Oeste noroeste O. N. O. das *Furnas* em distancia de meia legoa está huma famosa *alagôa.* Terá pouco menos de tres quartos de legoa de circunferencia; com justa razão se conjectura que ella fornece ás caldeiras das *Furnas* a sua agua, e as preserva de se não tornarem em volcanos, o que assim resultaria inflammarem-se aquelles combustivos, cazo não tivessem agua superabundante, e em proporção bastante para contrabalançar a força da inflammação dos mineraes que alli ardem. Esta alagôa está quasi paralella *Lagoa* com os banhos de Santa Anna, que abundão ordinariamente em aguas ferreas, e sulfureas; o anno passado profundárão mais do seu costume com bem pouca corrente, a consequencia disto foi a grande secca que ella experimentou: (esta falta não as soffrerão as caldeiras grandes, porque ficão muito mais baixas): mas rigorozas invernadas naquellas altas serras, que atrahem a si pela sua grande elevação copiozas chuvas, a tornão a pôr no seu nivel, e muitas vezes fazem com que inundem o caminho aos passageiros.

Pesca

Introdução de peixes da Lagoa

Nem huma **só *choupana*** vi naquella parte, por indolencia dos habitantes, que além de ser necessaria para refugio dos mesmos Passageiros, e Pastores na rigoroza estação do Inverno, seria util nos mezes do Estio para todos os que vão ao divertimento da pesca, que ha poucos annos introduzirão alguns curiozos, que lançárão nella peixes da especie que ha nas quintas particulares, de que tem produzido consideravelmente, e emanado para outras alagôas que ha na Ilha; também alli houve algum tempo huma embarcação, que por descuido a deixárão espedaçar.

O mapa que julguei proprio mandar fazer, representa unicamente a vista das Caldeiras grandes, por serem estas mais notaveis, e dellas tira o sitio o nome de *Furnas:* poucos ou nenhuns viajantes olharão para aquelle quadro sem espanto, ou huma seria reflexão, meditando nas grandes obras da natureza, e contando-as entre o numero de suas mais consideraveis maravilhas.

Felis de Valois e Silva, morador às Pedras Negras, padeceo por efpaço de 8 annos a moleftia efcrofulofa, vulgarmente chamada alporcas, com tal eftrago que chegou a contar de huma vez 15 fiftulas no fovaco, peito, e coftado direito. Ufou dos remedios mais proprios para aquella queixa, mas fem fruto; e tendo confultado os melhores Profeffores defta corte, delles teve o defengano, em Agofto de 1788, de fer o feu mal incuravel. Porém depois de tudo ifto veio a ter o feu total reftabelecimento nas famofas Caldas da Ilha de S. Miguel, onde relata haver innumeraveis caldeiras de aguas ferventes com differentes qualidades de mineraes, proprias para efta queixa, e outars; como também muitas nafcentes de aguas ferreas, que differem no fabor humas das outras. Acha elle que áquellas aguas fe poderá chamar hum Thefouro na terra, logo que as fuas virtudes fe fizerem patentes por meio de huma perfeita analyfe.

Gazeta de Lisboa. Lisboa, nº 39, 29.11 (1792)

Sahio á luz o Jornal Encyclopedico do mez de Maio, que contém o fim do Conto Oriental de Orafmin: Idéas Geraes fobre a Aftronomia, e medida do tempo: Defcripção das aguas mineraes das Furnas da Ilha de S. Miguel, com huma eftampa: Invenções de diverfas máquinas curiofas: Ode a Belizario: varias Anedotas curiofas: Noticias das producções Literarias de todas as Nações da Europa, e Relações Politicas entre os differentes Eftados do Mundo, &c. Vende-fe na loja da Gazeta, e no Porto, na Domingos Jofé Pinto Villa-lobos.

Gazeta de Lisboa. Lisboa, 14.11 (1793) 2º Semestre

WILLIAM GOURLAY, [...?]-[...?]

GOURLAY, William – *Relação das aguas minerais da ilha Portuguesa de S. Miguel*. **Archivo dos Açores**. Ponta Delgada, vol. 8, p. 446-453.

O Dr. William Gourlay, médico inglês que exercia a sua profissão na Madeira, visitou o Vale das Furnas em 1791. Descreve o Vale das Furnas "casas de banho" excelentes e analisou as aguas e tratamentos efectuados. Salientou as vantagens dos banhos de vapor.[84]

[1791]

«Porque a Ilha de S. Miguel he pertence aos Dominios de Portugal, e pella sua importância deve ser considerada como huma das suas Provincias, na qual ha tanta abundancia e variedade de aguas mineraes, e algumas destas se podem conduzir mui commodamente para o Reino, he me resolvi a dar aqui a noticia única regular, que dellas achei, se não absolutamente capaz de saciar a curiosidade dos amantes da Sciência, sufficiente para indicar a natureza dellas e o lugar que devidamente podem ocupar na Pratica Medica. Traduzirei pois com a fidelidade, que em mim couber, a Relação das aguas mineraes da Ilha Portugueza de S. Miguel, pelo Doutor Guilherme Gourlay Médico na Madeira, impressa na década II, dos Commentarios Médicos de Edimburgh tom. 16 pag. 232 sect. II, Art. I, aluno de 1791, que diz assim:*

Flora   «Em distancia de quasi *dez legoas ao Nordeste de Ponta Delgada* principal Cidade da *Ilha de S. Miguel* ha huma pequena *aldeia* chamada as *Furnas*, situada n'hum espaçoso *valle* cercado de altas *montanhas*. São estas compostas de **pedra pomes**, e cobertas de **hervas**, e de **varias arvores**

---

[84] DIAS, Urbano de Mendonça – *História do Vale das Furnas*. Vila Franca do Campo: Emp. Tip. Ltd. de Vila Franca do Campo, 1936, p. 104.

* Solicitamos à British Library fotocópia do artigo. Informaram que no Medical and Philosophical Commentariis of Edimburgh Decade 2, t. 2, p. 232. Section 2, Art. 1, 1791 não correspondia ao artigo solicitado. Enviaram-nos fotocópia do mesmo texto publicado em: GOURLAY, William – *Observations on the Natural History, climate and diseases of Madeira during a period of eighteen years*. London: Y. Callow, Medical Bookseller, 1811. Appendix, p. 143-158. Optámos por incluir a tradução de Francisco Tavares que cotejamos com o original recebido da BL e *arbustos* **sempre verdes**. As suas summidades são formadas em muitas elevações, que são separadas por *valles*; e os declivios são cortados por aberturas ou buracos providos de pequenos *regatos*, que descendo formão lindas cascatas. As *correntes* separadas chegão a unir-se, e formão hum *rio*, que serpêa pelo *valle*, cujas margens são cobertas da sombra de formosos **choupos**.

«O *terreno* deste *valle* consta principalmente de *pomes* pulverisada. Ainda que fraco, he cultivado, e produz **trigo, milho, legumes**, e nos sitios humidos, **ynhames** e **outras raizes**. Cavando um pouco abaixo da superficie achão-se muitas cavidades, que mesmo passeando sobre a *terra* se percebem pello som. No fim do *valle* de *Sueste* ha uma pequena elevação a que chamão as **Caldeiras**. **Esta elevação que por ventura terá *huma milha* quadrada consta de numerosos *outeirinhos*, e he a hi evidente a acção do *fogo*. Descobrem-se varias camadas; *pyrites, lava, pomes, morne, greda*, de diferentes cores, *ochra, ferro* em bruto, *terra calcarea*, misturada com *ahume* e *enxofre*.**

«Aqui ha numerosas *fontes ferventes*, muitas *quentes*, e algumas origens *frias mineraes*. As *aguas quentes* formão varias correntes, e dellas consideravelmente profundas. Estas na sua passagem formão borbulhões, fumegão, e lanção *vapores sulfureos*.

«Nos dias *serenos* sobem grossos volumes de *vapor* ondeando até grande altura. Olhando do *Norte*, o verde variado dos *campos* cultivados misturado com o das *arvores* irregularmente espalhadas pellas *cercas*, hum rio serpeando pello *valle*, hum *lago* ao longe, e nuvens de *vapor* que se elevão das *fontes fumegantes*, formão um delicioso prospecto, cuja belleza ainda he mais exaltada pello verde escuro, e livre projecção das *montanhas*, que lhes ficão por detraz.

«A maior das *fontes ferventes*, a *Caldeira*, terá 25 a 30 *pés de diâmetro*. Faltando-me huma *linha de plumo* capaz, não pude determinar exactamente a sua profundeza, indaque he consideravel. A *gente* da *terra*, que nunca a sondou devidamente, ou talvez de modo nenhum, persuade-se que não tem fundo. A *agua* tem *calor* de escaldar, e sempre está no estado de fervura. Lança continuamente hum *vapor* excessivamente *sulfureo*, e que muito se assemelha à *polvora* queimada. Deposita hum *sedimento argiloso*, levemente *azulado*. O seu *gosto* he de acescencia pungente. A distancia de poucas *jardas* por detraz de hum *cabeço* de *lava* ha outra *fonte fervente*: está n'huma cavidade na baixa de hum *rochedo* prolongado e he emphaticamente chamada a **Forja**. Raras vezes aqui pode ver-se a superfície da

Agricultura
Ribeira Quente

Caldeiras

Geomorfologia

Aguas termais

Caldeiras

Caldeira dos Ferreiros

agua, em razão de hum muito denso *vapor sulfureo*, que a cobre. A *fonte* ferve com grande violencia, e um estrondoso assopro interrompeo ruido. Misturada com o *vapor* e fumo lança fora grandes quantidades de *argilla azul, glutinosa, fina*, que espalha ao longe, incrusta o *penedo* e os mais corpos que lhe ficão visinhos. O ruido destas *fontes* assemelha-se ao longe ao som de atabaldes. Duas são as maiores; ha porem muitas outras *fontes ferventes*, e em differentes lugares sahe *vapor* pellas dos *rochedos* e dos *outeiros*. Naquellas em que he menos perceptivel, chegando o ouvido às fendas distinctamente se ouve o ruido da *agua* fervendo. De outras a *agua* esguicha por intervallos, e realmente escalda aquelles, a quem acontece aproximar-se descuidadamente.

Ribeiras
Fontes

«Em muitas partes o *chão* he tão quente, que sobre elle se não pode estar incommodo, e mesmo sem trabalho, ou dor. Em toda a parte está coberto de **enxofre** cru: huma *peça* de prata exposta ao *ar* immediatamente se faz *côr d'oiro*. Posto que muitas destas **fontes** sejão *ferven*tes, algumas são de moderada *temperatura*, e outras inteiramente **frias**. A *agua* de algumas he **crystalina**, e **transparente**; a de outras he **turva de côr alvacenta**, ou avermelhada, e geralmente deposita *argilla* **azul, ou encarnada**. Achão-se perto das *fontes* crystaes de **pedra ahume**, e de *enxofre* em grande abundancia e variedade, dos quaes muitos são extrmamente formosos, e aonde o *vapor* sahe pellas aberturas, ou fendas, alguns delles tem *duas pollegadas* de comprido.

«Em alguns lugares o *terreno* he de consistencia barrenta, e molle, em outros he solto, secco e esboroado. Cavando sahe da cova hum forte *fumo sulfureo* tão *quente*, que não se pode conservar a mão sobre elle por *hum minuto*, e em curto espaço de tempo ou se enche o buraco de *agua quente*, ou pellos lados se cobre de huma codea de *enxofre sublimado*, e de *ahume*, semelhannte a *geada branca*. Algumas **fontes quentes** brotão perto das margens do *rio* que corre pello *valle;* e tambem no meio da corrente a ebulição he em algumas partes perceptivel, e dahi sahe, como das **fontes quentes**, *fumo* e *vapor*. O *rio* deposita *sedimento ochraceo* sobre as *pedras*, e *seixos* de seu leito. Em poucas partes he o *sedimento* de

Flora
côr verdoenga, **semelhante à da *caparrosa* verde**. As **plantas, e arbustos das suas margens são incrustadas com *enxofre***, *pedra hume*, e outras substancias. O *gosto* das *aguas* diversifica: humas o tem forte *vitriolico*, outras de *acido aereo* em hummas he *aluminoso*, ou de *pedra hume*, ou *ferreo*, em outras nada se percebe de gosto differente, e são perfeitamente insipidas.

«He ordinario que a gente do *povo*, para poupar o gasto de *lenha*, faça a sua *cosinha*, pondo os utensílios sobre as *fontes quentes*, ou sobre as *fendas fumegantes*. O instincto tem ensinado o *gado* a avisinhar-se a este sitio para limpar-se dos *insectos*, demorando se nos *outeiros* entre o *fumo sulfureo*.

Análises

«**Ao pé das origens quentes** rodeando hum **outeiro** de *pedra pomes* **corre hum pequeno regato de agua fria**, formado de varias nascentes *frias*, que brotão do *outeiro*, e immediatamente se unem. Em **pouca distancia da corrente deposita** *sedimento* **palido, a amarellado, ou ochraceo de côr subida**. O seu *sabor* he austero, e acescente, o seu *cheiro* ferruginoso. Algumas são excessivamente pungentes, e penetrantes. A *agua* crepita nos *copos* como o *vinho* de Champanhe.

Aguas termais

«Para a banda do *Poente* cerca de *cento e cincoenta* passos de distancia ha varias origens de *agua quente mineral* da mesma natureza, porem menos abundantes do que as acima mencionadas. Ali ha **algumas cabanas com lugares para banhos**, aonde concorre *gente* para usar das *aguas*. Na mesma direcção, *huma milha* quasi mais distante, ha mais algumas origens *quentes* mas de *calor* moderado, que em tudo e por tudo se assemelhão ás ja ditas.

Casas de banho

«A *terra* e *plantas* visinhas estão cobertas com huma crosta amarellada. As **cabanas de banhos**, que primeiramente se tinhão alli edificado, há poucos annos forão destruídas por grossas *chuvas*. Perto de *huma milha* ainda mais para o *Poente* corre a *Ribeira sanguinolenta* assim chamada por causa de mui carregada *cor vermelha* de suas *aguas*. Nas margens della nascem *fontes* de hum *sabor* fortemente *acescente* e *ferruginoso*, assim como he o *cheiro*. As *aguas* depositão *sedimento ocrhaceo alvacento*.

Ribeira Quente?

«Alem d'huma cordilheira de *montanhas*, e quasi *huma milha* para o *Sul*, à borda de hum *lago* ha muitos outros *mananciaes*. Nestes, como nos quie estão descriptos, se observe a mesma variedade e diferenças. Muitos delles *fervem* violentamente com hum sussurro semelhante ao zumbido das *abelhas*, e trazem com sigo huma *argilla espessa, glutinosa, azul*, que he lançada com borbulhões, e vapores a huma considerável distancia. Na superficie de algumas não poucas *fontes* apparece *escuma bituminosa*; e da mesma maneira, que nas outras *fontes*, ha variedade de bellos *crystaes* e grossas incrustações de *pedra hume*, e de *enxofre*. Entre as origens quentes deste sitio ha huma que merece particular attenção, porque forma um *tanque*, ou *lago* de quasi *doze* pés de largo, e *duas vezes* mais de comprido, o qual *ferve* com grande força, e muito estrondo. Mui perto e achegado a

Lagoa

Aguas termais

este *lago* nascem varias *fontes frias* em hum leito de *pedra pomes*, e ainda que perfeitamente *frias*, estão como em *actual fervura* assim como acontece nas *quentes*. Tem ellas hum *sabor*, e *cheiro* mui aspero acescente, e são mui prenhes e saturadas de *acido aereo*. Alem destas até aqui referidas ha muitas outras *fontes mineraes* em diversas partes da *Ilha*.

Análises de aguas termais

«Tenho pezar de ter estado tam poucos dias nestas paragens, e **desprovido de necessarios apparelhos para poder fazer** *analyses*, como desejava, as quaes não podem ser completamente feitas, se não nos sitios das origens. A extrema volatilidade de muitas das partes componentes, e a quasi repentina mudança de muitos phenomenos, considerando as distancias, tornão os exames e processos excessivamente fallazes e inconcludentes. Todavia eu fiz as experiencas que pude, e que justamente me servirão para mostrar as partes predominantes na composição das *differentes aguas*.

[...]

Termalismo

«Não obstante haverem sido estas *aguas* por muitos annos frequentadas pellos *habitantes* para a cura de toda a casta de **molestias**, bem como para passatempo e por gosto, ainda assim as acomodações para *banhos* são humas poucas **choças de côlmo**. Nestas estão metidos no *chão* a *dois* ou *tres* pés de profundidade *reservatorios*, ou *arcas de agua de madeira*, que se enchem por *bicas* tambem de *páo*, e se vasão por hum buraco, que tem no fundo com seu batoque. O *calor* tempera-se á vontade do *banhista*, ajuntando-se *agua* das *nascentes frias*. Como todas as ordens de pessoas usão muito francamente estes *banhos*, e muitos como que estão de molho dentro delles varias vezes no dia, poder-se-hia concluir *á priori*, que tam frequentemente uso da *agua tepida* ou *quente* deveria produzir relaxação. Todavia não sucede assim, pello contrário estes

Casas de banho

banhos obrão como *estimulantes* de todo o *systema*, recreião os *espiritos*, e excitão o *appetite*. Estas *aguas*, principalmente as dos *mananciaes frios*, bebidas são *laxantes* e *diureticas*, e promovem tambem a excreção pella *pelle* ou a *transpiração*.

Banhos de Vapor

«Como os *habitantes* ignoravão totalmente a virtude das *fontes frias*, e igualmente o uso do *banho* de *vapor*, tive a opportunidade de lhes fazer conhecer as propriedades das *primeiras*, e tambem de lhes demonstrar o

Doenças

activo poder, e beneficos effeitos do *segundo*. (*Aqui aponta o A. duas observações da efficacia do banho de vapor; huma n'hum violento* **rheumatismo**, *outra de huma* **hemi plegia**, *curados ou muito aliviados por tal applicação.*

«Alem destes exemplos que são de meu immediato conhecimento, sei de vários outros casos bem authenticados, que testificão a grande efficacia das *aguas* não somente nas *doenças* **rheumaticas**, mas tambemem muito inveterados casos de ***escrophulas***, e n'outras *enfermidades*. (*Acusa neste lugar huma notavel observação de cura de* ***escrophulas pela bebida****, e* ***banhos das aguas quentes****, no espaço de poucos mezes – huma* ***doença cutanea*** *na cabeça, e com chagas humidas em varias partes do corpo curadas em poucas semanas pello uso interno, ou externo em banho das mesmas aguas – huma cura de gota já de alguns annos curada sem rechaida pelos banhos quentes*).

Ingestão de águas termais

«Em conclusão eu penso que ha sobeja razão para crer, que estas ***aguas* assim interior, como exteriormente applicadas são verdadeiramente efficazes em diversas *enfermidades*. Parece, que o *banho* de *vapor* he mais poderoso**, e em geral preferivel ao *banho* da *agua*: as particulas *volateis* são mais soltas, subtis, e activas quando exhaladas e formando o *vapor*, do que em quanto estão combinadas e prezas na *agua*. Os *gráos* de *calor* tambem são mais bem regulados no *vapor*, do que no banho quente.

Virtudes das águas

«As *origens frias* contem poderoso *chalybeado*, e todas as virtudes proprias do *ar fixo*, e senso *bebidas* não podem deixar de ser uteis *tonicos* no caso de debilidade.

«Julgo que a *manhã* he o tempo he o tempo mais próprio tanto para os *banhos*, como para a *bebida*. Deve esta ser immediatamente à *origem*, antes que suas virtudes se evaporem: a *dose* ao principio seja de *oito onças*, que pode repetir-se de *tarde*, e sendo necessário argumentar-se gradualmente.»

Até aqui chega a *Relação* do *Doutor Gourlay*, cuido que não me enganei dizendo ao principio que ella não he absolutamente *capaz de satisfazer a curiosidade* dos amantes da Sciencia. O' tempo, em que ella foi escrita, ainda não brilhava com luzes da *Chymica Pneumatica*, que pello decurso do tempo tam avultadamente se tem espalhado. Quem hoje tem sido ilustrado por ellas facilmente deduzirá da descripção *topografica*, e das escaças *experiencas* mencionadas á diversidade das *aguas* que a *Ilha* possue. Das *sulfureas* todos concordarão na utilidade e efficacia: das *gazozas* pouco *ferruginosas*, (que o A. aponta na *Taboa* das frias I. *a*.) vi eu iguaes resultados das de *Spá*, no *Hospital da Universidade de Coimbra* no anno de 1791. foram remettidas cautelosamente engarrafadas, e produzirão muito bom effeito. He de crer, que qualquer das outras, sendo igualmente

Análises à raridade das águas

bem acondicionadas para se transportarem, produzirão effeitos proporcionaes aos principios, que as *mineralisarão*.

(Francisco Tavares, *Instrucções e cautelas praticas sobre a naturesa ... e uso das aguas mineraes...* Coimbra, Imp. da Universidade, 1810; Parte I, pag. 178 a 192).

JOÃO ANTÓNIO JÚDICE, [...]-[1798?]

[*Relatório*]... Transcrição paleográfica do original, revista pelos Dr. Abílio Queiroz e Dr³ Ana Maria Bandeira, a quem agradecemos a amiga colaboração.

"Tenente-coronel do real corpo de Infantaria com exercício de engenheiro" veio destacado para os Açores no ano de 1768, a fim de examinar as fortalezas. Durante o governo de Martinho de Melo e Castro recebeu a missão de levantar a planta das caldeiras das Furnas e recolher amostras das agues para posterior análise. Desta missão deixou-nos **um importante relatório**... ALBERGARIA, Isabel Soares de – *Quintas, jardins e parques da Ilha de S. Miguel (1785-1885)*. Lisboa: Quetzal Editores, 2000, p. 235, nota 81; Este relatório foi transcrito por Urbano Mendonça Dias.

[1787]

Ill.mo & Ex.mo Snr.

Em cumprimento da ordem de V. Ex.ª passei ao **lugar das Furnas a examinar o sitio das caldeiras, aguas, banhos e mineraes que há no dito citio e a tirar a sua planta na qual vão notadas as fontes, caldeiras e banhos que aly existem**, e na rellação junta vai especificado com numeros as aguas engarrafadas, declarando as suas qualidades e virtudes, e semilhantemente **vão os cayxotes dos Mineraes e Polmes** que se tirarão, não só no referido Citio mas nos seburbios do mesmo, onde **topei com outras muitas e diversas aguas, também sulfurias e mineraes, existindo em humas o exercício dos Banhos e em outras se acham já extintos** e singindo-me aqui a algumas reflecções consernentes ao espirito da mesma Ordem para tudo ser constante e prezente a V. Ex.ª

As águas mineraes do mesmo Citio, e dos mais onde **as descobri, tem feyto grande benefício em diferentes enfermidades**; porém, quando elas se reconhecerem fizicamente pelos Professores de Quimica, sem dúvida poderaõ produzir na sua verdadeira aplicação muito mayor benefício.

Ora, para se fazer alguma ideia e juízo sobre as qualidades dos mineraes e virtudes destas aguas, invio de cada huma delas duas garrafas numeradas de números iguaes, e semilhantemente vaõ notados os Cayxotes dos seus depozitos e do maiz Polmes e mineraes que achei.

Invio a Planta para se ver ocularmente a figura do Citio que involve Caldeiras, fontes e Banhos, que tudo vai mencionado na mesma Planta.

Planta das Furnas

Casas de banhos

Termalismo

Análises

Caldeiras

Águas termais

    A grande abondancia de aguas diversas, sulfureaz, ferventes, azedas, friaz e quentes, e o seu mayor ou menor grâo de Calor das Caldeiras sulfureas, combinado com o Calor natural do sangue na melhor constituição de 98 grâos, tem a Caldeira menos Calida 13 grâos de menos Calor que o Calor do sangue, e a mais Calida tem mais 112 grâos de Calor que o mesmo Calor do sangue.

    A **Caldeira grande** de agua Clara n.ro 15 levanta sentralmente na superfice da agua hum Chofe que se eleva perpendicularmente pela potencia do fogo a 4 palmos sobre a sua superfice. **Estas aguas sulfureas**

Termalismo

são aquellas mesmas que por muitas vezes tem enrequecido a Natureza com benefício da saúde em graves queixas, maxime Estupores, dores reumaticas e gota.

    As aguas ferreas, frigidas e azedas, também produzem admiráveis effeitos em debelidade de nervos e de toda a molestia de Langor. Estas aguás [!], que são de fontes, tambem vaõ notadas e numeradas com os seus respectivos numeros.

Doenças

    A fonte de agua mineral quente n° 5, **chamada agua santa** ou milagroza: Ella **cura chagas Escrebuticas e toda a mais qualidade de chagas e feridas, excepto as venéreas**. Estas saõ as pincipaes aguas, Cujas grandes virtudes se tem observado tentetivamente, **sem o Conhecimento** Scientifico de serem analizadas nem proporcionadas gradualmente âs queixas competentes; e por isso vaõ assim mesmo á toa, tomando banhos de aguas diversas, athe atinarem com aquela aonde acham alivio e remedio. Assim mesmo âs segas, sem Conhecimento fizico das diferentes Virtudes destas aguas que uzaõ de uma maneira confuza: assim mesmo ellas fazem milagres.

    Todas estas aguas no seu proprio lugar onde elas ministraõ a sua virtude, saõ muito fortes no seu grande sabor; ella muito **azedas**, ellas muito **ferriaz**, ella sabem **muito a pedra humo**, **Capa rosa e nitro**; mas elas naõ chegaraõ na sua propria consistencia e na sua prefeiçaõ pela infalivel evaporaçaõ dos Vazos e de naõ serem conduzidas com aquellas circonstancias, e formalidades que recomendaõ os A. A.

Águas termais

    Eu naõ posso falar methodicamente em materiaz em que sou hospede; pois que devera estar prevenido e illustrado na Quimica, na Botanica, e na Historia Natural: sim, alem dos diversos mineraes que se achaõ conglotinados e confundidos, **há huma porçaõ grande de salitre e enxofre** que com abundancia tem juncado aly a superficie da terra: Há diversas **plantas**

Flora

aromaticas de folhas que me saõ desconhecidas na sua figura, e alem de tudo isto vem-se neste Grupo de terra cousas diversas, que parece Lá contemplaõ e respeitaõ aos Reinos Vegital e minaral.

Este Citio ponderavel: este optimo Lugar pelas raras circonstancias que envolve em Sy. E pelos admiraveis espectaculos da natureza que offerece á vista na sua raridade: elle confude: elle suspende e admira o discurso na Contradiçaõ das suas mesmas raridades: Pois vem-se Caldeiras frias a ferver com violencia; achaõ-se Caldeiras sulfurias que Lá fervem no sentro das frias; Ribeiras e outras sim que tambem estaõ fervendo com Calor exaltado, mesmo juntas e unidas a outras Caldeiras e Regatos tambem frios; **Parece que o fogo e a agua, estes elementos furiozos, estes elementos incompativeis e deemetralmente opostos hum ao outro fizeraõ aqui aliança e se deram as maõs sem aniquilarem a sua essencia. Eis ahy o que faz brilhar este Citio, eis aquy a sua beleza**.

Eu me convenço de que athe aos ultimos Confins da terra naõ se topará huma porçaõ de Citio que se possa graduar no mesmo paralello.

A facanhoza Caldeira de polme negro que lâ se ve na raiz e na Concavidade do Monte que lhe fica sobranceiro mette horror e ferve com um estrondo espantoso de hum soido [!] terrivel: ella se denomina a **Caldeira de Pero Bottelho** ou **Boca do Inferno**.

Eu mesmo tenho examinado quanto pude o Contorno deste Valle. **Eu fiz roçagar desde o seu fundo todos os Minaraes, todos os depozitos dos polmes, dos materiaes, Barros e tintas**. Eu conto 48 aguas minaraes que fiz colher em outras tantas diferentes poziçoens, o que tudo vay em 96 garrafas e 36 Cayxotes para V. Ex.ª ver.

Eis aquy Ill.mo e Ex.mo Snr., a Conta que posso dar a V.Ex.ª em observancia da Sua Judiciosa Ordem, dirigida a huma deligencia de tam alta circonspecçaõ em que o Executor della carecia de Outra esfera, e de outros talentos que eu naõ tenho para dar huma solida e fundamental ideia de tudo. Sim Senhor eu naõ perco de vista o reprezentar a V. Ex.ª com o mais humilde respeyto, e com um Zello verdadeiramente Patriótico de que estas meravilhozas aguas de tanta fama bem merecida pelas suas relevantes virtudes se constituem o mais digno objecto da Real attençaõ de Sua Mag.de para prover de remedio em beneficio Commum dos seus Vassallos, **inviando aquy huma associaçaõ de Quimicos, Botanicos e Naturalistas, para elles descobrirem, reconhecerem e Calcularem as virtudes dos**

Caldeiras

Ribeiras

Caldeiras

Caldeira de Pero Botelho

Análises

Minaraes, das aguas, das Hervas, e de tudo aquillo com que a natureza provida e attenta offerece ao olho do Sabio para utilidade dos Vassallos de Sua Mag.^{de} receberem delles as Luzes necessarias para se conduzirem pelas Regras do acerto em materia da mais eminente e da mais sublime importancia tal qual he a da saude e da vida, que Deos augmente e guarde a V. Ex.ª &.ª Tenho a honra de ser de V. Ex.ª com todo o respeito meu Senhor. O mais humilde subdito. Joaõ Antonio Júdice, Tenente Coronel d' Infantaria com exercicio de Engenheiro. Ponta Delgada, 28 de Agosto de 1787.

(A.H.U. "Açores", cx. 20, doc. 30).

JOÃO ANTÓNIO JÚDICE, [...]-[1787?]

Júdice, João António – *Memória sobre a antiga fabrica de pedra hume, da Ilha de S. Miguel*. **Memórias económicas da Academia Real das Sciencias**. Lisboa, vol. 1, (1809), p. 299-303.

Eng° militar e Tenente Coronel do Exército.

Memoria Sobre a antiga Fabrica de Pedra Hume, da Ilha de S. Miguel

[1787]

Sendo empregado por ordem fuperior **na vifita do lugar das Furnas defta Ilha de S. Miguel, encontrei os reftos de huma arruinada Fabrica de pedra hume que exiftiu há 224 annos no termo da Ribeira grande**, no fitio das Caldeiras.

Fabrica de pedra hume

Trabalhei para alcançar noticias individuaes do feu antigo eftado, e em efta breve relaçaõ farei ver os feus principios, os feus progreffos, as circuftancias, e o tempo em que ella trabalhou; a prodigiofa quantidade de **pedra hume** que extrahio até á fua ruína, e a utilidade que póde rezultar ao Reino do reftabelecimento defta fabrica, como de algumas outras, que alli facilmente poderiaõ eftabelecer-fe, **aproveitando os diverfos mineraes de que abunda efta Ilha nas fuas Furnas**.

[...]

Eis-aqui o principio, os progreffos, e o deftino que teve a Fabrica de pedra hume, que fe erigio nefta Ilha de S. Miguel com tanta utilidade.

Parece que feria conveniente ao Real Serviço, e ao bem público a reftauraçaõ da mefma Fabrica, e a creaçaõ também de outra de **enxofre**, pois na conta que dei em Agofto de 1787, circunftanciada ao affumpto das agoas, e dos feus refpectivos mineraes, de que enviei varias partículas para ferem reviftas, e examinadas fificamente pelos Profeffores de Chimica, moftrei que **feria útil que Sua Mageftade fe dignaffe enviar ás Furnas defta Ilha peffoas inteligentes que podeffem analizar, e conhecer bem as virtudes das fuas agoas, e talvez fe poffaõ erigir mais algumas outras Fabricas de outros diverfos mineraes, que há em abundância alli, e em outros fitios defta Ilha**.

Estudo das aguas termais e minerais

A conveniencia, e utilidade na erecçaõ, ou reftabelecimento deftas Fabricas parecem certas, e evidentes, porque além de pouparmos dez, ou doze mil cruzados, que annnalmente nos levaõ os Eftrangeiros na importaçaõ que nos fazem deftes mineraes, nós lhos levaríamos a elles com grande vantajem noffa.

THOMAS ASHE

Ashe, Thomas – *History of the Azores or Western Islands Containg an Account of the Government, Laws, and Religion, the Manners, Ceremonies, and Character of the Inhabitants: and Demonstrating the Importance of these Valuable Islands to the British Empire*. London: Printed for Sherwood, Neely, and Jones, Paternoster Row, 1819, p. 101-129.

Capitão de dragões, de nacionalidade inglesa, que, de regresso de uma excursão pela América do Sul, em 1808, passou por S. Miguel e foi em passeio ao Vale das Furnas. O Autor saliente a importância estratégica do arquipélago, preconizando a sua transformação num protectorado britânico. Afirmação que deverá ser entendida no contexto geopolítico dos interesses ingleses nas rotas marítimas que tinham os Açores, como escala.*

[1811]

[...]

CARTA XVI

O VALE DAS FURNAS

Lagoa   Tendo eu demonstrado que o vale que leva à lagoa foi, num período não muito longínquo, o leito de uma laguna cujas águas depararam com um nível mais exacto devido a um fenómeno que só a força da Natureza poderia originar, vou agora expor alguns dos argumentos que me induziram a arriscar uma tal afirmação. O vale possui uma grande quantidade de substância combustível disseminada por sobre a sua superfície, uma espécie de burgalhaus formados de lava, redondos e polidos pelo constante atrito *Geomorfologia*   causado pela ondulação da água. Esses burgalhaus, se expostos à chama de uma vela, emitem um cheiro sulfuroso e produzem um fumo de fedor insuportável; possuem também esta propriedade extraordinária: ao serem queimados perdem apenas o seu peso e nada do seu volume. Daí a prova

---

* Ver Introdução

de os burgalhaus serem de origem vulcânica e que, sendo a sua forma e polimento apenas atribuída à acção da água, ser igualmente óbvio que o vale, em determinada altura, manteve um vulcão que se transformou em lagoa quando o monte desabou para as cavernas subterrâneas formadas pelos resíduos contínuos das escorralhas vulcânicas. Poderá também conjecturar-se que tal desmoronamento foi provocado por um tremor de terra causado pela introdução de água por um agente desconhecido nas regiões e recessos ígneos da cratera; e que a água, dominando o fogo, formou a **lagoa** que existia **no já referido vale**. Aproximando-me da lagoa e observando-a com atenção, encontrei testemunhos que provam que **ela foi também o local de um vulcão, o qual, submergindo num período muito remoto devido ao afundamento do monte que descrevi, e imergindo ainda mais alguns metros, retirou as águas da antiga lagoa e fez com que se transformasse num vale, tão belo quanto poderá ser imaginado, embora com uma vegetação incipiente e não, como agora, embelezado pela mão do homem.**

A prova de que a presente lagoa foi formada pela submersão de um monte vulcânico reside na areia combustível de que o leito é composto, nos burgalhaus e nas pedras sujeitos à acção de suas águas. Algumas destas últimas são escórias vitrificadas, esponjosas, leves e quebradiças; as outras, lava celular que, em diversas partes, reflectem um brilho metálico com acentuado odor sulfuroso. Esses burgalhaus e pedras de lava, ao contrário dos do vale adjacente, não sofreram o desgaste da erosão, mas perderam em parte as suas asperezas e, com o tempo, cederão sem dúvida à acção perseverante das águas. A lagoa é límpida e transparente e abunda em **peixe** de muitas espécies, especialmente de qualidade dourada e prateada, todas **introduzidas pelo Cônsul Americano, um cavalheiro com residência nas Furnas**.

Ao deixar este cenário extraordinário, tive de subir, com muita fadiga e dificuldade, um outro monte íngreme e perigoso. O caminho que desce para o vale das Furnas está praticamente intransitável. Caiu recentemente parte da estrada e o som cavo da que resta era um triste indício de que, dentro de alguns anos, as Furnas não terão acesso pelo lado de Vila Franca. A noite desceu antes que eu tivesse avistado o vale em que se encontra magnificamente situado o lugar das Furnas.

Repousando por alguns momentos sobre a saliência de um penhasco muito alto, olhei em redor e admirei a beleza agreste da

Pesca

T. Hickling

Acessos

paisagem. Encontrava-se cercada por todos os lados por muitos montes, de cujo sopé de um surgia uma torrente impetuosa, arremessando-se e espumando, de precipício em precipício, por sobre rochas quebradas, movimentando-se com rapidez por sobre o leito escarpado, aparecendo e desaparecendo, à medida que serpenteava por entre rochas de cujo cocuruto pendiam árvores que se inclinavam sobre a corrente. No meio do vale encontrava-se o lugar das Furnas. As casas pequenas produziam uma impressão amena e a sua completa solidão e isolamento infundiam um temor respeitoso e solene, tornando mais interessante o arrojado efeito e as características rudes da paisagem. A igreja, o mosteiro e outros testemunhos de civilização e arte formavam um contraste impressionante com o amplo e selvagem anfiteatro dos montes circundantes. Como observei, a descida para o lugar, ao longo de pouco menos de dois quilómetros, é bastante íngreme.

Igreja de N. S. da Alegria Mosteiro?

Ao entrar no lugar, fui rodeado por camponeses que me ofereceram alojamento em suas cabanas; como, porém, tinha autorização do Cônsul Americano* para ocupar a sua residência acolhedora, declinei a amável impertinência e ter-me-ia retirado o mais depressa possível para descansar, não fora ter-se dado uma delicada interrupção por parte de respeitáveis aldeãos que me esperavam com presentes de ovos, pão, galinhas e vinho. Generosos em tudo, ter-me-iam dado o pouco alimento e a bebida que, escassa mas fielmente, recebem das mãos da Natureza. De facto, a simplicidade de suas maneiras, a cortesia e a gentileza do seu trato, a sua hospitalidade logo conquistaram a minha estima e consideração. A isto quero apenas acrescentar que, de todos os países distantes que já visitei, e no meio de todas as circunstâncias extraordinárias que têm caracterizado as minhas diversas expedições, nenhum povo me cativou tão depressa como os habitantes do formoso vale das Furnas, entre quem a idade do ouro parecia cumprir-se e que até agora muito pouco se desviaram dos simples princípios da Natureza. Retardei, à ceia, duas das suas autoridades e também o padre, mas tive de lamentar este acto de cortesia, visto que toda a conversa girou à volta dos fenómenos terríveis a que o lugar estava sujeito, como, por exemplo, o súbito aparecimento de matéria ígnea, o desabar de montes, a

T. Hickling

Alimentação

Caracter dos Furnenses

---

* Thomas Hickling.

submersão de vales, o aparecimento e o desaparecimento das águas, o frequente e violento estremecer da terra. Nem sequer durante o resto da noite se apagou a impressão desta conversa, pois, mal me deitei para repousar, ouvia em imaginação a maré ígnea embatendo com estrondo nas cavernas debaixo de mim, esmagando a alma com tal terror e respeito que era impossível conciliar o sono. O próprio soalho do quarto parecia exalar vapores sulfurosos, não raro figurando-se-me no pensamento a imagem do Tártaro, o que levava o espírito a indagar se o corpo não estaria a repousar sobre um chão de chamas eternas. Com o receio de que V. Ex.ª participe destes receios tenebrosos, dou por concluída esta carta, repetindo apenas a certeza das minhas, etc., etc.

CARTA XVII

OS BANHOS DAS FURNAS – A RIBEIRA DE ÁGUA FÉRREA – AS CALDEIRAS

O surgimento da manhã, após a noite angustiante descrita na minha última carta, parecia agoirar um dia abafado. Como estava longe de me encontrar recuperado das fadigas da viagem de Vila Franca até às Furnas, resolvi, por um curto espaço de tempo, não prolongar a minha digressão, mas, ao invés, **divertir-me nos jardins do meu amigo cônsul, jardins de tal forma embelezados que evidenciavam um elevado critério e muito gosto**. Fui de certo modo desviado da minha intenção pela entrada do Padre, guardião do mosteiro, que solicitava a minha companhia para tomar com ele o pequeno-almoço e passar o dia em sua casa. Tenho uma antipatia instintiva por padres anafados, mas como as feições deste reverendo brilhavam com o verniz da benevolência, assim como da intemperança, segui-o entusiasmado em direcção ao seu **mosteiro. É um edifício bonito, construído de pedra basáltica, cercado de jardins e alamedas, dando toda a aparência de propiciar uma vida feliz e abundante aos seus residentes. São cerca de doze ou treze, da ordem de São Francisco**, e, embora mendicantes, possuem uma independência e uma hospitalidade, que constituem formosos ornamentos do seu carácter a contrastar com a avareza e o servilismo dos portugueses do Continente. O seu único mester parece ser o de vaguear pelos jardins encantadores, ricos em fruta deliciosa e em flores fragrantes, ou de se assentarem debaixo do frondoso castanheiro

T. Hickling

Jardim do Tanque

[Casa comunitária]

Franciscanos

ouvindo a música das avezinhas cuja melodia aprazível é destacada por um eco reflectido por uma anfractuosidade num rochedo contíguo. Talvez que a disposição tranquila e satisfeita da irmandade seja o resultado natural de uma longa permanência num local da povoação tão exuberante em imagens bucólicas. Picos elevados revestidos de verdura, ribeiras cristalinas serpenteando ao longo do formoso vale, árvores que cresceram sem terem sido cultivadas, aqui afastando-se, sozinhas, ali amontoando-se em alamedas e caramanchões – teriam necessariamente de fomentar o lazer romântico e a recreação monástica. Sob este aspecto poderemos considerar bem-aventurados **os monges das Furnas: escolheram uma região que se singulariza por muitas variedades de paisagem rústica, quer se considere pelo lado do vale, quer pelo do espírito de lugar que inspira. Assim, e com propriedade, poderá ser chamada a ARCÁDIA dos Açores**.

Termalismo

Não obstante a beleza do vale, causa grande surpresa o facto de terem sido fundados um **mosteiro** e uma povoação num local de tão difícil acesso. Talvez seja curial relatar aqui o que fui aprendendo com o meu reverendo Padre e seus companheiros: a povoação **foi construída com o propósito de acomodar os doentes** que procuravam as águas das Furnas não só para beber como para se banhar; o **mosteiro foi edificado com o fim de receber aqueles monges cujas constituições estavam enfraquecidas** pelo estudo ou pela indulgência dos pecados cometidos. Alguns dos monges convalescentes que acabei de descrever, estavam presentes no nosso pequeno-almoço... E ao vaguear pela povoação durante o resto do dia, tive a satisfação de encontrar várias senhoras e cavalheiros da ilha que haviam há poucas semanas bebido das águas e que falavam muito bem da sua qualidade e propriedades terapêuticas. Hei-de alargar-me sobre este assunto. Devo agora observar que, **assim como toda a beleza e enfermidade recorrem às Furnas, este é o único teatro apropriado para se observar as senhoras portuguesas: é o único local onde elas abandonam a reserva estudada ou onde os maridos e os pais toleram que apareçam, descobertas, em passeios públicos. Esta tolerância irrompe do espírito especial do lugar, como nas termas de Inglaterra: o orgulho e o formalismo que envenenam a vida citadina são postos de lado e recuperam-se os procedimentos e os princípios, universalmente aceites, que caracterizam o ente social**. Até à minha visita às Furnas, nunca tinha visto as senhoras micaelenses da alta sociedade no seu verdadeiro carácter. Apresentaram-me a várias no primeiro dia da minha visita aos banhos. Comportaram-se de maneira equidistante entre a familiaridade indecorosa e o orgulho impertinente e

Mosteiro Banho da Ribeira?

Águas termais

Vida social

estudado. Hei-de dedicar toda uma carta a este assunto. Regresso à topografia do lugar.

A povoação e seus anexos consistem em cerca de sessenta casas, das quais várias se destinam a alojamento de visitantes; porém, como o receio de abalos de terra as limitaram a um andar apenas, tais alojamentos não são nem amplos nem funcionais. **Os banhos das Furnas estão a menos de dois quilómetros da povoação**, sendo a estrada muitíssimo aprazível. Ao inquirir do Padre Guardião, que me acompanhou no meu giro matinal, o que era digno de atenção tirante as Caldeiras das Furnas, logo indicou a localização e os nomes. Como ficavam dentro da área que eu próprio tinha determinado, visitámo-las antes de jantar. Tratava-se das **nascentes denominadas Pai, Filho e Espírito Santo**; uma caldeira cujo nome não consegui reter, e uma ribeira cujas águas são de um vermelho-sujo.

Habitação

Caldeiras

As nascentes brotam de perto do sopé de um monte perpendicular e embora distem apenas cerca de dois metros uma da outra existe uma diferença aparente no sabor e nas propriedades. **As águas rebentam com grande impetuosidade da nascente e após errarem alguns metros em diversas direcções, reúnem-se de súbito formando uma corrente de força suficiente para se despenharem e fazerem mover um moinho** localizado a cerca de cem metros abaixo. Ao afastar-se do moinho, a corrente toma a forma de regato e, recebendo alguns afluentes, encurva-se, em frente do **mosteiro dos Franciscanos**, rumo à povoação. A água é clara e transparente e é tida em grande conta pelos visitantes e pelos habitantes do lugar.

Nascentes de agua

Moinho

A Ribeira de Água Férrea nasce no Pico do Ferro, um monte de tal modo rico nesse minério que a água corre espessa e férrea da nascente, deixando no copo um sedimento de mais de um terço e pouco menos de dois terços de peso. É um sedimento ferruginoso e pegajoso. Daí ser férreo o leito, sendo as pedras revestidas de uma substância avermelhada e saponácea, com cheiro tão intenso a enxofre que a ribeira tornou-se em motivo inquietação. Já vi o Rio Vermelho, um afluente do Mississipi: retém a cor a mil e quinhentos quilómetros da nascente. Dizem-me que esta ribeira, após desaparecer num canal subterrâneo, segue para o mar, tingindo-o de marcas de sangue ao longo de uma grande extensão. As minas foram

Banhos da Ribeira?

Ribeira Quente

Índole dos Furnenses

outrora exploradas, mas não sei com que grau de eficiência. Os Furnenses nada sabem para além da época em que vivem e parece acharem razão na sua ignorância, pois são felizes por possuir um espírito que se contenta com pouco.

Caldeiras

O próximo assunto de natural curiosidade é "As Caldeiras." Este fenómeno singular não é provocado por refluxo nem por obstrução das águas de um rio profundo. Ao invés, manifesta-se milagrosamente no âmago de uma nascente límpida, de dentro da qual respinga, constantemente, uma substância magmática e lamacenta que, remoinhando num rápido movimento rotativo, forma um turbilhão de força tamanha, que desafia a rijeza de qualquer ser vivo que esteja dentro do alcance desta actividade, sugando rápida e sofregamente tudo o que o azar ou a curiosidade rejeite lá para dentro. Tais objectos nunca mais aparecem. E se são atirados, propositadamente, atados a uma corda, a sensação é semelhante à que é experimentada pelo marinheiro que coloca uma sonda no mar profundo: a linha voa das mãos e o chumbo enquanto puxado para a superfície parece ter um peso enorme. Conta-se aqui uma história autêntica a respeito deste monstruoso sugadouro, que prova a força brutal que possui. A nascente onde exerce o seu domínio é famosa pela abundância de agriões da melhor qualidade. Uma de duas raparigas que iam colhê-los escorregou inadvertidamente para a área de influência do movimento rotativo, mas não exactamente no vórtice. A companheira acorreu em seu auxílio, agarrou-a pela mão e segurou-a, até que os gritos de ambas fizeram com que alguns aldeãos acudissem ao local, mas apenas foram testemunhas de uma cena horrível de morte. Antes de o socorro chegar, a companheira soltou-se e a outra desgraçada, após remoinhar cada vez mais em círculo, na presença dos amigos e dos parentes consternados, soltou um dilacerado berro de angústia e por fim desapareceu! Ao arremessar-se um objecto de grande dimensão para dentro do remoinho, o movimento rotativo aumenta. E ao procurar-se retirá-lo, a actividade chega até à agitação e à fúria. Considera-se inútil tentar sequer introduzir uma sonda: duas centenas já foram em vão experimentadas. A água da nascente é límpida e transparente; o fluido magmático é espesso e impuro: não se amalgama com a água, ergue-se para a superfície e desce de novo para o fundo de acordo com leis aparentemente desconhecidas. Tem cerca de sete metros de diâmetro e dista não mais de trezentos do lugar das Furnas. Que no local mais rico e romântico da ilha haja algo que cause tanto terror, é um facto que ensombra o espírito de medo e deslumbramento e para o qual não tenho explicação. Relato o facto com vista a incitar a especulação dos entendidos e a investigação dos curiosos. Vou por agora despedir-me desta obra extraordinária da Natureza.

Regressando ao mosteiro com o meu solícito cicerone, fiquei satisfeito em saber, por seu intermédio, que as obras maravilhosas da Providência, dentro e fora do vale, de mistura com as condições raras em que estão localizadas, têm sobre o carácter dos habitantes um efeito benéfico, convertendo-os em indivíduos sóbrios e laboriosos na vida social, moral e religiosa. O vale é de facto testemunho da prevalência desta disposição de espírito: está muitíssimo bem agricultado, produzindo em abundância vinho, laranjas, figos e toda a qualidade de cereais, com uma população de compleição clara e fresca.

Caracter dos Furnenses

Poderá V. Ex.ª formar uma opinião sobre a prodigalidade da Natureza para com este povo insulado se lhe comunicar que o jantar no mosteiro foi magnífico, assim como todos os produtos provenientes do vale. Consistiu o jantar em peixe e galinha, caça e carne do açougue, vinho branco e tinto, fruta de quase todos os climas, tendo esses produtos sido fornecidos ao mosteiro pelos moradores do vale. Não houve nada de exótico, a não ser café, especiarias e licores. Dir-se-ia que a Providência, partindo de um princípio de equidade, conferiu a este povo, tantas vezes alarmado com fenómenos medonhos, uma singular afabilidade, mesmo perante a actividade de fogos eternos.

Gastronomia

Permaneci nas Furnas até à manhã do segundo dia e deixei o lugar com sentimentos de gratidão para com o reverendo Padre, o Cônsul Americano e as numerosas pessoas que me honraram com as suas amabilidades e deferências. Por agora, deixo-o com as mesmas impressões, e sou de V. Ex.ª, etc., etc.

CARTA XVIII

VIAGEM À VOLTA DE SÃO MIGUEL (CONT.) – AS CALDEIRAS – A CALDEIRA DE LAMA – A ROCHA FURADA – A RIBEIRA QUENTE E FRIA – AS NASCENTES QUENTES E FRIAS – OS BANHOS.

Em todas estas ilhas maravilhosas, nada consegue ser mais contrastante do que as Caldeiras e o Vale das Furnas. As Caldeiras, caracterizam-

Caldeiras

nas um ermo monótono de areia vulcânica, sem sombra ou abrigo, queimado pelos ardentes raios do sol e interceptado por fundas ravinas e crateras bocejantes, onde, no lugar de brisas amenas, difundem-se os vapores mais sufocantes e águas a ferver, as quais, nascendo da terra tremente, ameaçam esmagar o espectador atemorizado; enquanto por outro lado o que qualifica o Vale das Furnas são alamedas frondosas, pastagens verdes, campos granjeados, regatos de águas muito puras, frutas do mais delicioso sabor, uma atmosfera da mais balsâmica fragrância...

Contrastes e harmonia

Passou-se algum tempo antes que eu conseguisse encher-me de coragem para examinar minuciosamente as Caldeiras. Era impossível contemplar tais aparições extraordinárias sem emoção e admiração temente ao Grande Ser que, tranquilamente, realiza estes milagres para agir sobre as mentes e a conduta das Suas criaturas. Era impossível observá-las sem uma sensação de força enfraquecida, sem uma atitude de espírito propícia à humilhação e à veneração, sem o reconhecimento da incapacidade de analisar o que se eleva muito para além do raciocínio e da compreensão do homem.

O guia que me levou às Caldeiras, a sensibilidade já embotada pelo hábito de olhar sem ver este cenário deslumbrante, pouco caso fez da devoção das minhas atitudes: acotovelava-me de um para outro objecto, **sendo para ele pontos de interesse os seguintes: 1. As Caldeiras; – 2. A Caldeira de Lama; – 3. A Rocha Furada; – 4. A Ribeira Quente e Fria; – 5. As Nascentes Quentes e Frias; – 6. Os Banhos**.

1. As Caldeiras das Furnas dão-se a conhecer por altas colunas de vapor de água fervendo que se elevam de nascentes de variados diâmetros até a uma altura que, no máximo, não atinge os quatro metros. O ar fica fortemente impregnado de enxofre e a atmosfera próxima recebe o vapor quente sob a forma de nuvens que exibem uma bela variedade de estranhas figuras de matizes brilhantes. A água é tão quente que pode cozer um ovo em dois minutos, e feijão, batata e milho em tempo proporcionável. Porém, esse vapor é tão sulfúrico e penetrante que impregna os vegetais com o ácido nele contido, tornando-os, assim, impróprios para o consumo alimentar. **À volta de cada caldeira, e num raio de vários metros, a terra expele ténues vapores que deixam marcas de enxofre sublimado nos locais expostos à sua acção**, ostentando cores em que o verde, o amarelo e o azul-celeste são, na sua maior

Caldeiras

parte, predominantes. A **Caldeira principal** tem um aspecto grandioso: a água é cuspida de várias centenas de válvulas, eleva-se e afunda-se como se fosse expelida pelos respiráculos de inúmeras baleias. Quando esta actividade é observada com atenção contra o sol vê-se a superfície esférica adornada com cores prismáticas e se não fosse o calor intenso e o cenário ermo e estéril que a circunda seria um espectáculo muito mais propício a estimular uma generosa admiração do que um terror covarde. **Tão intenso, porém, é o calor, e tão evidente e gigantesca a ruína e a desolação, que o espírito se contrai à ideia de prazer e afunda-se em cogitação melancólica sobre tais realidades, como sendo só tristes, perecíveis e sujeitas à decadência.**

2. "**A Caldeira de Lama**", **separada da Grande Caldeira por um bordo de matéria vulcânica**, só pode ser apreciada com sensações desencontradas: de um horror assombroso, parece, à primeira vista, aterrar o espírito e assustar o intelecto. E todavia, após ter o raciocínio ou a experiência removido as primeiras impressões de medo, consegue-se extrair da situação um agradável prazer. Acontece o mesmo com o fogo, as devastações, os furacões, o céu tempestuoso, o oceano revolto, um animal selvagem em cativeiro, ou um monstro falecido, os quais, ou pela sua natural grandiosidade ou insólita novidade, se tornam matéria de contemplação agradável após terem sido anteriormente reconhecidos como temíveis e inofensivos. O cume da "**Caldeira de Lama**" situa-se ao nível do chão e dá para uma ampla caverna dentro da qual o conteúdo mineral e metálico se encontra em constante estado de ebulição. Procura incessantemente despejar-se pelo vértice com tal violência e estrondo, ainda mais poderosos e potentes do que as ondas do mar quando procuram entrar nos recessos da costa. Por mais estranho que pareça, porém, o vulcão tem um poder limitado: a matéria magmática incha e eleva-se até à precisa periferia do cume, mas nunca extravasa. É, contudo, sabido no Vale que a atmosfera tem um efeito visível sobre esta caldeira, que pressente toda e qualquer alteração no seu interior. Descobriu-se que possui esta qualidade num grau mais elevado do que qualquer barómetro da ilha. Quando o tempo propende para a chuva ou para o vento, o seu ruído aumenta, situando-se entre a investida das ondas e o rugido do furacão. Quando o tempo se acalma, o rugido diminui até igualar o marulho das ondas batendo contra a costa. Nem sequer é tenuemente prognosticador das mudanças que estão perto a ocorrer na atmosfera. O barómetro prediz o estado do tempo apenas por 24 horas, ao passo que, quando o ruído da caldeira diminui, há uma certeza de que o tempo irá continuar bom durante três ou quatro semanas.

[…]

Caldeira da Lama?

CARTA XIX

Continuação da Viagem à roda de São Miguel

Espíritos Subterrâneos

Crenças e superstições dos Furnenses

Não conviria sair do Vale das Furnas sem participar a V. Ex.ª que os seus autóctones têm a ideia de que as cavernas e as fissuras das fragas, com que a Natureza dotou o lugar, são habitados por duendes e espíritos subterrâneos. Têm-me sido relatadas centenas de histórias de figuras grotescas, umas grandes, outras pequenas, umas leves e airosas, outras imóveis e pesadas, consoante o corpo ou a matéria que habitam.

O mundo científico costuma considerar caprichosas e ridículas tais histórias. Mas de facto estes ilhéus têm razões suficientes para acreditar nesses demónios, a avaliar pelas descrições contidas na correspondência do Padre Guardião e de outros membros do seu **mosteiro**. Imaginar-se-ia que essas matérias que os monges consideram factos, poderiam granjear um certo apreço aos olhos do resto do mundo. Nas orações conventuais há inúmeras alusões indirectas a espíritos subterrâneos. Mas a mais estranha e mais incontestável prova desta crendice na existência de tais demónios, generalizada e instituída pelo clero local, é referida, numa pregação feita a preceito, uma circunstância muito estranha: a de nunca terem os furnenses visto nenhum dos demónios que com tanta precisão os monges descreviam. Limitavam-se a dizer a Santo António que os espíritos atormentadores se dedicavam a provocar tempestades e trovoadas subterrâneas. Porém, há alguns que declaram terem-nos visto, chegando o Padre Guardião ao ponto de afirmar que, um dia, após violenta convulsão telúrica, encontrou uma substância maciça, cerca de quinze centímetros de comprimento, na qual, com a ajuda da irmandade, delineou os olhos, os braços, as pernas e o peito de uma entidade satânica. Quem quer que compare esta descrição com a casta mais pequena de demónios subterrâneos encontrará boas razões para se convencer de que, se alguma dessas criaturas de facto existiu, esta decerto seria uma delas. O evento corresponde também à satisfação da descoberta feita pelos próprios monges e possibilitada pelo desígnio do demónio: convulsionar aterra e atormentar os pacíficos moradores do Vale. O mosteiro não faz pública declaração a estranhos de estar na posse deste espírito vindicativo, mas lá convenci o padre a confessar-me que sempre que a cratera de lama, ou a boca do inferno, como é aqui conhecida, prenuncia, por meio de estrondos, uma erupção ou um sismo, transportam esse espírito em procissão com a imagem de Santo António e se a causa da inquietação não fica apaziguada com súplicas e rezas, eles tanto punem o santo como o demónio, expondo-os à acção da lava.

Após provas tão irrefutáveis da existência destes demónios subterrâneos, espero que o mundo culto dê mais atenção e respeito do que tem dado ao bom povo que relata as façanhas desses demónios: pela minha parte, estou plenamente convencido da sua existência, visto que acredito, e acreditarei sempre, em qualquer coisa da qual nenhuma outra prova possuo que não seja a palavra e o testemunho dos residentes de um mosteiro. Não devo omitir que os demónios assumem por vezes o formato de bolas de enxofre que, depois de executarem uma multiplicidade de evoluções excêntricas, caem aparentemente inertes sobre terra. O meu bom Padre exibiu duas destas bolas: forma arredondada e cor amarelada, muito mais duras do que o enxofre comum, uma textura muito diferente, totalmente revestidas de finos cristais, brilhantes e acetinados, marchetados de tintas cor de âmbar e de esmeralda. As provas de que estas bolas eram demónios foram ulteriormente baseadas na certeza de que estoiravam no ar, quando expostas à acção do fogo, causando em toda a volta danos avultados. A despeito de tais certezas, é muito provável que, para v. Ex.ª, a dimensão, a forma e a descrição dessas bolas sejam perfeitamente comparáveis às pirites e que o pó resplandecente, espalhado à superfície, facilmente se relaciona com as pirites, e não, como alguns pretendem, com os demónios ou com as bolas de enxofre formadas no ar. Na verdade. tenho muitas vezes achado pirites nas quais, e depois de totalmente humidificadas, descobri em diversos sítios, orifícios revestidos de solidificações muito semelhantes às dos demónios dos monges: finas, transparentes e com eflorescências [depósitos esbranquiçados e pulverulento de sais minerais à superfície do solo ou das rochas] misturadas com âmbar e ácido sulfúrico puro. Quanto à sua capacidade de estourar e arder com chama branca, é facilmente explicável, uma vez que muitas das pirites que contêm em si qualquer coisa de arsénico são combustíveis e ardem com chama esbranquiçada ou branca-esverdeada e não com chama azul. Em resumo, e quanto às bolas que os monges descrevem como demónios, não tenho pretensões a descobrir, mas o mundo científico terá argutas conjecturas de que não serão demónios, especialmente porque tem obrigação de saber que as pirites de forma esférica, que correspondem a todas as características dessas bolas, se encontram em diversas partes da Europa e que, se colhidas e conservadas durante algum tempo, ficam carcomidas, com cavidades, esfarciando-se depois.

Nem sequer são esses demónios os únicos objectos de terror e superstição para os habitantes deste Vale. Viver numa superfície que não raro treme e ondula devido a violenta actividade de fogos reprimidos, a vã curiosidade de espreitar o futuro impele-os traiçoeiramente para diversas práticas não só extravagantes mas prejudiciais ao seu repouso. **Esta fragilidade – não tenho feitio para lhe chamar perversidade – coloca-os numa situação de recorrerem aos vaticínios, aos adivinhos, aos intérpretes de sonhos, aos analistas de presságios. Esta última espécie de adivinhação é muito antiga, mas estes pobres ilhéus ultrapassam todos na ciência dos prenúncios. A tal ponto que a transformaram em arte, introduzindo normas e regras em variadas observações, abandonando as casas, os alares, as terras, logo que um presságio persistente anuncie uma erupção vulcânica ou um tremor de terra.**

Estes presságios são de diversas espécies, contando-se entre os mais importantes os sons subterrâneos, as vozes divinas e demoníacas. Porém, a origem desses barulhos e desta superstição – já a isto me referi – provém das características insólitas do local e da condição peculiar dos seus habitantes. Não seria prudente desdenhar destes presságios e seria cruel condenar as pessoas por andarem em cata de uma desilusão que seja como bálsamo contra os horrores a que estão expostas. Os monges têm vários expedientes para frustrarem maus presságios: imploram aos santos da sua devoção para que evitem o acontecimento. Obrigam as pessoas a fazer penitência, ofertas e sacrifícios. Finalmente, se o presságio tiver a aparência de que foi confirmado, elevam um clamor contra Santo António e classificam-no entre os demónios já nomeados. A conclusão natural é esta: as esperanças de um e os terrores do outro resultam mais da natureza do habitáculo do que dos fantasmas de uma mente destemperada. Na próxima carta farei a V. Ex.ª uma descrição da minha partida das Furnas.

[...]

Tradução do Dr. Cristóvão de Aguiar

JOHN B(ASS) DABNEY

[CARTA] Faial, 20 de Fevereiro de 1811
In Dabney, Roxana Lewis – *Anais da Família Dabney no Faial*. Trad. João C. S. Duarte. Horta: Instituto Açoriano de Cultura: Núcleo Cultural da Horta, 2004, vol. 1, p. 46-48.

[...]

Roxana Dabney não escreveu história nem terá pretendido organizar um repositório informativo destinado a registar, para benefício das gerações futuras, um quadro caracterizador do fluir da vida faialense e dos factos marcantes que durante décadas foram moldando a feição da ilha que os Dabney escolheram para morada. Roxana apenas terá desejado partilhar o itinerário da família por terras açorianas, indo ao encontro do pedido das sobrinhas que a instaram a meter ombros a tão exigente tarefa, passando a letra impressa, com paciência de infatigável coleccionador, quase um século de experiências e vivências que reflectem relações privadas mas, com copiosa abundância, revelam traços, esboços e quadros riquíssimos dando nota da agitação de uma época fortemente marcada por muitos e variados sucessos.

> In Dabney, Roxana Lewis – *Anais da Família Dabney no Faial*. Trad. João C. S. Duarte. Horta: Instituto Açoriano de Cultura: Núcleo Cultural da Horta, 2004, vol. 1, p. XIII.

[...]

[CARTA]
                            1811
DABNEY, John B(asse)
Faial, 20 de Fevereiro de 1811
Sr. Lemuel Bent [irmão do cunhado de J. B. D.]

Fiz no Verão passado uma visita com a Sra. Dabney e três dos meus filhos a S. Miguel e passei **algum tempo num lugar que é chamado as "Furnace" (de um antigo vulcão, provavelmente), o lugar mais romântico e magnífico que possivelmente se encontra neste globo. Pelo menos é esta a opinião unânime de todos os estrangeiros, muitos dos quais visitaram a Itália, a Alemanha, a Espanha, os Alpes &c. &c.**

Visitantes estrangeiros

Depois de deixar a parte habitada e cultivada da ilha, **escalamos montanhas em burros** durante várias horas para atingir o cume da parte oriental da ilha e descemos então para um vale profundo, uma bela planura de cerca de cinco milhas de comprimento e duas ou três de largura. Aí jorram em borbotão, num grande número de sítios, as mais sadias águas minerais de vários tipos e temperaturas, do frio até ao quente. A este sítio recorrem anualmente grande número de pessoas em busca de saúde e poucas são as que a não encontram. Perto dos locais mais convenientes para os banhos existe uma freguesia muito grande, contando cerca de mil e quinhentos habitantes. Foi plantado um imenso número de **choupos** da Lombardia e **salgueiros** para embelezar a paisagem, que é de seu natural majestosamente grandiosa e desafia toda a descrição. O Vice-cônsul americano, **Thomas Hickling**, Esq., cuja família fomos visitar, que tem a sua casa na cidade e uma elegante casa e jardins a três milhas da cidade, tem também aqui uma soberba residência. Uma casa singular, espaçosa e cómoda, com um belo lago de peixes de água doce à frente, rodeado por caminhos de fina gravilha e salgueiros chorões, uma ilha no centro para a qual se lança uma singular ponte de arcos. Um lindo parque adjacente com belos caminhos de gravilha e bordejados por sebes de buxo com dez pés de altura, e um ribeiro correndo no meio delas, tão fortemente impregnado de ferro, que as pedras sobre as quais corre têm incrustado esse metal.

Perto, há **locais de banhos** numa espécie de confluência deste ribeiro e de uma quantidade de nascentes sulfurosas e outras. A terra, nesse lugar, assemelha-se a, e cheira como, uma massa de enxofre, e as nascentes, cuja água é canalizada para os **estabelecimentos de banhos**, estão tão fortemente impregnadas de enxofre que as doenças escrofulosas depressa cedem diante da sua força. Estas nascentes estão a ferver e antes de serem canalizadas para os **banhos** são levadas para reservatórios, onde se deixa arrefecer a água até à temperatura adequada. As nascentes jorram em borbotão em todas as direcções e junto dos **estabelecimentos de banhos** há um sítio onde uma pessoa pode estar de pé, tocar a forte nascente sulfurosa escaldante com uma das mãos e tocar com a outra uma nascente de uma qualidade inteiramente diferente, fria como gelo e extremamente ácida. Estas torrentes e nascentes formam grandes regatos que encontram o seu caminho para o oceano através de algumas das aterradoras fendas das montanhas. Independentemente das virtudes dos **banhos sulfurosos**, estes são os mais deliciosos que alguma vez experimentei e deixam a pele muito macia, dando vivacidade e elasticidade a todo o corpo.

O **Sr. Hickling** é natural de Boston, aparentado com a família Amory, e reside em S. Miguel há trinta anos. É um excelente e simpático cavalheiro já idoso e tem uma família numerosa e amável, principalmente filhas, três das quais são casadas com respeitáveis mercadores ingleses e três outras crescidas, em casa, e duas mais novas na escola, em Streatham, perto de Londres, com a minha filha Roxalina, além de um filho maior e um ainda pequeno.

Nas Furnas, dado que a família passa lá um mês ou dois por ano para desfrutar dessa bela residência. Passam seis meses na sua magnífica casa perto da cidade e durante cerca de quatro meses, no Inverno, ficam na sua casa da cidade. Não há ninguém na terra que desfrute em maior grau do conforto e luxo desta vida. A Sra. Dabney ficou encantada com a excursão, foi lá passar um dia e voltou três dias mais tarde. A distância é de cinquenta léguas.

[Livramento]

[...]

WILLIAM HICKLING PRESCOTT, 1796-1859

ANGLIN, João Hickling – *Quatro cartas do historiador William H. Prescott.* Contendo impressões da sua visita a S. Miguel em 1815-1816. **Insvlana**. Ponta Delgada, vol. 7, n.º 3-4 (1951), p. 218-235. Trad. do original TIKNOR, George – *Life of William Hickling Prescott.* Boston: Ticknor and Fields, 1964, p. 31-39.
Filho de Catherine Green Hickling, passou uma temporada nas Furnas (1815--1816) em casa de seu avô Thomas Hickling.
Foi um reputado historiador da cultura hispânica.
Cf. RILEY, Carlos Guilherme – *Os antigos modernos. O liberalismo nos Açores: uma abordagem geracional.* Ponta Delgada: Universidade dos Açores, 2006, p. 229-230: ANGLIN, João Hickling – *Thomas Hickling.* **Insvlana**. Ponta Delgada, vol. 5, nº 1 (1949).

[…]

Á Irmã
S. Miguel, Ponta Delgada, 12 de Março de 1816

[…]

Visitei há semanas, minha querida irmã, várias termas na Ribeira Grande, ao norte da ilha; depois estive nas Furnas, onde vi coisa muito mais maravilhosa e bela e por isso contentar-me-ei com uma narrativa desta última excursão.

O caminho atravessa uma região montanhosa, de paisagem selvática e pitoresca. O nosso grupo constava de cerca de vinte pessoas, viajando em *Burricada* **burros**, que são o melhor transporte do mundo, tanto pela sua sociabilidade como pela pouca fadiga que causam. Como caminhávamos irregularmente, a nossa cavalgada tinha uma aparência romântica, pois enquanto uns já estavam no vale, outros ainda continuavam nas cumieiras dos montes ou em marcha tortuosa pelas descidas, à beira de abismos empinados, de duzentos pés de altura.

Como a minha imaginação se encontrasse inteiramente ocupada com os fenómenos vulcânicos que dão renome às Furnas, não prestei atenção alguma aos seus atractivos mais amenos. Qual não foi então a minha surpreza quando, ao descer as montanhas ao crepúsculo, nos surgiu à vista um vale circular, de dez milhas de circunferência, rodeado por todos os lados *Pastorícia* de **amplos montes, exuberantemente cultivados**. O sino da tarde, à medida que desciamos para a planície, tocava as Avé-Marias, para chamar os habitantes à devoção; e isto, com o assobiar dos **pastores**, que nesta terra é particularmente plangente, combinado com o tom cinzento do anoitecer, encheu-me o peito de sentimentos de calmo contentamento.

Considero tarefa inútil tentar descrever as **Caldeiras**, porque me não é possível dar uma ideia adequada deste terrível espectáculo. Há sete caldeiras principais, sendo a maior de perto de vinte pés de diâmetro. São em geral de forma circular, diferindo, porém, umas das outras, tanto na forma como nas dimensões. Fervem com tal violência que projectam a água à altura de vinte pés, fazendo um ruido como de trovões distantes. *Caldeiras*

A casa do **avô** fica situada no centro deste lindo vale. Sofreu várias alterações desde que a Mãe aqui esteve. A entrada é por uma longa avenida de sombrios buxos, subindo-se para casa por um lanço de cinquenta degraus de pedra. Perto da casa fica um pequeno bosque, que não estava ainda em embrião quando a Mãe por cá andou. Em frente está um **tanque** com uma ilhota ao meio, ligada à terra por uma ponte de pedra. *Thomas Hickling* *Jardim do Tanque*

Neste delicioso sítio passei algumas das horas mais felizes desde a minha saida da terra natal. No «**Yankee Hall**[*]» todos vivem *sans souci*. O ar do sítio é notàvelmente propicio tanto à boa disposição de espírito, como ao bom apetite. *Yankee Hall*

Nos meus passeios tenho encontrado vários aldeãos que se lembram de D. Catarina[*] e testemunham o seu afecto pelo filho com abraços tão robustos, que me não sinto suficientemente português para apreciar.

[...]

---

[*] Assim se chamava a casa de Tomás Hickling, no seu jardim das Furnas, que recordava a sua casa na América. O jardim, outrora conhecido por «o Tanque», é o actual Parque «Terra Nostra», que Tomás Hickling começou a construir pouco depois da sua vinda para S. Miguel, em fins do terceiro quartel do século XVIII. A propriedade de Tomás Hickling foi adquirida, em meados do século XIX, pelo Visconde da Praia, que no local onde estava o «Yankee Hall» construiu a casa que ainda hoje lá existe. *(Nota do tradutor.)*

[*] Mãe do historiador Prescott

JOHN WHITE WEBSTER, 1793-1850

WEBSTER, J. W. – *A ilha de S. Miguel em 1821*. **Archivo dos Açores**. Ponta Delgada, vol. 14 (1981), p. 392-395; p. 527-529. Trad. por César Rodrigues da edição original: WEBSTER, J. W. – *A description of the Island of St. Michael comprising an account of its geological structures with remarks on other Azores islands:* Boston: R. P. & C.Williams, 1821.
Foi professor do Departamento de Química da Harvard Medical School. Visitou a Ilha de S. Miguel de Out. de **1817** a Março de **1818** e não em 1821 como o título da tradução indica.
Casou com uma filha de Thomas Hickling. Era amigo de W. Hickling Prescott (neto de T. Hickling) que esteve em S. Miguel no ano anterior.
Cf. RILEY, Carlos Guilherme – *Os antigos modernos. O liberalismo nos Açores: uma abordagem geracional*. Ponta Delgada: Universidade dos Açores, 2006, p. 227-258.

A Ilha de S. Miguel em 1821

[...]

CAPITULO XVII

Montanha da Gaiteira. Lagôa das Furnas. Nascentes thermaes

Caminhando de Villa Franca para leste observámos que as montanhas estão mais juntas umas das outras e que augmentam rapidamente d'altura, não sendo má a estrada durante algumas milhas, mas tornando-se estreita e tortuosa á medida que se approxima d'altitudes mais consideraveis, e passando por cima do cume d'uma das mais altas montanhas entre Villa Franca e o Valle da Furnas. Esta montanha chamada a «**Gaiteira**» está a 2997 pés acima do nivel do mar, como se verificou por observação barometrica, é composta principalmente de **pedra-pomes**, como as montanhas já mencionadas, sendo o seu cume coberto d'um negro e rico solo, no qual florescem exuberantemente **murtas** e **fetos** de grande tamanho e belleza.

Gaiteira

Os cumes innumeraveis das serranias circumdantes, vistos da parte mais alta da **Gaiteira**, que se eleva acima d'ellas, assemelham-se ás vagas d'um mar altamente encapellado, que tivessem passado de repente no momento da sua maior elevação. Claras manchas de **pedra-pomes** a descoberto, que se parecem muito com espuma ao longe, fazem realçar esta illusão em muitas das montanhas, tornando-se esta apparencia mais notavel pelo contraste com o verde carregado da vegetação exuberante, que cobre as suas encostas. Os valles intermediarios são profundos e estreitos, extendendo-se quasi atravez da Ilha com grande uniformidade de direcção.

    Descendo desta montanha atravessamos um caminho estreito e perigoso e em breve nos achamos em accidentados e romanticos valles de grande extensão. Os **fetos**, de muitos pés de comprido, suspendem-se dos precipicios em grande quantidade, e montões de **murta** e **buxo** brotam de todas as fendas onde haja terra suficiente para um amparo. **Correntes d'agua** serpeiam no fundo da maior parte dos valles e são abastecidos por numerosas cascatas cahindo dos precipicios, os quaes muitas vezes engrossam depois de abundantes chuvas, tornando-se torrentes caudalosas, que arrastam a **pedra-pomes** solta e profundam os valles ainda mais. D'este modo também se formam todos os annos fundos precipicios de grande tamanho.

Flora

Ribeiras

    Depois de subirmos outras montanhas descobrimos por fim um valle de maior extensão do que qualquer por ora mencionado, completamente rodeado de montanhas e precipicios, que excedem mil pés d'alto, d'alguns dos quaes caiem lindas cascatas para uma lagôa de muitas milhas de circumferencia. É esta a «**Lagôa das Furnas**», cuja profundidade d'agua varia com maior ou menos abundância das chuvas, pelos quaes parece ser principalmente abastecida. Na occasião da minha visita a este valle a quantidade d'agua comparativamente pequena, cobrindo apenas cerca de metade do terreno, mas ainda assim tinha provavelmente uma circumferencia de cinco milhas. Nas margens d'esta lagôa encontram-se **patos bravos** e outros generos de **caça**, tendo sido porem antigamente muito mais abundante do que hoje em dia.

Lagoa

Caça

    A superfície do terreno não coberto d'agua está juncada de pedaços de **pedra-pomes** gastos pela acção das aguas, **lava**, e toda a variedade de rocha que se encontra n'outros pontos da Ilha, tendo-se amontoado no sopé das montanhas circundantes grande quantidade de fragmentos, entre os quaes achei dois bocados compostos de **feldspato** vitreo branco em pequenas concreções, frouxamente agregadas, e havendo entre estas muitos espaços pequenos occupados em parte por brilhantes laminas de ferro especular (fer oligiste laminaire), sendo os cristaes n'uma das cavidades aciculadas e divergentes.

    Caminhando ao longo das margens d'esta **lagôa** descobrimos columnas d'um vapor leve e fumo subindo da praia na margem septentrioual,

Caldeiras

Lagoa

ouvindo-se um indistincto ruido resoante, e ribilante, e vendo-se por fim as columnas de vapor elevarem-se de numerosas nascentes **d'agua quente**, fervendo atravez de orificios no solo. Toda a planicie entre a **lagôa** e a extremidade norte do valle é composto de terra aluminosa branca e acinzentada e juncada de pedaços de lava e pedra-pomes, n'uma extensão de muitas geiras. O solo e muitas das pedras perto das **nascentes** são tão quentes que se não lhe póde tocar impunente. Estas pedras exteriormente são brancas, mas quando quebradas vê-se que são mais escuras para o centro, sendo então d'um negro-pardecente. Nos exemplares maiores esta transição é muito gradual e acompanhada por um augmento de densidade de fóra para dentro. Pedaços que exteriormente são tão molles que a unha pode facilmente n'elles deixar marca, interiormente são sufficientemente duros para emittir faiscas, com o fuzil. Encontrei pedaços enormes d'um branco amarellado compostos de concreções distinctas, ou, talvez mais correctamente fallando, fragmentos, unidos uns aos outros, mas sem cimento algum visivel, podendo-se separal-os com facilidade.

  Não obstante estas rochas se parecerem com as da **Islandia**, que **Olaisen** e **Povelsen** consideram como tendo sido produzidas por nascentes thermaes, o seu aspecto e todas as circumstancias que as caracterisam, mostram que ellas não podem ser consideradas como depositos das aguas. As porções compactas de muitos dos especimens de S. Miguel tão exactamente a assemelham á **lava** e a outras rochas que se encontram em differentes regiões da Ilha, que me inclino a consideral-as como fragmentos, que tivessem sido mais ou menos alterados por terem estado sujeitos á acção de vapores acidos quentes. «La couleur blanche», nota Dolomieu, «des pierres de l'intérieur de tous les cratères enflammés est produite par les vapeurs acido-sulfureuses qui les penètrent, et qui se combinent avec l'argile qui leur sert de base y formant l'**alun** que l'on retire des matières volcaniques.» - «Cette alteration des laves par les vapeurs acido-sulfureuses en est une espèce d'analyse, que la nature fait elle-même des matières volcaniques. Il y a des laves sur lesquelles les vapeurs n'ont pas encore eu assez de temps d'agir pour les dénaturer entièrement, et alors on les voit dans différents états de décomposition que l'on reconnait par la couleur».

  Mr. Ferber tambem notou a conversão no Vesuvio de lava em barro, e observa que vasos feitos de barro e cosidos no forno se tornam outra vez ductis quando expostos á acção de vapor acido.

  Todos os intersticios no solo e bem assim as superficies de muitas das rochas soltas estão incrustados d'enxofre, o qual algumas vezes cristallisa em agudas pyramides de tres faces, mas mais frequentemente em fibras delicadas, podendo-se colher d'elle uma quantidade consideravel em pouco tempo.

Silica sob variadas formas, encontra-se como deposito das aguas, cimentando muitas porções pequenas de **pedra-pomes** e lava alterada.

Temperatura

Visitei estas nascentes no dia 2 de Dezembro pelo meio dia. A temperatura da atmosphera, conforme marcava um delicado thermometro á sombra, era 67.° F. e o barometro 29,P7. A **temperatura da agua** em algumas das nascentes era o seguinte:

Nascentes

142° - 79° - 182° - 173°
110° - 193° - 117° - 94°
98° - 87° - 191° - 109°
121° - 190° - 97°

Caldeiras

Em virtude das grandes quantidades de vapor que se elevavam na atmosphera é de presumir que a temperatura debaixo do solo fosse a do ponto d'ebulição. A agua tinha uma apparencia turva e n'um estado de ebulição violenta, devido em grande parte á sahida dos gases hydrogenio-sulfatado e anhidrido carbonico.

Na proximidade d'estas nascentes, mas n'um logar onde se não achavam expostos á sua influencia, estavam grandes fragmentos d'uma especie de breccia composta de pedaços angulares de **lava** e **pedra-pomes**, cimentados por uma substancia siliciosa amarellada. Este cimento é duro e cristallino, parecendo-se um tanto com a calcedonia.

História geológica

As variedades de **calcareo silicioso** que se encontram aqui, e na proximidade de outras nascentes thermaes da Ilha, serão mais particularmente descriptas em conjunção com as do Valle das Furnas.

A estrada passa ao longo da encosta dos montes, e sobe gradualmente até que attinge a elevação de cerca de oitocentos a novecentos pés; n'este decurso em muitas secções de grande tamanho e profundidade nenhumas outras rochas apresentam senao pedra-pomes, e de vez em quando escorias soltas.

A differentes attitudes e em differentes porções d'estas enormes camadas de **pedra pomes** descobrimos quantidades consideraveis de madeira bituminosa, em parte na pedra-pomes e em parte destacando-se d'ella n'uma direcção horisontal. Em alguns logares, observámos na estrada distinctos troncos d'arvores cujos diametros excediam e muito o do actual crescimento da **madeira** em S. Miguel, elevando-se muitos d'elles atravez da pedra-pomes n'uma posição natural, parecendo ter sido esta a sua situação original, e estando todos elles n'um estado muito similhante ao do *surturbrand* da Islandia, mas sendo um tanto menos denso. Estes troncos conservam a sua estrutura lenhosa, mas não são sufficientemente duros para servirem para obras. Foi quando se removeu a **pedra-pomes** ao fazer-se a estrada na encosta da montanha que elles foram descobertos tendo estado previamente mais de 50 pés abaixo da superfície do solo.

Tendo attingido o cimo das montanhas na extremidade norte d'este valle, descobrimos um outro do mesmo tamanho pouco mais ou menos, dividido por sebes em muitas plantações pequenas, e, fazendo lembrar, da altitude donde primeiro o avistámos, um **jardim** disposto em estudada symetria.

Este valle, assim como o outro, é rodeado de montanhas de **pedra-pomes**, sobre as quais continua a estrada para o Valle das Furnas.

[...]

CAP. XVIII (a)

Valle das Furnas. Ribeira Quente. Rocha amygdaloide. Petrificações. Enxofre. Caldeiras. Deposito silicioso. Breccia.

Nascentes

Termalismo

Habitações

As **nascentes thermais** do «Valle das Furnas» tornam-o o mais interessante de todos os logares de S. Miguel. Este valle tem cerca de doze milhas de circumferencia e é rodeado por todos os lados por montanhas de varias alturas: a sua fórma, assim como a dos outros valles que n'elle se encontram, valles já descriptos, é quasi circular, mas a sua superficie apresenta uma grande irregularidade, observando-se aqui e acolá pequenos montes, sendo em parte soffrivelmente cultivado, **e habitado por alguns camponezes**. É banhado por muitas correntes, que serpeiam atravez das plantações, até que, unindo-se formam uma ribeira, chamada «**Ribeira Quente**». Apoz um curso tortuoso a «**Ribeira Quente**» corre n'uma profunda ravina, e desagua no mar no lado meridional da Ilha, no sopé do Pico da Vigia.

História geológica

As montanhas que rodeiam este valle são compostas principalmente de **pedra-pomes**, mas vê-se tambem, na parte externa de muitos precipicios, **lava** compacta e rochas da familia das **traquites**. A estrutura columnar e disposição vertical d'estas rochas são perfeitamente distinctas em alguns logares; n'outras, camadas de **pórfiro** e **pedra-pomes** parecem alternar-se, sendo algumas vezes separadas por estratos de areia fina e cinzas, e encontrando-se ocasionalmente no sopé das montanhas algumas pedras de escorias, e lava da natureza da escoria, mas não em grandes quantidades ou em espessas camadas.

No fundo de um dos precipicios encontrei pedaços d'uma rocha, analoga a **rocha amygdaloide**, e ao mesmo tempo da natureza do pórfiro, sendo cada pedaço composto de porções angulares, apparentemente fragmentos, unidos por uma substancia siliciosa d'um branco amarellado, approximando-se em alguns pontos da **calcedónia**, dura e opaca, e com um brilho algum tanto céreo. As cavidades, das quaes depende o caracter amygdaloide d'esta rocha, contem uma pequena quantidade de zeolitho pulverulento e radiado.

As **nascentes thermaes** estão situadas n'uma extremidade do Valle para àlem d'algumas **cabanas** que constituem a aldeia das Furnas, mas que se não veem a uma certa distancia, rodeadas como são por pequenos montes, alguns dos quaes, sem duvida, devem a sua origem em parte, senão completamente, às proprias nascentes, geralmente cobertos de arbustos, de pequena pórte e não se encontrando em alguns d'elles quaesquer signaes de vegetação. São formados por argila de differentes graus de densidade, variadamente e muitas vezes lindamente colorida por ferro em differentes graus d'oxidação. Esta **argilla** está entremeada de **pedra-pomes** fina e por um deposito silicioso. Á medida que caminhamos ao longo do estreito caminho que vem da aldeia para este sitio, observamos a mudança gradual d'um solo fértil para um esteril, perdendo-se quasi todos os signaes de vegetação a algumas jardas das nascentes thermaes. No fim do caminho o solo é quasi d'um branco de neve e depois d'uma côr avermelhada, augmentando isto em intensidade e brilho e finalmente passando por uma infinita variedade de tons para um pardo carregado. Aqui e àlem manchas e veios d'um amarello brilhante e purpurino augmentam o aspecto singular d'este notável logar.

A **argilla** n'alguns pontos está tão endurecida que se assemelha *à ardósia,* mas a maior parte d'ella é molle e d'um aspecto terreo; de superficie não perfeitamente lisa, mas cheia de grãos duros extremamente miudos. Quando diluimos uma porção d'aquella argilla em agua, separa-se uma quantidade de finas particulas siliciosas. Tem muitos dos caracteres do tripoli. Os camponezes usam-a como applicação externa para **doenças cuta-**

Termalismo

Habitações

História geológica

Termalismo

neas e, sem duvida alguma, devido à quantidade de **enxofre** que contem é eficaz em certos casos. Encontra-se encravados n'ella grandes pedaços d'um deposito silicioso de côr acinzentada, sendo em alguns pontos coberto com a mesma substancia, que n'elle se foi accumulando em camadas d'um oitavo a uma pollegada d'espessura. No fim do caminho as camadas de argilla foram cortadas até á profundidade de seis ou oito pés, vendo-se assim bem a sua estrutura.

Nascentes
A proximidade das **nascentes** é indicada pela **temperatura** mais elevada do solo, pelo cheiro a **enxofre**, e pela sahida de vapor de cada abertura ou fenda no terreno. A temperatura da argilla continúa a augmentar à medida que avançamos; até que finalmente vemos elevar-se vagarosamente das proprias nascente uma maior quantidade de vapor.

A grande quantidade de vapor e fumo que ascende do solo a uma grande altura, até se dissipar gradualmente pela atmosfera ou se misturar com as nuvens mais pesadas que côroam o cume das montanhas, produz na verdade um effeito admirável. O ruido confuso, sussurante e sibilante, que se ouve por algum tempo antes de chegarmos á vista das nascentes, augmenta por fim até um rugido incessante e terrifico e parece sahir do proprio logar em que nos achamos. A terra responde com um som surdo e toda a cautela é necessaria para evitarmos cahir nas poças e regatos d'agua a ferver que cobrem a superficie do terreno.

Caldeiras
É prodigiosamente grande a quantidade de **agua quente** que brota dos inumeros orificios no solo, unindo-se os differentes regatos até formarem uma **ribeira**, que, conservando sempre bastante calor, se liga à "**Ribeira**

Ribeira Quente
Quente". As nascentes maiores são chamadas "**caldeiras**" e à roda de cada uma d'ellas forma-se um bacia pouco funda de materia terrosa, depositada pela agua. Uma não pequena porção da agua é constantemente retida dentro d'estes reservatorios, e a sua superficie é mais ou menos agitada devido à evasão do gaz hidrogeneo sulfurado e a jàctos d'agua vindos do interior. A **temperatura** d'algumas d'estas **nascentes** no dia dois de Dezembro, entre as 3 e 4 horas da tarde, com o thermometro a 63 Farenheit, e o barometro a 29.4, era a seguinte (segundo a ordem em que foram examinados):

Temperaturas Águas Termais
207° - 200° - 96° - 137° - 203°
190° - 134° - 170° - 73° - 114°
184° - 94° - 122° - 171° - 147°

Caldeira Grande
A bacia da maior das nascentes, especialmente chamada "**a caldeira**" é circular, e tem cerca de 20 a 30 pés de diametro. A agua ferve n'ela com

muito maior videncia do que em qualquer outra caldeira, ouvindo-se com pequenos intervalos estrondosas explosões, às quaes se segue uma elevação bem perceptivel do centro da massa d'agua dentro da bacia, que é acompanhada d'um forte ruido sibilante e desenvolvimento de grandes quantidades de gaz hidrogenio sulfurado, vapor d'agua, e d'acido sulfuroso. Por causa da alta temperatura, e enormes quantidas d vapor é perigoso approximarmo-nos d'esta nascente, a não ser por barlavento; comtudo, vê-se muitas vezes gado do lado oposto, que ali vae para se libertar, segundo se suppõe, das larvas d'insectos etc. Os camponezes costumam colocar cestos cheios de **tremoço**, **fava** e outros vegetaes à beira da **caldeira onde são rapidamente cosidos**. *Gado*

A agua é canalisada da **grande caldeira** para dois ou três pequenos edificios, que servem de **casas de banho**. Como a sua temperatura é muito elevada, fazem-se reservatorios, (removendo a terra até à profundidade de um pé ou dois) para os quaes é levada a agua quente, ficando ali a arrefecer; é em seguida recebida nas **casas de banho** (que são similhantes às da Ribeira Grande), e a sua temperatura póde ser augmentada à vontade, o que se obtem, admittindo mais agua, directamente da Caldeira. A agua é turva devido à presença d'uma grande quantidade de terra aluminosa, que a torna especialmente macia. *Termalismo*

Casas de banhos

Á distancia d'algumas jardas da **caldeira principal** ha uma elevação de terreno, cerca de 50 pés d'altura e outros tantos de comprimento, composta de camadas alternadas d'uma variedade mais grosseira de carbonato de cal, e argilla, contendo herva, **fetos**, e **juncos** em differentes estados de petrificação. Não ha muitos anos; esse lado d'esta eminencia abateu, descobrindo uma **caverna profunda e horrível**; actualmente sahe d'ella fumo e vapor em enorme quantidade, acompanhado d'um ruido medonho. Este oiteiro na verdade parece ser uma cupula cobrindo um grande abysmo, do qual por uma outra passagem mais perto do cúme, teem sido occasionalmente expellidas pedras e lôdo quente. Olhando para baixo por esta abertura vê-se uma massa d'agua a ferver com grande violencia. Um espantoso rugido se repercute incessantemente do centro da cúpula, augmentando a pequenos intervalos, por explosões violentas e repentinas. Tanto a superficie d'esta elevação como os lados da caverna, e as inumeras fendas no solo estão cobertas **d'enxofre**. Colhendo alli especimens deste producto verifiquei o sahirem do sólo vapores quentes e suffocantes. Todas as pedras teem sido mais ou menos alteradas e nem um só arbusto ou planta cresce muitas jardas em redor. Introduzido num thermometro nas fendas, subiu immediatamente a 120° e em alguns pontos a 123° Farenheit. *Caldeiras*

O **enxofre** é tão abundante e puro que se pôde óbter em quantidade sufficiente para **exportação**; em qualquer logar que uma pedra solta fique em cima d'uma das fendas, ou onde muitas pedras estão amontoadas desordenadamente é certo terem as superficies inferiores cobertas d'**enxofre**; e se collocassem telhas, como se faz na Solfatara, nas quaes o **enxofre** podia depositar-se, obter-se-hia assim um fornecimento abundante. Por toda a parte onde a agua correu, acumularam-se depositos de materia siliciosa, e aqui e acolá formaram-se à roda d'uma **nascente** bacias circulares, compostas inteiramente d'esta substancia. A materia siliciosa excede em alguns logares o nivel da agua oito ou dez pollegadas e é muitas vezes extremamente bella. **Vegetaes**, **herva**, **folhas** e substancias similhantes que estiveram expostas à influencia da agua, ficam mais ou menos incrustadas de silex, e mostram todo o desenvolvimento progressivo da petrificação, sendo algumas molles e apenas com pequena differença do seu estado natural, ao passo que outras são em parte convertidas em pedra ou perfeitamente consolidadas. Em muitos casos o agente mineralisante é a **alumina** que é egualmente um deposito das aguas quentes. Achei ramos dos **fetos** que agora florescem em S. Miguel completamente petreficados conservando toda a sua apparencia como quando vegetaram, a não ser a côr, que é agora um pardo acinzentado. Encontram-se pedaços de madeira mais ou menos alterados, e uma camada inteira de 3 a 5 pés de profundidade, composta dos **juncos** tão communs na ilha, completamente mineralisados, com o centro de cada junta cheio de delicados crystaes **d'enxofre** em alongados crystaes pyramidaes e com brilho muito resinoso.

História geológica Á roda das nascentes, onde a agua foi arremessada irregularmente por sobre a borda das bacias, os depositos de materia siliciosa são asperos e muitas vezes teem uma apparencia similhante aos da **Islandia**, que Sir George Mackenzie tão bem comparou com as cabeças de couve-flores. A variedade de deposito calcareo silicioso, que é mais abundante em S. Miguel, encontra-se em camadas d'um quarto a meia pollegada de espessura, amontoadas umas nas outras, à altura muitas vezes d'um pé e mais, constituindo distinctos e externos estratos, de muita jardas de comprimento. Estes estratos são sempre parallelos e em grande parte horisontaes mas n'alguns logares são ligeiramente ondulantes. Entre as camadas d'esta substancia ha um pó branco e solto, o qual, segundo o exame a que procedi, é **silex** quasi puro, com uma pequena proporção de alumina e quando molhado é quasi gelatinoso. A côr da variedade parecida com a ardosia é parda-acinzentada; externamente é baça, mas em fractura recente tem um brilho scintillante, e é transparente nos bórdos. A fractura é quasi lisa, tendendo um pouco para conchoidal. Risca vidro com facilidade e tem o peso especifico de 2,107. É infusivel com o maçanico.

Uma outra variedade de deposito calcareo é branca de neve, extremamente encrespada, com muitas mas pequenas depressões, e protuberancias, que são quasi circulares, e que se encontra em delicadas incrustações, cobrindo muitas vezes massas d'uma forma irregular das outras variedades, e com um bello brilho um tanto scintillante. As incrustações são quebradiças, e raramente excedem um décimo de pollegada em espessura com o peso especifico de 1,886. Vi uma linda variedade de **fiorite**, em pequenas porções circulares em forma de taça, cujos bordos eram d'um vermelho côr de carne puro, desvanecendo gradualmente, até aos centros perfeitamente brancos de neve sobre massas d'uma especie de conglomerado de lava alterada, e pedra-pomes.

Uma outra variedade tem as seguintes caracteristicas: a côr é branca de neve, branca avermelhada e amarellada passando em alguns especimens para *parda-amarellada,* em longos, delgados filamentos capillares d'uma a quatro pollegadas de comprimento, que se cruzam em todas as direcções. Observamos na fractura transversal quando examinada ao microscopio, um brilho entre vitreo e côr de perola. É transparente, quebradiça e leve; e reduzida a pó, e friccionada n'uma chapa de vidro, risca-a. Tem o peso especifico de 1,866, insoluvel nos acidos nitrico, muriatico ou sulfurico, e infusivel no maçarico de Brooke. O meu amigo o Dr. Dana examinou uma porção d'este mineral e observou que «quando misturado com um alcali se fundia em vidro perfeitamente transparente e que seis grãos em pó fino intensamente aquecidos n'um cadinho de platina durante 15 minutos perdiam 0,98125 d'aquela quantidade, iguai a 16,35 por cento. Segundo a analyse do Dr. Dana aquelle mineral parece consistir de **silex** 83,65, agua 16,35, sendo assim diferente dos depositos siliciosos da Islandia e Ischia, pela grande proporção d'agua que contem e falta de alumina e cal, podendo ser considerado um hydrato de **silex** com mais razão do que a hyalita de Francfort, que M. Bucholz considera como tal, e o qual contem apenas 6,33 d'agua. Como parece ser uma nova variedade de deposito silicioso e merece ter um nome apropriado e pelo facto de o ter encontrado em S. Miguel proponho para elle o nome de «**Michaelita**».

Por toda a parte em que se encontram cavidades nas grandes massas de deposito calcareo, e nos montes formados por aquella substancia e nos fragmentos de **lava** e **pedra-pomes**, o **silex** assume uma forma estalactitica, tendo as estalactites uma a duas pollegadas de comprimento, e as suas superficies cobertas muitas vezes com pequenos e brilhantes crystaes de quartzo. É impossivel dar uma ideia adequada da belleza e variedade das formas, sob as quaes o **silex** se encontra em S. Miguel, e os mineralogistas podem alli obter exemplares muito superiores aos de quaesquer outras localidades até hoje mencionadas.

Uma outra variedade de **estalactite** que se encontra aqui é composta principalmente de **alumina**. Estas estalactites são grosseiras e terrosas, e tambem tubolares, tendo de comprimento uma a duas pollegadas.

As massas mais compactas de deposito calcareo gastas pelo tempo, e outras causas, teem sido cimentadas, juntamente com porções de **obsidiana**, **pedra-pomes** e escorias, n'uma linda breccia que n'alguns pontos é sufficientemente dura a ponto de poder ser bem polida. O cimento é deposito calcareo silicioso. As differentes substancias de que se compõe esta massa apresentam uma grande variedade de côr, e a superficie fracturada é curiosamente matizada de verde, vermelho, cinzento, branco, amarello e preto, com toda a variedade de tons. Algumas das porções tem caracteres externos analogos aos da **opala cérea**, e muitas são listradas e mosqueadas, ao passo que outras são como **pórphyro**. Esta breccia é evidentemente de formação recente, e parece na verdade estar-se formando presentemente n'aquellas partes das camadas onde está ainda molle, e o cimento gelatinoso. É notavel a alteração por que tem passado esta rocha em muitos logares que tem estado exposta ao vapor d'agua e fumos acidos. As differentes substancias que a compõem teem perdido a côr e apresentam agora um grau assaz uniforme de alvura, conservando-se a sua estructura de breccia. Os fragmentos são molles e em muitos logares adquiriram um caracter distinctamente argiloso. Algumas das elevações de terreno compostas d'esta breccia teem para cima de trinta pés d'alto. Quando ha cavidades n'ella, estas são guarnecidas de pequenas estalactites, e concreções botryoides de deposito calcareo *fiorita* de Thomson, o alumen appareee sob a forma d'uma delicada efflorescencia, ou em finos crystaes.

Casas de banhos

Alem das **nascentes thermaes** já mencionadas, ha outras menos importantes em differentes partes do Valle das Furnas, tendo sido construidas **casas de banho** nas suas visinhanças. Ha tambem nascentes d'agua fria, cujas aguas são abundantes em gaz carbonico e gaz hydrogeneo sulfurado, são fortemente chalybeadas, encontrando-se em varias partes do valle, e

Temperatura

algumas das quaes tão perto das **nascentes** thermaes que se pode introduzir o pollegar n'uma d'estas, cuja temperatura é 70° ou 80°, e o indicador da mesma mão n'uma d'aquelas tendo uma temperatura de 190° ou 200°. O solo sobre o qual passa a agua das nascentes frias está coberto d'uma delgada camada d'oxydo de ferro, e muitas das pedras soltas apresentam uma linda mancha metallica, que é algumas vezes irisada.

Em virtude d'estas apparencias suspeitei a existencia de **pyrites** de ferro por alli perto, e mandei remover a terra n'alguns logares à profundidade de 5 ou 6 pés, encontrando-se n'um d'estes pesquizas uma quantidade de lodo negro. d'um cheiro quasi insupportavel. N'um logar descobrimos porções de rocha que verificamos ser puro e distincto **basalto**, tendo pé a pé a meio d'espessura, e externamente parecia como se bocados tivessem sido quebrados, deixando convexas superficies de fractura. A côr d'este **basalto** é preto acinzentado, tendendo para azul; a sua testura é quasi tão compacta como a lydita, não tendo nenhumas vesiculas e contendo apenas muito poucos e pequenos crystaes de olivina, com perfeita fractura conchoidal, quasi egual à de algumas da obsidiana da Islandia. Os fragmentos são bem aguçados e dão faiscas quando percutidos com aço. Depois de removida uma porção de pedaços de **basalto**, fomos finalmente recompensados com a descoberta d'uma abundancia de ferro sulfurado, grande quantidade do qual ficou ali amontoado. A maior parte dos pedaços eram do tamanho da cabeça d'um homem e de forma irregularmente globular, de superficies profundamente amolgadas e cheias de proeminencias botryoides. Estes pedaços teem uma côr preta, e pouco brilho metallico externamente; mas quando quebrados apresentavam o aspecto usual das **pyrites de ferro**, e parecem ter sido formados por successivos depositos: internamente teem uma estructura fibrosa, e sem brilho.

História geológica

Os pedaços não são igualmente compactos, estando alguns d'elles em differentes estados de decomposição. Parte dos **especimens que eu trouxe** comigo soffreram uma alteração gradual, estando agora n'um estado de pó acinzentado no qual se formaram crystaes transparentes verdes de sulfato de ferro[*].

A camada das **pyrites** assim descoberta, habilita-nos a explicar imediatamente todos os phenomenos n'este logar, e não ha duvida alguma de

---

[*] Emquanto eu procurava estes especimens disseram-me que se tinha encontrado cobre n'uma das montanhas proximas d'ali Trouxeram-me depois alguns pedaços d'aquelle metal, mas via-se evidentemente tinham sido fundidos e em parte trabalhados. Não vi indicio algum da existencia d'este metal em qualquer outra parte de S. Miguel.

que a sublimação do enxofre, o calor da agua, e as propriedades ferruginosas das nascentes devem ser attribuidas sómente à decomposição d'esta substancia.

São magnificos os especimens de **enxofre** que obtive d'este exame. A superficie inferior das camadas se deposito silicioso estava completamente coberta de crystaes, e espessas massas de **enxofre** d'uma belleza surprehendente. Devido á facilidade com que as incrustações se separaram e os exemplares se deterioram foi-me necessario levar pedaços d'um tamanho enorme para os quebrar em casa; assim consegui preservar alguns bellos specimnns.

[...]

CAP. XIX
Analyse chimica, e propriedades medicinaes das aguas das Furnas.

[...]

Estas aguas, como facilmente se poderia prever, são altamente beneficas em muitas doenças, e durante os mezes de verão o Valle das Furnas é o refugio de individuos de todas as classes sociaes de S. Miguel, que abusam dos banhos quentes, ficando n'elles mais d'uma hora por dia, durante semanas, não se observando contudo effeitos alguns debilitantes, mas pelo contrario o organismo mais fortalecido e uma disposição d'espirito mais alegre.

Pouca opportunidade tive para poder ajuizar dos bons resultados obtidos com o emprego d'estas aguas no tratamento de differentes doenças, mas ouvi fallar de muitos casos, especialmente de **rheumatismo** chronico, **escrofulas** e **affecções cutaneas**, nas quaes se tinham obtido curas com o uso d'ellas. O **Dr. Gourlay**, na comunicação acima referida, menciona varios casos, e mui correctamente observa que «quando se bebe as aguas das nascentes frias verificamos serem **laxativas** e **diureticas**, e que tambem causam uma certa diaphorese. Como os habitantes de S. Miguel desconhecem por completo as virtudes das nascentes frias, e tambem o uso do **banho de vapor**, tive occasião, continua elle, de lhes fazer conhecer as propriedades d'aquelles e tambem de lhes demonstrar o poder activo d'este, em diversos casos».

D'entre as curas indicadas escolhemos a seguinte: «Um mancebo de 20 annos d'idade teve um violento ataque de **rheumatismo**, que lhe produzio contracção das juntas das extremidades inferiores, especialmente dos flexores dos joelhos. Esta contracção era tamanha que a perna estava quasi em contacto com a coxa, e os joelhos positivamente tocando um no outro, não os podendo separar mais do que duas pollegadas e isto só em certas occasiões. N'este infeliz estado tinha ficado retido no leito quasi cinco annos. Tendo-me consultado, aconselhei-lhe o uso do banho de vapor; fez-se-lhe uma cadeira especial para aquelle fim, construida de tal maneira a conter todo o corpo, deixando a cabeça livre sahindo por uma abertura, que se podia abrir ou fechar à vontade, a fim de se regular o calor. Esta cadeira era collocada no solo d'onde sahia a exhalação sulfurosa. N'ella ficou o doente pela primeira vez sete minutos, causando-lhe uma transpiração abundante. Á segunda e terceira vez experimentou allivios sensiveis, podendo sentar-se fóra da cama, estender a perna fazendo angulo obtuso com a coxa, separar os joelhos e até andar de muletas. Continuou com o uso d'estes banhos de vapor durante tres semanas, findas as quaes foi chamado a casa por causa de negocios particulares, mas foi-se embora muito melhorado e convencido da grande eficacia do banho de vapor».

Em virtude do effeito geral das aguas quentes, e das propriedades indubitavelmente tonicas das frias, estas aguas parecem ser especialmente indicadas no tratamento de todas as terriveis doenças que teem a sua origem n'uma debilidade geral e estado anormal dos orgãos digestivos.

[...]

CAROLINE POMEROY

POMEROY, Caroline – *Diário*.... Trad. e notas de Henrique de Aguiar Oliveira Rodrigues. **Insvlana**. Ponta Delgada, vol. 53, (1997), p. 98-107.

(Visita a S. Miguel, em 1824, de Caroline Pomeroy, com a irmã, Mrs. Charles W. Dabney, o marido, Mr. Charles Dabney e a irmã deste que depois casou com o Dr. José Maria de Avellar Brotero.)

[...]

Transportes para a Furnas

Sábado, dia 19, depois de termos tomado o pequeno almoço, partimos pelas 6 horas para as Furnas, um belo grupo composto por 12 burros e 9 homens a pé. Frances, Nancy, Mr. Hickling, Charles, Mr. Brotero, eu, Bárbara (a nossa criada), o nosso negro James e **4 burros** com bagagem. Outra parte – camas etc., **seguiram pelo mar** sob a protecção de John, o criado branco.

Estava uma linda manhã, durante grande parte do percurso o caminho seguiu ao longo da costa e a paisagem era de transcendente beleza; os muros estavam cobertos com a flor cor de rosa dos silvados, depois eram os campos escarlates de **papoilas selvagens** e tomados ainda mais alegres pelo brilho de outras flores azuis e amarelas; as primeiras fizeram-me recordar a pequena Clara, que pensa que tem direito exclusivo sobre estas flores, que considerámos ervas daninhas no nosso jardim.

Ao mesmo tempo que se tem uma vista alegre de beleza luxuriante, ao tornear uma rocha é frequente a paisagem mudar magicamente mostrando toda a grandeza selvagem da natureza; rochas com várias centenas de pés de altura, ameaçadoras, que a cada instante parecem ir cair e esmagar os viajantes, uma costa majestosa contra a qual o mar ruge encolerizado; precipícios e tudo o mais que pode impressionar o espírito de forma sublime e ao mesmo tempo terrível; os contrastes abruptos tomam o cenário ainda mais admirável.

Gastronomia

Cerca das 11 horas chegámos a Vila Franca, uma pequena e interessante vila, e fomos para casa de Mr. Hickling, onde partilhámos a comida fria: galinha, pato e língua, que ele trouxera de Ponta Delgada.

Mr. Hickling é um dos melhores homens que conheço. Como a Mãe o admiraria! Na maneira de ser parece-se com a do Dr. Freeman; e nunca vi pessoa mais desinteressada. Ele conta actos seus bem demonstrativos do seu carácter, sem parecer ter consciência de que nem toda agente agiria de forma tão honrosa. Para lhe dar uma ideia: ele contou-me que uma vez, ao chegar à sua casa de Vila Franca, a encontrou cheia de gente sua conhecida, mas disse ao criado que não lhes dissesse que estava na Vila, para não os obrigar a sair, e foi dormir noutro local. Terminou dizendo-me: «Sabe, é melhor que seja só um a ser incomodado do que vinte».

Uma vez, uma família pobre importunou-o, ocupando a sua casa e ele não podendo pô-los fora, por não terem onde morar, libertou-se comprando-lhes uma.

Pouco depois da saída de Vila Franca, deixámos a costa; o caminho tornou-se mais montanhoso e o cenário mais selvagem, as zonas cultivadas iam desaparecendo, contudo as montanhas majestosas mantinham-se cobertas de arvoredo, e tanto os cumes como as ravinas eram verdes, o ambiente tranquilo era perturbado unicamente pelas torrentes de água que correm por entre os montes.

Flora

Podes imaginar o que é subir a 1.000 pés de altura por um caminho tortuoso, onde o panorama faz lembrar os **Alpes** (embora não seja tão escarpado), e ao olhar para baixo ver um grupo de dezanove pessoas rodeado por montanhas enormes e precipícios de centenas de pés.

Assim andámos até às 4 horas, altura em que, ao rodearmos uma montanha, que nos pareceu a mais despojada de arvoredo que tínhamos visto, apareceu perante nós o encantador Vale das Furnas. Seria vão tentar descrever esse cenário que ultrapassa o maravilhoso!

Está rodeado de montanhas muito altas cobertas de verdura, o que lhe dá um aspecto muito belo! É um quadro inigualável! O Vale jaz como uma pedra preciosa no seio da natureza. As **casas** são quase todas brancas e a Igreja sobressai no conjunto da aldeia. **Mr. Hickling é o único cavalheiro que tem uma propriedade neste encantador lugar**. A entrada é muito bonita, faz-se por uma alameda de árvores, cujos ramos se entrelaçam de lado a lado, quase tapando o sol mesmo quando ele se encontra mais alto. Tudo parece fazer parte de um conto de fadas e ao chegarmos a casa, depois de atravessarmos a alameda ensombrada, a visão torna-se ainda mais ofuscante.

Vale das Furnas

Uma longa escadaria liga a casa a um pequeno lago, com cerca de um acre, que tem à sua volta um caminho ladeado de árvores e no meio do tanque (como se diz em português) há uma pequena ilha com um grande salgueiro cujos ramos mergulham na água. A ligação à margem faz-se por uma ponte de pedra em forma de arco. Segue-se um extenso **parque** com caminhos por entre as árvores e uma **ribeira** que quase rodeia a propriedade, tornando-a numa península.

Yankee Hall

A casa tem no centro uma grande sala com um quarto de cama em cada canto. Tem um só piso, excepto sobre um dos quartos de cama e da copa.

36

37

O Vale das Furnas

St. Michel; Vieille maison de paysans de Furnas dont les murs sont construits avec de morceaux de laves altérées par l'action des vapeurs sulphureux des sources thermales.

St. Michaels; Old peasants house at Furnas constructed with pieces of lava decomposed by the action of sulphuric vapours of the hot-springs.

38

Caldeiras e casas de banhos nas Furnas, S. Miguel-Açores.

39

40 – À esquerda "casa de banhos" de D. Maria Madalena da Câmara (1770) e posteriormente do Barão as Laranjeiras, Manuel de Medeiros da Costa Canto e Albuquerque

41

No programa de ócio e de lazer dos veraneantes, incluem-se os passeios, excursões e piqueniques, como nos mostra esta descida da encosta do pico do Ferro por um grupo de excursionistas, no Verão de 1908.

42 – In: ALBERGARIA, – Quintas, jardins e parques da Ilha de S. Miguel. Lisboa, Quetzal Editores, 2000. Reprodução autorizada

Ai foram construídos mais dois quartos de dormir que foram ocupados pela Frances e a Nancy. A cozinha encontra-se por detrás do outro canto da casa e eu durmo num dos quartos da frente. Este tem uma janela, uma cama uma mesa, etc. Não posso deixar de sorrir quando entro ou saio, pois, embora a porta seja mais alta do que eu, inclino-me como um *"goose going under a triumphal arch"*.

A nossa família é formada por nós os cinco, que vocês conhecem, e ainda pela Bárbara, que é uma excelente mulher, pelo John e pelo negro

Termalismo

James, que quando jovem era um príncipe africano, cuja história não conheço, nem sei como veio para o Faial. Ambos falam inglês fluentemente e é impossível ter mais sorte com o criados.

Vou agora falar-vos dos **banhos**, que são de duas espécies: ferrosos e sulfúricos, ambos são quentes e o último é tão macio como o cetim. Espero poder dar-vos, minhas queridas irmãs, uma ideia deste lugar tão maravilhoso.

Caldeiras

Das caldeiras (*kettles ar boilers*) saem constantemente nuvens de vapor e nelas, espantosamente, a água ferve em cachão.

Uma, que mete medo, só emite vapor e **faz um barulho assustador**; senti-me como se um vulcão fosse rebentar, ela torna-se ainda mais impressionante por se encontrar mais escondida do que as outras, que fervem em cachão, emitem ruídos, colunas de vapor e água. É como se um horrível monstro fizesse esforços ineficazes para se libertar das rochas que o apertam e que ao rugir quase sacudisse o solo. O barulho que algumas fazem assemelha-se ao que é produzido pela máquina de um navio.

O cheiro dos vapores sulfurosos é perceptível a grande distância e como é natural não há vegetação à volta. Tudo isto: o barulho, o cheiro, o fumo, etc., lembra o inferno! Suponho que possa ser o que resta de um vulcão extinto há milhares de anos.

Quando eu passeio nessa região das caldeiras tenho sempre medo de queimar os pés, pois existem inúmeras nascentes de água quente.

Termalismo

Vou contar-te a **forma como costumo ir aos banhos**; entre as cinco e as seis horas o Charles bate à porta, levanto-me e visto o meu vestido de crepe preto, que pouco viu a luz do dia desde que saí de Brighton, o meu chapéu preto de palha italiana e o meu xaile de caxemira, monto um burro e sigo por um pitoresco caminho até à casa dos banhos. Depois bebo um copo de água férrea, que não é tão má, querida Mary, como a da "Fonte do Congresso", mas que, na verdade, não é lá muito agradável.

Yankee House

Hoje, 24 de Junho, é o dia de S. João, há grande festa entre os católicos, que vêm de toda a Ilha visitar o Vale.

Vida Social

Como a propriedade de Mr. Hickling é muito afamada, todos afluem aqui para a ver. Faz um bonito efeito ver a pequena ilha cheia de camponeses com as suas melhores roupas, ouvindo guitarra, ou passeando à volta do tanque. Os enfeites de ouro e as cores berrantes dos trajes, brilham ao sol. Oh! como parecem felizes ouvindo alguns dos seus cantores favoritos, embora não sejam muito afinados para ouvidos mais educados, mas para eles tudo é agradável.

[...]

Mas vou voltar ao dia de S. João, o acontecimento que provavelmente mais vos interessará. As pessoas formam uma grande roda e dançam aquilo que chamam a "Sapateia", onde homens e mulheres, em igual número, vão dançando vagarosamente à roda, dando estalidos com os dedos, em guisa de acompanhamento. Vão cantando, ao desafio canções espontâneas, que, como deves supor, muitas vezes não têm ritmo nem sentido. O assunto é geralmente o amor e os intervenientes vão cantando sem ordem pré-estabelecida. Tudo isto é acompanhado por duas guitarras cujo som é monótono e muito desafinado. Quando alguém está cansado de dançar o lugar é ocupado por outro e o que é substituído fica, por vezes, de fora uma hora ou mais. **É bonito vê-los dançar na pequena ilha**.

Danças populares

Eu ainda não mencionei que há um belo barco no tanque, no qual temos tido o prazer de remar. **Nunca esperei ver freiras a bordejar**, mas aqui temos duas vestidas a preceito. São irmãs idosas que saíram do convento para se tratarem e para lá voltarem quando estiverem curadas. Vestem-se de forma parecida às freiras do Faial, excepto a touca, que é mais parecida com a mitra dum Bispo, com a divisão de trás para diante em vez de ser de lado a lado e, tal como as das outras freiras, feita de musselina.

Jardins do Tanque

É difícil de descrever **o que eu sinto ao lado de um grupo tão diversificado e espalhado pela propriedade; grupos de dançarinos, passeantes, músicos e cantores**. Parece um quadro irreal!

25 – Hoje temos um visitante da cidade, o Dr. Webb[85], marido da senhora que escreveu a novela que tenho estado a ler. Ela está doente e veio procurar alojamento. A tarde está desagradável e ficámos em casa.

O maior, talvez mesmo o único, defeito desta casa é ser muito húmida, mas isso não parece ter um efeito nocivo, como costuma suceder, e o vale é procurado tanto pelo seu ar como pelos banhos. O tempo é tão inconstante que só por acaso conseguiria prevê-lo para os próximos cinco minutos. O céu está muitas vezes sem nuvens e o sol brilhando com esplendor, mas de repente pode cair um aguaceiro, que normalmente termina rapidamente. Estas alterações são frequentes nas Ilhas e muito especialmente aqui nas Furnas.

Sempre que vou às caldeiras experimento um certo temor e penso que não gostaria de viver na vizinhança de um lugar tão perigoso. Hoje observei uma quantidade de enxofre, que se acumulou numa pedra colocada

---

[85] Thomas Hugh Webb, médico inglês que exerceu a sua profissão em S. Miguel.

por cima de uma pequena caldeira. Costuma dizer-se que quando o vapor tem uma saída não há perigo, mas se ela for obstruída pode levar a uma explosão.

Penso que a minha querida Ana ainda não leu à mãe o livro, sobre S. Miguel, do **Dr. Webster**. Tenho a certeza de que ela irá gostar. Tanto quanto posso julgar, está correcto na maioria dos aspectos, embora **não faça total justiça à Ilha, e penso que te interessará muito**.

Temos ouvido dizer que as **Furnas ficarão muito alegres no próximo mês e que toda a gente para cá virá**, o que me permitirá escrever alguma coisa mais interessante.

Lagoa

Uma semana depois da nossa chegada, num sábado à tarde, Frances e eu, montadas em burros, com dois rapazinhos e o Charles a pé com a sua espingarda, fomos ver a lagoa, que é do tamanho do lago "Jamaica" e rodeada por altas montanhas cobertas de urze.

Lagoa

Nas suas margens, a algumas jardas da água, existem caldeiras de água sulfúrica, fervendo e fumando como as dos banhos, mas mais pequenas, embora numerosas. Vê-se o vapor que parece sair de sólidos rochedos e só dificilmente se poderia imaginar um panorama mais pitoresco, pois as caldeiras não são tão grandes que dêem a sensação de medo. "Natureza! Deusa sempre querida! Que bela cena de paz aqui temos."

O lago estende-se tão calmo à nossa frente reflectindo somente o céu azul e as suas margens verdes, excepto perto das caldeiras, onde não há vegetação. No cume das montanhas ainda se via o reflexo da luz do sol e nenhum som interrompia o silêncio, excepto o tilintar de um chocalho de vaca, que andava por ali a pastar.

Eu estava divertidíssima com a conversa de um dos nossos burriqueiros; tínhamos estacionado no cimo de uma colina e, enquanto Charles perseguia um pássaro, um dos rapazes começou a conversa puxando por uma carteira que um primo lhe fizera, mas que não tinha dinheiro, e depois de a ter mostrado concluiu dizendo: "Quão feliz deve ser quem tem sempre dinheiro na carteira". Frances retorquiu que nem sempre isso era verdade e ele acrescentou: "se souberem gastá-lo bem devem ser felizes". Disse também que **nas Furnas não havia dinheiro no Inverno, porque o que ganhavam no Verão, não chegava para alimentar a família e os burros no resto do ano**.

Alimentação

No vale faz frio no Inverno e um dia ao passar na aldeia vi uma mulher, à porta de casa, a dar de comer a ceia aos filhos, eram cerca de 20 feijões fervidos num caldo e uma posta de peixe; como deves supor, a gente do campo não é gorda.

Na segunda feira à tarde demos um delicioso passeio a cavalo; uma das coisas mais belas deste lugar são os **contrastes que a natureza proporciona quando seguimos pelo cume dos montes**, pois se de um lado podemos ver um bonito vale verde e cultivado, no outro as montanhas de pedras pomes seguem-se umas atrás das outras com os cumes esbranquiçados coroados com **urzes selvagens**, enquanto as vertentes, abruptas e nuas, apresentam-se fortemente marcadas pela origem vulcânica. *Alimentação*

Quando contemplo cenários, como o que acabo de descrever: fundas ravinas, grotas imensas e medonhos precipícios, quase que sou levada a retirar o desejo, que tenho manifestado frequentemente, para que os meus pais venham residir nesta ilha e assim poderem testemunhar as suas belezas. Este, momentâneo, estado de espírito resulta do receio de que o que deu origem a estas terras possa não estar extinto.

Parece-me que ainda não mencionei vários arbustos que aqui crescem rapidamente de forma selvajem: o buxo muitas vezes atinge 8, 12 ou 15 pés de altura; álgumas espécies de **murtas** têm a folha mais redonda do que as nossas, que são de folha estreita, mas não são maiores; a **urze** selvagem é também bonita – tem uma folha delicada e as flores de cor branca rosada, ou lilás-claro; há ainda outras flores selvagens de extrema beleza. Não esquecendo a folha do **inhame**, cujo tubérculo é muito abundante, mas que não aprecio, a folha é tão grande e oval como o leque de palmeira da Mãe, de cor verde escuro – é muito bonita! A haste está colocada perto do centro, sem contudo ficar a folha dela separada. Dobrando para cima os seus bordos é usada como copo e por experiência própria posso dizer como sabe bem a água assim bebida. Ela corre ao longo da folha em gotas que parecem de mercúrio, é ainda mais bonito para ver do que para beber. *Flora*

Esta tarde visitámos novamente a lagoa, é maior do que o lago "Jamaica" e desta vez fomos para o lado oposto às caldeiras. Nenhuma outra vista pode ser mais bonita do que aquela, principalmente ao pôr do sol, quando as nuvens douradas e o azul escuro do firmamento se reflectem nas águas calmas e cobrem os cumes das altas montanhas. *Lagoa*

As margens são frequentadas por uma multidão de **gaivotas**, cujas penas brancas das compridas asas roçam por um momento nas águas, e os seus estridentes gritos se misturam com o barulho das cascatas que rolam pelos montes. *Fauna*

Deixámos a paz da lagoa às gaivotas e partimos formando um bonito grupo de quinze bípedes e quadrúpedes, pois a cada um de nós, os cinco, pertencia um **burro** e o respectivo burriqueiro.

Na volta fizemos uma corrida de burros e se o riso é sinal de alegria esta foi grande entre nós.

Quando chegámos a casa encontrámos **William Hickling**, que tinha acabado de chegar com outro jovem e **estava ainda longe de terminar a sua viagem à volta da ilha**.

O barco, que serve para esta aventura, tem o tamanho estrito para duas pessoas e é tão leve que pode ser carregado por um único homem. Têm passado as noites em terra para onde levam o barco até à manhã seguinte. Tudo isto me parece ser muito perigoso!

Hoje, 30 de Junho, quando fomos para o banho, a manhã tinha um aspecto diferente por causa do nevoeiro que envolvia por completo alguns lugares, enquanto que, nos outros, o sol brilhava.

Por causa da grande afluência vamos muito cedo para o banho. Sou muitas vezes acordada pelos pássaros ao nascer do dia, o que não pretendo, por isso volto a adormecer até o C. bater à porta, ou até ouvir os homens a chamarem pelos burros.

Não há na natureza manhãs mais encantadoras: o vale está cheio de **pássaros** e **o caminho para os banhos é muito romântico**; o nevoeiro deixa as folhas da relva pintalgadas de todas as cores imagináveis, fazendo-me pensar que estou "em casa" e essa é uma palavra mágica.

Geologia

Sempre desejei saber alguma coisa de geologia e mineralogia e penso que a Ilha de S. Miguel deve ter, nesse aspecto, muito interesse, pois as pedras e as montanhas mostram uma grande variedade de **minerais**, mesmo para os meus olhos de leiga.

Embora não devesse, sinto o mesmo respeito por estas montanhas, que evidentemente são de origem vulcânica, como por aquelas que erguendo os cumes desde a criação do mundo se perpetuam como monumentos a testemunharem o poder Divino.

Devo avisar-vos da diferença, que aqui atribuem às palavras, relativamente à nossa língua, rio, lago, etc. **O que nós na América chamos de**

Ribeiras

regato, recebe aqui a dignidade de ribeira e o que aqui é um lago, pode ser lá um charco.

No Faial só há uma corrente de água, que eles pretendem que seja uma ribeira e que está praticamente seca, só com um fio de água estagnada no fundo, mas quando cheia corre fazendo um bonito efeito, pois desce impetuosamente pelas montanhas, brilhando e rugindo, até se gastar na sua própria impetuosidade.

Muitas vezes penso na fábula de Horácio, quando um homem do campo chegou à margem de um rio que queria atravessar e se pôs a esperar na expectativa de que as águas desaparecessem. Se o rio fosse como o do Faial, não haveria lugar para a fábula.

Existem muitos passeios bonitos aqui à volta, ontem demos um à bonita **nascente da "Glória Pátri"**, onde a água brota da encosta de uma colina por três nascentes separadas entre si pela distância de uma ou duas jardas. É a melhor água que já bebi, cristalina e fresca, como podem imaginar.

Nascentes Gloria Patri

A vista é encantadora! Parte da água vai pôr a funcionar **um moinho** que fica aqui perto, a outra escapa-se por um campo de inhames e de ervas, denunciando-se pela alta e abundante verdura das suas margens, até que mais abaixo se vai juntar a outra corrente, formando a barulhenta serpentina que atravessa o vale.

Por pouco tempo saímos do nosso caminho para vermos as areias movediças, cuja profundidade não se conhece e que não são mais do que um **campo pantanoso coberto de inhames e plantas aquáticas**, mas que, apesar disso, foi com grande dificuldade que, uns anos atrás, se salvou da morte um homem, o que me traz à memória o jovem Ravenswood.

À tarde subimos de burro as montanhas do lado oposto, de onde a vista, como devem supor, é magnífica. A altura acima do vale é de cerca de 1000 pés, ficando aquele aos nossos pés como um bonito quadro, com a igreja, as casas, os românticos caminhos e os riachos prateados. Por entre as montanhas avista-se a pacífica lagoa, que parece dormitar lá em baixo, e um pouco para a direita o oceano e a ilha de Sta. Maria, que se estende como uma nuvem azulada pela linha do horizonte.

É notável, para nós, o contraste entre os dois lados. **Para lá do vale as ravinas não são habitadas nem cultivadas, as fraldas dos montes são revestidas de urzes baixas** e os seus grandes precipícios e as grotas fundas dão-lhe um aspecto tenebroso.

No decurso do passeio visitámos **"O Vale da Ribeira da Alegria", onde ficava a antiga igreja** e onde o solo abateu tanto que as pessoas alarmadas obtiveram licença para de lá sairem. No local existe uma bonita alameda de árvores, embora muitas tenham sido cortadas. O pequeno burriqueiro da Frances contou-nos que os donos queriam cortá-las todas, mas que as feiticeiras não tinham deixado por se quererem banhar neste local, mas não mencionou a forma como elas o fizeram.

Alegria

Pensei que seria demasiado ousado que as bruxas escolhessem um lugar tão próximo de um terreno sagrado, pois assim ainda é considerado e por isso não é cultivado, mas julgo ser muito difícil considerar as fantasias desses semi-mortais como as de pessoas normais.

Um pouco mais além parámos para ver uma bonita cascata cuja água caía na perpendicular pela frente de uma rocha lisa, da altura de trinta e cinco a quarenta pés, e está rodeada de montanhas por três lados. Tem um aspecto selvagem e faz um lindo efeito.

Acabei os *Bigellow Sketches*, já os tinha lido muito antes de vir, mas desejava fazê-lo outra vez.

Hoje é o dia 4 de Julho e, embora seja Domingo, fizemos uma saudação de treze tiros, com a ajuda das espingardas do John e do James, o que foi muito divertido! Tínhamos um pequeno canhão, que parecia trabalhar muito bem, mas que só ao fim do sétimo tiro é que disparou. Foi realmente divertido ver os homens darem um passo em frente, muito cheios de si, com ar de quem esperava que alguma coisa sucedesse, pelo menos que saísse fumo, mas o que se viu foi unicamente o clarão feito pelas caçadeiras.

Esta manhã fomos visitar Mrs. Weeb, que chegou a noite passada, e que eu já vira na cidade. É uma mulher muito amável e os seus modos, que no princípio me pareceram afectados, vejo agora que eram causados pela doença. O marido é o homem mais estranho de quem já ouvi falar, mas diverte-me; na figura e no perfil é uma cópia de Mr. Oliver Jr.

Quase todas as tardes damos um passeio a cavalo e no outro dia fomos ao chamado **"Pico Dourado"**, que excepto pelas suas, pouco óbvias, características mineralógicas, para as quais nos chamaram a atenção, nada observámos que o diferenciasse dos outros. Examinámos um pedaço de rocha ao sol, e vimos partículas cintilantes. Acredito, como se diz, que é um tipo de bitumen.

Ribeira Quente (freguesia)

Um dia destes fomos a uma **aldeia de pescadores** chamada **Ribeira Quente**, que recebe todas as águas do Vale das Furnas que correm praticamente a céu aberto pelos desfiladeiros sem formarem nenhuma cascata até à sua saída para o mar.

Partimos cerca das dez horas e cavalgámos pelos montes, que não são muito altos. John e James trouxeram parte do jantar e o resto foi feito com o peixe que apánhamos. A aldeia fica a cerca de três milhas e um cavalheiro simpático ofereceu-nos a sua casa, que se encontrava vazia.

Pesca

Alugámos um barco de pesca e os pescadores depois de puxarem a rede, transportaram-na para a praia. Nunca tinha visto uma coisa mais bonita: as **sardinhas**, que são parecidas com os nossos pequenos *smelts*, eram em grande número e cintilavam ao sol, parecendo de prata.

Voltámos cerca das seis horas e ao subirmos ao cume do monte, cuja vertente iríamos descer, fomos envolvidos pelo nevoeiro. O meu **burro**, correndo mais depressa, distanciou-se consideravelmente dos outros e podem calcular o que senti quando olhei para trás e só com dificuldade consegui distinguir, através das nuvens, quatro ou cinco animais, com os seus condutores, descendo pela estreita vereda da montanha. O nevoeiro acumulava-se nos precipícios e nas ravinas e ocultava os cumes.

Durante este passeio por entre as nuvens, Manuel, o meu burriqueiro, que vinha mastigando com ruído alguma coisa, perguntou-me se eu queria **favas**, peguei em algumas para não ferir os seus sentimentos. São aquilo que nós chamamos *Windsor beans*, mas estas são **secas no forno** e torradas, **sabem a milho queimado** quando não foi seco naturalmente ao sol, **são muito duras mas ele come-as como se fossem acepipes**.

Quando descemos ao vale, as nuvens dispersaram e as que estavam por cima de nós ficaram levemente tingidas pelo pôr-de-sol, cujo final glorioso era para nós invisível. Chegámos a casa à hora da refeição sem nenhum contratempo.

Nada pode ser mais bonito do que é aqui uma noite de luar. A rainha dos céus aparece majestosa por cima das grandes árvores e lança um fluxo brilhante sobre a superfície do tanque, cuja calma somente é quebrada pela ondulação provocada pelo cair de uma folha, talvez do salgueiro que, inclinado sobre o tanque, contrasta fortemente com a sombra escura do restante arvoredo.

Dificilmente um pincel poderia (muito menos a minha fraca pena) mostrar-vos o aspecto selvagem e ao mesmo tempo sublime de muitas das paisagens, partilhando da sensação, por vezes terrífica, de descer quase na perpendicular uma montanha, cujo cume toca as nuvens, tendo por baixo um percipício de tal altura, que um pé em falso do animal leva à morte inevitável. Outras vezes o caminho fica quase bloqueado pela queda de grandes rochedos que ameaçam esmagar o viajante.

Penso que nunca escrevi sobre a beleza dos **fetos**, que aqui crescem em grande quantidade; as folhas podem atingir uma jarda de comprimento. Penduram-se por íngremes escarpas, em filas, uns acima dos outros, produzindo um efeito bonito.

As ervas e as flores selvagens diferem pouco das do Faial; há uma grande quantidade de erva "bul-bul", e outras espécies, como já te enviei, Clara. Também existem pequenas e bonitas **flores de trevo**, em forma de estrela de um delicado cor de rosa com estames amarelos e outras brancas muito bonitas.

Flora

Tenho sentido que, "o tempo voa quando quer", pois os dias passam tão depressa que não consigo realizar nada e quando a tarde chega pergunto a mim mesma como passei o dia, pois não me parece que os passeios que dou sózinha, na propriedade ou à volta do tanque, lendo ou escrevendo algumas notas, tomem tanto tempo. Mesmo assim vou passar a ler menos o *Loo Cho Islands* e a "trabalhar como um castor".

Banhos Termais — Na última semana estivemos constantemente ocupados recebendo e fazendo visitas. Algumas famílias que nos foram ver em Ponta Delgada vieram para as Furnas por uns dez dias para tomarem banhos e para se divertirem. Como é natural foram-nos visitar e, como o tanque de Mr. Hickling é o refúgio de todos, fomos obrigados a estar sempre presentes, e assim passámos umas horas de convívio.

Vida social

Habitualmente todos gostam de se sentar na ilha e de passear no barco ou à roda do tanque.

Só duas ou três senhoras falam inglês, enquanto muitos dos homens o fazem, por isso penso que se vivesse em S. Miguel aprenderia rapidamente a falar português. No Faial não teria tanta necessidade de o fazer.

Entre as senhoras existem quatro irmãs, todas com o nome de Maria, que para se destinguirem têm outros nomes próprios, tais como: Maria Ursula, Maria Madalena, Maria Carlota, etc. Os cavalheiros têm habitualmente cinco ou seis nomes e, como as senhoras, são chamados pelos nomes próprios.

Lagoa

Um dia uma parte do grupo combinou ir à lagoa, o bonito lago que já mencionei várias vezes. Cada família levou o jantar e divertiu-se conforme entendeu. O dia estava esplêndido e todos chegaram à beira do lago cerca da uma hora, sentaram-se nas almofadas e tapetes que traziam e que tinham sido colocados sobre a relva à sombra das montanhas.

Piqueniques

Na devida altura os criados chegaram com o jantar, que foi posto sobre as toalhas previamente estendidas na erva fofa, e que foi saboreado, como podem imaginar – "O vinho e o riso deram alegremente a volta à mesa" –.

Depois os homens foram caçar **pássaros** para as margens, passear e andar à vela num barco que lá se encontrava.

Voltámos todos a casa antes do pôr-do-sol. Não podem imaginar como a cena era alegre e como era grande o contraste entre o barulhento grupo e a tranquila lagoa.

Eram cerca de quarenta pessoas, todos montados **em cavalos ou burros** e cada um com o seu condutor, para além dos criados. Eram muitos e faziam um bonito efeito ao seguirem em fila pelo estreito e sinuoso caminho que contorna as pacíficas margens da lagoa, que, suspeito, nunca tinha presenciado uma cena tão alegre.

Mas tudo desapareceu depressa, como uma visão imaginária, e lá seguimos outra vez pelas altas montanhas onde só se ouvia o piar das gaivotas, e as plácidas águas continuaram calmas e envoltas no silêncio celestial.

Durante o passeio, depois do jantar do dia seguinte, tive um acidente do qual escapei por uma unha negra; tínhamos subido a uma altura considerável e quando seguíamos por uma ladeira, onde só era seguro andar a pé, Mr. Brotero, apercebendo-se do perigo, saltou para fora e colocou-se mais abaixo para nos ajudar na passagem. Quando chegou a minha vez, confesso que estava distraída, escorreguei caindo numa plataforma mais abaixo, perto da qual o precipício pendia sobre o lago e, se Mr. Brotero não estivesse lá para me apanhar, teria ido tomar banho. Assim só sujei de terra o vestido.

No dia seguinte a esse piquenique, vinte e quatro senhoras e cavalheiros deixaram as Furnas, por isso temos estado quase sós nestes últimos dias, o que não lamentamos muito. William Burnett e William Ivens também partiram e a família ficou reduzida ao nosso grupo.

Tomámos maior consciência da partida da maior parte das pessoas pela facilidade com que conseguimos tomar banho. Na passada semana tínhamos que esperar uma hora ou mais, embora lá chegássemos cedo.

Termalismo

Algumas senhoras esperavam três ou quatro horas e um cavalheiro, que estivesse só, não o conseguiria por menos tempo.

Não fazem ideia como esta região é rica em águas, encontramo-las a cada passo, e é surpreendente ver caldeiras de água sulfúrica fervendo furiosamente mesmo ao pé de uma nascente fria de água férrea.

Caldeiras

Sempre que visito as caldeiras maiores, sinto a mesma sensação de terror que exprimentei da primeira vez. Penso que a que se chama "**Boca do Inferno**" justifica plenamente esse nome!

Raramente saio a porta que não me lembre da **resposta que Mr. Hickling deu a uma pessoa que, vendo o muito que ele fizera por aquele lugar**, lhe perguntou zombateiramente porque não tinha ele arranjado um lugar a algumas centenas de pés de altura num dos montes do outro lado do vale e Mr. Hickling respondeu-lhe que não tinha o hábito de "construir castelos no ar".

Numa destas tardes, Frances, Charles e eu demos um passeio à volta de uma colina de onde se vê todo o vale e disse para mim mesma: o que diriam a minha Mãe e as minhas irmãs se pudessem, mesmo que só por um momento, ver de relance o que estou a ver agora? **Parece-se com o *happy valley*, protegido pelas montanhas, onde moram, a calma e a beleza e onde nenhuma preocupação ousa penetrar; livre das paixões terrenas e das dores que a humanidade acarreta**. Os ceifeiros colhendo o trigo dão vida à paisagem, doutro modo tão pacífica e profunda.

Trigo

Certamente que nada melhor do que um bom panorama para elevar o espírito e inspirar tal entusiasmo – as águas do esquecimento apagam o passado, sentimo-nos subir acima deste mundo e olvidamos a nossa pequenês.

O cenário é aqui totalmente diferente da América, por isso é difícil dar uma ideia. Muitas vezes tive aí o mesmo sentimento de êxtase quando contemplava uma bonita vista, mas o contraste entre os dois países é tão grande que não podem ser comparados.

Flora

No vale crescem muitos álamos, que ajudam a dar-lhe o encantador ar romântico. Sei, Clara, que pensarás que perdi o bom senso – **álamos** e romantismo! Embora pareça um paradoxo, isso é um facto, querida irmã. Eles nascem ao longo das margens e os camponeses, para que não façam demasiada sombra, podam-nos no topo, onde têm a maioria das folhas. As árvores são muito altas e os troncos ou se prolongam em verdura, ou as folhas vão nascendo em anéis, formando tufos.

Uma espécie muito boa é o **vinhático**, cuja folha sempre verde faz lembrar a da laranjeira, mas que atinge o tamanho das árvores de grande porte.

Termalismo

Nos últimos dias tomámos os **banhos das "Quenturas"**, onde as águas, tanto a fria como a quente, são férreas; a quente não vem da caldeira, mas apesar disso vem fervendo. Podes imaginar a grande quantidade de nascentes que por aqui existem.

Pitorescas pontes atravessam as ribeiras, como aqui se diz, e fazem-me lembrar as que tenho visto em quadros; são muito altas e têm, de um dos lados, uma balustrada feita com estacas de cana. A largura deixa passar só um burro de cada vez e como no *Jew's leap in Barbery* quando uma pessoa atravessa, as outras esperam pela sua vez.

[...]

Devem imaginar a complicação que é deixar o Vale, pois teremos que levar connosco: camas, roupa branca, louça e tudo o resto, à excepção do mobiliário.

Na noite anterior à partida do "Doce Vale" fui testemunha de uma cena que merece ser recordada. João (que merece inteiramente a alcunha de "Quieto", como é conhecido por consenso geral) trabalha desde sempre para Mr. Hickling, como fez o pai antes dele e, embora não more na casa, olha por tudo, tanto na residência como no resto da propriedade. Compra tudo o que necessitamos: ovos, manteiga, aves de capoeira, etc.

Charles, com a sua habitual generosidade, ofereceu ao João, para o recompensar do seu trabalho e do tempo perdido connosco, o que ao pobre homem pareceu ser uma importante soma que ele começou por recusar, dizendo que não podia em consciência receber tanto dinheiro e acabando por só querer metade da quantia, mas Charles insistiu e que devia recebê-la toda. Então ele colocou o dinheiro na algibeira, explodiu a chorar, lançou-se por terra de joelhos abraçando os do seu benfeitor e saiu do quarto.

Nunca vi tanta sinceridade e tão bons sentimentos como os exibidos por este pobre homem!

Na manhã seguinte levantámo-nos cedo para tomar o pequeno almoço, mas eram tantas as coisas que tínhamos para fazer, que não conseguimos partir tão cedo quanto desejávamos.

Incluindo os que levam a bagagem, eram treze burros e os respectivos burriqueiros, que seguiam quase em procissão, pois são poucos os lugares em que se pode andar lado a lado.

Gozámos pela última vez a vista, em todo o esplendor de uma bonita manhã, deste tranquilo vale e essa recordação não se apagará da minha memória. Agora vejo-o em espírito, como quando o vislumbrei pela última vez, lindo e variado como só a imaginação o poderia pintar.

[...]

3
ANEXOS

VICTOR HUGO FORJAZ

FORJAZ, Victor Hugo – *Alguns vulcões da Ilha de S. Miguel.* Ponta Delgada: Observatório Vulcanológico e Geotérmico dos Açores, 1997, 4ª ed., p. 23, 43, 44, 96, 97-99.

[...]

6. Sinopse geográfica[86]

Sob o ponto de vista geomorfológico dividimos a ilha de S. Miguel, de oeste para leste, nos seguintes conjuntos paisagísticos:
1 – Maciço das Sete Cidades
2 – Plataforma dos Picos
3 – Maciço da Lagoa do Fogo
4 – Achada Congro-Furnas
5 – Maciço das Furnas
6 – Achada dos Boiões (Graminhais)
7 – Maciço da Povoação – Nordeste.
Correspondem-lhe as seguintes descrições resumidas:

[...]

---

[86] Sobre este tema recomendamos os trabalhos de: Raquel Soeiro de Brito – *A ilha de S. Miguel. Estudo geográfico.* Lisboa: IAC Centro de Estudos Geográficos, 1955. (Tese de doutoramento); João de Medeiros Constância – *Quadro físico da Ilha de S. Miguel.* Coimbra: Faculdade de Letras, 1962, vol. 2, nº 18, (1960), p. 16, 17 (ambos **Bol. Est. Geográficos**).

7. Historial geológico

[...]

a) Os estudos geológicos clássicos

Os povoadores desembarcados na Povoação decerto que ficaram abismados com as fumarolas e as lamas ferventes das Furnas quando do desbravamento para oeste, a caminho de Vila Franca. Porém nunca os descreverem.

Gaspar Frutuoso[87] foi o primeiro autor a referir-se ao vulcanismo, à sismicidade e à constituição das ilhas açorianas. O Prof. Manuel Serrano Pinto considera-o, em recentes e interessantes publicações (c.f. bibl.) o primeiro dos nossos vulcanólogos onde a sua *obra magna, "Saudades da Terra", é um notável contributo para o conhecimento dos vulcões açorianos. (...) a verdade é que "Saudades da terra" trata de tantos outros aspectos geológicos dos Açores, e com uma abordagem aos mesmos tão inovadora, que não se hesita em classificá-la de extraordinária contribuição para a história da geologia em geral e da vulcanologia em particular (Reis & Lizardo, 1995; M. S. Pinto, no prelo a; no prelo b).*

[...]

FASE III – ÁREA DAS FURNAS

De acordo com o vulcanograma da pág. 79, há cerca de 800 mil anos, a ilha de S. Miguel era constituída pelos materiais emitidos pelos Vulcões do Nordeste e da Povoação.

À volta dessa data (e com Nordeste extinto mas com Povoação em fase final) seguiu-se o aparecimento dum aparelho muito importante, encostado a este último – o **Vulcão das Furnas**[88], de caldeira múltipla[89].

---

[87] Gaspar Frutuoso nasceu em S. Miguel em 1522; bacharelou-se em Artes na Universidade de Salamanca em 1549; cursou Filosofia natural de 1533 a 1555 e em 1558 tornou-se bacharel em Teologia, sempre naquela universidade; e foi vigário em Vila Franca a partir de 1565, depois de estar uns três anos em Portugal, até à sua morte, em 1591. Teve ligações à Sociedade de Jesus (*in* M. Serrano Pinto, 1997, no prelo).

[88] Existem datas de vários autores, algumas impensáveis perante as observações de campo. Torna-se evidente a necessidade duma campanha de amostragem mais cuidadosa (e dispendiosa) especialmente nas escarpas costeiras do norte, onde colhemos a amostragem tratada pela Geonomics.

[89] +- 6 Km de diâmetro.

Maciço das Furnas. 1ª fase caldérica vista do Pico do Ferro. (2 - Salto do Cavalo, 3 - Cone do Gafanhoto (716 m), 4 - Abatimento do Estaleiro). 2ª fase caldérica, em primeiro plano; 5 - escarpa fresca de alternâncias de piroclastos pomíticos com lavas basálticas e hawaiíticas; no topo, traquitos recobertos de pedra pomes. 1 - C.V. da Povoação. Vista do Pico do Ferro.

Maciço das Furnas: Área da Lagoa. 1 - Pico do Gaspar, 2 - Anel pomítico de 1630, 3 - Doma traquítico do final da erupção de 1630. Vista do Pico do Ferro.

43 – In: FORJAZ, Vitor Hugo – Alguns vulcões da ilha de S. Miguel. 4ª Ed. (Ver Bibliografia). Reprodução autorizada

As primeiras emissões desse aparelho foram de natureza basáltica (*s.l.*) e, tal como na Povoação, processaram-se ao longo de grandes fracturas possivelmente NW-SE (situadas sob o edifício principal) deduzíveis de massas filonianas costeiras (a sul e a norte).

O estrato-vulcão das Furnas desenvolveu-se rapidamente, passando de episódios basálticos para erupções traquíticas, estimando-se que tenha ocupado uma área da ordem dos 200 Km^2 (presentemente, cerca de 80 Km^2). Nas erupções traquíticas predominaram as de estilo pliniano, conduzindo à construção da caldeira de colapso onde hoje se localiza a freguesia (depressão rodeada de escarpas muito ravinadas, bastante erodidas).

Seguiu-se uma segunda fase caldérica, que alargou a anteriro para SW, até ao Pico do Ferro.

A este abatimento seguiu-se um terceiro, mais importante, e mais recente, responsável pela depressão ocupada pela actual lagoa e territórios a leste e sueste.

A primeira caldeira, encostada à da Povoação, chegou a ser ocupada por uma lagoa conforme o demonstram[90] os restos de diatomáceas (assinaladas por Chaves) da zona dos banhos, da Água da Serra do Trigo e do início do Estaleiro (junto às fumarolas das oficinas, cruzamento para a Ribeira Quente).

Ignora-se o espaçamento temporal entre as três fases mas as duas últimas podem ter sido quase seguidas, induzindo alguns autores menos experientes com os terrenos açorianos a concluir que só existiram duas fases caldéricas.

A primeira caldeira deve-se ter constituído há cerca de 18 mil anos e os produtos piroclásticos (pedra-pomes, cinzas, traquíticos) chegaram-se a depositar a NE de S. Miguel, no fundo do mar, onde cientistas os dataram[91].

A segunda caldeira parece ter-se constituído há cerca de 13.500 anos (cortando uma doma τ do Pico do Ferro) e a terceira e última fase provavelmente ocorreu há 11 m.a.

De acordo com este modelo a lagoa actual (terceira caldeira) não chegou a ligar-se à lagoa primitiva, situada mais a norte (primeira caldeira).

---

[90] c.f. pág. 36, colheitas do A.
[91] Huang *et al* (1979), em campanha oceanográfica a alguams milhas a NE de S. Miguel, dataram seditmentos vulcânicos, possivelmente vindos das Furnas, com 33,6 m. Anos; em terra obtiveram datações da ordem dos 32 m.a.

Após a modelação da caldeira geral[92] (múltipla, soma de três fases) ocorreram, como é vulgar, erupções ditas pós-caldeira, no interior das depressões (Marcondas, τ; Gaspar, τ ; P. Caldeiras, τ e vulcão histórico de 1630[93] também τ: traquítico). B. Booth, R. Croasdale e G. Walker publuicaram, em 1978, uma excelente memória sobre o vulcanismo de S. Miguel ao longo dos últimos 5.000 anos e consideram que, durante aquele período, ocorreram, no interior da caldeira, as seguintes erupções:

	Article IV. Depósito	Área abrang. Km²	vol. Total Km³	Magnit. Tsuya
	1630	230	0,25	5
	I	220	(0,10)	5
	H	80	0,02	4
P. Gaspar ?	G	260	0,18	5
	F	160	0,20	5
P. Marcondas ?	E	200	0,24	6
	D	40	0,01	4
	C	330	1,54	6
	A; B	200	0,10	5; 4

No exterior da caldeira também se geraram aparelhos parasitas: Cerrado dos Bezerros e cones associados (538 m); Monte Frescão (558 m), onde nos tufos da base aparecem vegetais fósseis; Pico das Três Lagoas, Pico da Cova (554 m); Pico dos Peixes, Pico Albano (600 m), Pico Pequenino; Pico Meirinho (590 m); Pico dos Peixotos (678 m), Pico del Rei (674 m), Pico das Vacas (578 m, exploração de bagacinas vermelhas); Pico Grande (688 m); Pico de N. Senhora (688 m); Pico da Ribeira Funda ou da Criação; Pico da Criação (348 m), Pico dos Fenais (348 m); Pico do Funchal (320 m), etc.

Do Pico do Funchal verteram-se espessas escoadas de hawaiítos e de basaltos no sentido norte constituindo a bela fajã da Maia (posteriormente capeada por piroclastos provenientes do interior da caldeira das Furnas e por tufos basaltos fossilíferos; c.f. foto anexa). Nos bordos da caldeira situam-se os domazinhos do Pico do Ferro, "pedagogicamente" alinhados ao longo de falhas ~ NW-SE e W-E estando o mais oriental parcialmente cortado pelas falhas verticais do arco de caldeira, junto ao miradouro do Pico do Ferro.

A sudoeste dessas figuras a paisagem piroclástica por vezes assume uma morfologia afim dos depósitos de *blast*, vectorizados de sul para norte,

---

[92] 6 Km de diâmetro; arribas de 250 m máx.
[93] †191 pessoas; c.f. capítulo adiante.

sugerindo uma fonte emissora na área da actual lagoa, antes dos movimentos de abatimento ou a eles associada.

Litologicamente a vertente norte é dominada por basaltos e rochas afins, aflorantes na costa, nas ribeiras e nos cones strombolianos; aliás as lavas basálticas a que se atribuíram ± 750 mil anos localizam-se na base da Ponta da Inês, a NE da Lomba da Maia. Superiormente tais formações encontram-se recobertas por pedra-pomes e cinzas traquíticas (vindas das três fases de caldeira) intercaladas com paleossolos castanhos.

Na vertente sul das Furnas prevalecem formações traquíticas e afins na zona da Ribeira Quente; entre a Ribeira das Tainhas e a Ponta da Laboreira predominam os hawaiítos (por vezes cortados por espessos filões e importantes falhas NW-SE) algumas ocupadas com filões (ex. a leste de Ponta da Garça).

No interior a caldeira evidenciam-se os traquitos, embora em proporção próxima da dos hawaiítos (e rochas semelhantes).

Também no interior da caldeira e na ribeira que o drena para a Ribeira Quente existe um valioso património de águas minero-medicinais agrupáveis na seguinte classificação de Herculano de Carvalho:

[...]

MARIA DA GRAÇA CHORÃO DE ALMEIDA LIMA CORREIA

CORREIA, Maria da Graça Chorão de Almeida Lima – *Achegas para o estudo de regime agrário da ilha de S. Miguel nos séculos XVII, XVIII.* Lisboa: [s.n.], 1957. Dissertação de Licenciatura em Ciências Históricas e Filosóficas apresentada na Faculdade de Letras da Universidade de Lisboa, Policop., Cap. III, p. 175-214.

Cap. III
[Colonia]

[...]

A existência da colonia em S. Miguel como uma terceira modalidade dos contratos de exploração indirecta, de que vimos tratando, apresenta-se-nos indubitável. Falam-nos dela Bernardino José de Senna Freitas, na sua obra "Uma viagem no Valle das Furnas na Ilha de S, Miguel em Junho de 1840"; o Marquês de Jácome Correia, em "Leituras sobre a Historia do Valle das Furnas"; finalmente, Urbano de Mendonça Dias no 1°. Volume do seu trabalho "A vida de nossos Avós", e no livro "História do Vale das Furnas".[94] *Colonia*

Pelos títulos de três das obras citadas, fácil nos é deduzir que esse contrato de exploração agrária se conhece na localidade designada pelo nome de Furnas. Não há nenhuma referência que permita identificá-la noutro sítio, e, relativamente àquele, os documentos são raríssimos, melhor diríamos, desconhecidos.

Apesar das tentativas feitas, só nos foi possível encontrar um que nos trouxesse algo de novo. Assim, teremos de trabalhar quase só sobre o já conhecido, bastante escasso e confuso, tentando aclarar, coordenar e interpretar, e, para começar, teremos de relacioná-lo com a história do local *Povoamento*
aonde se manifestou.

Em Gaspar Fructuoso lê-se: "Ultimamente, o senhor Conde D. Rui Gonçalves da Câmara, ... fazendo plantar muitas canas no sítio das

---

[94] FREITAS, Bernardino José de Sena – *Uma viagem ao Valle das Furnas....* Lisboa: Imprensa Nacional, 1845.

CORREIA, Marquês de Jácome – *Leituras sobre a história do Vale das Furnas.* Ponta Delgada: Oficina de Artes Gráficas, 1924.

DIAS, Urbano de Mendonça – *A vida de nossos avós.* Vila Franca do Campo: Tip. de "A Crença", 1944, vol. 1.

DIAS, Urbano de Mendonça – *História do Vale das Furnas.* Vila Franca do Campo: Emp. Tip. Ltd. de Vila Franca do Campo, 1936..

Furnas,... também desistiu de fazer ali engenho e povoação, como pretendia fazer..."[95]

Tomando a palavra "ultimamente" num sentido equivalente a "há poucos anos" e considerando a data daquela passagem, 1588[96], atribuímos aquela tentativa ao sétimo capitão, pois e seu governo abrangeu os anos de 1578 a 1582.[97] Nessa época, portanto, ainda não havia nas Furnas uma povoação, nem meios para a formar. Mais adiante, porém, na descrição do grande sismo de 1522, lê-se : "Nas Furnas, estavam em uma cafúa dezassete pessoas e estava por senhor da cafúa (que era casa grande) um João Delgado...";[98] concluímos que no primeiro quartel do século XVI havia já moradores lá. Isto passa-se no tempo do quinto capitão, também chamado Rui Gonçalves da Câmara.[99]

Por consequência, embora já houvesse nas Furnas, desde os princípios do século XVI, uma população dispersa, composta por pastores e carvoeiros, que pernoitavam lá, depois por trabalhadores rurais, sob as ordens dos senhores das terras, assim se manteria por muito tempo, sem possibilidades para constituir um núcleo organizado, pelas condições de isolamento e difícil acesso do local; as autoridades procuraram sempre modificar estes aspectos, tentando ligar o vale com as povoações vizinhas.

Acessos

Logo nos primeiros anos do seu governo, D. Rui Gonçalves da Câmara, sétimo capitão, manda abrir **três caminhos** para serventia de Vila Franca, Ponta Graça, Maia. Eram muito longos e estreitos. Ficam conhecidos por "**riscos**".[100]

Depois de 1522, reconstruindo-se Vila Franca do Campo, arrasada pelo sismo, os moradores das Furnas aumentaram, porque as suas matas forneceram as madeiras necessárias às construções, e os serradores fixavam-se lá, durante os trabalhos. Os próprios Senhores começariam depois a visitar o local, bem digno disso pela sua grande beleza.[101]

---

[95] FRUTUOSO, Gaspar – *Saudades da Terra*. Ponta Delgada: Tip. do "Diário dos Açores", 1922. Ed. Comemorativa do centenário, vol. 4.

[96] *Idem*.

[97] MAIA, Francisco Machado de Faria e – *Capitães dos Donatários*. Ponta Delgada: Tipografia Insular, Lda., 1949, p. 103. Nº 61, pág. 103

[98] FRUTUOSO, Gaspar – *ob. cit.*, p. 141.

[99] MAIA, Francisco Machado de Faria e – *ob. cit.*, p. 37.

[100] FREITAS, Bernardino José de Sena- *ob. cit.*, p. 3, 4.

[101] DIAS, Urbano de Mendonça – *ob. cit.*, p. 20.

Mesmo com essa escassa população se levantou em 1615, por D. Manuel da Câmara, uma ermida dedicada a Nossa Senhora da Consolação. Vêm alguns eremitas. A vida, provavelmente, vai-se intensificando, mas a erupção vulcânica de 1630 devasta o Vale das Furnas, queima e revolve tudo. Fica ermo. Mas a vegetação vem brotando de novo, e os jesuítas, reconhecendo as vantagens do local, a meio caminho dos principais povoados para onde iam em missão, constroem uma casa de repouso em 1637-1638, numa propriedade cedida pelo nono capitão de S. Miguel, D. Rodrigo da Câmara, depois um oratório ou ermida de nossa Senhora d'Alegria.[102]

Acessos

O Marquês de Jácome Corrêa, em "Leituras sobre a História do Valle das Furnas", diz que esta concessão não se pode explicar, pois, nessa época, todos os terrenos de S. Miguel pertenciam a particulares ou eram bens dos concelhos.[103] O capitão cedia, portanto, terra alheia, fosse qual fosse o seu proprietário. Não custa a admitir um acordo entre a Câmara de Vila Franca, visto as Furnas pertencerem a este concelho, e o doador, embora os bens dos particulares, mais consideráveis do que os outros, andassem igualmente abandonados. Mas, para os ocupar, a licença do dono não poderia ser esquecida e já não é tão fácil de admitir, tendo em vista as pretensões de aquisição dos jesuítas. Um único proprietário era o mais indicado para lhes conceder a propriedade – o próprio capitão. Bernardino José de Senna Freitas diz, com efeito, que D. Rodrigo da Câmara lhes doou uma parcela das suas propriedades, chegando a fazer-lhes vendas.[104]

Jesuítas

Acaba-se também, com esta conclusão, a dúvida quanto à legitimidade ou não da doação. Se se tratasse da terra ainda sem dono, ela seria mais das atribuições do almoxarife do que do capitão, como já sabemos. Este apenas a faria só, por um acto de governo arbitrário.

Os jesuítas vão trazendo trabalhadores no verão e vão estendendo a sua propriedade, por compra, doação ou permuta, valorizando-a com a introdução de novas espécies, arroteando por conta própria e cedendo-a a cultivadores. Aquelas doações, novamente, poderiam levantar problemas, mas não há nenhuma referência à sua procedência. Os outros proprietários devem ter seguido estes exemplos.[105]

---

[102] FREITAS, Bernardino José de Sena – *ob. cit.*, p. 4, 5.
[103] CORREIA, Marquês de Jácome – *ob. cit.*, p. 38, 39
[104] FREITAS, Bernardino José de Sena – *ob. cit.*, p. 5.
[105] DIAS, Urbano de Mendonça – *ob. cit.*, p. 47.

Relativamente às propriedades do capitão, como ele passava muito tempo na Côrte, foi-lhe concedida licença régia para vender parte delas, o que fez, como já vimos; isto poderia afectar a situação dos seus trabalhadores e "mediante reiteradas supplicas d'aquella colonia, que espontaneamente se tinha estabelecido no Valle das Furnas, conveio o Donatário com aquelles moradores conserval-os nos mesmos terrenos que haviam agricultado, pagando-lhe annualmente cada alqueire de terra pelo preço de 100 réis".[106]

Colonia   Temos uma **concessão de permanência** na terra, por tempo não determinado, mediante o pagamento de uma pensão anual em dinheiro estabelecida a **favor de uma "colonia" de um agrupamento de trabalhadores do vale**. Esta palavra não é uma menção ao contrato de exploração agrária, denominado colonia. E é neste contrato, em todo o caso estabelecido pelo capitão, que a colonia, tal como existiu em S. Miguel, se nos apresenta sob a sua primeira forma.

Esta resolução do capitão, dando novas bases de segurança aos trabalhadores, teria concorrido bastante para o incremento da cultura.

Simplesmente, esses camponeses não tinham chegado ainda ao fim dos seus receios. Em 1644 são citados para despejo pelos procuradores do capitão, ainda ausente na Côrte. O pensamento de que os terrenos estariam mais rendosos dita-lhes esta atitude.[107]

Resulta um litígio entre as duas partes, cabendo a vitória aos trabalhadores, que ficam apenas obrigados à pensão de cem réis por alqueire e são considerados colonos perpétuos.[108] **Reconhece-se-lhes, agora, o direito de ocuparem definitivamente a terra.**

Tudo isto permite o desenvolvimento do Vale. Vêm trabalhadores dos lugares mais próximos, Maia, Lomba, Vila Franca, Ponta Garça, Ribeira Quente, Povoação, Faial, mas, segundo o testemunho do Pe. António Cordeiro, em 1665 não havia ainda uma população fixa.[109] Esta opinião parece estar um pouco em contradição com a existência da colonia que acabamos de referir.

---

[106] FREITAS, Bernardino José de Sena – *ob. cit.*, p. 6.
[107] FREITAS, Bernardino José de Sena – *ob. cit.*, p. 8.
[108] FREITAS, Bernardino José de Sena – *ob. cit.*, p. 10.
[109] DIAS, Urbano de Mendonça – *ob. cit.*, p. 47.

Por outro lado, as autoridades interessavam-se pela melhoria das vias de acesso; planeada desde 1642, só é levada a efeito em 1682-83.[110]

Estas mudanças, no entanto, conseguem ir prendendo, aos poucos, esses trabalhadores. Em 1706, segundo informação dada ao Bispo de Angra, D. António Vieira Leitão, existem 74 habitantes, repartidos por 22 fogos.[111] Dedicam-se ao cultivo dos lotes distribuídos e sentem, depois, necessidade de expansão; arroteiam, por conta própria, novos terrenos de particulares, dentro dos ainda incultos.[112]

Esta acção não podia deixar de agradar ao dono da propriedade, pois valorizava-a, desvendando, ao mesmo tempo, a sua extensão e confrontações, que nem ele conhecia. Interessava também ao explorador; trabalhando-a desde o princípio, via-a como coisa sua e sentia-se mais seguro nela.

Em 13 de Agosto de 1709, o corregedor Pedro de Melo Alvim, numa correição ao Município de Vila Franca, sanciona esta atitude dos trabalhadores, autorizando-os a plantarem junça e inhames nos terrenos assim adquiridos. O senhor não se poderia opor a esse alargamento da exploração agrícola e receberia uma pensão anual não superior a cem réis por cada alqueire de terra.[113]

A pensão fixada pelo capitão era de cem réis; aqui, essa quantia também não pode ser ultrapassada. Adiante nos aparecerá reduzida.

Em resultado da mesma correição e a pedido desses homens, os vereadores da Câmara de Vila Franca, depois de terem demarcado e tapado os terrenos incultos do Vale das Furnas, estabeleceram confrontações em muitos deles, para se assegurar a fixação nos mesmos tendo em vista uma maior expansão e segurança da cultura. E para que o proprietário "se não queixe dos roceiros lhe não pagarem por tempo de três anos a renda da terra que assinarem, como determina o dito capítulo... todo e qualquer roceiro, logo no primeiro ano que disfrutar, pague ao senhorio da terra cem réis por cada um alqueire".[114]

Depreendemos desta citação que, talvez para compensar esforços e despesas dos primeiros trabalhos do rompimento dos terrenos, sempre

---

[110] FREITAS, Bernardino José de Sena – *ob. cit.*, p. 8.
[111] FREITAS, Bernardino José de Sena – *ob. cit.*, p. 18.
[112] DIAS, Urbano de Mendonça – *ob. cit.*, p. 51.
[113] DIAS, Urbano de Mendonça – *ob. cit.*, p. 51.
[114] DIAS, Urbano de Mendonça – *A vida de nossos avós*. Vila Franca do Campo: Tip. de "A Crença", 1944, vol. 1, p. 102, 103.

mais difíceis e dispendiosos, se teria determinado o não pagamento de pensão durante esses primeiros anos. Depois, a contento dos senhores, isso foi abolido; a pensão ficou idêntica à estabelecida pelo capitão e à adoptada sempre nos demais anos de exploração. Completa-se, assim, a acção camarária. As suas disposições não desprezam, como vimos, as estabelecidas pelo capitão, e são mais um passo para a caracterização da cedência da terra, sob o contrato de colonia ou de roça. Por elas, o colono ou roceiro recebe um terreno inculto com leves demarcações, é autorizado a fazer certas plantações, tem de pagar uma pensão. Mas, facto inédito, tudo isto é regulado pelo organismo municipal, que dispõe livremente da terra dos particulares, sem se aludir à mínima interferência ou consulta destes, e mais, sem se lhes reconhecer o direito de oposição a todas estas resoluções.

Nenhuma referência se faz ao tempo que os colonos poderiam permanecer nesses terrenos, nem se esclarecem os direitos à propriedade, tanto em relação ao senhor como ao roceiro.

Tudo isto vai originar discussões entre uns e outros; vai concorrer para o reconhecimento da **colonia perpétua**, como se passou entre o capitão e os seus colonos. Mas, antes, vamos analisar outro aspecto da questão. Dissemos que tinham sido os jesuítas os primeiros a tentarem o aproveitamento do vale, depois da erupção de 1630. Como os seus trabalhadores também se encontravam entre aqueles que, por necessidade de expansão, aumentaram a área do seu labor, ao encontro dos quais vieram as disposições da referida correição;[115] vejamos se elas influíram nos contratos realizados entre estes proprietários e os camponeses.

Contratos   O Marquês de Jácome Correia fala num contrato de exploração, celebrado por eles a 15 de Julho de 1711. Seria o seu primeiro documento deste género, conhecido. Fora lavrado pelo tabelião Manoel de Medeiros, da Maia, e renovado a 15 de Janeiro de 1729, pelo tabelião Joseph de Torres e Menezes. Aquele autor não faz transcrições, nem diz aonde se encontravam as duas escrituras. Apenas se refere a algumas das suas características, e, para o nosso caso, interessa observar que o prazo estipulado era de nove anos e a renda, paga em Agosto, de 60 réis por alqueire "de terra limpa ou a alimpar", vimes e arcos para pipas, galinhas.[116] Tinham

---

[115] DIAS, Urbano de Mendonça – *ob. cit.*, p. 51.
[116] CORREIA, Marquês de Jácome – *ob. cit.*, p. 41, 42.

de plantar cinquenta álamos por ano, todos os vimieiros possíveis, e arrotear a quantidade de terra que desejassem.[117]

As condições são semelhantes às de um arrendamento; o senhorio entrega directamente a terra ao cultivador por um prazo marcado, mediante uma certa renda a cumprir numa época prefixa. Há melhorias a realizar, semelhantes às que poderiam aparecer numa escritura de arrendamento. A obrigação de arrotear livremente é uma inovação, dadas as longas extensões ainda inexploradas.

O Marquês de Jácome Correia cita ainda uma reforma destes contratos, feita em 1753; as Furnas encontravam-se em franco progresso e **os jesuítas** estabelecem novas garantias aos seus bens. Indica-se o nome do tabelião, António do Rego de Sá, mas esta indicação não foi suficiente para se encontrar o documento, tendo-se passado o mesmo com os citados anteriormente.[118]

Urbano de Mendonça Dias traça uma **sistematização de todas as condições atribuídas a estes contratos**; estipulariam:

Contratos

1) Que o prazo do arrendamento seria de três anos e três novidades cumpridas e acabadas, com pagamento de renda por Santa Maria d'Agosto.
2) Limpariam, os rendeiros, toda a terra que podessem, a mais daquela que lhe entregavam.
3) Plantariam em cada um ano, cincoenta álamos, os vimieiros que pudessem e dois castanheiros.
4) Não poderiam cortar madeira, sem licença dos senhorios, pois toda a madeira era dêles senhorios exclusivamente.
5) Se em algum tempo, findo o arrendamento, quisessem os senhorios tirar toda ou parte da terra arrendada, não poderiam os rendeiros alegar melhoras, pois essas consideravam-se pagas pelos muitos anos que os rendeiros as tivessem por preços diminutos.
6) Não poderiam, os que herdassem ou comprassem terra já limpa, vender o trabalho que nelas havia tido o primeiro limpador, mas sómente se lhes permitia que àquele que primeiro as limpou, ficasse autorizado o seu arrendamento a outro, vendendo assim o trabalho que teve em limpar.

---

[117] CORREIA, Marquês de Jácome – *ob. cit.*, p. 41, 42.
[118] CABRAL, Arlindo – *Agricultura e economia do Distrito de Ponta Delgada*. **Bol. Com. Regul. Cereais Arq. Açores**. Ponta Delgada, n.º 11, (1950), p. 43, 44.

7) A renda seria paga parte em dinheiro e outra parte em géneros e prestação de serviços, limpando outras terras e plantando as que não servissem para lavrar".[119]

E exemplifica, para esta última alínea: "Na escritura de 29 de Setembro de 1753, de arrendamento, outorgam 47 rendeiros, ocupando a área de sete moios e vinte dois alqueires de terra, pela renda anual, paga por Santa Maria d'Agosto, de 35$975 reis, 41 galinhas e 28 rodas grandes de arcos de vimes".[120]

Este documento deve ser a reforma dos contratos atribuída ao mesmo ano e citada pelo Marquês de Jácome Correia. Este indicara "perto de 50 rendeiros que ocupam 6 moios e 22 alqueires de terra pela qual pagam 35.975 reis, 39 galinhas e 29 rodas grandes d'arcos".[121]

Apesar das duas citações diferirem, ainda são suficientemente idênticas para as atribuirmos ao mesmo documento ou, pelo menos, ao mesmo acontecimento, considerando esta divergência como um produto de cópias infiéis, leituras discordantes, ou de outras ocorrências vulgares nestes trabalhos. Urbano de Mendonça Dias nada diz, igualmente, acerca do modo como conseguia obter estas informações e conhecer aquele documento.

Analisando aquele grupo de condições e comparando-as com as já conhecidas, vemos, relativamente à primeira, que se passou de nove anos para três; ambos os prazos são muito vulgares nas escrituras de arrendamento. Não podemos saber se isto é verdadeiro e quando se teria dado esta mudança, pois Urbano de Mendonça Dias, o único a indicá-la, não se adianta em explicações. Existindo, ela devia representar um desejo de maior interferência e fiscalização por parte dos senhorios, pois facilitava até a mudança de exploradores; talvez corresponda a um maior grau de arroteamento da terra, que, uma vez alcançado, dispensava os períodos mais longos da sua cedência, exigidos, regra geral, com os terrenos ainda incompletamente cultivados ou incultos, para a primeira época dos trabalhos, onde só há despesas, poder ser compensada pelos outros anos.

Mantêm-se duas características, vulgares também em escrituras de arrendamento – é mais ou menos a mesma, a época fixada para o pagamento da renda, e esta seria igualmente composta por dinheiro e géneros. A presta-

---

[119] DIAS, Urbano de Mendonça – *ob. cit.*, p. 53, 54.
[120] DIAS, Urbano de Mendonça – *ob. cit.*, p. 54.
[121] CORREIA, Marquês de Jácome – *ob. cit.*, p. 43.

ção de serviços, agora indicada, não é tão vulgar, mas também aparece nos arrendamentos, relativamente a outros prédios, como vimos.

A permissão dos cultivadores arrotearem, para além da recebida, toda a terra que desejassem ou pudessem, deriva talvez da iniciativa deles próprios, aproveitada habilmente pelos senhorios. Os primeiros, como já vimos, começaram, por uma necessidade de expansão, a desbravar terrenos incultos; os segundos passam a considerar isso uma obrigação deles, pela valorização que daí resultava para as suas propriedades. Não só seriam arroteadas cada vez em maior escala, como se transformariam em matas as impróprias para o cultivo, segundo afirma Urbano de Mendonça Dias. Naquela sua sistematização, o trabalhador é obrigado a plantar, por ano, além do número e qualidade de árvores já apontados, mais dois castanheiros. Esta indicação é atribuída, pelo Marquês de Jácome Correia, à reforma dos contratos feita em 1753.[122]

A prestação de serviços inserta na renda não se deve relacionar com estas obrigações de arroteia e plantação. Se assim fosse, os encargos do trabalhador ficavam muito aliviados. Era como se os trabalhos, que ele inevitavelmente tinha de realizar, fossem em parte remunerados. Ela devia, certamente, ser exercida não na terra cedida pelos senhorios, mas, à semelhança do estipulado nos arrendamentos, naquela que eles por ventura pretendessem explorar directamente ou fruir de outro qualquer modo. Nesse caso, parte da renda descontava-se em virtude de tarefas extraordinárias e não devia resultar, daí, grande vantagem para o trabalhador. Não seria mau, no entanto, se este pudesse prestá-las em dias vagos, quando não encontrasse outros trabalhos remunerados.

O trabalho em outras propriedades, e não nas cedidas ao camponês, deve ser a hipótese mais provável, atendendo a que os jesuítas também arroteavam por sua conta, como já dissemos. A ideia de aproveitar esses serviços era, certamente, sedutora. Para mais deviam pensar que, quando o trabalhador na sua parcela melhorava e desbravava, também lucrava com isso. Para quê dar-lhe, portanto, o ensejo de um segundo lucro, pagando-lhe, por assim dizer, esses trabalhos?

Assim, aquelas arroteias e plantações teriam, apenas, o carácter de benfeitorias.

---

[122] CORREIA, Marquês de Jácome – *ob. cit.*, p. 44.

As novas condições estabelecidas naquela sistematização, exceptuando a relativa à prestação de serviços, são também atribuídas, por aquele autor, à mesma reforma.[123] Há duas de bastante interesse. Reconhece-se que o senhor, como num arrendamento vulgar, findo o prazo marcado pode tomar posse de todas ou parte das terras cedidas, sem qualquer oposição, pois as benfeitorias "consideravam-se pagas pelos muitos anos que os rendeiros as tivessem por preços diminutos".[124] Apenas se proibia ao herdeiro ou comprador da terra já arroteada, portanto, ao seu dono, a venda do trabalho do primeiro desbravador, enquanto este podia, livremente, ceder o seu lugar a outro. Parece ser a única vantagem, se admitirmos a segunda hipótese apresentada ao tratarmos da prestação de serviços, e se não considerarmos a faculdade de construir casa no terreno, de aproveitar os frutos da terra e de criar os gados, de utilizar as madeiras (com licença do senhor, pelas condições estabelecidas em 1753)[125], pois essa é coberta pelo seu próprio trabalho e pela renda a pagar. Mas aquela é uma vantagem ilusória. Passado o tempo combinado, o senhorio podia terminar o contrato, retomando a terra se quisesse, e este direito não é equivalente à permissão de se passar a outro a exploração, tanto mais que esta se refere apenas ao primeiro cultivador, e devia ser sempre uma transacção pouco compensatória, já pelo seu próprio carácter, de difícil avaliação, já pela mediania dos possíveis interessados, de posses limitadas.

Não deixa de ser estranha, porém, a restrição imposta ao herdeiro ou comprador da terra arroteada, porque isso refere-se já a um novo proprietário, surgindo na posse de terras pertencentes aos religiosos. Por serem os jesuítas os actuais proprietários, não se excluiria uma possível venda. Tentavam garantir, com aquela disposição, o trabalho do seu primeiro explorador, o mais sacrificado. No capítulo anterior também vimos como, vendendo-se uma coisa arrendada, se podia ter certa contemplação para com o rendeiro, tentando-se ressalvar os seus direitos.

Podemos concluir que as condições criadas pelos jesuítas são diferentes das resultantes do contrato celebrado entre o capitão e os seus colonos, e dos estabelecidos pela Câmara de Vila Franca, relativamente ao prazo de permanência na terra e à constituição da renda.

---

[123] CORREIA, Marquês de Jácome – *ob. cit.*, p. 44.
[124] DIAS, Urbano de Mendonça – *ob. cit.*, p. 53, 54.
[125] CORREIA, Marquês de Jácome – *ob. cit.*, p. 44.

Opõem-se, aliás, a quase todos os outros pontos estabelecidos pelas disposições camarárias. Nestas, o senhor não dispõe, como naquelas; o género de plantações indicado é diferente – junça e inhames – certamente escolhido pelos colonos, tendo em vista a sua utilidade para a vida diária, especialmente da última, importante na alimentação. A terra é-lhes cedida com uma certa limitação inicial; o mesmo se devia passar com os trabalhadores dos jesuítas, mas estes podiam ultrapassar essas marcas livremente.

Há, porém, um aspecto onde as três ordens de disposições, do capitão, dos funcionários municipais e dos religiosos, apresentam identidade. Referimo-nos aos pagamentos anuais. Embora o prazo dos contratos feitos pelos jesuítas fosse de nove ou três anos, o pagamento era também anual. Na transcrição da escritura de 29 de Setembro de 1753, feita mais atrás, emprega-se a expressão "renda anual". Nas várias escrituras de arrendamento, assim sucedia geralmente, embora se determinassem, depois, vários processos de pagamento.

Procurámos expor cada uma daquelas três ordens de disposições, discuti-las e compará-las. Ao indicarmos as estipuladas pelos jesuítas, tentámos relacioná-las com o que já conhecemos das escrituras de arrendamento.

Encontramos mais semelhanças do que diferenças. Dentre destas, vimos a permissão de arrotear livremente a terra, para além da cedida, a facilidade do primeiro arroteador ceder o seu contrato, a necessidade de licença do senhorio para se cortarem árvores. Numa escritura de arrendamento nossa conhecida, o proprietário vedava, desde logo, essa vantagem ao rendeiro. Aquelas duas primeiras determinações são motivadas pelo estado particular dos terrenos considerados; não teriam muito lugar nas escrituras vulgares de arrendamento, pelas quais se cede terra geralmente confrontada e arroteada, pelo menos em parte.

O Marquês de Jácome Correia e Urbano de Mendonça Dias, ao apreciarem a obra dos jesuítas neste campo, falam, como já deixámos entrever, nos seus arrendamentos, embora se refiram também aos seus colonos e chamem arrendamento à colonia, com pouca exactidão. Mas, pelo contexto das suas obras, principalmente das páginas sobre a colonia em "A vida de nossos Avós",[126] fica claro que excluem da acção dos jesuítas este último contrato,

---

[126] DIAS, Urbano de Mendonça – *A vida de nossos avós*. Vila Franca do Campo: Tip. de "A Crença", 1944, vol. 1, p. 102-103.

e admitem apenas os arrendamentos. Concordamos com eles neste ponto. Deixámos o seu estudo para este capítulo, por se pensar vulgarmente o contrário e por se terem registado no mesmo local da colonia.

Já conhecemos as condições estabelecidas pelo contrato celebrado entre o capitão e os seus colonos. Vimos o modo como reaparecem entre as disposições estipuladas pela Câmara de Vila Franca e as inovações trazidas por esta. Comparamo-las com as bases das escrituras de arrendamento lavradas pelos jesuítas. Acentuamos as suas muitas diferenças e o contacto mínimo entre umas e outras. Apesar disso, não são todas essas divergências que permitem distinguir, na acção dos religiosos, apenas o contrato de arrendamento. Elas são secundárias na sua maior parte, e poderiam ser só o reflexo das intenções ou desejos particulares de cada senhorio, ou de quem resolvesse por ele, em relação à sua propriedade, condicionados por uma certa reclamação ou costume do trabalhador. Não marcariam uma diferença profunda entre um arrendamento estipulado pelos jesuítas, e, portanto, entre um arrendamento qualquer, e a colonia. Estamos ainda, é verdade, no princípio da caracterização desta, mas já possuímos o elemento que indica uma cisão profunda entre os dois contratos: a marcação de prazo para a permanência na terra. Estabelecido claramente nos arrendamentos, na primeira forma revestida pela colonia não é indicada. Pedro Pitta, ao estudar este contrato de exploração agrária na Madeira, diz: "A duração da colonia é sempre por tempo indeterminado".[127]

Depois, durante os processos judiciais entre os senhorios e os colonos, fala-se sempre em colonia perpétua; ela traria a ocupação permanente da terra, pelos colonos. Isso pretendiam também os rendeiros dos jesuítas. Vamos ver como as coisas se passaram relativamente a eles.

A carta régia de 4 de Julho de 1760, dirigida ao Governador de S. Miguel, determina a expulsão dos jesuítas, e os seus bens passam para a administração directa da Fazenda Real, que lhes vota um certo abandono e desinteresse.[128] Nesses anos os rendeiros sentem-se no Prédio da Alegria – a propriedade dos jesuítas nas Furnas – como em terra completamente sua; daí se terem levantado conflitos, por quererem dar um carácter perpétuo,

---

[127] PITA, Pedro – *O contrato de "colonia" na Madeira*. Comunicação feita à Classe de Letras da Academia das Sciencias de Lisboa em 9 de Maio de 1929.

[128] DIAS, Urbano de Mendonça – *ob. cit.*, p. 55.

à maneira de sesmaria, aos primitivos contratos.[129] Não o conseguem, em vista do conhecimento das cláusulas das escrituras de arrendamento. E a propriedade é leiloada a 11 de Janeiro de 1777.[130]

Apesar disso não se acabaram as pretensões dos rendeiros. Senna Freitas diz – "Os herdeiros do Brigadeiro Francisco Jeronymo Pacheco de Castro (têm) 19 moios de terra, e matas, que foram dos Padres da Companhia; e sobre estes terrenos tem havido longos litígios com os Furnenses, que os querem tornar colonia, para os pagarem a 100 reis o alqueire".[131]

O Marquês de Jácome Correia relata-nos o início dessas questões. Escreve: "havia já tres annos que as relações do senhorio com os rendeiros estavam tensas; Francisco Jeronymo mandara cortar álamos e os rendeiros arrogando-se direitos às referidas árvores protestam em juízo (Junho de 1812); e desde o anno anterior fôra posta uma acção de despejo contra vários rendeiros que faziam valer direitos d'emphyteuse ou de colonia à terra simplesmente arrendada a preço baixo com previsão de melhoras".[132] A sentença, que data de 30 de Junho de 1825, foi favorável ao senhorio; seguiram-se várias apelações, por parte dos rendeiros, mas, em 25 de Agosto de 1836, o assunto foi encerrado definitivamente, mantendo-se a vitória do proprietário.[133]

Naquela citação aproxima-se a colonia da enfiteuse, com uma certa razão.

Aquela **atitude dos rendeiros dos jesuítas**, continuada depois da venda da propriedade pelos descendentes dos mesmos ou por outros trabalhadores, faz-nos pensar se teriam bastado apenas aqueles dezassete anos de semi-independência, 1760-1777, para se desenvolver a tal ponto o seu sentimento de propriedade, tão enraizado em todos os homens. Talvez esse modo de ver a terra como quase sua tivesse raízes um pouco mais distantes, e, naqueles anos, dadas as circunstâncias, encontrasse ocasião para se revelar abertamente. É certo que nos falam em escrituras a estipularem um prazo de nove ou de três anos, com a possibilidade do senhorio

---

[129] DIAS, Urbano de Mendonça – *ob. cit.*, p. 57.
[130] DIAS, Urbano de Mendonça – *ob. cit.*, p. 56.
[131] FREITAS, Bernardino José de Sena – *ob. cit.*, p. 18.
[132] CORREIA, Marquês de Jácome – *ob. cit.*, p. 60.
[133] CORREIA, Marquês de Jácome – *ob. cit.*, p. 60.

fazer cessar o contrato, sem os trabalhadores poderem sequer alegar as benfeitorias, pois, como indicámos atrás, "essas consideravam-se pagas pelos muitos anos que os rendeiros as tivessem por preços diminutos".

Como vimos no capítulo anterior, mesmo nos arrendamentos a longo prazo se pagavam, regra geral, as benfeitorias, pelo menos as úteis, caso se tivessem respeitado as condições do contrato.

Ora, um rendeiro só poderia tentar ser reembolsado pelos melhoramentos realizados por ele próprio, isto é, dentro do prazo de nove ou três anos. Simplesmente, a indicação "muitos anos" não é muito própria para designar apenas esse espaço de tempo. Sabemos também que uma escritura lavrada em 1711 foi renovada em 1729, isto é, dezoito anos depois. A reforma dos contratos foi em 1753, vinte e quatro anos após a segunda data citada.

O rendeiro devia continuar na terra, mesmo com os jesuítas, para além desse prazo, à semelhança do que se passa nos arrendamentos dos nossos dias. Os senhores, que compraram as propriedades daqueles, não teriam modificado a situação. Estaríamos ante uma ocupação prolongada, não de direito, mas de facto.

Conhecemos uma quitação passada a favor do administrador do espólio dos jesuítas, datada de 1774, onde se diz: "... Nicoláo Antonio de Sousa e Medeiros, deu contas neste Juizo do tempo que foi administrador seu Pai Antonio Borges de Bettencourt do espólio que ficou dos Regulares prescriptos da Companhia denominada de Jesus, do Collegio da Ilha de San Miguel, assim do dinheiro que aos mesmos foi achado, e da producção das arrematações dos moveis, rendimentos das quintas, casas, foros a dinheiro, e trigo; como da despesa de pagamentos... fixos, foros, pensões, ordenados e outros que se demonstraram no contexto de sua conta..."[134]

Como vemos, não há nenhuma referência a pensões de colonia. Fala-se em pagamentos fixos e pensões, o que poderia levar a uma relação com elas, mas estão incluidos nas despesas. Na colonia, o senhorio recebe a pensão do colono.

Tentando apresentar mais uma diferença radical entre um arrendamento e o contrato de exploração agrária, que recebeu em S. Miguel o nome de colonia, poderíamos apontar talvez o facto da acção da Câmara de Vila Franca ter relegado para segundo plano a opinião do senhorio. Mas isto

[134] In **Archivo dos Açores**. Ponta Delgada, vol. 1 (1980), p. 387, 388.

serve-nos apenas para descobrir uma nova faceta do assunto – **a colonia não surgiu fruto de uma intenção definida, por parte dos proprietários das terras que lhe foram sujeitas. Assim, como só depois do litígio entre o capitão e os colonos foi reconhecida a colonia perpétua**, não havendo, por assim dizer, outra alternativa para o senhorio, também se falará nele só quando dos processos judiciais entre os outros senhores e os seus colonos, e os primeiros negarão tê-la sancionado.

Um dos proprietários envolvidos nessa questão, o Conde da Ribeira Grande, tentando anular a colonia, diz que não se respeitou uma das suas características, um acordo directo entre o senhor e o trabalhador,[135] exactamente como se passava num arrendamento.

Segundo Pedro Pitta, porém, na colonia tal como se pratica na Madeira "não importa averiguar o modo de aquisição, quer da terra, quer das benfeitorias".[136]

Esta disposição da Câmara de Vila Franca, em relação a terrenos de particulares sem o conhecimento deles, vai ser, no entanto, um aspecto bastante considerado nas tentativas dos senhorios para não ser reconhecido o contrato de colonia.

Os colonos sentiam-se com o mesmo direito de posse dos rendeiros dos jesuítas, mas foram, em parte, mais felizes.

Tinham trabalhado a terra, tinham-se-lhe afeiçoado; sentiam-se os seus verdadeiros donos. Chegavam a transmiti-la, com as suas benfeitorias, sem consultarem o senhor, reduzido logo a um papel um pouco passivo pelas disposições da citada correição, e, pela maior parte das vezes, bastante alheado da administração das suas propriedades, até pelo afastamento do local. Mas as coisas mudam, e os dois proprietários defrontam-se: um, alegando a posse garantida por lei, senhor do domínio directo; outro, disfrutando a posse pela ocupação e pelo trabalho, senhor do domínio útil, reconhecendo ao primeiro apenas o direito à recepção da pensão anual. É um resultado da não fixação de prazos e do não esclarecimento de direitos de um e de outro, que já indicámos, ao apreciarmos a acção da Câmara de Vila Franca.

Direito à posse da terra

A luta desencadeia-se em 1800, quando o Conde da Ribeira Grande, o mais poderoso proprietário do local, pretende expulsar os seus colonos por não terem nenhum direito à terra, o que eles próprios demonstram,

---

[135] DIAS, Urbano de Mendonça – *ob. cit.*, p. 64.
[136] PITA, Pedro – *ob. cit.*, p. 12.

ao lhe pagarem uma pensão.[137] Pagava-lhes, no entando, as melhorias, "jurando-as eles",[138] não esquecendo por completo os direitos conferidos pela ocupação e trabalho da terra. Mas os colonos estão prontos para provarem que ocupam aquelas terras há mais de vinte, trinta e quarenta anos, "**na posse imemorial por seus pais e avós dos ditos prédios, nunca pagando mais de cem reis por cada alqueire de terra de renda**, por assim haver taxado o senado da Câmara de Vila-franca, como faziam constar do Acordam que apresentaram, e por que outro sim o Exm° Conde da Ribeira Grande, um dos antepassados do Exm° autor, dissera aos Avós dos Réus, quando entraram para aquelas terras, que não pagariam mais de cem reis de renda, em atenção ao trabalho que tinham de as arrotear e desbravar".[139]

Ao contrário do que dizia o Conde da Ribeira Grande, sempre parece ter havido algum acordo entre o proprietário e os colonos, embora ele não fosse, propriamente, um contrato de colonia. O primeiro não estaria, portanto, completamente alheio ao que se passava.

Os colonos acrescentam que a terra fora cedida "pelo Senado da Camara daquela Vila (Franca), em forma de sesmaria".[140] Temos novamente a entrar em linha de conta um argumento que conduz, quase seguramente, à ocupação para sempre da terra.

Continuando a seguir as **alegações apresentadas pelos colonos, em sua defesa**, podemos colher novas informações.

Surge a primeira dúvida, relativamente à legitimidade daquela acção camarária sem interferência do senhorio, mas os colonos não hesitam em sancioná-la, por ser obrigação da Câmara olhar pelo bem comum, e, com aquela medida, não só se enriquecia a região, como se favorecia o proprietário, pelas novas arroteias, e o colono, camponês sem terra, portanto, sem nenhum recurso mais.[141] Este não podia ser expulso dela em tempo algum, se pagasse sempre a pensão, que, por sua vez, não poderia ser aumentada.[142]

---

[137] Livro das Provisões e Fianças da Câmara de Vila-Franca, fl. 198 e seg. (n° 46, pág. 58-65). In DIAS, Urbano de Mendonça – *ob. cit.*, p. 58-65.
[138] DIAS, Urbano de Mendonça – *ob. cit.*, p. 60.
[139] DIAS, Urbano de Mendonça – *ob. cit.*, p. 61, 62.
[140] DIAS, Urbano de Mendonça – *ob. cit.*, p. 61, 62.
[141] *Idem*, pág. 62
[142] *Idem*, pág. 63

Como vimos relativamente à determinação do antepassado do Conde da Ribeira Grande, o acordo entre esse senhor e os seus colonos fora verbal; não havia documentos que pudessem indicar razões a favor do Conde da Ribeira Grande, e os colonos, envolvidos num processo judicial por nove anos, são mantidos nas suas terras e obrigados apenas à pensão de cem reís por alqueire.[143]

Segundo Urbano de Mendonça Dias, o mesmo resultado obtiveram os colonos do Coronel Luís Bernardo de Sousa Estrela, que pretendera elevar a pensão para 400 réis por alqueire.[144]

Conhecemos, no entanto, um documento onde se relata algo do que se passou entre este senhor e os seus colonos. Permite-nos chegar a uma conclusão diferente, pelo menos relativamente a alguns dos trabalhadores.[145]

O Coronel Luís Bernardo de Sousa Estrela apresenta a sua queixa. Estamos a 13 de Dezembro de 1847. Segundo ele, treze moradores do lugar das Furnas apoderaram-se, sem sua licença, de uma propriedade pertencente aos morgadios que administra. Exploravam para si, as matas e pedreiras nelas existentes; arroteavam e cultivavam parte dos terrenos, rodeando-os e dividindo-os. O proprietário perdia, portanto, os lucros que as matas lhe forneciam e ficavam, ao mesmo tempo, reduzidos os pastos para o seu gado. Não há a mínima alusão às vantagens que lhe poderiam advir das arroteias e desbravamento do terreno. Considerava tudo isto, pelo contrário, um atentado contra o direito de propriedade, reconhecido e defendido pelas leis de todos os estados. Requer, por consequência, que esses colonos sejam citados, para nunca mais voltarem a ocupar a sua propriedade, sob pena de três anos de exílio para fora da ilha e de uma multa de 200$000 réis, por cada um deles, sendo 100$000 réis para as despesas do concelho e 100$000 réis para o proprietário. Além disso, os seis primeiros trabalhadores citados avaliarão os prejuízos causados pela expropriação das madeiras; os dois indicados por último farão o mesmo, relativamente às pedras.

A 17 de Janeiro de 1848 encontram-se em audiência pública as duas partes, sendo o senhor representado pelo seu procurador. Os réus encontram-se todos presentes e são declaradas as pretensões do proprietá-

---

[143] *Idem*, pág. 65
[144] *Idem*.
[145] [Não incluimos a documentação incluida pela autora na sua dissertação].

rio. Alguns dos primeiros apresentam, então, "o requerimento de vista para embargos que pelo dito Juíz lhes foi asseito". Declaram que não podem ser condenados sem primeiramente serem ouvidos, pois o requerimento do senhor não é justo.

Exceptuam-se João de Lima, Francisco de Sousa Queimado e Francisco Moniz Turrador. Estes entendem que não lhe causaram dano algum e, por isso, protestam contra aquela citação, referindo-se aos seus próprios prejuízos e despesas, motivados pelo procedimento do primeiro. Não voltaremos a deparar com qualquer referência a estes colonos.

Os restantes escolhem um procurador para defender os seus interesses. Francisco da Costa Ladeira não se encontra, porém, entre os que tomam esta decisão.

Vamos agora acompanhar as alegações apresentadas pelos réus. Provarão que o Coronel Luís Bernardo de Sousa Estrela não tem razão na queixa apresentada, e, para isso, servir-se-ão de várias provas.

Segundo eles, a **propriedade referida encontra-se "dentro das demarcaçoens da colonia perpetua dada ao povo, e moradores d.e lugar"**. As condições que acompanham esta doação são já nossas conhecidas: obrigação de arrotear e de pagar ao senhorio cem réis de pensão por cada alqueire de terra. Não há a mínima referência a quem determinou isto e à data em que se procedeu assim. **Referem-se a colonia perpétua como se a expressão fosse conhecida e usada vulgarmente**. Não é obrigatório concluir que ela teria acompanhado desde o início a licença de ocupação das terras, sob aquelas condições, mas o seu emprego é natural, pois já se haviam desenrolado todos os acontecimentos anteriormente descritos.

O proprietário também não estivera completamente alheio ao que se passava e tinha consentido, através dos seus procuradores, neste estado de coisas. Estava a par da ocupação da sua propriedade. Subitamente, muda de ideias. Nem sequer podemos atribuir a esses procuradores um procedimento arbitrário, sem o devido conhecimento do senhor, pois este é o primeiro a não levantar o problema, na queixa apresentada. A avaliarmos pelas declarações dos colonos, esta não é muito exacta quando se refere à expropriação das madeiras e pedras, pois eles declaram nunca ter causado nenhum dano, nesse sentido, ao senhor. Este tem-se aproveitado sempre das primeiras, tanto antes das arroteias como na ocasião delas. Essas madeiras, aliás, não correspondem ao valor que ele lhes atribui. Os pastos existentes na propriedade continuam também a ser ocupados pelos seus gados. Respeitam-se, como é natural, as terras cultivadas, mas, por isso mesmo, estas são sujeitas à pensão indicada. Os colonos não se rebelam contra este pagamento, mas resistem a qualquer acréscimo. Não se cita, porém, qual seria a sua importância. Eles atribuem, justamente, a citação em que se vêem envolvidos a esta pretensão do senhor e à atitude de resistência deles próprios.

Existem, no entanto, outras propriedades sujeitas ao mesmo regime, em idênticas circunstâncias. O próprio Coronel Luís Bernardo de Sousa Estrela não estende a intimação de despejo a todos os seus colonos. Volta-se, portanto, contra si próprio, pois não só consentiu outrora neste contrato de exploração, como consente ainda, ao mantê-lo com outros trabalhadores, em condições iguais às observadas com os citados.

Assim se anulam as razões apresentadas pelo senhorio. Não há razão, portanto, para não se conservar a colonia, para aumentar a pensão ou para obrigar os colonos a deixarem as suas arroteias, sem serem completamente indemnizados.

Estes imputam ainda àquele o pagamento de todas as despesas relacionadas com a citação e multas.

A 27 de Janeiro de 1848 são levadas estas razões ao conhecimento do escrivão do judicial; dois dias depois, este apresenta o processo concluso ao juiz, que o devolve a 7 de Fevereiro de 1848, sem a indicação de qualquer despacho. Data do mesmo dia o primeiro acto de desistência por parte de sete colonos, que tinham "pedido vista para Embargos". Procedem assim, por terem sido "mais bem aconselhados", quando, justamente, tinham conseguido inutilizar as afirmações do proprietário. Pagam todas as despesas feitas com este processo e entregam o terreno que ocupavam. Não se fazem representar pelo seu procurador, anteriormente escolhido. Passa-se exactamente o mesmo, a 14 de Fevereiro do mesmo ano, com outro colono que se encontrava em circunstâncias idênticas às dos anteriores. A 28 de Fevereiro cabe a vez a Francisco da Costa Ladeira, trabalhador que não era citado na procuração. Tudo se passa como nos casos anteriores. Não se fala em qualquer indemnização feita pelo senhorio. Desta vez, o juiz digna-se intervir. Reconhece, assim, "os termos de Dezistencia" a 31 de Março de 1848.

João da Fonseca figurava entre aqueles que requereram a procuração, para defenderem os seus interesses. Não se lhe faz, no entanto, qualquer referência mais.

Este documento não nos dá, como vimos, um relato completo dos factos decorridos entre o Coronel Luís Bernardo de Sousa Estrela e os treze colonos citados inicialmente. A parte relatada apresenta lacunas. Podemos, em todo o caso, atribuir o desfecho final á influência do proprietário. A atitude do juiz é muito significativa. A razão podia estar com os colonos; isto não era suficiente para a vitória estar também do seu lado.

Este documento está longe de vir resolver o problema da colonia em S. Miguel; permite, apenas, levantar um pouco o véu que o envolve. **Os colonos protestam, tentam apresentar provas, mas não há nenhuma referência a um documento escrito, que garanta os seus direitos.**

Tudo isto devia repousar em acordos verbais. Influiriam, depois, o costume, uma ou outra condição imposta pelo senhorio, ou um certo hábito contraído pelo colono. Seriam imitados por uns e por outros, e ficariam a fazer parte integrante destes acordos.

Urbano de Mendonça Dias procura sintetizar as **obrigações de um roceiro**. Teria de:

"a) Receber a terra inculta, desbravá-la e abalizá-la com sebes e cancelas.

b) Trabalhá-la e não largar a cultura para que se cubra novamente de mato.

c) Plantá-la de tôda e qualquer árvore, não podendo ser usada para novidades.

d) Plantar nas suas testadas quantas verdascas de álamo poderem, que não serão cortadas sem licença da justiça.

e) Satisfazer aos senhorios da terra suas rendas, na forma dita, que o não poderão despedir, salvo pagando-lhes a estimação das terras que forem árvores e álamos que plantaram".[146]

Muitas destas condições já nos são familiares. Quando a Câmara de Vila Franca interveio, os terrenos foram cedidos incultos, mas tinham sido tapados e sofreram uma certa demarcação; nesta sintetização das bases da colonia, uma das características é, justamente, a cedência da terra por arrotear e a obrigação de "abalizá-la com sebes e cancelas".

Procura-se, portanto, a primeira condição na acção dos vereadores municipais.

Se considerarmos as condições relativas ao aproveitamento da terra, veremos que não diferem muito das estipuladas pelos jesuítas. O fim

---

[146] DIAS, Urbano de Mendonça – *A vida de nossos avós*. Vila Franca do Campo: Tip. de "A Crença", 1944, vol. 1, p. 103.

é sempre o mesmo: arrotear e valorizar o terreno por todos os meios possíveis. Há, igualmente, a obrigação de plantar árvores nas terras não lavradias, nomeadamente álamos, que agora não poderão ser cortados "sem licença da justiça", talvez por serem plantados nas "testadas" dos terrenos; já não é o senhorio quem dará essa licença, como se passava com toda a madeira cortada nas matas dos religiosos. Plantar-se-ão tantas dessas árvores quantas forem possíveis, como os jesuítas determinaram, relativamente aos vimieiros, tendo em vista, certamente, o pagamento da renda, onde figuravam os vimes. Agora, mantém-se a mesma diferença entre a constituição desta renda e a pensão da colonia, porque se continuou a cumprir o estipulado pela Câmara de Vila Franca.[147]

A segunda alínea justifica, em parte, a ocupação da terra pelos descendentes dos primeiros colonos, que encontramos exemplificada no processo instaurado pelo Conde da Ribeira Grande. Essa permanência dava-lhes lucros mas representava também uma obrigação. Não podiam findar o contrato. A colonia, na Madeira, apresenta este mesmo aspecto. Pedro Pitta, ao referir-se-lhe, diz: "O colono não tem, contudo, o direito de dá-la por finda; esse direito só ao senhorio pertence".[148] Em S. Miguel fala-se sempre em colonia perpétua. Dois dos proprietários, envolvidos em questões com os colonos, não puderam opor-se-lhe; o terceiro conseguiu anulá-la, sem se obrigar a qualquer indemnização, embora os colonos se lhe refiram. Mas eles tinham realizado apenas arroteias,[149] e, naquela sistematização, só a plantação de matas devia ser paga pelo senhorio. Urbano de Mendonça Dias conclui assim, por ter sido esta uma das pretensões do Conde da Ribeira Grande.[150] Nem assim, este conseguiu alguma coisa. **O autor, agora citado, não conhece qualquer caso em que o senhor tenha vencido.** Declara que "a esta forma de arrendamento perpétuo chamaram-lhe – colonia – **e ainda hoje no lugar das Furnas se lhe dá este nome**".[151] Tudo leva a crer que estabeleceu uma continuidade nesses contratos, através dos tempos. Apesar disso, sem ser levado aparentemente por alguma razão e sem ao menos citar qualquer exemplo, aponta, na

---

[147] *Idem.*

[148] Pita, Pedro – *ob. cit.*, p. 16.

[149] [Não incluimos a documentação apresentada pela autora na sua dissertação].

[150] Dias, Urbano de Mendonça – *História do Vale das Furnas*. Vila Franca do Campo: Emp. Tip. Ltd. de Vila Franca do Campo, 1936, p. 60.

[151] Dias, Urbano de Mendonça – *ob. cit.*, p. 65.

última alínea da sua sistematização, a permissão do senhorio despedir os colonos, "pagando-lhes a estimação das terras que forem árvores e álamos que plantaram", como já sabemos.

Na Madeira passa-se assim, mas em S. Miguel, à vista do exposto, nada nos leva a concluir o mesmo. Não podemos compreender a causa daquela afirmação; nem sequer pode ser uma confusão com as condições estipuladas pelos jesuítas porque, segundo estes, quando o senhorio queria findar o contrato, o rendeiro não alegava benfeitorias, consideradas pagas, como vimos, pela ocupação sob rendas a baixo preço.

Tendo em vista as características da colonia, tal como surgem nos processos conhecidos, o senhorio não devia ter o direito de terminá-la. Se isso acontecesse, os colonos ficariam muito prejudicados.

A análise da acção movida pelo Coronel Luís Bernardo de Sousa Estrela mostra bem como a sua vitória foi devida a respeitos particulares e como o processo decorreu irregularmente, para se chegar a esse resultado.

Apesar das condições incertas na sistematização das obrigações do colono, como os senhores nos aparecem sempre afastados das suas propriedades, não lhes podemos atribuir o segundo direito de que gozam na Madeira – poderem dispor livremente da terra, enquanto cedida em colonia;[152] é equivalente a este direito a permissão do colono alienar as suas benfeitorias, e, como vimos ao indicarmos as circunstâncias que antecederam as lutas entre os senhores e os colonos, temos exemplos disto.

Consideramos mais justo, portanto, dadas as circunstâncias, o carácter perpétuo da colonia, sem se permitir ao senhor findar o contrato ou dispor da terra, com imenso interesse para o colono e bastante proveito para a propriedade, pois ele pode empreender todos os melhoramentos, uma vez que não havia o perigo de lhe ser retirada a terra. Teria, assim, grande semelhança com a enfiteuse. Além do carácter perpétuo, o mais vulgar nos aforamentos realizados em S. Miguel, praticava-se a mesma separação do domínio directo e do domínio útil.

Já deixámos entrever que o carácter perpétuo da colonia só lhe foi atribuído com precisão, segundo nos parece, numa época mais tardia, quando surge também, com clareza, o próprio termo de colonia.

---

[152] RAU, Virgínia – *Sesmarias medievais portuguesas*. Lisboa: Bertrand, 1947, p. 16, 17.

Vimos já como o **Capitão do Donatário foi forçado a reconhecer a colonia perpétua. Também vimos como isso estava fora das intenções dos outros proprietários do Vale das Furnas**. Segundo o Conde da Ribeira Grande, "às leis deste reino repugnam as da colonia perpétua que unicamente permitem no caso de haver convenção expressa entre o senhorio e o colono, e essa mesma confirmada por provisão régia (mais um ponto de contacto com o aforamento) quando tem por objecto terras de vinculo"; ele encontrava-se apto, como já dissemos, a demonstrar a não existência de um acordo entre os seus antepassados e os colonos, pelo qual " aquêles concedessem aos embargantes a colonia perpétua das ditas terras".[153]

Os seus colonos nunca se referem expressamente, nas suas alegações, a essa característica, embora **nos apareçam plenamente cônscios dos seus direitos à terra, pelo tempo que a ocuparam e pelo pagamento da pensão**. Os do Coronel Luís Bernardo de Sousa Estrela citam-na mas não admira, pois já se tinham passado todas estas discussões.

Também não era por um contrato verbal, como os existentes entre os senhores e os colonos, que se determinaria a colonia perpétua. Neles devia-se fazer uma combinação, digamos, ligeira, entre as duas partes, relacionada directamente com o cultivo da terra e o pagamento da pensão, não se procurando aquele rigor necessário para lavrar um documento, com todas as minudências usuais.

A acção da Câmara de Vila Franca foi decisiva neste assunto, mas não especifica este ponto; não podemos saber se seria já uma maneira de conduzir a um regime de cedência da terra com carácter permanente.

Deve-se ter dado, contudo, a transferência de pais para filhos, sucessivamente, sem nunca se ter realçado essa característica de uma maneira precisa.

Surgindo, porém, um senhorio menos benevolente, numa ocasião em que os colonos já não duvidavam dos seus direitos, mais ainda, consideravam-nos superiores aos do próprio proprietário, deu-se um passo em frente. Atribuímos ao processo intentado pelo Conde da Ribeira Grande o principal papel na designação de colonia perpétua para todos os contratos congéneres.

Defendendo-a, como meio de recompensar os trabalhos dos colonos, não deixamos de verificar que o senhorio também podia ficar prejudi-

---

[153] Dias, Urbano de Mendonça – *ob. cit.*, p. 60.

cado. A pensão, fixada numa certa época, onde havia, para mais, grandes trabalhos de arroteia, podia tornar-se insignificante anos depois, até por os prédios estarem muito mais valorizados. Podia não trazer ao proprietário, desta vez, uma recompensa para a perda da sua propriedade.

Com data de 15 de Abril de 1895 conhecemos umas disposições relativas aos bens de André Álvares Cabral, situados nas Furnas. Senna Freitas indicara que estavam sujeitos, em 1840, à pensão de cem réis por alqueire.[154] Agora, mencionam-se as quantias das "pensões anuaes chamadas de colonia perpétua" e há um grande desequilíbrio no valor delas, variando entre 12 réis e 14.340.[155]

Por falta de outras indicações, não podemos verificar se se mantinha a antiga pensão, não superior a cem réis por alqueire. Limitamo-nos a considerar cada valor indicado, dada a disparidade deles, como a pensão total a pagar, relacionada com toda a extensão de terra a cargo do colono, mas não nos repugna aceitar que nesta época mais tardia, para a mesma medida agrária, o preço poderia variar, conforme a qualidade do terreno, sua localização e capacidade produtiva.

Depois destas considerações **temos de reconhecer, na história da exploração agrícola do Vale das Furnas, dois aspectos diferentes: por um lado, a colonia perpétua; por outro, os arrendamentos, que permitem, quando não demasiado longos, uma maior interferência do senhorio**. Não foram só **usados pelos jesuítas**, dando-se o caso de o mesmo proprietário adoptar os dois contratos de exploração.

Nos próprios bens do Conde da Ribeira Grande, D. José Maria António Gonçalves Zarco da Câmara, se observava este duplo aspecto.

No inventario dos bens dos Marqueses de Sesimbra, datado de 19 de Janeiro de 1887, relativamente aos pertencentes à Marquesa de Sesimbra, D. Ana Maria Gonçalves Zarco da Câmara, filha daquele conde, citam-se 21.264 ares e 19 centeares ou 25 moios e 25 alqueires de terra, sita no Vale das Furnas, estando parte em colonia perpétua e parte arrendada.[156]

Senna Freitas, ao indicar as várias propriedades existentes nas Furnas em 1840, diz – "Luís Bernardo Estrella (tem) 2 e meio moios, parte a 100

---

[154] FREITAS, Bernardino José de Sena – *ob. cit.*, p. 18.
[155] [Não incluimos a documentação incluida pela autora na sua dissertação].
[156] Maço n.º 79 dos Processos da Povoação, fls. 5, Biblioteca Pública de Ponta Delgada (Informação cedida pelo Exm.º Sr. Hugo Moreira)

réis o alqueire, e parte por diversos preços",[157] não indicando se estes eram superiores ou inferiores àquele.

Ainda não se deram as discussões deste senhor com os colonos.

Essa diferença de preços deve corresponder, já nessa altura, à existência daqueles dois contratos.

Praticava-se, ainda, outro contrato de exploração agrária. Senna Freitas, continuando a indicar os proprietários da totalidade dos terrenos cultivados na bacia do vale, em 1840 – setenta moios – diz: "vários (proprietários) do Valle (têm) 3 moios, de foro, à razão de 500 réis; outros (têm) 2 moios sem pensão alguma".[158]

A última parte desta transcrição podia levantar um problema. Incluindo-se aquele lote no terreno cultivado, os trabalhadores de arroteia dificilmente estariam no início, para se dispensar a pensão, a fim de não se aumentarem as despesas. A exploração directa não é muito provável. Estaríamos, então, ante uma ocupação em circunstâncias ideais.

Discutimos, na medida do possível, os aspectos da colonia em S. Miguel. Acidentalmente, estabelecemos umas comparações com as características do nosso contrato de exploração, tal como se observa na Madeira.

Há uma diferença importante ainda a considerar.

Pedro Pitta, ao iniciar o estudo de contrato da colonia na Madeira, diz que este existe "sempre que um terreno pertence a uma pessoa, sendo propriedade de outra – que o cultiva partilhando com aquela os respectivos produtos".[159] O primeiro aspecto desta transcrição, encontrámo-lo nós em S. Miguel. Quase só o pagamento de renda nos faz lembrar que a terra tem outro proprietário, além do agricultor. Mas, relativamente ao segundo, à partilha dos produtos, nada existe. No capítulo anterior, relacionamo-la com a parceria agrícola. Na Madeira, ela é variável de local para local: aqui divide-se apenas os produtos ricos, ali todos são sujeitos à partilha ou paga-se uma "renda" para compensar a não divisão dos produtos menos ricos. Mantém-se, porém, uma característica comum. Diz Pedro Pitta: "a partilha dos produtos da terra – se há alguma excepção eu não a conheço – é sempre por metade".[160]

---

[157] FREITAS, Bernardino José de Sena – *ob. cit.*, p. 18.
[158] FREITAS, Bernardino José de Sena – *ob. cit.*, p. 18.
[159] PITA, Pedro – *ob. cit.*, p. 11.
[160] PITA, Pedro – *ob. cit.*, p. 14.

Existem também acordos entre o senhorio e o colono sobre condições de rega, adubação e profilaxia, o regime de construção das benfeitorias. Em S. Miguel, relativamente a este último, há apenas a indicação de demarcar o terreno, fazer tudo por arroteá-lo e plantá-lo, seguindo-se medidas de protecção às árvores. Quanto às primeiras condições nada há, nem se devia pensar, nessa época, muito nelas, especialmente na profilaxia. Na Madeira, a agricultura deve ter sido sempre mais adiantada do que em S. Miguel, até pelas condições naturais serem muito diferentes, exigindo outra atenção por parte do trabalhador. Essa diferença acentua-se, porque estamos a comparar duas épocas diferentes – os séculos passados e os nossos dias. A colonia em S. Miguel, porém, teve um papel importante. Para transformar o Vale das Furnas, ermo e inóspito como nos surgiu ao princípio, num local habitado e cultivado, realmente nada seria melhor do que interessar directamente os colonos na produção das terras, dando-as sob certas condições. E eles tomaram tão a sério essa doação, que os próprios tribunais lha reconheceram, uma vez, ficando adstritos à terra, por sua livre vontade e em seu próprio interesse.

A acção da Câmara de Vila Franca foi decisiva. A situação social dos proprietários do vale impedia-os de trabalhar as suas terras; mandar cultivá-las, por meio de assalariados, era demasiado dispendioso, nem interessaria aos trabalhadores apenas um salário, numa ilha onde, ainda hoje, se considera o possuidor de um bom pedaço de terra. Dando terreno a quem o poderia trabalhar, resolveu-se o problema da colonização do Vale das Furnas.

Apesar de haver certas semelhanças com a enfiteuse, nada nos indica se seria possível o colono entrar na posse plena da propriedade, como se pode dar com aquele contrato, pela remissão do foro.[161] Nem sempre, porém, se realiza esta transacção, e existem, ainda hoje, prédios foreiros, pagando pontualmente o seu foro.

Conhecemos um, situado na Vila da Ribeira Grande, sujeito ao foro anual de 528$00, outrora 66.000 réis, doze galinhas, uma pedra de linho.[162]

Na Madeira, na maior parte das vezes, os colonos são explorados pelas exigências constantes dos senhorios. Em S. Miguel parecem ter tido

---

[161] Código Civil Português. Lisboa, 1946, artº 1654º, parág. 1º-2º, pág. 383-4.
[162] Repartição da Fazenda Pública da Vila da Ribeira Grande, Livro Q. 9, fls. 110 vº. inscrição nº 9.758.

melhor sorte, se exceptuarmos os do Coronel Luís Bernardo de Sousa Estrela.

Para terminarmos esta tentativa do estudo da colonia, resta-nos dizer que, **até onde podemos concluir, os interessados nestes contratos, como exploradores, pertenciam sempre à classe popular.**

Já indicámos um testemunho de Urbano de Mendonça Dias, relativo à existência da colonia nos nossos dias. Alguns proprietários acabaram por se desligar dos prédios, em face da desvalorização da moeda, que tornou a pensão, às vezes de 50 a 80 réis, insignificante; outros, continuaram a recebê-la. Os colonos, entretanto, transmitem essas propriedades livremente, de pais para filhos e até para estranhos, declarando, por essa ocasião, que o prédio é "pensionado a ... (segue-se o nome do proprietário)".

Acontece este comprar propriedades que, afinal, eram pertença sua, descobrindo-se então o nome do seu verdadeiro possuidor, diluído através deste contrato.[163]

Aquela referência ao valor da pensão confirma a nossa hipótese relativa à não conservação, numa época mais tardia, da pensão anteriormente fixada, equivalente a cem réis.

[...]

---

[163] Informações cedidas pelo Exm°. Sr. Eng.° Agrónomo Luís Athayde Motta.

ERNESTO DO CANTO, 1831-1900

CANTO, Ernesto do – *Notícia sobre as igrejas, ermidas e altares da Ilha de S. Miguel*. **Insvlana**. Ponta Delgada, vol. 56, (2000), p. 113-250.

[…]
N.º 90) CONSOLAÇÃO (Snr.ª da …)

Furnas criada, próximo da actual Paroquial de S.ª Ana, pelo Licenciado Balthazar de Brum da Silveira, que faleceu solteiro no ano de 1609, em Sevilha, onde fundara o Convento de S. Jacintho *extra-muros* no qual foi padroeiro. (Vide Fr. Ag. de Mont'Alverne e Chronica *Princípios e Fundação* etc. M.S.).

No dia 18 de Junho de 1629 teve pela primeira vez sacraio, conforme lhe fora concedido.

O Conde D. Manoel da Camara, 2.º do nome, morrendo em 26 de Abril de 1617 deixou meios para reparação da Ermida, com 9 celas, além dos edifícios acessórios. (Vide a Chronica *Princípios e Fundação* fol. 96).

Na sua *Viagem ao Vale das Furnas* – p. 4, diz que foi Bernardino José de Senna Freitas, que foi D. Manoel da Camara, 2.º do nome, quem em 1613 mandou construir a Ermida; mas o Dr. Gaspar Fructuoso afirma que Balthazar de Brum da Silveira a «*mandou hora literalmente concertar*» (de certo muito antes do Conde, e da ida para Sevilha do dito Balthazar).

João Gonçalves Perdigão escudeiro de Vila Franca e sua mulher Branca Gomes, em seu testamento feito em Ponta Garça e aprovado aos 16 de Fevereiro de 1551 pelo tabelião João de Senra, deixaram uma esmola de 100 rs. á Igreja das Furnas.

Ora a data de 1551, parece ser tão atrasada que exclui evidentemente uma referencia á Ermida de *N.ª S.ª da Consolação* edificada pelo Licenciado Balthazar de Brum falccido em Sevilha com testamento de 27 de Agosto de 1609. O pai deste Antonio de Brum – o velho faleceu em 22 de Março de 1590 e a mãe, Barbara da Silveira, em 19 de Julho de 1585.

Pelo que se vê, que já existia nas Furnas alguma Ermida antes do Licenciado a restaurar ou reconstruir.

[…]

LUÍS BERNARDO LEITE DE ATHAYDE, 1882-1955

ATHAYDE, Luís Bernardo Leite de – *Etnografia arte e vida antiga dos Açores*. Reedição preparada por Maria Luísa de Ataíde Costa Gomes e pelos seus netos... Coimbra: Biblioteca Geral da Universidade, 1973, vol. 1, p. 171-176.

[...] Muito do que estudou – edifícios, pedras lavradas, azulejos, tradições orais, usos populares e conventuais, festas religiosas -, desapareceu já, o que confere ainda mais valor à recolha feita e, em especial, aos desenhos e fotografias com que documentou os seus trabalhos. [...] In: ATHAYDE, Luís Bernardo Leite de – *Etnografia e vida antiga dos Açores*. Reedição preparada por Maria Luísa de Ataíde Costa Gomes e pelos seus netos... Coimbra: Biblioteca Geral da Universidade, 1973, vol. 1. Nota introdutória, 7,8.

A CALDEIRA DE PERO BOTELHO

Já algures me referi à interessante região das caldeiras das Furnas, e à **mais temorosa de todas, a chamada de Pero, ou Pedro Botelho**, sem procurar descobrir a origem deste nome, o que agora vou tentar.

Da tradição colhi três versões.

Uma, explica ser essa caldeira assim conhecida, por haver pertencido a um tal Pero Botelho.

Outra, por ter sido um homem com este nome quem primeiramente a viu.

Outra ainda, por nela ter morrido.

A última apenas seria admissível: as duas primeiras inaceitáveis.

A da posse por uma determinada pessoa de uma caldeira é um absurdo; poderia, quando muito, essa zona de *geysers* fazer parte de uma propriedade pertencente a um homem chamado Pedro Botelho (o que não me consta ter acontecido), mas, ainda que assim fosse, ficariam todas as caldeiras conhecidas pelo seu nome e não uma delas, apenas.

A da descoberta da caldeira pelo dito Pedro Botelho é uma fantasia, pois o Dr. Gaspar Fructuoso, que descreveu com minúcia esta parte do vale, revelando até os nomes de algumas caldeiras do seu tempo, como, por exemplo, a dos Ferreiros e das Coroas de Frades, teria, por certo, registado o facto, se na realidade se tivesse dado.

*
* *

Procuremos outra origem, seguindo rumo diverso.

Como já salientei, as caldeiras das Furnas excitaram sempre a imaginação popular, mais agitada, primitivamente, pela visão aterradora do fogo que então delas saía e que imprimiu ao seu ambiente uma feição demoníaca.

Os ruídos subterrâneos que produzem, as águas escaldantes que vomitam, a fumarada convulsionada que expelem, o cheiro a enxofre que exalam conduziram a alma do povo à superstição, e o seu espírito a fantasias estupendas.

Os rústicos foram vendo nelas o vestíbulo de um palácio encantado onde vivem os demónios, se acolhem as feiticeiras, se refugiam os entreabertos e todos os outros serventuários de Belzebu, onde, em matinada contínua, laboram os ferreiros de Vulcano, noite e dia, e quis esse deus do fogo, filho de Júpiter Tonante e da orgulhosa Juno, montar uma oficina idêntica à que estabelecera nas cavernas subterrâneas do Etna, quando à terra veio parar atirado do céu por sua perversa mãe, por haver nascido muito feio, onde, numa palavra, se encontra o inferno.

Das bocarras ferventes da terra saem, à boquinha da noite, os demónios em alarido, que voando agitados e envoltos em mantos roçagantes de fumos majestosos seguem, a semear por toda a Ilha, os malefícios e as desgraças, no cumprimento da sua eterna missão malfazeja, regressando aos covis de madrugada.

Assim ouvi da boca de um velho furnense crédulo ainda, talvez, no poder oculto das Caldeiras.

Asmodeu, o ente diabólico dos prazeres impuros, que levanta os telhados para entrar nos segredos íntimos do lar, vive ainda ali em morada própria conhecida pelo seu nome; pelo *passinho***, pequeno arco que suporta a estrada em direcção à Água Azeda**, vai-se, de noite, com temor e cuidado porque é aí que o demónio tenta, de preferência, as almas puras; logo abaixo está o ***Caldeirão****,* e até as leis da natureza chegam a ser contrariadas pelos espíritos malignos pois a ribeira dos Tambores, ao passar por ali, parece correr subindo, **sendo conhecida, nesse ponto, por – *ribeira que sobe*.**

O aspecto deste trecho estranho é, ainda hoje, um estímulo constante para a fantasia popular se desdobrar em devaneios infinitos que devem ter atingido a maior acuidade quando a explicação dos fenómenos vulcânicos só em sonhos mirabolantes podia encontrar-se.

Aí vemos a terra a respirar ofegante, noite e dia expelindo hálitos de **enxofre** pelas bocas sinistras, em baforadas húmidas, no ritmo do sopro de um fole colossal a avivar um braseiro de forja ciclópica; a transpirar, por todos os poros, suores borbulhantes frios de terror e agonia, ou escaldantes, febris e copiosos, filhos da tortura contínua e do esforço sem tréguas da sua vida através dos séculos; martírio que se traduz em lágrimas, abrindo sulcos de tanto correrem pela pele empergaminhada do rosto, lágrimas virtuosas que sempre levaram o lenitivo ou a cura aos enfermos, libertando-os de sofrimentos atrozes.

Esse lamento, vindo das profundezas da alma da terra, surge em graduações várias de intensidade e em diversas modalidades de expressão.

Umas vezes é todo desolação mortal; outras, violência rude, e outras ainda concentração espiritual.

Assim o tenho sentido e interpretado.

As Caldeiras são, em noites luarentas, como que caveiras colossais e descarnadas, de órbitas misteriosas, brancas, marmóreas, ou cinzentas, patinadas pelo polme, naquele enigmático sorriso com que a morte encara a vida, a abrir-se nas contracções das suas águas gorgolejantes que, mal nascem, logo se fundem nas espumas rendilhadas do seu berço. *Caldeiras*

Outrora, quando em fúria, inflamadas pelas chamas da ira, devem ter aparecido aos antigos, como horrendo drago da fábula, a vomitar pelas fauces infernais, armadas de dentes acerados de basalto calcinado, ondas de fogo abrasador, e pelos olhos, em chamas, coriscos esfuzilantes.

O monstro roncante a rastejar pelo vale agitava a extensa cauda da ribeira dos Tambores que se bifurca, mais além, em outras duas formando dupla farpa, e abria, em fúria, as asas de tétrica fumarada por sobre toda a Ilha, ameaçando subvertê-la.

Quando, porém, se apresentam em postura calma e recolhida, parece formar-se no mistério das circunvoluções dos seus vapores, a imagem da resignação, subindo no espaço envolta em véus diáfanos e flexuosos, orando uma prece plangente, no murmúrio doce dos seus eternos *chios*.

No Outono, ela mostra-nos, então, toda a sua formosura ideal, quando aureolada pelo diadema das queirogas, esmeraldas embutidas no bronze do húmus, orvalhadas de minúsculas flores de ametista, os

mais subtis devaneios cantados pela cor na nossa paisagem, os motivos da mais doce emoção e do maior desvanecimento para a alma do artista, pela humildade do seu sentir, pela modéstia da sua expressão traduzida em finíssimas penugens de violeta esmaecida, românticos sonhos de tintas sonhados no leito imaculado dos matos virgens.

Nas vibrações do etéreo colorido dessas flores rústicas não há a pujança, por exemplo, dos parques de **túlipas**, ou o vigor luminoso das massas de ouro de certos prados que se encontram pela Europa, desenrolando pela paisagem tapeçarias deslumbrantes, mas a riqueza, por assim dizer, quase subjectiva, de **lilases** em delíquio, essa nuança dulcíssima que foi, afinal, o berço onde nasceu e vive toda a poesia dos nossos campos velados por místicas neblinas.

Mas, deixando a indumentária maravilhosa que reveste as Caldeiras, regressemos à realidade da pesquisa em que vamos interessados.

O nome de Pedro Botelho deve, a meu ver, vir não de lendas regionais, mas sim da fonte caudalosa da tradição nacional, derivada, a certa altura, para os Açores.

Vejamos.

Segundo ela, existe uma caldeira onde as almas ficam a penar em fervura de azeite, chamada de Pero Botelho.

Mais nos narra haver, no século XVI, um tal Pero Botelho, querido entregar a Ilha da Madeira aos franceses e que, ao ser descoberta a sua traição, foi agarrado pelo povo e deitado vivo em um caldeirão fervente.

Ao cair o corpo na caldeira ouviu-se um grande estoiro que causou enorme pânico na população, mais aterrada depois, quando verificou ter-se a fornalha transformado em cinza e nenhum vestígio restar, na caldeira, de Pero Botelho.

A certeza de haver sido ele o próprio demo encarnado em homem, e de a caldeira ser o inferno, mais nítida ficou na alma popular.

Se no tempo em que o Dr. Fructuoso escreveu, fins do século XVI, esta lenda, já se houvesse fixado nas Caldeiras, teria por certo sido por ele registada nas *Saudades da Terra*.

Deve pois ter sido importada mais tarde.

Na verdade, não existe em Portugal melhor refúgio para tão aterradora lenda do que a pavorosa bocarra fumegante das Furnas a vomitar, em fúria, para a atmosfera, fumos espessos e pez fervente.

A ideia do inferno persiste ainda na imaginação popular ao fixar-se nas Caldeiras.

As quadras seguintes, colhidas em desafios de cantadores da actualidade, assim o provam.

És das Furnas bem no sei,
A donde só há inverno
E o tempo não tem lei
Por lá estar o inferno.

Se tu vens com teu cantar
Meter aqui o bedelho,
À caldeira vais parar
Ali, do Pedro Botelho.

JOÃO HICKLING ANGLIN, 1894-1976

ANGLIN, João Hickling – *Tomás Hickling*. **Insvlana**. Ponta Delgada, vol. 5, n.º 1, (1949), p. 108-115.

TOMÁS HICKLING

CONHECEM-SE suficientemente os diversos aspectos da actividade que nos campos social, económico e artistico exerceu em S. Miguel, em fins do século 18 e começos do 19, esta prestante individualidade, tronco de numerosa descendência hoje espalhada por várias partes do mundo. Não nos deteremos, por isso, na análise e descrição das variadas formas sob que nesta ilha se empregou a acção de Tomás Hickling., fundador da casa e do jardim do Tanque, nas Furnas; dono e delineador da linda propriedade que era a Quinta da Glória, em S. Roque; construtor da ótima residência em frente da igreja de S. Pedro, em Ponta Delgada, mobilada e decorada a primor; grande cultivador e exportador de laranja; vice-consul dos Estados Unidos, desde a Declaração da Independência, e consul da Rússia.

Em trabalhos de ilustres publicistas e investigadores, dentre os quais destacaremos Bernardino José de Sena Freitas e Dr. Luís Bernardo Leite de Athayde, poderão os leitores ler com deleite interessantes descritivos do papel desempenhado por Hickling, durante largos anos, no desenvolvimento e no progresso da ilha de S. Miguel.

Limitar-nos-emos, pois, a algumas notas biográficas que supomos menos conhecidas, colhidas em dados que amavelmente nos foram fornecidos por um descendente de T. Hickling, o sr. Otmar U. Seeman, advogado em Winnipeg, Canadá, bem como pelo sr. António da Câmara Melo Cabral, residente em Ponta Delgada, também descendente de Hickling.

Tomás Hickling, sétimo filho de William Hickling e de Sara Sale, nasceu em Boston, Mass., a 21 de Fevereiro de 1745.

Seu pai emigrára de Sutton Bonnington, condado de Nottingham (Inglaterra), para Boston, em 1730, casando nesta última cidade quatro anos mais tarde e mantendo-se, até à morte, sempre fiel à mãe-pátria e ao seu governo.

O filho, porém, nascido na então jovem colónia, abraçou resolutamente a causa da independência americana e era admirador da França, que visitou em 1796, e das ideias que haviam gerado a Revolução Francesa.

A divergência de opiniões políticas parece haver sido a causa da separação entre Tomás Hickling e seu pai, William Hickling, fixando-se aquele em S. Miguel, para não mais voltar à América, em Outubro de 1769, desembarcado do veleiro «St. John», de 200 toneladas.

Tomás Hickling casou em primeiras núpcias, em 1764, em Boston, aos 19 anos, com Sara Green, da mesma cidade, dela havendo dois filhos, Catarina, casada em 1793 com William Prescott e mãe do célebre historiador William Hickling Prescott, e Guilherme, falecido em 1794.

A primeira mulher de Hickling, falecida em 1774, não acompanhou o marido para S. Miguel.

Em 1778, contraiu o viuvo segundo matrimónio em S. Miguel com Sara Falder, de Filadélfia, que lhe sobreviveu, falecendo esta em Ponta Delgada, em 1849.

Segundo tradição de familia, Sara Falder era filha de um capitão de navios, que em viagem para a Índia trouxera consigo a bordo a esposa e a filha.

A primeira, sentindo-se doente, desembarcou com a filha em S. Miguel, aguardando ambas o marido e o pai, na viagem de regresso.

O capitão nunca mais voltou, supondo-se que o navio se perdeu em algum temporal ou naufragou, com perda total de vidas.

Parece que, algum tempo após o falecimento de sua mãe, os dois filhos de Hicklíng por sua primeira mulher, Catarina e Guilherme, estiveram em S. Miguel de visita ao pai.

A esta visita se refere o historiador Prescott, em carta datada de S. Miguel de 12 de Março de 1816 e dirigida à irmã, dizendo que a casa. do avô, nas Furnas, sofrera muitas, alterações desde que a mãe (Catarina Hickling Prescott) ali estivera.

Do segundo casamento, houve Tomás Hickling dezasseis filhos, dos quais cinco morreram com menos de dez anos de idade.

Vejamos agora a descendência imediata de Tomás Hickling.

Do primeiro matrimónio com Sara Green nasceram, como vimos, dois filhos: Catarina, mãe do historiador Prescott e Guilherme.

Do segundo matrimónio com Sara Falder, nasceram dezasseis filhos, falecendo cinco, como já observámos, com menos de dez anos de idade.

Os restantes foram:

Maria Hickling, que casou com John Anglin, de Cork.

Tomás Hickling (junior) falecido em 10 de Outubro de 1875 com 93 anos, sucessor do pai no vice-consulado da América.

Sara Clarisse Hickling (gémea com Isabel Flora), casou com William Shelton Burnett.

Isabel Flora Hickling (gémea com Sara Clarisse) casou com William Ivens.

Ana Joaquína Hickling, casou com John. Anglin, viuvo de sua irmã Maria Hickling.

Carlota Sofia Hickling, casou com Jacinto Soares de Albergaria.

Francisca Hickling (gémea com Maria Ana, falecida com menos de 10 anos) casou com o dr. Joaquim António de Paula Medeiros.

Harriet Frederica Hickling, casou com o dr. John White Webster.

Amélia Clementina Hickling, casou duas vezes, a 1ª com Hugo Chambers e a 2ª com Tomás Nye, de New Bedford.

Maria Ana Hickling (2ª) casou com William Ivens, viuvo de sua irmã Isabel Flora.

Guilherme Anglin Hickling, que casou duas vezes, desconhecendo-se o nome da 1ª mulher; a 2ª foi Jessie Green, da Escócia.

Como dissemos, Hickling partiu a 1 de Junho de 1796 em viagem pela França e Inglaterra demorando-se na capital francesa, ainda quente do rescaldo da Revolução, em visita aos monumentos e museus, acompanhado de seu filho Tomás.

Representava então em Paris os Estados Unidos, com a categoria de Ministro, James Monroe, mais tarde Presidente da República e autor da célebre doutrina que tem o seu nome, resumida na fórmula política: *A América para os americanos.*

Da sua viagem deixou Hickling curioso Diário, em que registou dia a dia os acontecimentos que mais o impressionavam ou que julgava dignos de nota.

Em Rouen deixou o filho matriculado num colégio, como aluno interno, pagando a anuidade de 600 francos.

O rapaz, que ali se conservou por quatro anos, aprendia aritmética, dança, latim, francês, esgrima, etc.

Em Outubro do mesmo ano (1796) estava Hickling de regresso em S. Miguel.

Tomás Hickling foi no seu tempo um dos mais importantes cultivadores e exportadores de laranja de S. Miguel para Londres e S. Petersburgo (actual Leninegrado).

Entre os anos de 1774 e 1827 a sua casa comercial embarcou 281.140 caixas de fruta, especialmente laranjas, a maior parte para S. Petersburgo.

Faltando-lhe numa ocasião o papel próprio para a embalagem da fruta, Hickling, depois de muito pensar na resolução do caso, teve a ideia de substituir o referido papel, importado, por folhelho de milho, que de então por diante passou a ser utilizado para embrulhar ou servir de cama à fruta de exportação, com grande vantagem para a economia local.

Tão considerável volume de negócios não podia deixar de ser acompanhado de pesadas perdas, ao lado de avultados lucros, numa época em que ainda se não faziam, como hoje, seguros de navios e de cargas, e em que não raro, no comércio marítimo, surgiam indivíduos sem escrúpulos, que, abusando da boa fé e da confiança neles depositada pelos donos dos veleiros ou da carga, desapareciam para não mais ser vistos, não prestando contas, ou, se as prestavam, fazendo-o às vezes de maneira pouco satisfatória.

Os temporais, que frequentemente açoitavam os pequenos veleiros, foram uma das principais causas dos prejuízos sofridos.

De todas estas vicissitudes com os seus navios e os seus negócios, escreveu Hickling pormenorizado relato, de que extractámos algumas das presentes notas.

Hickling era dotado de extrema bondade e carinho pela sua família. Seu amor pela Natureza, em especial pelas plantas, e o seu bom gosto, ficaram comprovados nas excelentes propriedades rústicas e urbanas que mandou construir e que encheu de preciosidades, numa época em que mesmo as pessoas mais abastadas da ilha de S. Miguel viviam no maior desconforto.

No seu jardim das Furnas, mandou Tomás Hickling plantar grande variedade de plantas e árvores, tanto indígenas, como importadas da América e de outras partes, parecendo que a ele se deve a introdução, na ilha de S. Miguel, da araucária ou pinheiro de Norfolk.

Furnas

Jardim do Tanque

Faleceu em 31 de Agosto de 1834, com 91 anos, estando sepultado no Cemitério Britânico, em Ponta Delgada. Seu filho Tomás, que lhe sucedeu na gerência do vice-consulado dos Estados Unidos e se encontra também sepultado no mesmo mausoléu, faleceu em 10 de Outubro de 1875, com 94 anos.

Em duas faces do túmulo lêem-se as seguintes inscrições, em inglês: – Sacred to the memory of Thomas Hickling Esq.re who departed this life the 31.st Aug.t 1834 in his 91.st year having filled the office of vice consul for the United States of America in this island since the declaration of independence.

In memory of Amelia Hickling Nye who died Oct. 20.t 1872 aged 75 years also of Thomas Hickling who died Oct. 10.th 1875 aged 94 years.

4
BIBLIOGRAFIA

1. Estudos monográficos. Vale das Furnas.

ALBERGARIA, Isabel Soares de – *Os jardins como instrumento de modernização social. O contributo de Ernesto do Canto.* In: Ernesto do Canto: retratos do homem e do tempo. Actas do Colóquio. Universidade dos Açores, 25-27 de Outubro de 2003. Ponta Delgada: Centro de Estudos Gaspar Frutuoso / Universidade dos Açores, 2003, p. 153, 155.

ALBUQUERQUE, Luis da Silva Mousinho de – Observações sobre a ilha de S. Miguel recolhidas pela Commissão enviada à mesma ilha em Agosto de 1825, e regressada em Outubro do mesmo anno por... e seu ajudante Ignácio Pitta de Castro Menezes. *Lisboa: Na Imprensa Régia, 1826. Dedica um capítulo ao Vale das Furnas, p. 41-48.*

CORREIA, Marquês de Jácome – Leituras sobre a história do Vale das Furnas. *Ponta Delgada: Oficina de Artes Gráficas, 1924.*

DIAS, Urbano de Mendonça – *História do Vale das Furnas*. Vila Franca do Campo: Emp. Tip. Ltd. de Vila Franca do Campo, 1936.

FREITAS, Bernardino José de Sena – *Uma viagem ao Valle das Furnas da Ilha de S. Miguel em Junho de 1840*. Lisboa: Imprensa Nacional, 1845.

2. Bibliografia geral. Crónicas. Literaturas de viagens. Estudos científicos.

ALBERGARIA, Isabel Soares de – *José do Canto. Um esteta da Natureza.* In: José do Canto no centenário da sua morte. Ponta Delgada: Instituto Cultural de Ponta Delgada, 2000.

ALBERGARIA, Isabel Soares de – *Quintas, jardins e parques da Ilha de S. Miguel (1785-1885)*. Lisboa: Quetzal Editores, 2000.

ANGLIN, João Hickling – *Tomás Hickling*. **Insvlana**. Ponta Delgada, vol. 5, nº 1, (1949), p. 108-115.

ANGLIN, João Kickling – *Quatro cartas do historiador William H. Prescott*. Contendo impressões da sua visita a S. Miguel em 1815-1816. **Insvlana**. Ponta Delgada, vol. 7, n.º 3-4 (1951), p. 218-235.

ASHE, Thomas – *History of the Azores or Western Islands Containg an Account of the Government, Laws, and Religion, the Manners, Ceremonies, and Character of the Inhabitants: and Demonstrating the Importance of these Valuable Islands to the British Empire*. London: Printed for Sherwood, Neely, and Jones, Paternoster Row, 1819.

ATAIDE, Luís Bernardo Leite de – *Etnografia arte e vida antiga dos Açores*. Reedição preparada por Maria Luísa de Ataíde Costa Gomes e pelos seus netos... Coimbra: Biblioteca Geral da Universidade, 1973, vol. 1.

BATTELLI, Guido; COELHO, Trindade – *Viaggio all'Isola di Madera e alle Azorre*. Documentos para o estudo das relações culturais entre Portugal e Itália. Firenze: Tip. Alfani e Venturi, 1934, vol 2.

BRITO, Raquel Soeiro de – *A ilha de S. Miguel. Estudo geográfico*. Lisboa: IAC Centro de Estudos Geográficos, 1955. (Tese de doutoramento)

CABRAL, Arlindo – *Agricultura e economia do Distrito de Ponta Delgada*. **Bol. Com. Regul. Cereais Arq. Açores**. Ponta Delgada, nº 11, (1950), p. 43, 44.

CANTO, Ernesto do – *Os Corte-Reaes. Memoria Histórica*. **Archivo dos Açores**. Ponta Delgada, vol. 4, (1981), p. 410.

CANTO, Ernesto do – *Notícia sobre as igrejas, ermidas e altares da Ilha de S. Miguel*. **Insvlana**. Ponta Delgada, vol. 56, (2000), p. 113-250.

CARDOSO, Jorge – *Agiologio Lvsitano dos sanctos, e varoens illvstres em virtvde do Reino de Portvgal, e svas conqvistas...* Lisboa: Na Officina de Henrique Valente d'Oliveira, 1657, t. 2 que comprehende os dous meses de Março, & Abril, com seus commentarios.

CARITA, Rui – *A viagem de Pompeu Arditi aos Arquipélagos atlanticos em 1567*. **Bol. Inst. Hist. Ilha Terceira**. Angra do Heroísmo, vol. 48, (1990), p. 89-101.

CHAGAS, Diogo das – *Espelho Cristalino em jardins de várias Flores...* Dir. e pref. Artur Teodoro de Matos, colab. Avelino de Freitas de Meneses, Vítor Luís Gaspar Rodrigues. [Angra do Heroísmo] [Ponta Delgada]: Direcção Regional dos Assuntos Culturais: Centro de Estudos Doutor Gaspar Frutuoso da Universidade dos Açores, 1989. (Fontes para a história dos Açores)

CONSTÂNCIA, João de Medeiros – *Evolução da paisagem humanizada da ilha de S. Miguel*. Coimbra: Universidade de Coimbra, 1963. Sep. do **Boletim do Centro de Estudos Geográficos**, vol. 3, nº 20, (1963), p. 21-31. Mapas.

CONSTÂNCIA, João de Medeiros – *Ilha de S. Miguel: contribuição para o estudo da sua paisagem humanizada*. Coimbra: Universidade de Coimbra, 1959. Tese de licenciatura em Ciências Geográficas apresentada à Faculdade de Letras da Universidade de Coimbra.

CONSTÂNCIA, João de Medeiros – *Quadro físico da Ilha de S. Miguel.* Coimbra: Faculdade de Letras, 1962. Sep. do **Boletim do Centro de Estudos Geográficos**, vol. 2, nº 18, (1960), p. 16, 17.

CORDEIRO, António – *Historia Insulana das ilhas a Portugal sujeitas no Oceano Occidental.* [Angra do Heroísmo]: Secretaria Regional da Educação e Cultura, 1981. Ed. Facsim., Livro V da fatal ilha de S. Miguel.

CORREIA, António Albuquerque Jácome – *O Convento de Caloura.* Caloura: Câmara Municipal de Lagoa, 2000, p. 25-31, 65-72.

CORREIA, Maria da Graça Chorão de Almeida Lima – *Achegas para o estudo de regime agrário da ilha de S. Miguel nos séculos XVII, XVIII.* Lisboa: [s.n.], 1957. Dissertação de Licenciatura em Ciências Históricas e Filosóficas apresentada na Faculdade de Letras da Universidade de Lisboa, Policop..

COSTA, Ricardo Madruga de – *Uma ideia de reforma para a ilha de S. Miguel em 1813. O projecto do capitão-engenheiro Francisco Borges da Silva.* **Insvlana.** Ponta Delgada, vol. 53, (2003), [Nº de homenagem] João Bernardo de Oliveira Rodrigues. Ruy Galvão de Carvalho. 1º Centenário do nascimento, p. 185-187.

CRISTOVÃO, Fernando – *Para uma literatura de viagens.* In: Condicionantes culturais da literatura de viagens. Estudos e bibliografia. Coimbra: Almedina: Centro de Literatura de Expressão Portuguesa. L 3 FTC, 2002, p. 15-52.

DABNEY, John B(ass) – [CARTA] Faial, 20 de Fevereiro de 1811. In: DABNEY, Roxana Lewis – *Anais da Família Dabney no Faial.* Trad. João C. S. Duarte. Horta: Instituto Açoriano de Cultura: Núcleo Cultural da Horta, 2004, vol. 1, p. 46-48.

DABNEY, Roxana Lewis – *Anais da Família Dabney no Faial.* Trad. João C. S. Duarte. Horta: Instituto Açoriano de Cultura: Núcleo Cultural da Horta, 2004, vol. 1.

DEUSDADO, Ferreira – *O eremita do Valle das Furnas.* In: Quadros açóricos. Lendas chronográficas. Angra do Heroísmo: Imprensa Nacional; Ed. Manuel Vieira Mendes; Prop. Manuel António Ferreira Deusdado, 1907.

DIAS, Fátima Sequeira – *Uma estratégia de sucesso numa economia periférica. A Casa Bensaúde. 1800-1873.* Ponta Delgada: Instituto Cultural de Ponta Delgada, 1998.

DIAS, Fátima Sequeira – *A importância da economia da laranja no Arquipélago dos Açores durante o século XIX.* **Arquipélago. História**. Ponta Delgada, vol. 1, nº 2, (1995), p. 189-240.

DIAS, Fátima Sequeira – *A redescoberta das ilhas: a construção de um imaginário (a visão nem sempre "politicamente correcta" do viajante nas ilhas).*

Bol. Inst. Hist. Ilha Terceira. Angra do Heroísmo, vol. 57, (1999), p. 171, 172.

DIAS, Urbano de Mendonça – *A vida de nossos avós*. Vila Franca do Campo: Tip. de "A Crença", 1944, vol. 1.

FERREIRA, H. Amorim – *Naturalistas britânicos nos Açores*. **Insvlana**. Ponta Delgada, vol. 2, nº 4, (1946), p. 553-366.

FERNANDES, Valentim – *Códice Valentim Fernandes* / leitura paleográfica, notas e índice José Pereira da Costa, Joaquim Veríssimo Serrão], [ed.] Academia Portuguesa da História. Lisboa: A.P.H., 1997. Manuscrito Valentim Fernandes" oferecido por Joaquim Bensaúde.

CASTRO, Eugénio Vaz Pacheco do Canto e – *Ensaio sobre a bibliographia geológica dos Açores [1890]*. **Archivo dos Açores**. Ponta Delgada, vol. 11, (1983), p. 268-303.

FORJAZ, Victor Hugo – *Alguns vulcões da Ilha de S. Miguel*. Ponta Delgada: Observatório Vulcanológico e Geotérmico dos Açores, 1997, 4ª ed..

FRANCO, António Fernandes – *Histoire pytoyable et epovventable de ce qui est arrivé dans l'Isle Sainct Michel, par le feu sorty de la terre, le Lundy deuxieme Septembre mil six cents trente par le Pere…* à Paris : Chez Lovys Vendasme, dans la Cour du Palais, près la Barriere du Tresor de France, 1630. Lisbonne: par Pierre Drasbecq (Craesbeck). Imprimeur du Roy, 1630.

FRANCO, António Fernandes – *Relacion del lastimoso y horrendo caso que aconteceu en la isla de San Miguel en Lunes dos de Setiembre mil seyscientos y treynta recopilada por el Padre…* Valencia, junto al molino de Rouella: [s.n.]., 1630.

FRANCO, António Fernandes – *Relaçaõ do lastimoso e horrendo caso qve aconteceu na Ilha de S. Migvel em fegunda feira dous de Setembro de 1630 recopilada pelo Padre…* Lisboa: Pedro Craesbeeck, 1630.

FRUTUOSO, Gaspar – *Saudades da Terra*. Ponta Delgada: Tip. do "Diário dos Açores", 1922. Ed. Comemorativa do centenário, vol. 4.

FRUTUOSO, Gaspar – *Saudades da terra*. Ponta Delgada: Instituto Cultural de Ponta Delgada, 1998, vol. 4.

GOURLAY, William – *Relação das aguas minerais da ilha Portuguesa de S. Miguel*. **Archivo dos Açores**. Ponta Delgada, vol. 8, p. 446-453.

GOURLAY, William – *Observations on the Natural History, climate and diseases of Madeira during a period of eighteen years*. London: Y. Callow, Medical Bookseller, 1811. Appendix, p. 143-158. Optámos por incluir a tradução de Francisco Tavares que cotejamos com o original recebido da BL.

HARTUNG, George – *Die Azoren: in ihrer ausseren erscheinung und nach ihrer geognostischen natur: atlas* – Leipzig: Verlag von Wilhelm Engelmann, 1860.

HICKLING, Catherine Green – *Diário...* 1786-1789. Trad. e notas de Henrique de Aguiar Oliveira Rodrigues. **Insvlana**. Ponta Delgada, vol. 49, (1993), p. 63-86.

HICKLING Jr., Thomas – *Carta...* Trad. e notas de Henrique de Aguiar Oliveira Rodrigues. **Insvlana**. Ponta Delgada, vol. 51, nº 2, (1995), p. 193.

História religiosa de Portugal [ed. lit.] Centro de Estudos de História Religiosa da Universidade Católica Portuguesa, dir. Carlos Moreira Azevedo. Lisboa: Círculo de Leitores, 2000. vol. 2, Humanismos e Reformas.

JERÓNIMO, Gil Moniz – *A Povoação vélha*. [s.l.: s.n.], 1999.

José do Canto no centenário da sua morte. Ponta Delgada: Instituto Cultural de Ponta Delgada, 2000.

JÚDICE, João António – *Memória sobre a antiga fabrica de pedra hume, da Ilha de S. Miguel.* **Memórias Económicas da Academia Real das Sciencias**. Lisboa, vol. 1, (1809), p. 299-303.

JÚDICE, João António – [*Relatório*]... Transcrição paleográfica do original, (AHU).

LALANDA, Maria Margarida de Sá Nogueira – *A sociedade micaelense no século XVII*. Lisboa: Fundação Calouste Gulbenkian, 2002.

LEITE, João Emanuel Cabral – *Estrangeiros nos Açores no século XIX. Antologia.* Ponta Delgada: Signo, 1991.

Livro da Guerra e Ordenança de Vila Franca do Campo (MC.XV, XVI, XVII, XVIII). Leitura diplomática Maria da Natividade Gago da Câmara de Medeiros de Mendonça Dias. Ponta Delgada: Instituto Cultural de Ponta Delgada, 1997, p. 49, 68, 69.

MACHADO, Maria Margarida de Mendonça Dias Vaz do Rego – *Produções agrícolas. Abastecimento. Conflitos de poder. S. Miguel (1766-1806)*. Ponta Delgada: Jornal de Cultura, 1994.

MAIA, Francisco Machado de Faria e – *Capitães dos Donatários*. Ponta Delgada: Tipografia Insular, Lda., 1949.

MAIA, Francisco Machado de Faria e – *Um deportado da "Amazonas". Monografia histórica. Época liberal nos Açores.* Ponta Delgada: Tip. da Casa Fernando Alcântara, Lda., 1931.

MAIA, Francisco Machado de Faria e – *Novas páginas da história micaelense (1832-1895)*. Ponta Delgada: Tipografia Insular, Lda., 1948.

MARTINS, Rui de Sousa – *Os costumes populares e a construção oitocentista da identidade no arquipélago dos Açores.* **Patrimónia: identidade, ciências sociais e fruição cultural.** Carnaxide, nº 5, Nov. (1999), p. 35, 36.

MASSON, Francis – *An account of the Island of St. Miguel. By... in a letter to Mr. William Aiton, Botanical Gardener to His Magesty. Communicated by*

Joseph Banks, Esq. F.R.S. **Philosophical Transactions of the Royal Society of London**. London, vol. 68, part 2, (1778), p. 601, 604, 609.

MATOS, Artur Teodoro de – *Prefácio*. In: CHAGAS, Diogo das – *Espelho Cristalino em jardins de várias flores*. [Angra do Heroísmo] [Ponta Delgada]: Direcção Regional dos Assuntos Culturais: Centro de Estudos Doutor Gaspar Frutuoso da Universidade dos Açores, 1989, p. XVI, XVII.

MEDEIROS, Herculano A. de – *Auctoridades Ecclesiasticas em S. Miguel com jurisdição delegada*. **Arquivo dos Açores**, Ponta Delgada, vol. 14, p. 238, 239.

MEDEIROS, José Caetano Dias do Canto e – *Diário de Viagem. Introdução biográfica de Nuno Alvares Pereira*. Ponta Delgada: Instituto Cultural de Ponta Delgada, 1978.

MELO, Francisco Afonso Chaves e – *A Margarita Animada*. 2ª ed. comentada e anotada por Nuno A. Pereira e Hugo Moreira. Ponta Delgada: Instituto Cultural, 1994, p. 68, 69, 75, 85, 86.

MENDONÇA, Luis – *História da Povoação. Perspectiva Geral*. Povoação: Câmara Municipal da Povoação, 1999.

MENESES, Avelino Freitas de – *Os Açores nas encruzilhadas de Setecentos (1740-1770)*. vol. I. *Poderes e instituições*. Ponta Delgada: Universidade dos Açores, 1993

MIRANDA, Sacuntala de – *O ciclo da laranja e os "gentlemen farmers" da Ilha de S. Miguel. 1780-1880*. Ponta Delgada: Instituto Cultural de Ponta Delgada, 1999.

MONTE ALVERNE, Agostinho de – *Crónicas da Província de S. João Evangelista das ilhas dos Açores*. Ponta Delgada: Instituto Cultural, 1961, vol. 2.

MOREIRA, Hugo
VER: MELO, Francisco Afonso Chaves e – *A Margarita Animada*.

MOTA, António Augusto Riley da – *O Dr. Botelho e o seu tempo*. **Insvlana**. Ponta Delgada, vol. 10, (1945) 1º sem., p. 119.

Pereira, Miriam Halpern – *Entre Agromania e agronomia*. In: Ernesto do Canto: retratos do homem e do tempo. Actas do Colóquio. Universidade dos Açores, 25-27 de Outubro de 2003. Ponta Delgada: Centro de Estudos Gaspar Frutuoso / Universidade dos Açores, 2003.

PEREIRA, Nuno Álvares
VER: MELO, Francisco Afonso Chaves e – *A Margarita Animada*.

PEREIRA, Nuno Álvares
VER: MEDEIROS, José Caetano Dias do Canto e – *Diário de Viagem. Introdução biográfica de Nuno Alvares Pereira*. Ponta Delgada: Instituto Cultural de Ponta Delgada, 1978

PITA, Pedro – *O contrato de "colonia" na Madeira*. Comunicação feita à Classe de Letras da Academia das Sciencias de Lisboa em 9 de Maio de 1929.

POMEROY, Caroline – *Diário*.... Trad. e notas de Henrique de Aguiar Oliveira Rodrigues. **Insvlana**. Ponta Delgada, vol. 53, (1997), p. 98-107.

PRESCOTT, William Hickling
Ver ANGLIN, João Hickling

PURCHAS, Samuel – *Hakluytus or Purchas his pilgrimes: a history of the world, in voyages and lande travells by Englishmen and others*. Glasgow: JamesMacLehc Sons, 1905-1907, vol 18.

«Principios, creação e progresso da Congregação Heremítica dos Padres; e Irmãos do valle das Furnas da Ilha de Sam Miguel escravos heremitas de Nossa Senhora da Consolação; que depois com a imagem da mesma Sª; por causa do fogo vierão habitar em val de Cabassos valle da Piedade, na hermida de N. Sª da Conceipção na Costa da ditta Ilha yunto ao porto da villa de Agoa de pao. Rellação verdadeira, que guardada da antiguidade escreveo hum delles o Padre Menistro Manoel da Purificação no qual só se conservou a caza mtos. annos, passando pella conservação, e augmento della mtos. trabalhos; e depois a mandou reformar, e por em limpo pello Irmão Antonio da Assumpção. Sob a protecção e amparo do S. Conde Governador o S. Dom Manoel da Camera Conde da Ribeira grande. No anno do S. 1665». (Manuscrito existente na BPAEPD)

RAU, Virgínia – *Sesmarias medievais portuguesas*. Lisboa: Bertrand, 1947.

RILEY, Carlos Guilherme – *Garrett de passagem em S. Miguel*. **Arquipélago. História**. Ponta Delgada, vol. 6, (2001).

Cf. RILEY, Carlos Guilherme – *Os antigos modernos. O liberalismo nos Açores: uma abordagem geracional*. Ponta Delgada: Universidade dos Açores, 2006, p. 229-230: ANGLIN, João Hickling – *Thomas Hickling*. **Insvlana**. Ponta Delgada, vol. 5, n.º 1 (1949)

RILEY, Carlos Guilherme – *José do Canto. Retrato de um cavalheiro na primavera da vida*. **Arquipélago. História**, vol. 5, (2001).

RODRIGUES, Henrique de Aguiar de Oliveira – *A assistência e a Misericórdia de Ponta Delgada*. **Insvlana**. Ponta Delgada, vol. 44, (1988), p. 338.

RODRIGUES, Henrique de Aguiar de Oliveira
VER: HICKLING, Catherine Green – *Diário...* 1786-1789. Trad. e notas de Henrique de Aguiar Oliveira Rodrigues. **Insvlana**. Ponta Delgada, vol. 49, (1993), p. 63-86.

RODRIGUES, Henrique de Aguiar de Oliveira
VER: POMEROY, Caroline – *Diário*.... Trad. e notas de Henrique de Aguiar Oliveira Rodrigues. **Insvlana**. Ponta Delgada, vol. 53, (1997), p. 98-107.

RODRIGUES, João Bernardo de Oliveira – *Breve notícia sobre Fr. Agostinho de Monte Alverne e o seu manuscrito*. In: MONTE ALVERNE, Agostinho de – *Crónicas da Província de S. João Evangelista das Ilhas dos Açores*. Ponta Delgada: Instituto Cultural de Ponta Delgada, 1961, vol. 1, p. XLV.

RODRIGUES, João Bernardo de Oliveira – *O manuscrito original das "Saudades da Terra"*. In: FRUTUOSO, Gaspar – *Livro primeiro das Saudades da Terra*. Ponta Delgada: Instituto Cultural de Ponta Delgada, 1966, p. CXXXVII, CXXXXVIII.

RODRIGUES, Rodrigo – *Notícia bibliográfica do Dr. Gaspar Frutuoso*. In: FRUTUOSO, Gaspar – *Saudades da Terra*. Ponta Delgada: Instituto Cultural de Ponta Delgada, 1966, vol. 1, p. XV, XVI, XVII, XLI, LVI, LX, LVII, LX.

RODRIGUES, José Damião – *S. Miguel no século XVIII. Casa, Elites e Poder*. Ponta Delgada: Instituto Cultural de Ponta Delgada, 2003, vol. 2.

SANTA MARIA, Agostinho de – Santuário Mariano e hiftória das imagens milagrofas de Nossa Senhora. E das milagrofamente apparecidas, que fe veneraõ em todo o Bifpado do Rio de Janeyro, & Minas, & em todas as Ilhas do Oceano.... Lisboa: Officina de Antonio Pedrozo Galram, 1723, t. 10.

SANTOS, João Marinho dos – *Os Açores no séc. XV e XVI*. Ponta Delgada: Direcção Regional dos Assuntos Culturais: Centro de Estudos Gaspar Frutuoso, 1989.

SILVA, Félix Valois da – *Descripção das aguas mineraes das Furnas na Ilha de S. Miguel offerecida ao Illustrissimo e Excellentíssimo Senhor Martinho de Mello e Castro, Ministro, e Secretario do Estado dos Negocios da Marinha, e Dominios Ultramarinos ... Ano de 1791*. **Archivo dos Açores**. Ponta Delgada, vol. 8, (1982), p. 437-446.

SILVA, João Paulo A. Pereira da – *Os Açores em 1832. Perspectiva do Capitão Edward Boid, oficial inglês e romântico*. **Arquipélago**. Ponta Delgada, nº esp. Relações Açores-Grã-Bretanha, (1988), p. 211-231.

SINTRA, Diogo Gomes de – *Descobrimento primeiro da Guiné*. Estudo preliminar, ed. e notas de coment. Aires A. Nascimento, introd. histórica Henrique Pinto Rema. Lisboa: Colibri, 2002. (Obras clássicas da literatura portuguesa).

SINTRA, Diogo Gomes de – *As relações dos descobrimentos da Guiné e das ilhas dos Açores, Madeira e Cabo Verde...*. Lisboa: Colibri, 2002, p. 109, 111.

SJOGREN, Erik – Plants and flowers of the Azores = Pflanzen und blumen der Azoren = Plantas e flores dos Açores. Angra do Heroísmo: Direcção Regional de Cultura, 2001.

SOUSA, Fernando Aires de Medeiros – *José do Canto. Subsídios para a história micaelense (1820-1898)*. Ponta Delgada: Universidade dos Açores, 1982.

SUPICO, Francisco Maria – *Escavações*. Ponta Delgada: Instituto Cultural de Ponta Delgada, 1995, 3 vol. Ind. Referências ao comércio e exportação da laranja.

TICKNOR, George – *Life of William Hickling Prescott.* Boston: Ticknor and Fields, 1964, p. 31-39.

Viagem de Pompeo Arditi de Pesaro à ilha da Madeira e aos Açores (1567). **Bol. Inst. Hist. Ilha Terceira.** Angra do Heroísmo, nº 6, (1948), p. 177.

VIEIRA, Alberto – *Descobrir o Atlântico nos séculos XVIII e XIX.* **Bol. Inst. Hist. Ilha Terceira.** Angra do Heroísmo, vol. 57, (1999), p. 364-387.

Vulcanismo nos Açores... Anno de 1630. Erupção do Valle das Furnas. Ilha de S. Miguel. **Archivo dos Açores.** Ponta Delgada, vol. 2, (1980), p. 527-547.

WEBSTER, J. W. – *A Ilha de S. Miguel em 1821.* **Archivo dos Açores.** Ponta Delgada, vol. 14 (1981), p. 392-395; p. 527-529. Trad. por César Rodrigues da edição original: WEBSTER, J. W. – A *description of the Island of St. Michael comprising an account of its geological structures with remarks on other Azores islands*: Boston: R. P. & C. Williams, 1821.

5

ÍNDICE GERAL*

(onomástico, toponímico e de assuntos)

---

* O índice geral abrange, obviamente os textos seleccionados, incluídos na Colectânea.
  A toponímia, depende das descrições dos cronistas e viajantes ocasionais sem conhecimento directo do Vale das Furnas, nem sempre é uniforme nas designações. A conturbada história geológica local traduziu-se em modificações significativas de relevo geológico que se reflectem na toponomia.
  Caso concreto foram as dificuldades encontradas na designação das caldeiras, em que,, baseados em Urbano de Mendonça Dias, M. de Jâcome Correia e testemunhos recolhidos localmente, tentamos estabelecer uma sistematização topográfica.

A

ACELGA, planta da família da beterraba 60, 130
ACERNEFE, mineral 84, 87
ACHADAS. São Miguel 85
AÇUCAR DE CANA 22, 163
ADENS, aves 81
AFORAMENTOS .... Ver COLONIA
ÁFRICA 40, 59
AGOSTINHO, Francisco, morgado, Madeira 211
AGRIÃO, portinho 24
AGRICULTOR MICAELENSE, jornal 48
AGRIÕES, planta 103, 232
ÁGUA AZEDA, nascente 198, 222, 314
ÁGUA DA SERRA DO TRIGO 282
ÁGUA DE PAU 23, 164, 167
AGUA FÉRREA 75, 206, 222, 231
ÁGUA QUENTE. Furnas 26
ÁGUA SANTA, nascente 222
AGUIAR, Cristóvão de 16, 62, 192, 238
AITON, William, jardineiro ingles 192
ALAMOS 274, 291, 297
ALÃO, Manuel de Brito 102
ALBERGARIA, Isabel Soares de 20, 27, 44, 49, 50, 192, 197, 221, 325
ALBUQUERQUE, Luís da Silva Mousinho de 44, 326
ALCACHOFRAS, planta 211
ALEGRIA. Furnas .... 24, 26, 27, 44. Ver também RIBEIRA DA ALEGRIA
ALEMANHA 239
ALPES 239
ALUMEN .... Ver PEDRA HUME
ÁLVARES, Manuel .... Ver ROSÁRIO, Manuel do, padre eremita
ALVIM, Pedro de Melo, corregedor 284
AMARAL, Manuel do Rego do, capitão Vila Franca do Campo, 1718 191
AMÉRICAS CENTRAL e DO SUL 39
AMORY, família (parentes de T. Hickling) 241
ANES, Pedro, escravo 21
ANGLIN, John Hickling 14, 22, 27, 42, 44, 196, 197, 199, 211, 227- 229, 240, 243, 258, 259, 318-321
ANGRA DO HEROÍSMO 46
ANJOS, padre franciscano, banhos da Ribeira 26
ANUNCIAÇÃO, Manuel da, padre eremite 23, 103, 124, 147, 158, 162, 164-167, 170, 187, 189
ARAUCÁRIA 321
ARAÚJO, Luís António de 102
ARAÚJO, Simão de 102
ARDITI, Pompeu 13, 59
AROUCA, António Mendes .... Ver ASSUNÇÃO, António da
ARRENDAMENTO RURAL, Furnas .... Ver COLONIA
ASHE, Thomas .... Ver MOSTEIRO (T. Ashe)
ASHE, Thomas, capitão de Dragões, inglês 39, 43, 45, 226, 326
ASMODEU, deus dos prazeres impuros 314

ASSUNÇÃO, António da, padre eremita 103
ATAIDE, Luís Bernardo Leite de 313, 318, 326
AVES .... *Ver* pelo nome da espécie
AZEITE, baga de loureiro .... *Ver* LOUREIROS

B

BAIROS, Diogo de .... *Ver* MADRE DE DEUS, Diogo da, padre eremita
BASALTO 255, 284, 315
BATTELLI, Guido 59
BEATRIZ, Infanta de Portugal 26
BENTO, Luis, padre franciscano, irmão do Padre Anjos 26
BETTENCOURT, António Borges de 26, 298
BONINAS, flores 128
BOSTON 241, 244, 319
BRITO, Raquel Soeiro de 19, 279, 326
BROTERO, José Maria de Avelar 46, 258
BROWN, George, jardineiro ingles 25
BRUM, Manuel Pacheco de .... *Ver* ESPIRITO SANTO, Manuel do, padre eremita
BUFFON, Georges Louis Leclerc 102
BURNETT, William 164, 195
BURRICADAS, passeios 268, 271, 272, 275
BUXO 240, 243, 267

C

CABRAL, André Álvares, proprietário nas Furnas 308
CABRAL, António da Câmara Melo, descendente de T. Hickling 308
CABRAS. CABRITOS 70, 82, 83
CAFÉ 233
CALDAS DA RAINHA .... 76, 185, 209, 210, 313, 316. *Ver também* CALDEIRAS...
CALDEIRA DE PERO BOTELHO. Furnas, lenda .... 313-317. *Ver também* CALDEIRAS
CALDEIRA GRANDE, Furnas 27, 44, 193, 195, 197, 204, 205, 215, 222, 235, 250, 251
CALDEIRAS, descrições anteriores a 1630 .... 26, 56-58, 60-62
CALDEIRAS BARRENTA, DE LAMA, DE PERO BOTELHO, DE POLME, DOS ESGUICHOS, DOS
FEDORES, DOS FERREIROS, DOS MOINHOS, DOS TAMBORES, Furnas 70-72, 77, 80, 117-121,
 139, 144, 150-152, 170, 174, 175, 182, 183, 187, 193, 195, 198, 205, 215, 223, 232, 234, 243, 250, 251, 264,
 273, 313, 314
CALDEIRAS DA RIBEIRA GRANDE 84, 207, 272
CÂMARA, Ana Maria Gonçalves Zarco da 308
CÂMARA, António Boaventura Pacheco da, capitão-mor, comprador do prédio da Alegria (P. Jesuítas) 127, 297
CÂMARA, José Maria António Gonçalves Zarco da, conde da Ribeira Grande 31, 299-301, 305, 307, 308
CÂMARA, Manuel da, conde de Vila Franca do Campo, Capitão do Donatário 22, 23, 59, 86, 103, 149,
 156, 158, 287, 312
CÂMARA, Maria Magdalena da 26, 205, 211
CÂMARA, Rodrigo da, conde de Vila Franca do Campo, Capitão do Donatário 13, 53, 55, 57, 70, 95, 111, 172
CÂMARA, Ruy Gonçalves da, conde de Vila Franca do Campo, Capitão do Donatário 21, 23, 33, 286
CANÁRIAS, arquipélago 40
CANÁRIOS 68
CANTO, André 48
CANTO, Ernesto do 48, 63, 98, 103, 129, 172, 203, 312
CANTO, José do 48, 49
CAPARROSA 48, 49, 78, 84, 87, 187, 206, 216, 222
CARDOSO, João Lopes, ouvidor vigário da Relva 159
CARDOSO, Jorge 169, 326

CARDOSO, Vicente José Ferreira 44
CARITA, Rui 59, 326
CARNEIRA, Isabel, irmã de Sebastião Afonso Columbeiro 76
CARVALHO, Álvaro da Costa de, padre, Ponta Garça 90
CASA DE BANHOS DA RIBEIRA .... Ver FRANCISCANOS
CASAS DE BANHOS .... Ver pelo nome do proprietário, HABITAÇÕES e TERMALISMO
CASTANHEIROS 128
CASTRO, Eugénio Vaz Pacheco do Canto e, Dr. 18, 45
CEDROS 68, 173, 193
CHAGAS, Diogo das, Fr 138
CHOUPOS 215, 240
CLEMENTE VIII, papa 188
COELHO, Trindade 59
COLÉGIO DE TODOS OS SANTOS. Ponta Delgada 179
COLONIA, arrendamento rural 15, 16, 17, 18, 171–88
COLUMBREIRO, Diogo Afonso 21, 75, 288-311
COLUMBREIRO, Sebastião Afonso da Costa, filho de Diogo Afonso Columbreiro 11, 41
COMPANHIA DE ORDENANÇAS. Furnas 190
CONSOLAÇÃO, Manuel da, padre eremita 170
CONSTÂNCIA, João de Medeiros 19, 33, 279
CONVENTO (Recoleta) DE VALE DE CABAÇOS, Água de Pau .... 23, 24, 139, 165, 169, 189.
                                                                     ver também EREMITAS. EREMITÉRIO
CONVENTO DE BELÉM. Lisboa 148
CONVENTO DE NOSSA SENHORA DA ESPERANÇA. Ponta Delgada 126
CONVENTOS. São Miguel 169
CORDEIRO, António, padre jesuíta 106, 173, 327
COROAS DOS FRADES, caldeiras 70, 71, 118, 119, 151, 172, 174, 183, 288
CORREIA, António Albuquerque Jácome 104
CORREIA, José Jácome, Marquês 21-32, 38, 48, 50, 285, 287, 290, 291, 295, 297
CORREIA, Maria da Graça Chorão de Almeida Lima 7, 8, 16, 18, 171–88, 327
CORSÁRIOS 24, 51, 59, 61
COSTA, José Pedro da, genealogista 76
COSTA, Manuel de Sousa da, capitão, Vila Franca do Campo, 1718 190
COSTA, Ricardo Madruga 39
COSTA, Silvestre Freitas da, capitão, Vila Franca do Campo, 1718 190
COSTA, Susana Goulart da 104
COUTINHO, João, Bispo de Lamego 102
CRAVOS, flores 128
CRENÇAS. SUPERSTIÇÕES 73, 85, 182, 236-238, 314-316
CRISTÓVÃO, Fernando 39, 61, 327
CURVELLO, Domingos 97

D
DABNEY, Charles W 48
DABNEY, John Blass 48, 239, 327
DABNEY, Roxana Lewis, compil 46, 47, 239, 327
DANÇAS POPULARES 265
DELGADO, João, escravo de Pedro Anes 21, 82, 143, 286
DEUSDADO, Ferreira 104, 327
DIAS, Fátima Sequeira 40, 47, 48
DIAS, Jorge, feitor 86, 327
DIAS, Urbano de Mendonça 14, 21-32, 37, 50, 104, 202, 214, 221, 285-311, 325, 328

E

EARL, Robert (ESSEX) 62
ELVAS 146
ENXOFRE 20, 62, 65, 67, 69, 71, 75, 84, 87, 88, 117, 121, 151, 170, 171, 174, 187, 194, 204, 206, 207,
210, 215-217, 222, 225, 231, 234, 237, 240, 246, 250-252, 256, 265, 314, 315
EREMITAS. ERMITÉRIO, Furnas 23, 26, 88, 95, 99, 102-137, 139, 146-170, 187-189
EREMITÉRIO. Furnas .... *Ver* EREMITAS e ERMIDA DE NOSSA SENHORA DA CONSOLAÇÃO
ERMIDA DE NOSSA SENHORA DA ALEGRIA. Furnas .... 140, 178, 186, 187, 269, 287.
Ver também JESUITAS
ERMIDA DE NOSSA SENHORA DA CONCEIÇÃO. Vale de Cabaços .... *Ver* CONVENTO
ERMIDA DE NOSSA SENHORA DA CONCEIÇÃO. Furnas? 182, 185
ERMIDA DE NOSSA SENHORA DA CONSOLAÇÃO. Furnas 21, 22, 75, 126, 107, 111, 115, 121,
127, 130, 148, 149, 152, 159, 165, 175, 179, 183, 184, 188, 287, 312. *Ver também* EREMITAS...
ERMIDA DE NOSSA SENHORA DA PIEDADE. Ponta Garça 156
ERMIDA DE NOSSA SENHORA DE MILFONTES. Vila Nova de Milfontes 147, 153, 188
ERMIDA DE NOSSA SENHORA DO ROSÁRIO. Lomba da Maia 23, 186
ERMIDA DE SÃO SALVADOR DO MUNDO. Ribeirinha 132-134, 161,187
ERMIDA SANTANA. Furnas 25,.26, 194, 204, 312
ERUPÇÃO VULCÂNICA, 1522. Vila Franca do Camp 21, 82, 130, 131, 143, 144, 171
ERUPÇÃO VULCÂNICA, 1630. Furnas 23, 88–102, 129-137, 140, 143, 159, 170, 179, 187, 189, 283
ESCOLA MÉDICA CIRÚRGICA. Ponta Delgada 48
ESCRÚFULA, doença 202, 219
ESPANHA 239
ESPINHOSA, Diogo Lopes de 86, 146
ESPÍRITO SANTO, Manuel do 159
ESTANQUEIRO, família 199, 200
ESTRELA, Luís Bernardo de Sousa, coronel 01-303, 306, 307, 311
ÉVORA 188

F

FAIAL DA TERRA 89, 239, 288
FAIAL, Ilha 46, 62
FAIAS 68, 70, 82, 109, 192
FARO 103, 188, 190
FAUNA .... 68, 81, *Ver também* pelo nome da espécie
FAVAS 251, 271
FELDSPATO, mineral 245
FELPELHUDA, rocha 72
FENAIS DE VERA CRUZ 157
FERNANDES, Manuel .... *Ver* ANUNCIAÇÃO, Manuel da, padre eremita
FERNANDES, Valentim 13, 57
FERREIRA, H. Amorim 41
FERREIRA, Luis, padre eremite 23, 103, 106, 107, 112, 148-149, 153, 187, 188
FETOS 244, 251, 252, 271
FLORA .... 67-69, 150, 173, 178, 193, 214, 240, 267, 271, 274. *Ver também* pelo nome da espécie
FLORES, Ilha 140, 144, 180
FONSECA, João da, colono 303
FORJAZ, Victor Hugo 14, 18, 279-284, 328
FORNINHOS. Furnas 80, 89, 139, 140, 236
FRANCISCANOS 26, 169, 228, 230, 233, 236
FRANCO, António Fernandes, Padre 88, 102, 328
FREITAS, Bernardino José de Sena 14, 20-35, 48, 102, 197, 202, 285-312, 318, 325
FRIAS, Manuel de Brum e, capitão mór, tio de Baltasar de Brum da Silveira 175

FRIGIDEIRA, ribeira ....151. *Ver também* CALDEIRAS
FRUTUOSO, Gaspar 18, 20, 63, 76, 102, 143, 145, 176, 179, 184, 280, 312, 313, 316
FURNENSES..228, 233, 265, 271, 272, 275

G
GAITEIRA...24, 244
GAIVOTAS, ave..267
GALEIRÕES, ave..81
GASTRONOMIA 57, 60, 68, 70, 119, 174, 194, 208, 217, 233, 251, 271
GAZETA DE LISBOA..212, 213
GEOLOGIA HISTÓRICA 63-87, 192-195, 226-229, 244-257, 279-284
GINJEIRAS...68
GLORIA PATRI, nascente 269
GOMES, Branca, mulher de João Gonçalves Perdigão...312
GONÇALVES, Gaspar, fábrica de pedra-hume..22, 86, 145
GONÇALVES, Manuel, padre jesuíta 97, 179
GOTA, doença 222
GOURLAY, William 44, 204, 214, 219, 256, 328
GRÃ-BRETANHA...13, 39, 41, 48
GRAÇA, Manuel da, padre eremite..159
GRAMINHAIS 64, 69, 173, 182, 279
GREDA. ARGILA..215-217, 249
GREGÓRIO, XIV, Papa..188
GROTA DA AMORA 24

H
HABITAÇÕES..21-25, 97, 107, 123, 127, 140, 143, 196, 204, 212, 218, 231, 248, 249, 259
HICKLING, Catherine Green..242, 319, 329
HICKLING, Thomas, Consul Americano................... 14, 27, 44, 46, 196, 211, 227, 233, 241, 243, 258, 259, 264,
                                                268, 272, 273, 275, 318, 319. *Ver* também YANKEE HOUSE
HICKLING, Thomas, Jr.. 45, 50, 197, 319, 329
HICKLING, William 268, 318, 319
HOSPITAL DE TODOS OS SANTOS. Lisboa..149

I
IGREJA... *Ver* ERMIDA
INHAMES 25,194, 215, 264, 269, 289, 295
IMAGEM DE NOSSA SENHORA DA CONCEIÇÃO .... *Ver* CONVENTO
IMAGEM DE NOSSA SENHORA DA CONSOLAÇÃO. Furnas .... *Ver* ERMIDA DE NOSSA
  SENHORA DA CONSOLAÇÃO
IMPERIAL, Agostinho, genovês 143
ITÁLIA..59, 239
IVENS, William...273, 320

J
JÁCOME, Aldonça 143
JÁCOME, Nicolau de Melo, Companhia de Ordenanças das Furnas 190,
JAQUES, mestre bombardeiro flamengo..86
JARDIM DE SANTANA. Ponta Delgada..49
JESUÍTAS ....18, 24-26, 29, 31, 97, 140, 177, 179, 181, 269, 287-311.
                                                Ver também Igreja de Nossa Senhora da Alegria
JOAQUINA, Luísa, doente das termas das Furnas, filha de Francisco António da Silva, Madeira.................. 211
JÚDICE, João António, eng. militar 43, 221, 225, 226, 329
JUNCOS 25, 251, 252

K
KNIGHT, Artur Georges 62

L
LADEIRA, Francisco da Costa 302, 303
LAGOA, vila 82, 83
LAGOA DAS FURNAS 48, 78, 79, 81, 83, 87, 93, 193, 211, 217, 226, 245, 246, 266, 269, 272, 282
LAGOA DO CONGRO 48
LAGOA SECA .... 44, 76, 77, 83, 87, 88?, 115, 145, 150, 178
LALANDA, Maria Margarida de Sá Nogueira 21, 239
LARANJA, comércio, exportação, economia 27, 44, 47, 48, 50, 233, 318, 320
LEGUMES 215
LEITÃO, António Vieira, Bispo de Angra 289
LEITE, João Emanuel Cabral 45, 329
LICORES 233
LIMA, João de, colono 302
LINHO 152, 169, 193, 310
LIXABA, Hector Fernandes, surrador 86, 145
LOBEIRA, lugar da 80
LOMBA DA MAIA 25
LOMBA DAS CAMARINHAS 82
LOMBO FRIO 72, 73
LOUREIRO, João José da Silva, casa de banhos 26
LOUREIROS 8, 68, 91, 95, 97, 98, 109, 130, 193
LOURENÇO, fr., Portel, padre provincial 188

M
MACEDO, Manuel de Medeiros de, capitão, Vila Franca do Campo, 1718 190
MACHADO, Maria Margarida de Mendonça Dias Vaz do Rego 22
MACHADO, Sebastião, chantre 181
MADEIRA, arquipélago 40, 59, 192, 202, 305, 306, 309
MADRE DE DEUS, Diogo da, padre eremite 23, 24, 103, 129, 146, 153, 157, 165, 166, 167, 170, 172, 187
MAGO, Pedro Anes, filho de Pedro Anes 82
MAIA, freguesia .... 23, 84, 85, 131, 160, 186, 286, 290. *Ver também* LOMBA DA MAIA
MAIA, Francisco Machado de Faria e, ... 47, 286, 329
MÁLAGA 146
MANUEL, Francisco, polígrafo 162
MARCASITE, mineral 22, 84, 87, 145
MARTINS, Rui de Sousa 15, 43, 329
MASSON, Francis 41, 192, 197, 341
MATOS, Artur Teodoro de 138
MEDEIROS, José Caetano Dias do Canto, morgado 48
MEDEIROS, Manuel de, tabelião da Maia 290
MEDEIROS, Nicolau António de Sousa e, filho de António Borges de Bettencourt, propriet. nas Furnas 298
MEDINA, Manuel de .... *Ver* GRAÇA, Manuel da, padre eremita
MEL 177
MELO, Filipe de, Companhia de Ordenança das Furnas, 1718 190
MELROS, aves 68
MENDONÇA, Joaquim José Moreira de 190
MENESES, Avelino de Freitas 33, 39, 138, 330
MENESES, Joseph de Torres e, tabelião, Maia 290
MERGULHÕES, aves 81
MILHO 193, 215, 234, 321

MIRANDA, Sacuntala de 47-49
MIRTOS, flora 193
MOINHOS 25, 26, 231, 269
MONTE ALVERNE, Agostinho de, Fr 103, 142, 312
MORE, Thomas 20
MOREIRA, Hugo 156, 186
MORENO, António, padre, vigário de Ponta Garça 23, 153
MOSTEIRO (T. Ashe) .... Ver Franciscanos
MOSTEIROS, freguesia 65
MOTA, António Augusto Riley da 47, 330
MOTA, Bento Pacheco da, capitão-mor de Vila Franca do Campo, 1718 190
MOTA, Luís Ataíde 311
MURTAS 26, 56, 199, 245, 267

N
NORDESTE, vila 85
NORTE DE ÁFRICA 59
NUNES, Manuel da Costa, procurador do Concelho, Vila Franca do Campo, 1818 191

O
ORIENTE 39
OURO 84, 86, 87

P
PADRES EREMITAS / PADRES JESUÍTAS .... ver EREMITAS / JESUÍTAS
PAI, FILHO E ESPÍRITO SANTO, nascente 231
PAMPLONA, Gomes, Ilha Terceira 146
PÃO 64, 82, 169
PAPOILAS 258
PARIS 48
PASTEL, planta histórica 22, 64, 76, 77, 92, 169, 193, 215
PATOS 245
PAU BRANCO 68
PÉ DE PORCO, rocha 68, 71, 75, 83, 173, 175, 184
PEDRA HUME 22, 25, 43, 64, 71, 72, 74, 75, 84, 86, 87, 144-146, 175, 184, 206, 216, 217, 225
PEDRA POMES 22, 84, 144, 171, 214, 217, 245, 248, 249, 254
PEDRALVRES, natural das Canárias 83
PERDIGÃO, João Gonçalves, escudeiro 22, 76, 312
PEREIRA, Joaquim Tomás 123
PEREIRA, Manuel Rodrigues, padre 75
PEREIRA, Miriam Halpern 49
PEREIRA, Nuno Alvares 16, 48, 186
PESCA 64, 201, 212, 227
PESCA, Ribeira Quente, freguesia 270
PEZARO, Tomás Benedito de, capitão 59
PICO, Ilha do 62
PICO DA CRUZ 89
PICO DA VARA 81
PICO DO SAPATEIRO 84, 87
PICO DOURADO 270
PIMENTA, João, bispo de Angra 159, 162, 164
PIMENTEL, Cosme, padre, fundador da Ermida de Santana 26
PINTO, Manuel Serrano 19, 280

PIRES, Duarte, Sanguinhal..77
PIRITE, mineral...215, 237, 255
PITA, Pedro...296, 299, 305, 309
POMBOS..68, 81
POMEROY, Caroline...45, 46, 258
PONTA DE SIMÃO FIGUEIRA 64
PONTA DELGADA...22, 59, 85, 97, 98, 154, 156, 163, 164, 203, 2 07
PONTA DO GARAJAU 64
PONTA GARÇA, freguesia 23, 25, 83, 89, 90, 95, 97, 99, 132, 143, 153, 155, 157, 161, 179, 180,
                                                                                                                                284, 288, 288, 312
PONTE, Pedro da, padre...95, 97
PÓRFIRO, mineral 249, 254, 288, 294, 296, 300, 304, 305
PORTO FORMOSO, freguesia...23, 85, 131, 133, 159, 160
POVOAÇÃO, vila da....................... 18, 23, 33, 64, 67, 69, 81, 85, 89, 95, 97, 139, 143, 179, 180, 187, 204, 288
PRATA 22, 84, 86, 87, 145
PRESCOTT, William Hickling...10, 242-244, 319
PRETO, Diogo, habitante da Lagoa das Furnas 21, 79- 81
PROCISSÃO DO CINZEIRO 85, 89, 100
PURCHAS, Samuel 13, 61, 331
PURIFICAÇÃO, Manuel da, padre eremita 103, 162, 164, 331

Q
QUEIMADO, Francisco de Sousa, colono 302
QUEIMADO, Vicente, feitor em Málaga 146
QUEIROGAS, flora 315
QUENTAL, Luís 17
QUENTURAS, banhos, Furnas 27, 274
QUIETO, João, banheiro 275

R
RABAÇAS, planta 109, 150
RABO DE PEIXE, freguesia 82
RAFAEL, fr..145
RAU, Virginia 306, 331
REBELO, Baltazar...23, 91, 306
REBELO, Walter..17
REFLORESTAÇÃO, pinheiro, 1553..22
REIS, Sebastião dos .... Ver ROSÁRIO, Manuel do, padre eremita
REMA, Henrique Pinto...56
REUMATISMO 211, 219, 257
RESENDE, João Pacheco, sargento-mor, Vila Franca do Campo, 1718.................................190
RIBEIRA, casa de banhos..Ver FRANCISCANOS
RIBEIRA / CALDEIRA DOS MOINHOS ....Ver CALDEIRAS
RIBEIRA DA ALEGRIA ....269. Ver também ALEGRIA
RIBEIRA DAS MURTAS..26, 50, 199
RIBEIRA DE DIOGO PRETO 81
RIBEIRA DOS TAMBORES ....314, 315. Ver também CALDEIRA DOS TAMBORES
RIBEIRA GRANDE, conde da.................................Ver CÂMARA, José Maria António Gonçalves Zarco da
RIBEIRA GRANDE, vila, hoje cidade...67, 75, 84-86, 132, 133, 146, 160, 163, 175, 225
RIBEIRA QUE FERVE 64, 75, 175, 184
RIBEIRA QUENTE.............64, 71-74, 76, 77, 81, 82, 88, 112, 140, 144, 150, 151, 174, 175, 184, 194, 248, 250
RIBEIRA QUENTE, freguesia 24, 191, 270
RIBEIRINHA, freguesia 94, 156, 160,161, 167, 168

RIBEIRO, Agostinho, bispo de Angra 23, 158
RILEY, Carlos Guilherme 15, 47, 49, 242, 244, 331
ROCHA, António Furtado da, vigário de S. Pedro, Vila Franca do Campo 170
RODRIGUES, Henrique de Aguiar de Oliveira 17, 22, 45, 46, 50, 196, 256, 329, 332
RODRIGUES, João Bernardo de Oliveira 39, 98, 142, 332
RODRIGUES, José Damião 17, 35, 36, 332
RODRIGUES, Rodrigo 33, 41, 42, 60, 76, 145, 332
ROIZ, Águeda, mulher de Domingos Curvello 97
ROSÁRIO, Manuel do, padre eremita 157, 162, 167
ROSAS 128
ROSTO BRANCO, ponta 64
ROYAL SOCIETY OF LONDON 192

S
SÁ, António do Rego de 291
SAL, João Álvares do 83
SALGUEIROS, plantas 240, 271
SALITRE 170, 240
SANGUINHAL, casa de banhos 26, 77
SANTA CASA DA MISERICÓRDIA. Ponta Delgada 22, 208
SANTA CRUZ DO CABO GUÉ, vila 59
SANTA MARIA, Ilha 144, 180
SANTANA. Furnas, casa de banhos 206, 212
SANTIAGO DE COMPOSTELA 163
SANTIAGO, Domingos de, capelão 145
SANTOS, João Marinho dos 19, 132
SANTOS, Pedro dos, fr. 145
SÃO BENTO, João de, fr. 170, 172
SÃO JOSÉ, Manuel de, padre eremita 157, 162
SAPATEIA, dança popular 265
SARDINHAS, Ribeira Quente 270
SERRETA (Graminhais) 64, 83
SESIMBRA, Marquês de 308
SETE CIDADES, freguesia 77
SEVILHA 22, 312
SILEX 252-254
SÍLICA 247, 253
SILVA, Félix Valois da 44, 202-213
SILVA, Francisco António da, negociante da Madeira 211
SILVA, Francisco Barbosa da, capitão, Vila Franca do Campo, 1718 190
SILVA, Francisco Borges 45
SILVA, João Paulo A. Pereira da 45
SILVEIRA, Baltazar Brum da, comerciante de pastel 22, 75, 76, 184, 312
SILVEIRA, Francisco 17
SINTRA, Diogo Gomes de 13, 55, 56
SJÖGREN, Erik 17, 332
SOCIEDADE PROMOTORA DE AGRICULTURA MICAELENSE 48
SOUSA, Fernando Aires de Medeiros 48
SOUSA, Fernão Correia de, fidalgo de Vila Franca do Campo 23, 154, 155
SPAA. Alemanha, estação balnear 129
SUPICO, Francisco Maria, farmacêutico e jornalista 47

T

TAINHAS, peixe 73
TANOARIA, arcos para pipas 290
TAVARES, Francisco 214, 220
TAVARES, João, proprietário da Lagoa das Furnas 77
TENTILHÕES 68
TERCEIRA, Ilha 31, 32, 135, 140, 178, 180
TERMALISMO 26, 46, 56, 61, 76, 103, 113,148, 150, 185, 187, 195, 197, 199, 203-212, 217-219,
221, 223, 225, 240, 251, 254, 264, 274
TINOCO, Filipe Correia, alferes, procurador do concelho, Vila Franca do Campo, 1718 190
TOLEDO, Afonso de, fr., Ordem dos Pregadores 171
TORRES, João de, fábrica de pedra hume 22, 75, 86, 146, 175
TOUTINEGRAS 68
TREMOÇO 251
TREVO 163
TRIGO 64, 77, 92, 97, 193, 215
TURNER, Thomas, corsário inglês 61
TURRADOR, Francisco Moniz, colono das Furnas 302

U

URZES .... 68, 192, 193?, 267, 269
UVA DA SERRA 68, 193

V

VALADOA VELHA, Terceira 146
VALE DE CABAÇOS, Caloura, Água de Pau .... *Ver* CONVENTO (Recoleta) DE VALE DE CABAÇOS
VASCONCELOS, Filipe do Amaral e, capitão, Vila Franca do Campo, 1718 190
VASCONCELOS, Joseph do Amaral e, capitão da Companhia de Ordenanças das Furnas, 1718 .... 190, 191
VESUVIO, Nápoles, vulcão 105
VIANA DO CASTELO 163
VIDA SOCIAL 199, 230, 242, 243, 265, 269, 271, 272
VIEIRA, Alberto 40
VILA FRANCA DO CAMPO 21, 22, 24, 26, 27, 97, 190, 191, 258, 259, 304, 308
VIMES 290
VINCULAÇÃO DE TERRENOS, Furnas 31, 38, 299-311
VINHATICO, árvore 274
VINHEDOS 64, 89, 93, 97, 161, 169, 244
VINHO 233, 272
VIRGÍLIO 68
VOUZELA, termas 176, 185
VULCANISMO, Furnas .... *Ver* GEOLOGIA HISTÓRICA
VULCANISMO, Furnas, estudo actual 279-284

W

WEBB, Thomas Hugh, médico inglês 265
WEBSTER, John White 10, 43, 45, 244, 266, 320

X

XISTO V, Papa 147, 188

Y

YANKEE HOUSE / JARDIM DO TANQUE .... 27, 42, 44, 46, 197, 240, 243, 259, 264.
Ver também HICKLING, Thomas